KB090893

도쿄대 고령사회 교과서

"TODAI GA TSUKUTTA KOREI SHAKAI NO KYOKASHO"
by INSTITUTE OF GERONTOLOGY, The University of Tokyo
Copyright © 2017 Institute of Gerontology, The University of Tokyo All rights reserved.
Original Japanese edition published by University of Tokyo Press, Tokyo.
This Korean edition published by arrangement with University of Tokyo Press, Tokyo
in care of Tuttle-Mori Agency, Inc., Tokyo through Shin Won Agency Co., Seoul

도쿄대
고령사회
교과서

인생 100세 시대
무엇을 준비할 것인가

도쿄대 고령사회 종합연구소 지음 • 최예은 옮김

행성B

들어가며

2016년 경로의 날을 앞두고 일본 정부는 고령사회 관련 통계 자료를 발표했다. 고령자 인구가 3400만 명을 돌파했고 고령화율은 27.3%, 100세 이상 인구도 7만 명을 넘어섰다. 일본은 전 세계에서 비슷한 사례를 찾아볼 수 없을 만큼 가장 고령화된 사회다.

고령화가 진행될수록 허약한 고령 인구의 증가로 국가 전체의 활력이 떨어지고, 연금이나 의료비 등 사회보장비 지출이 많아지며, 경제에 어두운 그림자가 드리워질 것이라는 우려가 있다. 과연 맞는 말일까. 요즘 고령자는 예전보다 신체 능력이 10살 이상 젊어졌다는 통계 자료도 있고, 90세가 지나서도 태블릿 PC를 손에 들고 일을 하는 건강한 사람도 있다. 이제 고령사회의 다양한 현상을 정확히 이해하고 긍정적으로 장수를 축복하는 사회를 만들어야 한다.

일본은 이미 지방 과소지역의 인구 감소뿐 아니라 고령화로 공동체 생활 유지가 곤란한 마을이 늘어나는 매우 현실적인 문제에 직면해 있다. 지금까지 인구 증가로 활기를 띠던 대도시도 베이비붐 세대가 은퇴하고 점점 고령화되면서 앞으로 커다란 변화를 피할 수 없다. 대도시와 주변 중소도시에 고령 인구가 빠른 속도로 증가함에 따라 고령화에 대비해 마을을 만들거나 사회 시스템을 제대로 정비하지 않으면 심각한 사회 문제가 발생할 것으로 예상한다.

도쿄대는 2009년 4월 총장실 직속 총괄위원회에 '고령사회 종합연구소'를 설치하고 고령화에 대비해 다양한 학문 분야의 지혜를 모으고 있다. 100세 시대 마을 만들기 사업을 지역 단체와 공동으로 시행하여 지역 내 종합 요양 체계 구축, 삶의 보람을 느끼는 일자리 만들기, 커뮤니티 케어 형태의 주거 환경 개선 사업 등에서 많은 성과를 냈다. 그러나 지역 주민이나 기업, 지방자치단체 등의 의뢰를 받아 여러 지역에서 수많은 강연을 하며 느낀 점은 여전히 고령화에 대한 인식이 부족하다는 사실이다. 이에 많은 사람이 고령화를 정확히 이해하고 올바르게 대응해 나가기를 바라며 이 책을 엮게 되었다. 본문은 고령화 기초(총론), 나이가 들어감에 따른 개인의 변화(개인 편), 사회의 고령화 시스템(사회 편)의 총 3부로 구성되어 있다. 많은 사람이 이 책을 읽고 고령화를 제대로 이해하기를 바란다.

이 책은 2013년 3월에 발행한 《도쿄대가 만든 확실한 미래 방향 설정을 위한 고령사회 교과서》의 개정판이며, 2017년 1월까지의 정보를 기준으로 작성하였다.

도쿄대 고령사회 종합연구소

도쿄대 고령사회 종합연구소 소개

도쿄대 고령사회 종합연구소는 3년간 기부금으로 운영했던 '노년학 연구 팀'의 성과를 바탕으로 2009년 4월 도쿄대 총장실 총괄위원회에 정규 조직 으로 신설되었다.

일본인의 평균 연령은 82세로 현재 일본은 세계 최장수 국가이다. 2015년에는 4명 중 1명이 65세 이상으로 80세가 넘은 후기 고령자가 급격 히 늘어나 세계 어느 나라도 경험한 적이 없는 초고령 사회를 맞이하였다. 인구 고령화는 의료나 복지뿐 아니라 경제, 산업, 문화 등 다양한 영역에서 서로 연관되어 우리에게 많은 과제를 던져주고 있다. 예를 들면, 고령으로 노동력을 상실한 의존 인구 비율의 상승, 치매에 걸리거나 허약한 고령자의 돌봄 문제가 사회적 문제가 되는 한편 고령자를 새로운 사회 자원으로 인식 하여 일자리 창출과 신규 산업 개발에 대한 기대도 높아지고 있다. 개인의 평균 수명 연장과 이에 따른 사회적 과제에 해법을 찾으려면 고령화를 받아 들이는 가치관의 전환과 다양한 사회 시스템의 보완, 과학 기술의 공헌 등 이 필요하다.

초고령 사회의 다양하고 복잡한 과제를 해결하기 위해서는 의학, 간호학, 이학, 공학, 법학, 경제학, 사회학, 심리학, 윤리학, 교육학 등을 아우르는 새 로운 학문 체계 구축이 필요하다. 고령화를 다각도의 관점에서 연구하는 종합 학문 체계인 노년학은 고령사회의 과제 해결에 선도적인 역할을 수행할 것이다.

도쿄대 고령사회 종합연구소는 학제적 조직을 구성하여 고령사회와 관련한 많은 프로젝트에 효과적이고 유연하게 접근해 왔다. 다른 나라에 앞서 고령화를 겪으면서 고령사회의 주요 과제를 발굴하고 문제 해결 방안을 찾는 데 노력하고 있다. 이 연구소의 목적은 아직 형성기에 있는 노년학을 중심으로 모든 학문 분야의 지혜를 모아 객관적인 증거를 수집하고 고령화 정책을 이끌어 나갈 대안을 제시하는 것이다. 또한 노년학의 거시적 관점에서 고령화를 연구하는 차세대 연구자를 양성하고 문호를 넓혀 다른 대학, 민간 연구기관, 기업, 행정기관, 지역에서 활동하는 많은 사람과 교류하고자 한다.

고령화는 전 세계적인 현상으로 최장수 국가인 일본의 대처 방안에 세계가 주목하고 있다. 앞으로도 국내 문제는 물론 다른 국가들과 적극적으로 네트워크를 형성하여 연구와 교육 활동을 전개해 나갈 것이다.

감수자 및 집필자

오카타 준이치로(大方潤一郎)

도쿄대 고령사회 종합연구소 대표/대학원 공학계열 연구과 교수 | 1~3장, 17장 담당

1982년 도쿄대 대학원 공학계열 연구과에서 도시공학을 전공하고 박사과정 수료(1987년 공학박사 취득). 1982년 도쿄대 도시공학과 조교, 1984년 요코하마국립대학 건축학과 조교, 1987년 요코하마국립대학 강사를 거쳐 1989년 조교수 역임. 1996년 도쿄대 대학원 공학계열 연구과 도시공학전공 조교수, 1999년 교수를 거쳐 2013년 4월부터 고령사회 종합연구소 대표로 활동. 전공은 도시계획, 토지이용계획, 시가지 디자인 조정, 마을 만들기 조례 등. 가마쿠라시 도시계획심의회 회장 등 여러 지방자치단체의 도시계획심의회와 계획책정위원회 등의 위원으로 활동. 주요 저서는 《세계의 SSD 100 : 도시 지속 재생의 비결》(2007년), 《도시 계획 기초부터 수정까지 새로운 도전》(2011년, 이상 공저)

아키야마 히로코(秋山弘子)

도쿄대 고령사회 종합연구소 특임 교수 | 1~3장, 4·5·8·9장 담당

1978년 일리노이대학 철학박사 취득 후 오클라호마대학 노년학 센터 연구원, 1984년 미시간대학 공중위생학부 연구원, 1985년 미국 국립노화연구소 연구원으로 활동. 1987년 미시간대학 사회과학종합연구소 연구과 교수 역임. 1997년 도쿄대 대학원 인문사회계열 연구과 교수, 2006년 도쿄대 총괄프로젝트기구 노년학 기부연구부문 교수를 거쳐 2009년 현직에 취임. 2011년 일본학술회의 부회장. 주요 저서 《장수 시대의 과학과 사회 구상》(2010년), 《신노년학 제3판》(2010년, 대표 편집), 《고령사회 액션 리서치-새로운 커뮤니티 창조를 향해》(2015년, 공편저)

쓰지 데쓰오(辻哲夫)

도쿄대 고령사회 종합연구소 특임 교수 | 1~3장, 13~16장 담당

1971년 도쿄대 법학부 졸업 후 후생성(당시) 임용. 1988년 노인복지과장, 1996년 대신관방 정책과장, 1998년 대신관방 심의관(의료보험, 건강정책 담당), 2001년 연금국장, 2002년 대신관방장, 2003년 보험국장, 2006년 후생노동성 사무차관 등을 거쳐 현직에 취임. 주요 저서 《일본의 의료제도 개혁이 지향해야 할 것》(2008년), 《지역 포괄 케어 추천-재택 의료 추진을 위한 다직종 연계 시도》(2014년, 공저)

가마타 미노루(鎌田実)

도쿄대 대학원 신영역창조과학연구과 교수 | 1~3장, 7·18장 담당

1987년 도쿄대 대학원 공학계열 연구과 해양기계공학전공 박사과정 졸업(공학박사). 1990년 도쿄대 강사, 1991년 조교수, 2002년 도쿄대 대학원 공학계열 연구과 산업기계공학전공 교수, 2009년 고령사회 종합연구소 대표를 거쳐 2013년 현직에 취임. 전공은 차량공학, 인간공학, 노년학. 자동차 기술회 전직 부회장, 일본 복지마을 만들기 학회 부회장. 국토교통성 교통정책심의회 위원, 자동차국 차량안전대책 검토회 좌장, 국토교통성·경제산업성 자동주행 비즈니스 검토회 좌장을 비롯해 다수의 검토회와 위원회에서 위원으로 활동.

마에다 노부히로(前田展弘)

(주)닛세이 기초연구소 생활연구부 주임 연구원(도쿄대 고령사회 종합연구소 객원 연구원) | 1~3장, 4·5·8·13장 담당

2004년 닛세이 기초연구소 입사. 2009년부터 도쿄대 고령사회 종합연구소 객원 연구원으로 활동. 전공은 노년학, 초고령 사회와 시장, 고령자의 QOL(Quality of Life), 장수 시대 라이프 디자인. 주요 저서 《2050년 초고령 사회의 커뮤니티 구상》(2015년), 《지속 가능한 고령 사회를 생각하다》(2014년, 이상 공저)

오쓰키 도시오(大月敏雄)

도쿄대 대학원 공학계열 연구과 교수 | 6장 담당

1996년 도쿄대 대학원 박사과정 수료. 요코하마국립대학 공학부 건축학과 조교, 노교대 이과대학 공학부 건축학과 전임 강사를 거쳐 2008년 현직에 취임. 전공은 건축계획, 하우징, 주택지계획. 2007년 《집합 주택의 시간》으로 도시주택학회상 및 저작상 수상. 주요 저서는 《집합 주택의 시간》(2006년), 《근현대 도시 생활조사 도쥰카이(同潤숲) 기초자료Ⅲ 제1-12권》(2004년, 공동 편저), 《아에라 무크 건축학을 알다》(2004년, 공저)

니시노 아키코(西野亜希子)

도쿄대 고령사회 종합연구소 특임 조교수 | 6장 담당

2010년 도쿄대 대학원 공학계열 연구과 건축학전공 박사과정 졸업 (공학 박사). 2010년 도쿄대 대학원 공학계열 연구과 건축학전공 특임 연구원을 거쳐 2014년 현직에 취임. 전공은 건축계획, 주거 개선. 2016년 건축학회 장려상 수상. 주요 저서《이용자 우선 건축 디자인-사례로 이해하는 주택, 지역시설, 병원, 학교》(2017년, 공저)

스가와라 이쿠코(菅原育子)

도쿄대 고령사회 종합연구소 특임 강사 | 9장 담당

2005년 도쿄대 대학원 인문사회계열 연구과 사회문화연구전공 사회 심리학 박사 수료. 2006년 박사학위(사회심리학) 취득. 2009년 도쿄대 고령사회 종합연구소 특임 조교, 2012년 도쿄대 사회과학연구소 조교를 거쳐 2015년 현직에 취임. 전공은 사회심리학, 노년사회학이며 중고령자의 사회관계, 행복감, 건강 관계 등에 주목한 연구 수행. 2016년 일본노년사회과학회 장려상 수상. 주요 저서《여성의 몸과 마음》(2012년 공저, 제11장 담당)

이지마 카쓰야(飯島勝矢)

도쿄대 고령사회 종합연구소 교수 | 10 · 11장 담당

도쿄대 대학원 의학계열 연구과 노년의학강좌 강사, 미국 스탠퍼드 대학 의학부 연구원을 거쳐 현직에 취임. 내각부의 '1억 총활약 국민 회의' 전문 민간위원으로 활동. 전공은 노년의학, 노년학(Gerontology: 종합 노년학)으로 ① 노화 예방을 위한 고령자 대규모 코호트 연구 및 포괄적 노화 예방 프로그램 구축. 입안 쇠약(oral frailty, 신체 쇠약 전 단계) 개념을 정립하여 입안 기능의 저하를 국민에게 알리는 계몽 운동과 객관적 증거 체계 구축 ② 지바현 가시와시를 중심으로 과제 해결형 실증 연구(액션 리서치)를 수행하며 장수사회를 대비한 마을 만들기 및 지역 포괄 케어 시스템 구축 ③ 재가 의료 추진 활동과 임상 연구 및 대학 교육과 다직종 연계 교육 실시. 주요 저서《늙는다는 의미를 다시 묻다-노화와 맞서다》(2016년, 공편저)

시바사키 코지(柴崎孝二)

도쿄대 의학부 부속병원 노년병과 조교(전 도쿄대 고령사회 종합연구소 특임 연구원) | 10·11장 담당

2011년 도쿄대 의학계열 연구과 생식·발달·노년의학전공 박사과정 졸업(의학박사). 2012년 도쿄대 고령사회 종합연구소 특임 연구원. 전공은 노년학과 노년 의학.

시미즈 데쓰로(清水哲朗)

도쿄대 대학원 인문사회계열 연구과 특임 교수(~2017년 3월)/이와테보건의료대학 학장(2017년 4월~) | 12장 담당

1969년 도쿄대 이학부 천문학과 졸업 후 도쿄도립대학 대학원에서 철학 전공. 홋카이도대학 조교수, 도호쿠대학 대학원 교수 등을 거쳐 2007년 현직에 취임. 전공은 철학, 임상 윤리학, 임상 사생학. 주요 저서 《의료 현장에서 만나는 철학》(1997년), 《의료 현장에서 만나는 철학II 말로 전하는 우리》(2000년), 《고령사회를 살다-늙어가는 사람과 간호 시스템》(2007년 편저), 《케어 종사자를 위한 사생학》(2010년 공편저), 《임종 윤리 베이직 레슨》(2012년, 공편저)

시마자키 겐지(島崎謙治)

정책연구대학원대학 교수(전 도쿄대 대학원 법학·정치학 연구과 객원교수) | 14장 담당

1978년 도쿄대 교양학부 졸업 후 후생성(당시) 임용. 1993년 지바대학 법경학부 조교수, 2001년 후생노동성 보험국 보험과장, 2003년 국립 사회보장·인구문제 연구소 부소장, 2005년 도쿄대 대학원 법학·정치학 연구과 부속 비교법정국제센터 객원교수 등을 거쳐 2007년 정책연구대학원대학 교수로 취임. 전공은 사회보장법 및 의료 정책이며 후생노동성 사회보장심의회 전문위원으로 활동. 주요 저서 《일본의 의료-제도와 정책》(2011년), 《의료 정책을 다시 묻다-전 국민 의료보험의 미래》(2015년)

오노 타이치(小野太一)

정책연구대학원대학 교수(전 도쿄대 공공정책대학원 교수) | 15장 담당

1989년 도쿄대 법학부 졸업, 1994년 캘리포니아대학 버클레이대학원 경영학 석사. 1989년 후생성(현 후생노동성) 임용 후 후생노동성(대신 관방, 의정국, 식품안전부, 보험국 등), 환경청(현 환경성), 외무성(미국 대사관), 효고현청(개호보험과장) 등을 거쳐, 2010년부터 2012년까지 도쿄대 공공정책대학원 교수로 활동. 2012년 후생노동성 고용균등·아동가정국 가정복지과장, 2014년 국립 사회보장·인구문제 연구소 기획부장 및 정책연구 조정관을 거쳐 2016년 7월 현직에 취임. 전공은 사회보장정책론, 의료·요양정책 등. 주요 저서 《사회보장, 정책 과정과 이념》(2014년)

아오야나기 지카후사(青柳親房)

니가타의료복지대학 사회복지학부 사회복지학과 특임 교수(전 후생노동성 사회보장 참사관, 사회보장청 운영부장) | 16장 담당

1976년 도쿄대 경제학부를 졸업하고 후생성 임용. 1985년, 1994년 연금제도 개정에 참여. 미에현 복지부(노인복지과장, 사회과장), 후생성 노인보건복지국 노인복지계획과장 및 보건의료국 기획계획과장, 후생노동성 건강국 총무과장, 사회보장 참사관, 사회보험청 운영부장, 규슈 후생국장 등을 거쳐 2009년 퇴임 후 2014년 현직에 취임. 다쿠쇼쿠대학 대학원 지방정치 행정연구과 비상근 강사(사회보장정책론). 주요 저서 《사회보장의 미래를 생각하다》(2009년)

고토 준(後藤純)

도쿄대 고령사회 종합연구소 특임 강사 | 17장 담당

2010년 도쿄대 대학원 공학계열 연구과 도시공학전공 박사과정 졸업(공학박사). 2010년 고령사회 종합연구소 특임 연구원, 특임 조교를 거쳐 2015년 현직에 취임. 전공은 비교 도시 계획, 협동 마을 만들기, 재가 의료와 연계한 지역 포괄 케어를 제공하는 마을이나 재해 지역 복귀를 위한 마을 만들기 등 분야를 막론한 횡단형 공동 연구에 힘쓰고 있음. 2011년 일본도시계획학회 논문 장려상, 2012년 일본도시주택학회 업적상 수상. 주요 저서 《지역 포괄 케어 추천-재택 의료 추진을 위한 다직종 연계 시도》(2014년), 《커뮤니티 디자인학-구조 만들기부터 고려하다》(2016년)

이후쿠베 도루(伊福部達)

도쿄대 명예교수 | 19장 담당

1971년 홋카이도대학 대학원 석사과정(전자공학) 수료. 1989년 홋카이도대학 전자과학연구소 교수를 거쳐 2002년부터 도쿄대 첨단과학기술연구센터 교수 역임. 홋카이도대학 명예교수, 도쿄대 명예교수. 2011 고령사회 종합연구소 특임 연구원, 2016년 객원 연구원으로 활동. 홋카이도대학 교수 역임. 공학박사. 전자정보통신학회 특별 연구원, VR학회 특별 연구원, '의료복지공학'으로 2012년 나가야마상 수상, '긴급 지진 속보음 작성'으로 소리의 장인 공적 표창(일본오디오협회, 2012년), 홋카이도신문 문화상(2014년) 수상. 주요 저서《소리의 복지 공학》(1997년),《복지 공학의 도전》(2004년),《복지 공학으로 초대》(2014년),《복지공학의 기초》(2016년)

히구치 노리오(樋口範雄)

도쿄대 대학원 법학·정치학 연구과 교수 | 20장 담당

1974년 도쿄대 법학부 졸업, 가쿠슈인대학 조교수, 교수를 거쳐 1992년 현직에 취임. 후생노동성 종말기 의료에 관한 검토회 위원 등으로 활동. 주요 저서《사례 연구 생명 윤리와 법》(2012년, 편저),《미국 헌법》(2011년),《의료와 법을 고민하다》(2007년, 2008년 속편 발행),《신탁과 법률》(2007년),《초고령 사회 법률 무엇이 문제인가》(2015년)

차
례

제1장

초고령 미래 사회의 모습

1 　세계와 일본의 고령화

POINT >　세계에서 가장 고령화된 선진국으로 알려진 일본이 '고령화 모델 국가'로서 차지하는 위치와 역할을 알아본다.

세계 최고 수준의 고령화율
'고령화 선진국' 선두를 달리는 일본

일본은 현재는 물론 미래에도 세계에서 가장 고령화된 사회, 즉 **고령화 선진국**으로 앞서 나갈 것으로 보인다. 인구의 고령화, 즉 전체 인구 대비 고령자 비율의 증가는 20세기 후반부터 뚜렷하게 나타난 전 세계적인 현상이며 하나의 흐름이다.

　일찍이 고령화 사회 모델을 이끌어 왔던 곳은 북유럽을 중심으로 한 유럽 국가들이었으나, 2005년 일본의 고령화율(총인구 대비 65세 이상 인구 비율)이 세계 최고 수준에 도달한 이후, 현재는 일본이 새로운 사회 모델을 만들고 있다. 고령화는 평균 수명 연장과 저출산으로 발생한 인구 구조의 변화로 사회 전체와 국민 생활에 다양한 문제와 새로운 가능성을 던져 준다.

그림 1 각 선진국의 고령화 속도 비교

① 주요 국가

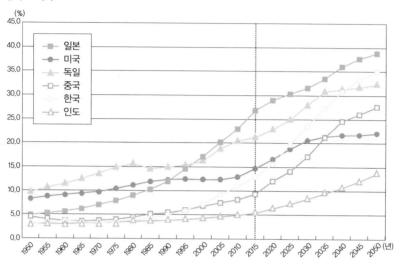

② 세계와 각 지역

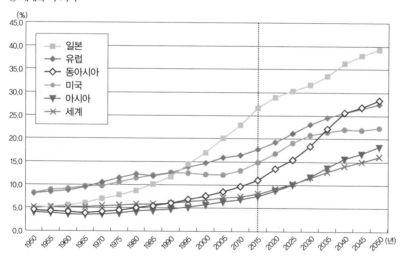

자료: UN, 《World Population Prospects: The 2015 Revision》. 일본의 자료는 2010년까지는 총무성의 〈국세조사〉, 2015년 이후는 국립 사회보장·인구문제 연구소의 〈일본의 미래 인구 추계〉(2012년 1월)의 출생 중위, 사망 중위 가정에 의한 추계 결과.

2016년 기준 일본의 고령화율은 27.3%인데, 앞으로도 계속 높아져 2024년에는 30%, 2035년에는 33.4%(3명 중 1명이 65세 이상), 2061년에는 40%에 도달할 전망이다.* 일본은 앞으로도 심각한 고령사회로의 변화를 세계 어느 나라보다 먼저 경험해야 한다. 고령화로 발생하는 과제 역시 전 세계적으로 선례가 없어 다른 나라의 사례를 참고하지 못하고 스스로 해결 방법을 찾아야만 한다.

고령화로 이미 발생한 사회적 문제와 아직 드러나지 않은 다양한 과제를 해결하고 새로운 발전 가능성을 모색해야 한다. 이는 일본의 미래 사회를 구축하는 일이라 해도 과언이 아니다. 인구 고령화의 변화에 성공한 세계적인 모델 국가가 될지, 실패한 국가로 반면교사가 될지는 모두 우리의 대처에 달려 있다.

세계에서 가장 빠른 일본의 고령화
향후 동아시아 지역의 급속한 고령화

일본은 세계에서 가장 빠른 속도로 고령화되었다. 일본의 고령화율은 1970년 7%를 넘어 '고령화가 진행 중인 사회'를 의미하는 **고령화 사회**에 진입하였고, 불과 24년 만에 14%를 넘어 '고령화된 사회'를 의미하는 **고령사회**가 되었다. 고령화율이 7%에서 14%가 되기까지 걸리는 시간을 **배가 연수**라고 부르며, 고령화 속도를 나타내는 지표로 활용한다. 일본은 배가 연수가 24년으로 세계 어느 나라보다 짧은 시간이 걸렸다. 배가 연수는 고령사회를 준비할 수 있는 시간을 의미한다. 프랑스는 126년, 스웨덴은 85년이

---

* 국립 사회보장·인구문제 연구소, 〈일본의 미래 인구 추계〉(2012년 1월)의 출생 중위, 사망 중위 가정에 의한 추계 결과.

표 1 **각 선진국의 고령화 속도 비교**

국가	65세 이상 인구 비율(도달 연수)								경과 연수(연간)	
	7%	10%	14%	15%	20%	21%	25%	30%	7%→14%【배가 연수】	14%→21%
한국	1999	2007	2017	2019	2026	2027	2033	2041	18	10
싱가포르	1999	2013	2019	2020	2026	2027	2033	2043	20	8
일본	1970	1985	1994	1996	2005	2007	2013	2024	24	13
중국	2000	2017	2025	2028	2035	2037	2049	2063	25	12
독일	1932	1952	1972	1976	2009	2013	2025	2034	40	41
스페인	1947	1973	1991	1994	2024	2026	2034	2043	44	35
영국	1929	1946	1975	1982	2027	2030	2060	—	46	55
러시아	1968	1979	2017	2020	2040	2045	2055	—	49	28
이탈리아	1927	1964	1988	1991	2008	2013	2027	2037	61	25
캐나다	1945	1984	2010	2013	2024	2026	2052	—	65	16
미국	1942	1972	2014	2017	2031	2048	2093	—	72	34
스웨덴	1887	1948	1972	1975	2015	2021	2054	—	85	49
프랑스	1864	1943	1990	1995	2020	2023	2053	—	126	33

자료: 국립 사회보장·인구문제 연구소, 〈일본의 미래 인구 추계〉(2012년 1월)

※ 1950년 이전은 UN(1956), "The Aging of Population and Its Economic and Social Implications", 《Population Studies》 No.26 및 〈Demographic Yearbook〉, 1950년 이후는 UN, 《World Population Prospects: The 2010 Revision》(중위 추계)을 참고함. 다만 일본은 총무성 통계국의 〈국세조사〉와 국립 사회보장·인구문제 연구소의 〈일본의 미래 인구 추계〉(2012년 1월)의 출생 중위(사망 중위) 추계치를 인용함. 1950년 이전은 기존 연도의 데이터를 기초로 사잇값을 근사치로 계산하는 보간법 추계이며, 각각의 인구 비율이 차지한 최초의 연도임. '—' 표시는 2100년까지 해당 비율에 도달하지 않았음을 나타내며, 국가 나열은 배가 연수(7%→14%)가 짧은 순.

걸려 천천히 고령사회를 맞이했지만, 일본은 24년이라는 아주 짧은 시간에 사회보장제도와 다양한 복지정책을 추진해야 했다.

지금까지 다른 선행 연구에서는 크게 주목하지 않았던, 14%에서 21%까지 걸린 시간도 일본은 13년으로 단숨에 고령화가 진행되었다는 사실을 알 수 있다. 일본은 이처럼 1970년대 이후 급속하게 진행된 고령화로 다양한 과제 해결과 대응 방안 마련에 고심하고 있다.

이와 더불어 동아시아 지역 국가들의 급속한 고령화에 주목해야 한다. 특히 한국과 싱가포르는 일본을 뛰어넘는 속도로 고령화가 진행될 전망이다. 중국도 일본과 거의 같은 속도로 고령화되고 있다. 한국과 싱가포르는 2027년, 중국은 2037년 고령화율 21%에 도달할 것으로 예상한다. 이들 국가는 고령화로 앞서가는 일본의 대응 방안에 높은 관심을 보이고 있어 주변 국가와의 관계에서도 일본의 역할이 매우 중요하다.

고령자의 정의

일반적으로 65세 이상을 '고령자'라고 부른다. 개념 정의에 대한 유래는 확실하지 않다. 1956년 UN에서 발간한 보고서 《인구 고령화에 따른 경제적 사회적 의의The Aging of Populations and Its Economic and Social Implications》에서 65세 이상을 고령자로 분류하며 처음으로 이 용어를 사용했다고 알려져 있다. 초고령 사회에 접어든 일본에서는 현재 고령자를 어떻게 정의할 것인지 근본적인 검토가 필요하다는 의견이 있다(제3장 참고).

고령화의 구분

고령화된 사회를 나타내는 여러 표현이 있다. 세계적으로 전체 인구 대비 고령자의 비율이 7%를 넘으면 '고령화 사회aging society', 14%를 넘으면 '고령사회aged society'라고 부른다(위의 UN 보고서 기준). 최근에는 20% 또는 21%를 넘었을 때 '초고령 사회'라고 부르기도 하는데, 아직 세계적인 합의가 이루어진 것은 아니다.

인구 전환(인구 혁명)

근대 사회의 인구 변화는 많이 낳고 많이 죽는 '다산다사多産多死'의 단계에서 많이 낳고 적게 죽는 '다산소사多産少死'의 시기를 거쳐, 적게 낳고 적게 죽는 '소산소사少産少死'의 단계로 진행한다고 알려져 있다. 생활수준의 향상과 공중위생의 개선으로 사망률이 떨어지는 다산다사 사회에서, 출산을 꺼려 인구증가율이 감소하는 소산소사의 단계에 도달한다는 인구 전환 이론의 모델인데, 실제 여러 선진국이 이 길을 걷고 있다. 인구 고령화도 인구 전환의 결과이다.

2 인구 감소
—수명 연장과 저출산

POINT > 인구 고령화의 원인인 수명 연장과 저출산, 인구 감소의 실태와 전망
에 대해 알아본다.

수명 혁명과 인생 100세 시대

일본은 급속한 고령화, 즉 사망률 감소로 고령 인구가 증가하고 평균 수명
이 빠르게 늘어나면서 **장수 사회**가 되었다. 의학의 발달, 공중위생의 개선,
국민의 높은 건강 의식, 일본인 특유의 식생활, 생활환경 변화 등 다양한 요
인에 따른 결과이다. 일본인의 평균 수명은 제2차 세계대전이 끝난 1947년
당시 남성 50.06세, 여성 53.96세였으나, 점점 증가하여 2015년에는 남성
80.79세, 여성 87.05세까지 늘어났다. 이처럼 20세기 후반에 30세 가까이 평
균 수명이 늘어난 현상을 **수명 혁명**(또는 **장수 혁명**)이라고 부른다.

　평균 수명은 '출생한 시점(0세)의 평균 수명'을 가리키며, **평균 여명**은 '어
느 연령에서 남은 평균 생존 기간'을 나타낸다. 따라서 현재 우리가 평균 몇
세까지 살 수 있는지 알고 싶다면 각 연령의 평균 여명을 살펴봐야 한다.

그림2 일본인의 평균 수명 변화와 추계

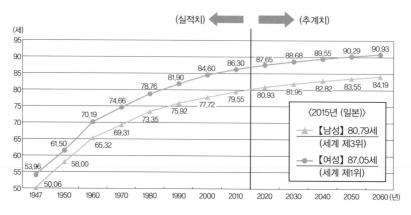

자료: 1947년과 1960년부터 2010년까지는 후생노동성의 〈안전생명표〉, 1950년은 후생노동성의 〈간이 생명표〉, 2020년 이후는 국립 사회보장·인구문제 연구소의 〈일본의 미래 인구 추계〉(2012년 1월)의 출생 중위, 사망 중위 가정에 의한 추계.

표 3 평균 수명과 건강 수명 차이

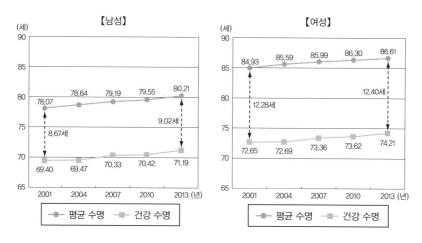

자료: 2001, 2004, 2007, 2013년의 평균 수명은 후생노동성 정책총괄관부 인구동태·보건사회통계실의 〈간이생명표〉, 2010년은 〈완전생명표〉를 참고하였고, 2001~2010년의 건강 수명은 후생노동과학 연구보조금으로 진행한 《건강 수명 미래 예측과 생활 습관병 대책의 비용 대비 효과성에 관한 연구》, 2013년은 〈후생과학심의회 지역 보건 건강 증진 영양부회 자료〉(2014년 10월)를 참고.

2010년 안전생명표(후생노동성)에 따르면, 75세 남성은 평균 여명이 11.45년(현재 75세인 남성의 평균 수명은 86.45세), 65세 여성은 23.80년(현재 65세 여성의 평균 수명은 88.80세)이다. 또한 간이생명표(2015년)를 참고하면 '특정 연령까지의 생존자 비율'을 알 수 있다. 이 항목을 살펴보면 남성 2명 중 1명은 84세, 4명 중 1명은 90세까지 살 수 있고, 여성 2명 중 1명은 90세, 4명 중 1명은 95세까지 살 수 있다. 이제는 '인생 90세 시대'라고 해도 과언이 아니다.

국립 사회보장 · 인구문제 연구소는 앞으로도 평균 수명과 100세 이상의 인구가 계속 증가할 것으로 예상한다. 100세 이상의 인구는 2015년 현재 약 6만 명 수준인데 2050년에는 70만 명까지 늘어날 전망이다. 재생 의학을 비롯한 의료 기술은 한층 발전할 것으로 기대되어 현대 사회를 살아가는 우리는 조만간 '인생 100세 시대'를 맞이할 가능성이 크다. 이제 우리는 100세를 전제로 인생을 설계할 필요가 있다. 어떻게 하면 보다 풍요롭게 100세 시대를 살아갈 것인가. 우리 모두에게 주어진 커다란 과제이자 도전이다.

가파른 고령화의 원인은 저출산

고령화는 고령 인구의 상대적 증가이다. 고령화의 원리를 제대로 이해하려면 먼저 사망률 감소로 인한 고령 인구의 증가와 수명 연장, 출산율이 떨어져서 발생한 젊은 인구 감소(저출산) 현상을 살펴보아야 한다. 한 여성이 평생 동안 낳을 것으로 기대하는 자녀 수의 평균인 **합계출산율**(이하 출산율)은 다음의 세 단계로 구분한다.

제2차 세계대전이 끝난 후 10년

전쟁이 끝난 직후의 출산율은 4명이 넘었던 제1차 베이비붐(1947~1949년에 태어난 단카이 세대) 시기가 지나 약 10년 동안 급격히 떨어졌다. 1948년 우월

한 유전자만 남기자는 취지의 '우생보호법' 제정으로 인공임신중절이 가능해졌고 가족계획 추진을 위해 피임 방법을 보급한 결과이다.

1950년대 후반~1970년대 전반

1950년대 후반부터 시작된 고도 경제성장기에는 출산율도 비교적 안정적으로 변화하였다. 현재 인구 규모를 유지하기 위해 필요한 출산율을 의미하는 **대체출산율**은 2.07명(2005년 후생노동백서)인데 이 시기에는 적정한 출산 수준을 유지해 왔다(1966년 병오년● 제외).

1970년대 후반부터 현재까지(약 40년)

1975년 이후 출생률은 2.0 수준에서 완만하게 감소하여 1989년에는 과거 최저였던 1966년의 1.58 수준을 밑돌았고('1.57 쇼크'라고 부름), 2005년 '1.26 쇼크'로 사상 최저 수준을 기록했다. 이처럼 장기적으로 진행된 출산율 침체는 인구 고령화를 가속시키며 결국 인구 감소로 이어졌다.

저출산은 결혼을 늦게 하는 **만혼화**와 더불어 **고령 출산화, 비혼화**(생애 미혼율의 증가)가 주요 원인이다. 이는 결혼관이나 가족관의 변화와 함께 현재의 고용 환경 속에서는 '안심하고 자녀를 낳아 기를 수 없다'라는 불안이 사회 전체에 만연하기 때문이다.

인구 감소를 동반한 초고령 미래 사회

저출산의 영향으로 일본의 총인구는 2008년부터 장기적인 인구 감소 과정

● 서력 연도를 60으로 나누어 나머지가 46인 해가 병오년이다. 병오년에는 '화재와 같은 재해가 자주 발생한다'라는 전설이 있는데, '병오년에 태어난 사람은 기가 세다'라는 미신으로 바뀌어 병오년이었던 1966년에는 출산을 기피하는 현상이 있었다(다음 병오년은 2026년).

그림 3 **출생 수와 합계출산율**

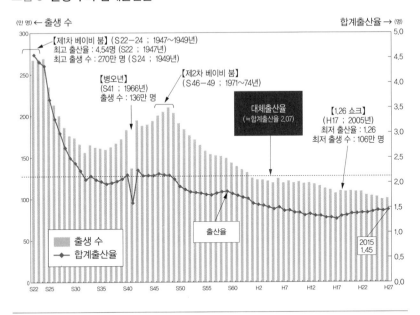

자료: 후생노동성, 〈인구 동태 통계〉

그림 4 **평균 초혼 연령의 변화(만혼화와 고령 출산)**

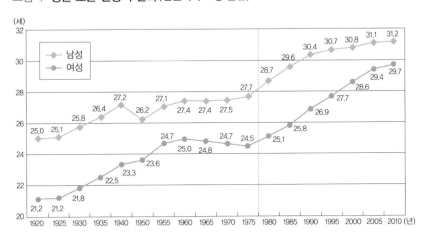

자료: 총무성 통계국, 〈국세조사보고〉

그림 5 **생애 미혼율의 변화와 추계**

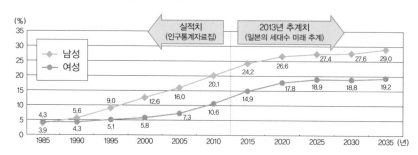

자료: 국립 사회보장 · 인구문제 연구소, 〈일본의 세대수 미래 추계〉(전국 추계, 2013년 1월), 〈인구통계 자료집〉(2015년 판)

주: 생애 미혼율은 50세를 기준으로 한 번도 결혼하지 않은 사람의 비율을 나타내며, 2010년까지의 자료는 〈인구통계 자료집〉(2015년 판), 2015년 이후는 〈일본의 세대수 미래 추계〉의 45~49세 미혼율과 50~54세 미혼율의 평균.

에 빠져들었다. 2026년 1억 2000만 명을 밑돌 것으로 예상하며 이후에도 계속 감소해 2048년에는 1억 명을 깬 9913만 명, 2060년에는 8674만 명으로 추계된다. 2010년부터 2060년에 걸쳐 매년 평균 80만 명(합계 4000만 명)이 줄어들 전망이다.

　한편 전 세계는 **인구 폭발**이라는 단어가 상징하듯 앞으로도 계속 증가할 예정이다. 2015년 세계 인구는 73억 명인데 2050년에는 97억 명에 도달할 전망이다.● 이러한 인구 증가는 한정된 지구의 자원 활용과 크게 연관이 있다. 국가 차원, 전 세계 차원에서 적정한 인구 규모를 고민해야 한다. 특히 일본은 경제적 측면에서 국력 저하를 동반한 **인구 감소** 현상을 앞으로 어떻게 풀어나갈지 고령화 대책과 함께 저출산 대책 마련이 시급한 상황이다.

● UN, 《World Population Prospects : The 2015 Version》

총론

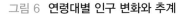

그림 6 **연령대별 인구 변화와 추계**

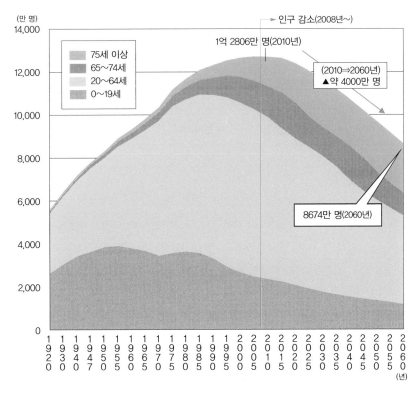

자료: 총무성 통계국 〈국세조사〉 및 국립 사회보장·인구문제 연구소 〈일본의 미래 인구 추계〉(2012년 1
월)의 출생 중위, 사망 중위 가정 추계. 매년 10월 1일 현재 자료이며, 1947~1970년은 오키나와현을 포
함하지 않았음. 합계는 연령 미상을 포함.

한계 수명(최대 수명)

개인의 생존 기간을 수명이라고 한다. 한 집단에서 태어난 인간의 평균 생존 기대치는 '평균 수명', 한 생물 종의 수명 한계는 '한계 수명'이라고 부른다. 지금까지 세계 최장수자는 1875년에 태어나 122세에 사망한 프랑스 여성 잔 칼망이다.

성별 수명 차이

20세기 초까지 성별에 따른 수명 차이는 거의 없었다. 높은 임산부 사망률 탓이었다. 지금은 거의 모든 국가에서 여성이 남성보다 오래 산다. 그 이유는 여러 가지다. 남성의 Y염색체에 들어 있는 유전자가 수명 단축을 가져오고, 여성은 에너지 대사량이 적은 데다 여성 호르몬의 영향으로 노년기에 많을수록 좋은 물질(알부민이나 총콜레스테롤, HDL 콜레스테롤 등)의 혈청 농도가 높다. 또한 담배나 과도한 음주처럼 나쁜 생활 습관이 남성에게 많다.

참고문헌: 시바타 히로시, 스기사와 히로히데 편저, 《노년학 개론》, 2007

건강 수명

건강 수명(건강 여명)은 '건강하게 자립해서 생활하는 평균 기간'을 의미하는 용어로 최근에 많이 사용하고 있다. '평균 수명-아파서 활동하지 못한 기간=건강 수명(자립 생활 기간)'으로 판단하는데, 건강과 건강하지 않음은 삶과 죽음처럼 명확히 구분할 수 없어 연구자 관점에서 조작적으로 정의하여 계산하는 것이 일반적이다. 구체적으로는 '장애조정 건강 수명 disability adjusted life expectancy; DALE'이나 '장애조정 생존연수 disability adjusted life years; DALY' '평균 건강 수명 health adjusted life expectancy; HALE' 등의 지표를 자주 활용한다.

3

초고령 미래 사회의 특징

POINT > 고령화, 수명 연장, 저출산 그리고 인구 감소와 인구 구조의 구체적 변화와 특징을 알아본다.

후기 고령자의 증가 '고령자의 고령화'

가장 큰 특징은 **고령자의 고령화**이다. 본격적으로 3명 중 1명이 65세 이상인 초고령 사회를 맞이하지만, 그중에서도 75세 이상의 **후기 고령자**가 급속히 늘어난다는 점이 특징이다. 전체 인구 대비 75세 이상의 비율은 2015년 12%(1612만 명, 국세조사)였으나, 2030년에는 20%(2278만 명)로 거의 두 배가 증가한다. 과거에는 80세나 90세인 고령자를 만나기 힘들었으나 대다수 사람이 오래 사는 초고령 미래 사회에서 80세나 90세는 점점 일반화될 것이다. 이제 21세기를 사는 우리의 가장 중요한 과제는 수명 혁명으로 늘어난 새로운 삶의 단계를 건강하고 행복하게 살아가기 위해 명확한 지침을 만들고 편리한 생활환경을 정비하는 일이다.

참고로 2030년 75세 이상의 남녀 비율을 살펴보면 2 : 3(남 : 여)으로 여성

그림 7 **인구 구성(연령별) 변화**

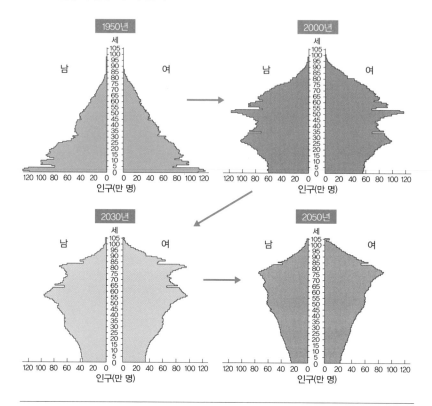

자료: 국립 사회보장·인구문제 연구소, 〈일본의 미래 인구 추계〉(2012년 1월)

의 비율이 높다(85세 이상의 비율은 1 : 2). 앞으로 여성 후기 고령자가 증가한다는 점도 하나의 특징으로 짚어 둘 필요가 있다.

■ 요양이 필요한 고령자는 일부

'고령자의 고령화' 현상에 대해 일각에서는 '앞으로 요양이나 도움이 필요한 고령자가 급증할 것'이라는 조금 왜곡된 시각으로 고령화 사회를 바라볼지도 모른다. 75세 이상 고령자의 증가와 더불어 요양이 필요한 인구 및 비

그림 8 미래 인구 구성(연령별) 추계

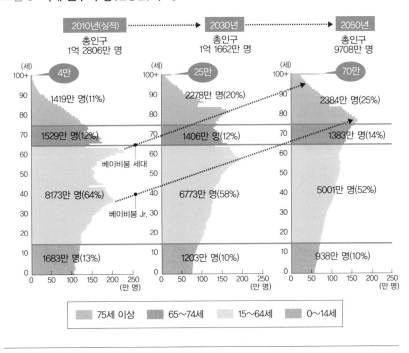

자료: 2010년은 총무성 〈국세조사〉, 2030년과 2050년은 국립 사회보장 · 인구문제 연구소 〈일본의 미래 인구 추계〉(2012년 1월)의 출생 중위, 사망 중위 가정에 의한 추계 결과.

그림 9 **2030년의 65세 이상 인구의 남녀 비교(추계)**

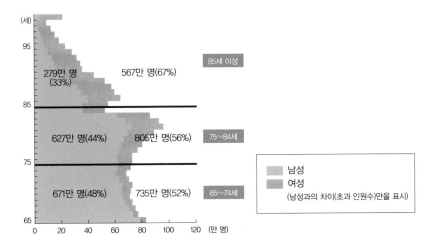

율도 함께 높아질 것으로 예상하지만(그림 10), 대부분 고령자(70~80%)는 평범하게 자립해서 생활한다는 점을 기억해 두자.

그림 10 **요양이 필요한 고령자 수 추계**

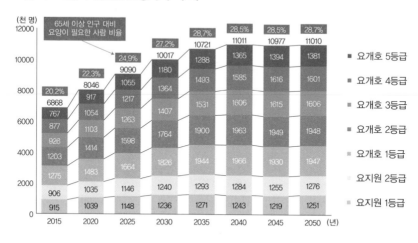

〈일본 미래 인구 추계〉(2012년 1월)의 출생 중위, 사망 중위 추계 결과 및 국립 사회보장·인구문제 연구소의 〈사회보장 통계연보 데이터베이스〉 자료 중 개호보험 등급 인정자의 연령대별(남녀별), 요양 등급별 상황을 참고로 작성.

혼자 사는 고령자 세대의 증가

고령자 세대의 구조 변화도 초고령 사회의 특징이다. 2015년 현재 고령자 세대 중 혼자 사는 고령자의 비율은 31.8%인데 앞으로도 계속 완만하게 늘어나 2030년에는 36.2%에 도달할 전망이다. 숫자로는 약 130만 세대가 증가할 것으로 예상한다. 전체 세대의 14%는 혼자 사는 고령자 세대가 차지하게 된다. 고령 부부만으로 이루어진 세대도 약 30% 수준으로 예상하는데 이 중 자녀와 동거하지 않는 세대가 고령자 세대의 약 70%를 차지할 전망이다. 이러한 고령 세대의 구조 변화는 요양이나 안전사고, 고독사 등 다양

그림 11 **고령자 세대수의 변화와 추계(세대별)**

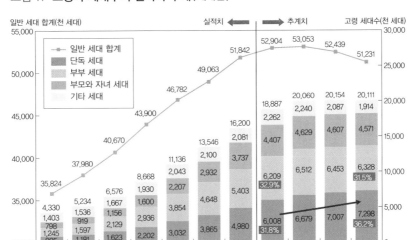

자료: 2010년까지는 총무성 〈국세조사〉, 2015년 이후는 국립 사회보장·인구문제 연구소 〈일본의 미래

세대수 추계〉(2013년 1월)

주: 고령 세대란 세대주의 연령이 65세 이상인 일반 세대

그림 12 **혼자 사는 고령자 수의 변화와 추계(성별)**

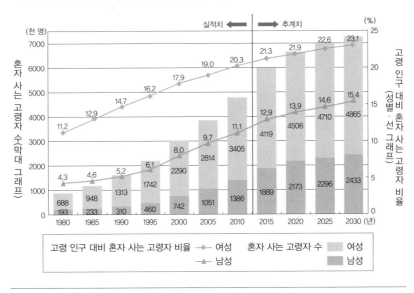

자료: 2010년까지는 총무성 〈국세조사〉, 2015년 이후는 국립 사회보장·인구문제 연구소 〈일본의 미래

세대수 추계〉(2013년 1월)

제1장 | 초고령 미래 사회의 모습   041

한 사회적 문제와 연관되어 있다. 참고로 혼자 사는 고령자 세대의 남녀 구성을 살펴보면 여성의 비율이 훨씬 높다(2015~2030년까지 남녀 비율은 약 1 : 2). 앞으로 중요한 사회 문제 중 하나로 혼자 사는 고령자 세대의 증가에 주목할 필요가 있다.

도시 지역의 급속한 고령화와 지방의 공동체 사회 붕괴

고령화의 특징은 지역별로 다양하게 나타난다. 최근 도시(주변 도시 포함) 지역의 급속한 고령화가 눈에 띈다. 2010년에서 2030년까지 65세 이상 고령자가 급격히 증가하는 지역은 도쿄도, 가나가와현, 오사카부, 사이타마현, 아이치현, 지바현 등 도시 지역이다. 도시의 고령화는 고도 경제성장기에 도시로 이주한 세대가 출생지로 돌아가지 않고 그대로 남아 노년기를 맞이하기 때문이다. 2012년부터 베이비붐 세대가 65세를 맞이했고(2014년까지 3년간 약 300만 명이 65세에 도달), 많은 사람이 현역에서 은퇴하여 도시 환경을 바꾸고 있다. 집합 주거 지역의 노후화를 포함하여 다양한 사회적 대응 방안을 마련해야 한다.

이미 고령화가 진행된 지방에서도 '고령자의 고령화'는 한층 심화될 것으로 보인다. 마을 전체 인구의 절반 이상이 65세 이상인 **한계 집락**으로 불리는 지역도 더욱 늘어날 전망이며(2006년 국토교통성 자료에 의하면 전국의 한계 집락은 7878곳으로 전체의 13%에 해당), 과소화와 유령 마을 문제로 공동체 사회가 붕괴하는 곳이 증가하고 있다.

고령화 과제 부분에서 다시 설명하겠지만, 도시를 포함한 각 지역에서는 지역만의 특성을 살려 초고령 미래 사회에 어울리는 마을 만들기를 서둘러야 한다.

그림 13 **전국 미래 인구 추계**

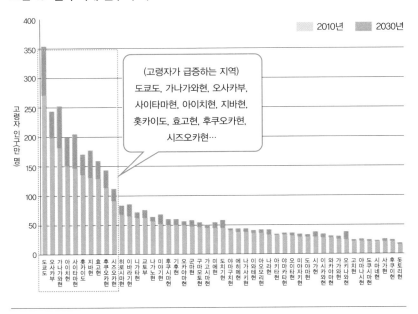

자료: 국립 사회보장·인구문제 연구소, 〈일본 도도부현별 미래 인구 추계〉(2007년 5월)를 중심으로 작성.

고령자가 많이 죽는 사회

'사망자 수의 증가, 특히 고령으로 인한 사망자의 증가'도 고령사회 특징 중하나이다. 1960년대의 연간 사망자 수는 약 70만 명이었는데 현재 100만 명을 넘어섰고 앞으로도 계속 증가할 전망이다. 노화로 인한 사망자의 증가는고령화가 진행된 최근에 들어서야 나타난 현상이다. 따라서 초고령 사회를**고령자가 많이 죽는 사회**라고 부르기도 한다. 고령 사망자의 증가는 이상적인 종말기 의료와 요양, 장례와 묘지, 치매는 물론 상속이나 후견인 문제까지 개개인이 존엄한 최후를 맞이하기 위한 다양한 과제와 연관되어 있다.

그림 14 **연령대별 사망자 수 변화와 추계**

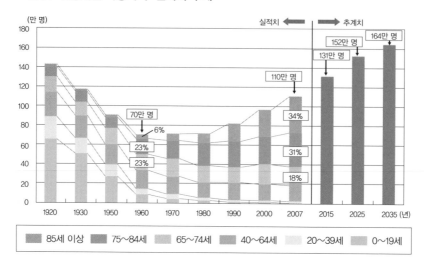

1950~1970년은 오카나와현을 포함하지 않음. 실적치에서 연령 미상은 삭제함. 추계치는 사망자 합계.
자료: 1920~1930년은 내각통계국의 〈일본 인구동태 통계〉, 1950~2007년은 후생노동성 통계정보국
의 〈인구동태 통계〉, 2015~2035년은 국립 사회보장·인구문제 연구소의 〈일본의 미래 인구 추계〉(2006
년 12월)를 참고.

고령자 시장과 실버산업의 확대

고령자가 소비 주체인 **고령자 시장**과 **실버산업**이 급격하게 확대될 것이라
는 전망도 미래 사회의 커다란 특징이다. 인구 고령화에 따른 당연한 변화
이지만, 1990년대 이후 오랜 경제 침체에서 벗어나 지속적으로 경제가 성
장해 나가기 위해 간과할 수 없는 중요한 부분이다. 산업계에서도 많은 비
즈니스 기회를 고령자 시장에서 찾으려 한다. 60세 이상의 연간 소비액으로
고령자 시장 규모를 추정하면 2012년 100조 엔에 도달했고 이후에도 매년
1조 엔 규모의 증가가 예상된다. 이는 현재의 소비 성향을 그대로 반영하
고 인구와 세대 구성의 변화만을 가정하여 추계한 결과이다. 앞으로 고령자

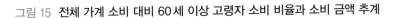

그림 15 **전체 가계 소비 대비 60세 이상 고령자 소비 비율과 소비 금액 추계**

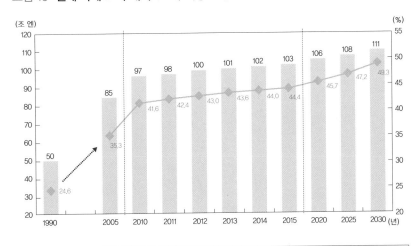

자료: 총무성 통계국의 〈전국소비실태조사〉(1989, 2004, 2009년), 총무성 통계국의 〈국세조사〉(1990, 2005, 2010년), 국립 사회보장·인구문제 연구소의 〈일본의 미래 인구 추계〉(2012년 1월), 국립 사회보장·인구문제 연구소의 〈일본의 미래 세대수 추계〉(2008년 3월)를 기준으로 닛세이 기초연구소에서 분석.

※ '전체 가계 소비 대비 60세 이상의 소비 비율' 산출 방법

1) 2010~2030년은 60세 이상 인구를 주거 형태별(a-단신 세대, b-부부 세대, c-기타 세대)로 구분하고, 각 각(a, b, c)에 평균 소비 지출 연간 금액을 곱한 합계액과 총세대수의 연간 평균 소비 지출 금액을 곱한 금액의 비율. 각각의 연간 평균 소비 지출 금액은 총무성 통계국의 〈전국소비실태조사〉(2009년)를 참고. 주거 형태별 평균 소비 지출 연간 산출액은 60세 이상 단신 세대는 189만 엔, 부부 세대(=남편 65세 이상, 아내 60세 이상 세대로 1인당) 153만 엔, 기타 세대는 171만 엔.

2) 2005년의 산출 방법은 위의 1)과 같음. 다만, 평균 소비 지출 연간 산출액은 〈전국소비실태조사〉(2004년)를 기준으로 단신 세대 195만 엔, 부부 세대 156만 엔, 기타 세대 172만 엔.

3) 1990년은 60세 이상 인구에 60세 이상 평균 소비 지출 연간 금액 153만 엔(1인당 추계치)을 곱한 금액과 일반 세대수에 연간 평균 소비 지출액을 곱한 금액의 비율.

※ 실제 소비 금액은 내각부의 〈국민경제계산(GDP 통계)〉의 가계 최종 소비 금액(주거 실제 가치 제외)을 기준으로 수정.

※ 60세 이상 인구는 1990~2010년은 총무성 통계국의 〈국세조사〉, 2011년 이후는 국립 사회보장·인구문제 연구소의 〈일본의 미래 인구 추계〉(2012년 1월)

※ 1990년의 세대수는 총무성 통계국의 〈국세조사〉, 2005년 이후는 국립 사회보장·인구문제 연구소의 〈일본의 미래 세대수 추계〉(2008년 3월)의 수치를 활용.

그림 16   세계의 고령자 인구(=시장) 확대

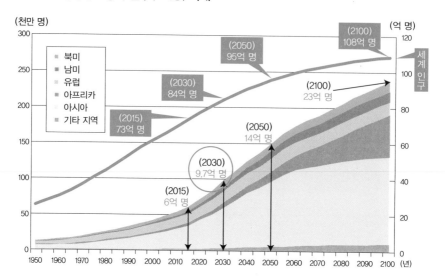

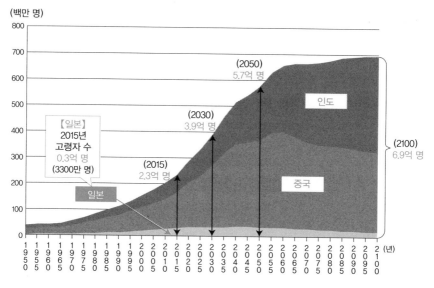

자료: United Nations, 《World Population Prospects : The 2012 Revision》을 기초로 작성(단, 일본은
국립 사회보장·인구문제 연구소의 〈일본 미래 인구 추계〉(2012년 1월 추계)에 따른 출생과 사망 중위 추계치.

※ 고령자 인구는 65세 이상 인구임. '세계 인구' 이외에는 모두 고령자 인구를 나타냄.

의 소비 욕구를 충족시키는 상품이 적극적으로 개발된다면 시장 규모는 더욱 커질 것으로 기대한다. 더구나 급속히 고령화하는 아시아 각국이나 세계 시장을 염두에 두면 시장 규모는 계산조차 할 수 없을 만큼 비대해질 것이다. 2030년 세계의 고령자 인구(=시장)는 약 10억 명에 도달한 전망이다. 현재 일본 고령자 시장의 약 30배에 해당하는 거대한 시장이 우리를 기다리고 있다.

제 2 장

초고령
미래 사회의
과제

1

초고령 미래 사회의
두 가지 과제

POINT >   다가올 초고령 미래 사회의 과제는 무엇일까. 하나는 누구나 겪을 개
인 과제이고 다른 하나는 사회적 차원에서 대응이 필요한 과제이다.

고령화 선진국으로 100세 시대를 살아가는 일본은 앞서 살펴본 것처럼 다
양한 과제에 직면해 있다. 의료와 요양, 연금과 같은 사회보장 문제에서 은
퇴 후 개개인의 생활 설계에 이르기까지 우리 생활을 둘러싼 모든 영역에
많은 과제가 쌓여 있다. 우선 다음의 두 가지 과제를 정확히 이해해 두어야
한다.

장수 시대를 사는 개인 삶의 변화
100세 시대의 인생 설계(개인 과제)

먼저 '100세 인생을 어떻게 설계하고 살아갈 것인가' 하는 개인 과제이다.
일본은 1500년대부터 오랫동안 인생 50세 시대를 살아왔다. 50세 시대와
100세 시대의 생활양식은 다를 수밖에 없다. 삶의 시간이 두 배 가까이 길

어졌을 뿐 아니라 인생을 스스로 설계하는 시대가 된 것이다. 20세 전후에 취직하고 결혼해서 자녀를 낳고 60세가 되어 퇴직하는 획일적인 인생 모델은 이제 사회 규범으로서 힘을 잃어가고 있다. 인생을 설계하는 방법이 다양해지면서 결혼이나 출산은 개인의 선택이 되었고 직업도 여러 단계를 거치며 바꿀 수 있다. **인생 다모작 시대**라고도 부르는 100세 시대를 제대로 준비하지 않고 50세 시대의 가치관과 생활 방식을 그대로 따르는 바람에 정년퇴직 후에 남은 시간을 주체하지 못해 힘겨워하는 사람도 많다. 100년 인생을 건강하게 자기가 가진 능력을 최대한 활용하며 살아가는 일, 아름다운 최후를 맞이하는 일은 장수 사회를 살아가는 우리에게 주어진 특전이자 기회이다. 이제 우리는 사회제도 및 시장 변화에 발맞추어 100세에 어울리는 인생 설계 능력이 필요하다.

사회 전체 시스템의 변화
안심이 되고 활력 넘치는 초고령 사회 창조(사회 과제)

또 하나는 사회 전체를 수정해야 하는 거시적 과제이다. 우리가 생활하는 마을이나 사회 체계, 그리고 대부분의 인프라는 젊은 인구가 많았던 피라미드형 시대에 만들어진 것으로 이제부터 시작되는 초고령 사회에는 적합하지 않다. 이미 고령화는 의료나 복지 등 사회보장 체계뿐 아니라 경제나 산업, 문화와 같은 폭넓은 영역에서 서로 연관되어 복잡한 문제를 드러내고 있다. 해결 방안을 찾기 위한 다각적인 검토가 이루어지고 있지만 여전히 명쾌한 해결 방법을 찾지는 못했다. 지출 증가로 재정 압박이 커진 사회보장비는 앞으로 사회보장제도가 제대로 유지되지 못할 것이라는 우려를 낳고 있다. 사회보장 급여의 재원 대부분이 적자에 시달리고, 국가 차입금도 1000조 엔을 넘기면서 누적된 부담을 다음 세대에게 떠넘겨야 하는 상황을

그림 1

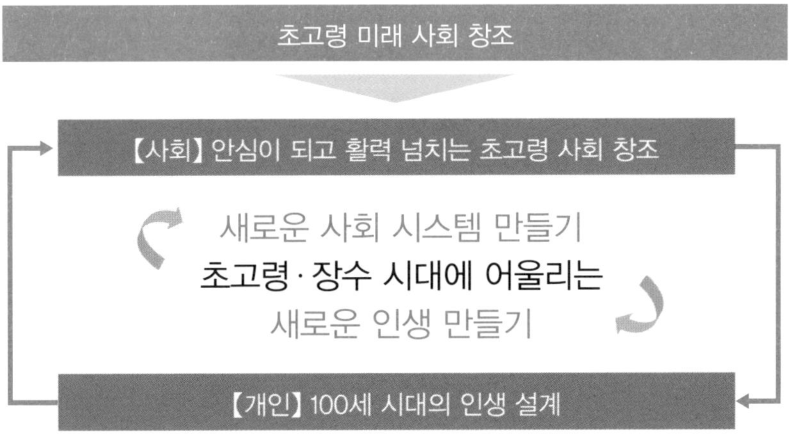

초고령 미래 사회 창조

【사회】 안심이 되고 활력 넘치는 초고령 사회 창조

새로운 사회 시스템 만들기
초고령·장수 시대에 어울리는
새로운 인생 만들기

【개인】 100세 시대의 인생 설계

피할 수 없게 되었다. 세금과 사회보장제도뿐 아니라 국민 한 사람 한 사람이 어떻게 하면 건강하고 생산적인 생활을 유지할 수 있는지 사회 전반에 걸쳐 근본적인 재검토가 요구되는 시점이다.

새로운 미래 사회를 맞이하기 위해 지금 우리에게 가장 중요한 과제는 개인의 늘어난 인생과 초고령 사회에 알맞은 사회 체계 만들기이다. 우리가 이처럼 중요하고 커다란 문제를 해결해야 하는 당사자라는 점을 반드시 기억해 두자. 그림 1은 개인과 사회의 중요한 과제를 다시 한 번 간략히 정리한 것이다.

2

개인 과제
─인생 설계 능력

POINT >   '100세 시대'에 어울리는 새로운 삶의 방식이 필요하다. 나이가 들어
가며 겪는 변화를 긍정적으로 받아들일 수 있는 인생 설계가 중요하다.

내각부에서는 매년 '국민 생활 여론조사'를 실시하는데, '고민이나 불안이
있다'라고 응답한 사람의 비율이 계속 증가하고 있다. 2016년도에 발표한
조사 결과를 보면 전체 응답자의 약 70%가 고민이나 불안이 있다고 응답
하였다. 그중에서도 '노후 생활에 대한 불안'을 가장 큰 이유로 들었다. 수
명 혁명으로 손에 쥔 경사스러운 '장수'가 오히려 생활을 불안하게 만들고
있다. 이제는 오래 사는 삶이 생활의 위험 요인이 되었다. 참고로 위의 조사
에서는 남성보다 여성이, 젊은층이나 고령층보다 중년층(40~50대)이 불안을
크게 느끼는 것으로 나타났다.

미래에 대한 고민이나 불안의 이유로는 노후 생활비, 늙은 부모와 배우자
돌봄, 본인의 건강 불안, 치매, 은퇴 후 생활과 자녀가 성장한 후의 생활, 삶
의 보람을 찾는 일, 신체가 쇠약해졌을 때의 생활, 죽을 때까지 살아갈 장소,
삶을 마감하는 마지막 시기의 생활, 재산 상속 등 다양한 의견이 있었다. 미

그림 2

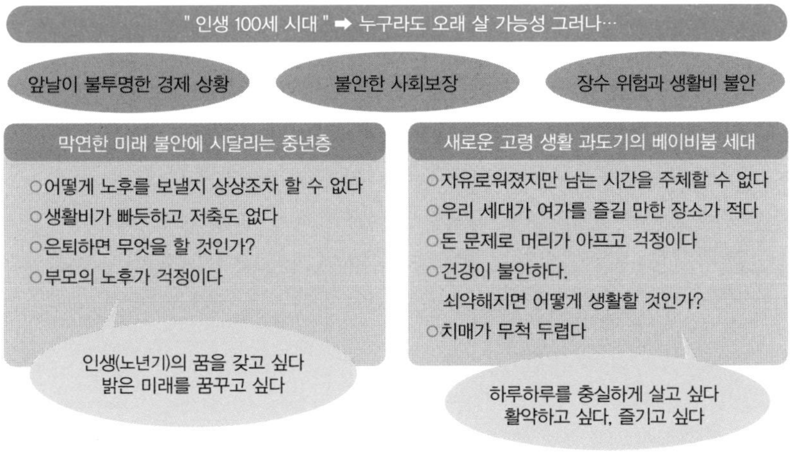

" 인생 100세 시대 " ➡ 누구라도 오래 살 가능성 그러나…

앞날이 불투명한 경제 상황   불안한 사회보장   장수 위험과 생활비 불안

막연한 미래 불안에 시달리는 중년층
- 어떻게 노후를 보낼지 상상조차 할 수 없다
- 생활비가 빠듯하고 저축도 없다
- 은퇴하면 무엇을 할 것인가?
- 부모의 노후가 걱정이다

인생(노년기)의 꿈을 갖고 싶다
밝은 미래를 꿈꾸고 싶다

새로운 고령 생활 과도기의 베이비붐 세대
- 자유로워졌지만 남는 시간을 주체할 수 없다
- 우리 세대가 여가를 즐길 만한 장소가 적다
- 돈 문제로 머리가 아프고 걱정이다
- 건강이 불안하다.
  쇠약해지면 어떻게 생활할 것인가?
- 치매가 무척 두렵다

하루하루를 충실하게 살고 싶다
활약하고 싶다, 즐기고 싶다

래를 제대로 준비하지 못하는 현재 상황이 막연한 불안으로 이어진다. 따라서 개인의 가장 중요한 과제는 100세 시대를 살아갈 준비를 하는 일로 자기다운 삶을 설계하는 능력이 우리 모두에게 필요하다.

건강과 요양, 돈이 가장 걱정

65세 이상 남녀 중 미래에 불안을 느낀다고 응답한 사람에게 이유를 물어보니 '본인과 배우자의 건강과 질병 불안'이 67.6%로 가장 높았고, 이어서 '본인이나 배우자가 병들어 눕거나 신체에 장애가 생겨 요양이 필요해지는 것' 59.9%, '생활을 위한 수입' 33.7% 순이었다. 건강과 요양, 돈이 미래 불안의 3대 요소임을 알 수 있다.

여기에 커다란 시사점을 주는 중요한 데이터를 소개하겠다. 노년기에는 '건강'이 무엇보다 중요하다. 60세가 지난 후 나이가 들면서 건강 상태가 어떻게 변하는지 오랜 기간 추적해 온 자료이다. 노년기의 생활과 고령자의 실상을 이해하는 데 도움이 될 것이다.

그림 3 고령자의 미래 불안 이유(복수 응답)

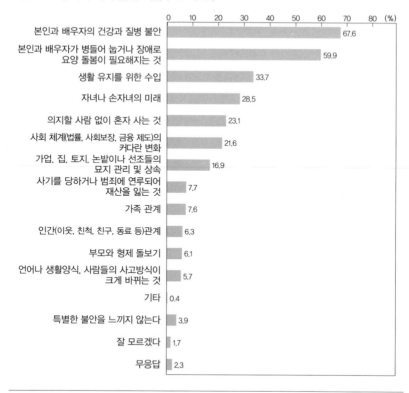

주: 전국 60세 이상 남녀 조사(층화다단 무작위 추출), n=3,893, 복수 응답

자료: 내각부, 《고령자의 일상생활에 관한 의식조사》, 2004.

노년기의 건강 상태(생활 자립도) 변화

이 자료는 전국 주민 기본 대장에서 무작위로 추출한 60세 이상 남녀 약
6000명을 대상으로 1987년부터 현재까지 20여 년간의 생활 변화를 추적한
조사 결과이다. 1987년 1차 조사 당시 가장 젊었던 60세의 조사 대상자가
2006년 7차 조사에서 80세를 맞이했다. 이처럼 시간의 변화와 함께 한 사
람 한 사람이 나이가 들면서 건강과 경제 상태, 가족이나 친구, 지역과 같은

사회관계 등 고령자 생활의 주요 부문에서 어떠한 변화가 일어났는지 체계적으로 파악할 수 있는 자료이다(사망 포함).

그림 4는 **기본적 일상생활동작**(ADL: Activities of Daily Living)과 **수단적 일상생활동작**(IADL: Instrumental Activities of Daily Living) 자료를 바탕으로 분석한 결과이다. 자립 생활 능력이 나이가 들며 변화하는 전형적인 모습을 살펴볼 수 있다. 남녀별로 그래프의 세로축은 자립 정도를 나타낸다. 3점은 ADL과 IADL의 일상생활동작 모두 아무런 도움 없이 가능함을 나타내며 자립해서 혼자 생활할 수 있는 상태이다. 2점과 1점으로 내려갈수록 자립도가 떨어져 생활보조나 돌봄이 필요한 상태가 된다. 가로축은 연령이다.

자료 분석 결과 남성은 세 유형으로 구분되었다. 약 20%(19%)의 남성은 70세가 되기 전에 건강을 잃고 사망하거나 심한 요양 상태가 되었다. 100세 시대인 요즘에는 요절이라고 부를 만하다. 반면 약 10%(10.9%)는 80세나 90세까지도 건강하게 자립 생활을 유지하는 것으로 나타났다. 나머지 약 70%(70.1%)는 75세경부터 서서히 자립도가 떨어졌다. 여성은 두 유형으로 나뉘었는데 약 90%(87.9%)의 사람들이 70대 후반부터 완만하게 자립도가 떨어졌다. 남성은 심장병이나 뇌졸중 등 생활 습관병으로 요양 상태가 되거나 사망하는 사람이 많았지만, 여성은 대부분 뼈나 근력이 쇠약해지면서 운동 기능이 저하되고 자립도가 서서히 떨어지는 경향을 보였다.

남녀를 합치면 약 80%의 사람이 **인생 제4기**에 돌입하는 70대 후반부터 서서히 쇠약해지기 시작해 도움이 필요한 상태가 되었다. 그러나 주목해야 할 점은 이 80%의 사람들도 요양이 필요하거나 치매이지는 않다는 것이다. 질병 등으로 신체의 불편함을 느끼지만 작은 도움이나 자신의 노력, 환경 개선 등의 대안이 있으면 일상적인 자립 생활을 계속할 수 있다.

위의 자료가 우리에게 주는 중요한 시사점을 정리하면, 첫째 100세 시대의 요절을 막기 위해서는 젊었을 때부터 생활 습관 개선에 힘써야 한다는

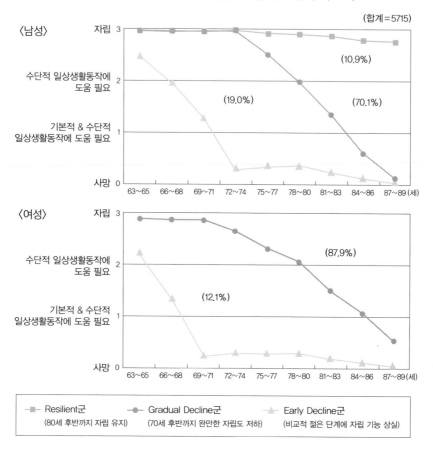

그림 4 건강 상태(≒자립도)의 변화 모습: 전국 고령자 20년 추적 조사

〈남성〉

(합계=5715)

자립 3
수단적 일상생활동작에 도움 필요 2
기본적 & 수단적 일상생활동작에 도움 필요 1
사망 0

(10.9%)
(19.0%)
(70.1%)

63~65 66~68 69~71 72~74 75~77 78~80 81~83 84~86 87~89 (세)

〈여성〉

자립 3
수단적 일상생활동작에 도움 필요 2
기본적 & 수단적 일상생활동작에 도움 필요 1
사망 0

(87.9%)
(12.1%)

63~65 66~68 69~71 72~74 75~77 78~80 81~83 84~86 87~89 (세)

- Resilient군 (80세 후반까지 자립 유지)
- Gradual Decline군 (70세 후반까지 완만한 자립도 저하)
- Early Decline군 (비교적 젊은 단계에 자립 기능 상실)

자료: 아키야마 히로코, 《장수시대 과학과 사회 구상》, 2010.

점, 둘째 신체의 노화를 피할 수 없는 상황에서 모든 사람은 완만하게 노화가 찾아온다는 사실을 받아들여야 한다는 점이다. 노화는 어느 날 갑자기 일상생활을 유지하지 못하도록 방해하는 것이 아니다. 따라서 노화 과정에서 자기만의 삶을 실현하기 위한 방법을 찾는 일이 중요하다. 사회도 후기 고령자가 안심하고 쾌적하게 생활할 수 있도록 환경을 정비해 나가야 한다.

기본적 일상생활동작(ADL Activities of Daily Living)

ADL은 일상생활을 하는 데 필요한 가장 기본적인 생활 기능이다. 구체적으로 식사와 화장실 가기, 옷 갈아입기, 이동, 목욕 등이다.

수단적 일상생활동작(IADL Instrumental Activities of Daily Living)

IADL은 일상생활을 하는 데 필요한 기능으로 ADL보다 복잡한 행동이다. 구체적으로 쇼핑, 세탁, 청소 같은 가사 전체, 자산 관리나 약품 관리, 대중교통 이용 등이다.

3 사회 과제
—활력 넘치는 초고령 미래 사회

POINT > 사람들이 안심하고 생활하는 활력 넘치는 초고령 미래 사회를 만들기 위해 사회 전반에 필요한 것은 무엇인지 구체적으로 알아본다.

다음으로 사회 과제이다. 본격적인 인구 고령화로 고령자가 안심하고 생활할 수 있는 활력 넘치는 사회를 유지하기 위한 많은 과제가 있다. 그중에서도 중요한 다섯 가지 과제를 중심으로 살펴보겠다.[*]

사회보장제도

먼저 인구 고령화와 가장 밀접한 사회보장제도이다. 20세기 후반 급속한 고령화에 대비해 **국민연금제도**(1961년 제정), **노인복지법**(1963년 제정)을 제정하고, **복지 원년**이라 불리는 1973년에는 **노인 의료비 무료화**를 실시했다. 고령자 보건복지정책의 하나로 1989년 **골드 플랜**(고령자 보건복지추진 10개년 전략), 1994년 **신 골드 플랜**(신 고령자 보건복지추진 10개년 전략)을 세웠고, 2000년부터는 **개호보험제도**를 시행하는 등 다양한 법적 정비와 정책을 추진해 왔다.

그러나 현재 각 제도의 재정 상태는 매우 심각한 상황이다. 사회보장비는 매년 1조 엔 규모로 증가할 전망이다. 2025년에는 연금 65조 엔(2010년도는 52조 엔), 의료 48조 엔(2010년도는 32조 엔), 요양 17조 엔(2010년도는 7조 엔)이 필요할 것으로 추정한다(후생노동성 〈사회보장 급여 부담 예상〉, 2006년 5월). 사회보장제도는 현역 세대가 그 외의 세대를 지원하는 구조이다. 앞으로 생산 가능 세대(20~64세)가 65세 이상의 고령자 몇 명을 지원하게 될지 간단히 인구 비율로 계산해 보면, 1990년에는 5.1명이 1명의 고령자를 지원했지만, 2010년에는 2.6명, 2030년에는 1.7명, 2050년에는 1.2명으로 줄어 생산 가능 세대 1명이 고령자 1명을 지원할 것으로 전망한다(후생노동성 〈후생노동백서 2011년 판〉). 세대 간의 부담 공평성 확보(YOUNG OLD BALANCE)의 문제도 남아 있지만, '어떠한 상태에 있는 누구를 누가 지원할 것인가' 하는 사회보장제도의 근본적인 목표를 수정할 필요가 있다. 미래에도 지속 가능한 제도로 유지하기 위해 다양한 각도에서 제도의 재설계가 요구된다. 이에 더해 앞으로 적절한 의료 및 요양 서비스를 양적이나 질적으로 안심하고 제공받을 수 있을지에 대한 문제도 우리 사회의 커다란 과제이다.

노동력과 국력

다음으로 노동력과 국력의 문제이다. 저출산 고령화로 인한 생산 인구의 감소는 국가 경제 규모를 나타내는 **GNP**(GNP, Gross National Product, 국민총생산)에도 많은 영향을 미친다. 최적의 인구 규모나 GNP만으로 평가할 수 없는 또 다른 풍요에 관한 논의도 있지만, 이대로라면 현재 세계 3위 수준인 일본의 GNP가 점차 떨어질 수밖에 없다. **생산 인구**는 앞으로 노동 시장에 고

● 사회보장제도는 제13장 참고.

령자나 여성의 참여가 이루어지지 않는 한, 2030년까지 약 1000만 명이 감소(2010년 6632만 명⇒2030년 5678만 명)할 것으로 예상된다(노동정책연구·연수기구의 2012년 노동력 수급 추계). 국력 유지를 위한 안정적인 생산 인구 확보가 미래 사회의 중요한 과제이다.

지역 자원의 노후화

지역 사회 전체의 시설 노후화도 문제이다. 고도 경제성장기에 세워진 주택 단지나 민간 아파트, 전기와 수도 등 생활 인프라를 재정비해야 한다. 후기 고령자가 두 배로 늘어나는 초고령 사회를 전제로 이용자에게 편리한 도로와 교통 체계 정비를 포함한 **마을 만들기**가 필요하다. 지역 사회 재건은 1~2년 정도의 단기간에 이룰 수 있는 것이 아니므로 지금부터 대책 마련이 시급하다.

인간관계의 연결 고리

사회의 질적인 면으로 눈을 돌리면 가족이나 지역의 인간관계 변화로 발생한 고령자의 외부 단절이나 자기 방임(식사나 의료를 비롯해 생활 유지에 필요한 행위를 스스로 방치하는 일), 더 나아가 고독사라는 심각한 현상이 나타나고 있다. 고령자 소재 불명(가족이 노부모의 소재를 모르는 현상) 문제가 상징하듯 가족관계를 포함해 희박해진 **인간관계의 연결 고리**와 **무연 사회**(無緣社會)의 진행은 미래 사회에 어두운 그림자를 드리우고 있다. 앞으로도 계속되는 핵가족화와 생애 미혼율 상승으로 혼자 사는 고령자 세대는 더욱 늘어날 전망이다. 특히 이웃 주민의 얼굴을 모르는 도시 지역에서는 사회와 단절된 채 생활하다 서글픈 최후를 맞이하는 고령자의 증가가 우려된다. 그러한 사회가 되지 않도록 준비가 필요한 시점이다.

노년기의 세대 내 격차

마지막으로 사회보장제도와 밀접한 노년기의 세대 내 격차 문제이다. 노년
기에는 은퇴하기 이전의 소득으로 연금액이 결정되어 경제적 격차가 발생
하기 쉽다. 현재 3명 중 1명이 비정규직인 고용 환경을 고려하면, 앞으로 연
금이 적거나 아예 받지 못하는 고령자의 증가도 우려된다. 지금은 여성 고
령자의 빈곤 문제가 매우 심각한 상황이다. 고용과 연금 문제가 중복되는
매우 복잡한 과제로 해결 방안 마련이 시급하다.

■ 고령화와 수명 연장 관련 185가지 연구와 정책 과제(참고)

'고령화 사회의 과제는 무엇인가' 하고 고민하는 사람이 적지 않다. 앞서 살
펴본 다섯 가지는 시급하고 주요한 과제만을 나열한 것이다. 고령화와 수명
연장 관련 내용을 상세히 살펴보면 끊임없이 과제가 등장한다. 모든 과제를
전부 찾아내기는 어렵겠지만, 일본학술회의가 2011년 4월에 발표한 '지속
가능한 장수 사회를 지원하는 학술 커뮤니티 구축'에서 제시한 〈고령화와
수명 연장에 따른 연구 과제-장수 사회를 지원하는 학술 로드 맵〉●은 고령
화와 수명 연장 관련 과제를 더욱 구체적으로 이해하고 싶은 사람에게 좋은
참고가 될 것이다. '누구를 위한' 과제인가에 따라 국민(Ⅰ), 지역(Ⅱ), 사회
(Ⅲ) 등 세 분야로 나뉘었고 모두 185개의 연구 및 정책 과제(소주제)가 실려
있다. 참고로 과제 실현을 위한 시기(지표)는 단기, 중기, 장기 3단계로 구분
되었다.

● http://www.scj.go.jp/ja/info/kohyo/pdf/kohyo-21-t119-1.pdf

제 3 장

초고령
미래 사회의
가능성

1 초고령 사회를 맞이하는 기본자세

POINT > 고령화에 따른 다양한 과제를 해결하는 기본 방향을 살펴본다. 무엇보다 고령화 과제를 우선순위에 두고 우리 모두 적극적인 자세로 협동해야 한다.

경제 발전을 가로막는다는 이유로 고령화를 부정적으로 바라보는 사람들이 있다. 노화에 대한 편견이나 막연한 미래 불안으로 장수하는 것조차 곱지 않게 보는 사람도 적지 않다. 그러나 이러한 과제나 불안을 어떻게 받아들이느냐에 따라 우리의 미래가 180도 달라진다. 우선 과제 해결을 위한 기본 방향으로 다음 세 가지를 반드시 확인해 두자.

고령화 과제의 다른 이름은 가능성

일본은 고령화 선진국인 동시에 고령화 과제 선진국이기도 하다. 고령자 개인의 풍요로운 미래와 지속적인 사회 발전을 위해 풀어야 할 과제가 많지만, 이는 앞으로 세계 모든 국가가 겪을 일이다. 초고령 국가로서 다른 나라에 비해 많은 노력이 필요하겠지만, 과제 해결은 우리 사회를 풍요롭게 만들 뿐 아니라 소중한 수출 자원이 될지도 모른다. 과거 일본은 전쟁이 끝나고 발생한 공해 문제를 극복하는 과정에서 기술력으로 국제 경쟁력을 키워왔던 경험이 있다. 어려운 과제일수록 우리가 한 걸음 더 앞서갈 수 있는 가능성이자 기회가 된다. 긍정적으로 고령화 과제를 받아들이는 일은 우리가 모두 안심하고 생활할 수 있는 활력 넘치는 미래 사회를 만드는 첫걸음이다.

사회 구성원의 위기 공유

긍정적으로 고령화 과제를 받아들이는 일과 함께 필요한 것이 '위기 공유'이다. 고령화는 사회 전체에서 발생하는 현상으로 일상에서 체감하기 어려운 변화이기 때문에 과제를 제대로 인식하지 못하는 사람이 많다. 앞으로 75세 이상 고령자가 전체 인구의 20%를 차지하는 미래 사회에 현재 체계를 그대로 유지하면 어떻게 될까. 국가 재정도 재검토하지 않고 사회보장 비용을 지출하면 어떤 상황이 올까. 삶의 보람을 느끼지 못하는 노후, 적절한 의료 및 요양 서비스를 받지 못하고 의지할 사람 하나 없이 고독사하거나 장수를 비관하여 자살하는 사람이 늘어나는 최악의 시나리오도 얼마든지 상상할 수 있다. 이런 미래를 피하려면 우리 모두 위기감을 갖고 고령화를 정확히 이해해야 한다. 그다음에 이상적인 미래 사회 만들기에 도전해야 할 것이다.

공통된 가치관 형성과 협동

우리는 100세 시대를 대비하여 개인의 인생 설계와 모두가 안심하고 생활할 수 있는 활력 넘치는 초고령 사회 만들기를 주제로 다양한 영역의 과제들을 해결해야 한다. 새로운 사회 만들기는 고령화를 둘러싼 많은 과제 하나하나에 혼신을 기울여 맞서 나가는 작업의 연속이다. 중요한 점은 서로 다른 자리(지방자치단체, 기업, 대학, 시민 등)에 있더라도 똑같은 가치관을 공유하고 함께 같은 방향으로 협동해 나가는 일이다. 고령자를 바라보는 인식 하나만 놓고 보아도 정확한 이해 없이 제각각 다른 방식으로 접근하면 해결 방법 역시 따로따로일 수밖에 없다. 사회 전체 구성원이 얼마나 혼연일체가 되어 공통된 가치관을 중심으로 협동해 나갈 수 있는가. 이것이 고령화 사회의 과제 해결에 매우 중요한 핵심이다.

2 노년학의 개념과 범위

POINT > 고령화 과제를 해결할 수 있는 학문이 '노년학'이다. 노년학의 기본 개념을 알아보자.

고령화 사회에 새로운 가치관 형성을 도와주는 학문이 **노년학**이다. 고령화의 다양한 과제를 해결하기 위한 기초 지식을 제공하는 학문으로 이 책도 노년학의 주요 분야를 체계화한 것이다. 공통된 가치관으로 협동하는 일은 노년학을 이해하고 협동하는 것이라 할 수 있다. 친숙한 학문이 아니므로 먼저 노년학을 소개한다.

노년학의 명칭

노년학은 제론톨로지(Gerontology)를 번역한 것이다. 학문 특성상 장수학, 노인학, 노화학, 가령학, 인간 연륜학, 장수 사회의 인간학, 인생의 미래학 등으로 번역하기도 한다. 제론톨로지는 노인을 의미하는 그리스어 Geront에 학문을 나타내는 접미어 ology가 붙어서 만들어진 말이다. **AGING**(노화, 고령)이 주요 연구 주제로 나이가 들어가면서 나타나는 인간의 생리적 변화를 연구하고, 고령사회에서 발생하는 개인과 사회의 다양한 과제 해결이 주요 목적이다. 여러 분야의 학문이 결합하며 다양한 성격을 지니고 발전해 왔기에 이제는 **고령사회 종합 연구**로 부르는 것이 가장 적절할지도 모르겠다.

노년학의 연구 범위

노년학은 인간의 노화와 고령사회의 모든 주제를 포함하고 있어서 연구 범위가 매우 넓다. 제2장에서 언급한 〈고령화와 수명 연장에 따른 연구 과제 (185과제)〉의 모든 분야를 포함한다. 고령으로 인한 신체 및 인지 기능의 변

그림 1 **노년학 연구 분야**

생활행동	심리	생리적인 면	고령자 의료	정치	경제
시간 활용법 여가 활동 동세대 상담 생애 학습	기억력 성격 성취감 가치관 시간관념	유전자 세포 장기, 골격 영양 운동	만성 질환 임상 약 퇴원 지원 비용	정치 관심 투표 행동 투표 동기 고령자 단체의 행동 윤리	소득 격차 세금제도 사회보장 생활보호 실버산업 근대화 이론

노화와 고령화 관련 지식 축적

노년학 【지식 통합·구조화】 ~장수 사회의 QOL 향상~

수정 평가

새로운 계획

새로운 복합 지식을 사회에 환원

인간관계					사회·문화
부부 관계 부모 자녀 관계 형제 자매 관계 친구 관계					젊은이의 고령자 인식 고령자의 고령자 인식 대중 매체의 고령자 인식

노동·퇴직	가계	의·식·주	죽음·윤리	요양
일하는 의미 퇴직과 건강 정년제도 문제 정년 후 창업 일자리 공유	수입 지출 저축 자산 운용 상속	의식주 욕구 식사와 건강 장수 희망 주거 형태 배리어 프리 주택	죽음의 정의 죽음 준비 보내는 사람의 자세 존엄사 호스피스	예방 상태 파악과 진단 케어 플랜 서비스 모델 공적 보험·민간 보험 성년후견제도

QOL은 제4장 참고.

화에서 인간관계 및 생활환경(일자리, 생활비, 주거 등)의 변화, 식생활, 요양과 죽음, 노화로 인한 장애 극복 및 제론테크놀로지 기술 개발, 인구 변화, 사회 보장, 의료 및 요양 정책, 일자리 정책, 주거와 지역 환경, 이동, 고령자 관련 법 및 윤리 등 다양한 연구 주제가 담겨 있다. 연구 수행에는 의학, 생물학, 공학, 심리학, 사회심리학, 사회학, 경제학, 복지학, 행정학, 법학 등의 전문 분야가 포함되며, 노년학의 교육과 연구를 추진하려면 각 분야의 전문 연구 자가 필요하다. 노년학은 폭넓은 분야의 지식과 축적된 전문 정보를 중심으로 고령사회의 새로운 가치와 체계를 만들어내는 것이 목적이다.

노년학의 역사

제론톨로지는 1903년 프랑스 파스퇴르 연구소의 메치니코프 박사가 자신의 장수 연구를 그처럼 지칭한 데서 비롯되었다. 미국에서는 1938년 미시간대학이 연구소(Institute of Human Adjustment)를 설립하여 노화와 고령자에 관한 체계적인 연구를 시작하였고, 1965년 제정된 '고령자 법(The Older Americans Act)'을 통해 노년학이 크게 발전하였다. 이 법은 노년학 교육 및 연구 추진에 대한 조항을 규정하고 별도의 예산을 배정하였다. 그 결과 현재 미국에서는 약 300개에 이르는 대학과 연구 기관에서 노년학 관련 교육과 연구를 진행하고 있다. 유엔은 1981년 '세계 고령사회 회의'를 개최하고 각국 정부에 노년학 교육 및 연구 추진 장려를 권고하였다.

일본의 노년학

일본은 세계를 대표하는 장수 국가이자 고령화 선진국이지만 상대적으로 노년학 관련 연구 및 교육에 사회적 관심이 낮았다. 일본노년사회과학회, 일본기초노화학회, 일본노년치과의학회, 일본노년정신의학회, 일본케어매니지먼트학회, 일본노년간호학회 등이 있고 그 연합 조직체로 일본노년학회가 있다. 연구 기관으로는 1972년에 설립한 도쿄도 노인종합연구소(현재 도쿄도 건강장수의료센터)가 오랫동안 일본의 노년학 연구를 이끌어 왔다. 2004년에는 국립장수의료센터(현재 독립행정법인 국립장수의료연구센터)가 아이치현에 설립되었다. 교육 기관으로는 2002년 오비린대학 대학원에 노년학 전공(2008년부터 노년학 연구과로 변경)을 개설했고, 2009년 도쿄대에 '고령사회 종합연구소(Institute of Gerontology, IOG)'가 설립되었다. 유럽이나 미국보다 늦은 일본의 노년학 연구는 이제 막 시작된 초기 단계라고 할 수 있다.

고령화 과제를 해결할 노년학

노년학은 실험실이나 연구실 책상 위에서 이루어지는 학문이 아니다. 초고령 사회와 장수 사회의 문제 해결을 목적으로 하는 '실천적' 성격이 강한 학문이다. 따라서 지역 사회나 산업계, 행정 조직과 밀접한 연계가 필요하다. 노년학 연구 및 교육 기관의 활동을 살펴보면 적극적으로 지역, 산업계 등과 연계하여 과제 해결을 위한 구체적인 행동에 나서고 있다는 사실을 알 수 있다. 노년학은 하나의 학문 영역을 뛰어 넘어 공통의 가치관을 형성하고 협동하는 현장 활동 중심의 학문이다.

노년학을 통한
고령화 과제 해결 방향

POINT >   노년학을 기준으로 고령화 과제는 어느 방향으로 진행하는 것이 타당
한가. 정부가 설정한 대책(고령사회 대책 대강) 등을 중심으로 진행 방향
을 알아본다.

노년학은 고령화 과제 해결에 많은 역할을 하리라 기대되지만 관련 활동은
이제 겨우 시작 단계이다. 앞으로 이 책을 통해 많은 사람이 100세 시대에
어울리는 인생을 설계하고, 관련 기관이 초고령 사회에 어울리는 사회 만
들기를 실현해 나가기 바란다. 과제 해결을 위한 내용과 방법은 다양하겠지
만, 다음에 소개하는 두 자료가 문제 해결에 큰 도움이 될 것이다. 어느 방
향으로 진행하면 좋은지, 어떠한 시사점이 있는지 확인해 보자.

고령사회 대책 대강*(2012년 9월 7일 내각 회의에서 결정한 개정판)

정부의 고령사회 관련 주요 정책 방향을 담은 것이 **고령사회 대책 대강**(이
하 대강)이다. 고령사회대책기본법(1995년 제정) 제6조를 기준으로 고령사회
를 대비하여 정부가 추진하는 가장 기본적이며 종합적인 중장기 지침이다.

5년에 한 번 개정하게 되어 있으며 2012년 11년 만에 세 번째로 개정되었다. 현재 대강의 주요 관점은 '인생 90세 시대'●●에 대응한 사회 체계 전환이 시급하다는 점이다. 구체적인 방향으로는 다음 여섯 가지를 제안한다(아래는 대강의 '기본 방향' 해설 부분이다).

ⅰ) 고령자 관점의 인식 개선【국민 인식, 이념 관련】

첫 번째는 사회에서 '고령자'를 바라보는 인식●●● 개선이 필요하다는 제안이다. 대부분이 '65세 이상은 무조건 고령자'로 구분하는 일에 거부감을 느낄 것이다. 하지만 그러한 시각이나 관행이 여전히 존재하기 때문에 고령자 일자리 등 사회적 과제가 발생한다는 점을 문제로 지적한다.

ⅱ) 고령자의 생활 안정 확보를 위한 사회보장제도 확립【사회보장제도 관련】

두 번째는 사회보장제도이다. 대강에서는 세대 간 격차와 세대 내 격차 문제에 주목한다. 사회보장 급여와 부담 부분에서 세대 간에 불공평함이 없도록 '세대 간의 이해'와 형평성을 마련해야 한다는 점과 고령자 세대 내의 경제적 빈곤화, 특히 여성 고령자의 빈곤 문제를 포함하여 세대 내 격차를 줄이는 방안이 필요하다고 강조한다.

● 정부 조직의 입장이나 계획, 운영 방침, 규범 등을 요약한 것−옮긴이
●● 이 책은 제1장 집필 목적에서 설명한 것처럼 '인생 100세 시대'를 전제로 한다.
●●● 2017년 1월 일본노년학회와 일본노년의학회는 초고령 사회를 맞이하여 새로운 고령자 구분이 필요하며, 65~74세는 '준고령자(준고령기, pre-old)', 75~89세는 '고령자(고령기, old)', 90세 이상은 '초고령자(초고령기, oldest-old, super-old)로 정의하자고 제언했다. 고령자의 신체 기능이 젊어졌고(제4장 참고), 65세 이상이어도 비교적 젊고 활동적이어서, 일률적으로 고령자라고 부르는 것에 거부감을 느끼는 사람이 많다는 점을 근거로 제시한 것이다. 이 제언은 65세 이상을 모두 고령자로 부를 때 생겨나는 사회적 문제와 거부감을 불식시키는 적합한 제언이라 할 수 있다.

ⅲ) 고령자의 의욕과 능력 활용(고령자의 힘)【일자리, 소비(시장 경제) 관련】

세 번째는 고령자의 '힘(의욕과 능력)'에 주목한 일자리 및 소비 관련 방향 제시이다. 고령자의 일자리 문제는 사회적으로 꾸준한 개선이 요구되어 65세까지 고용 확보가 실현될 전망이지만, 앞으로는 '연령에 상관없이 일할 수 있는 사회(=생애 현역 사회)를 목표로 유연한 일자리 확보가 가능한 환경'을 만들어야 한다.

한편으로는 고령자의 소비력에 주목하여 '고령자의 욕구를 충족하는 다양한 서비스나 상품 개발을 서둘러 소비를 활성화하고 고령화에 대응한 산업이나 일자리를 확대하는 지원 방안'을 함께 추진할 필요가 있다고 제안한다.

ⅳ) 지역 자원 활용과 안정적인 지역 사회 만들기【지역 사회 관련(소프트 면)】

네 번째는 지역 사회 대책이다. 지역 사회는 산업 구조, 도시화, 가족과 인간관계를 중심으로 변화해 왔다. 고령자의 사회적 고립과 고독사 문제를 포함하여 지역 커뮤니티 재생과 재건축이 필요한 시점이다. 지역 자원 활용이나 인간관계 강화와 더불어 일상 생활권 내에 의료, 요양, 예방, 주거, 생활지원 서비스 등을 유기적으로 연계한 통합 서비스인 '지역 포괄 케어 시스템' 확립이 시급하다.

ⅴ) 안전하고 안심이 되는 생활환경 정비【지역 사회 관련(하드면)】

다섯 번째는 지역의 환경 정비이다. 과거의 좋은 사례를 찾아 활용하고 유니버설 디자인을 중심으로 이용자에게 편리한 환경 정비와 의료, 요양, 일자리, 주택이 근거리에 밀집한 집약형 마을 만들기 추진, 고령자를 위한 주택 공급 촉진, 지역의 공공 교통 시스템 정비 등의 대책 마련, 고령자를 대상으로 한 사건이나 사고 대책의 필요성을 강조한다.

그림 2 **고령사회 대책 대강의 기본 개요(2012년 시점)**

중요한 관점	인생 90세 시대를 전제로 한 체계 전환	자립 생활 강화 본인의 가능성을 마지막까지 추구	서로 돕는 정신 지역과 인간관계 강화

인생 설계 준비와 세대 순환	(vi) 은퇴 이전부터 '인생 90세 시대' 준비와 세대 순환 – 일과 삶의 균형과 다음 세대에 계승할 자산	인생 65세 시대의 체계와 준비로는 대처 불가능

지역 사회 시장 경제	ⅲ 고령자 능력 활용 시대 ~사회를 지탱하는 믿음직한 현역 시니어 ① 유연한 일자리 창출 ② 다양한 삶을 가능하게 만드는 활약 장소 만들기 ③ 실버산업 개척과 활성화 고령자의 활동 의욕을 만족시키지 못함	ⅳ 지역 중심 강화와 안정적인 지역 사회 만들기 ~서로 도우며 생활하는 커뮤니티 ① 서로 도우며 생활하는 커뮤니티 재구축 ② 고립화 방지를 위한 커뮤니티 강화 ③ 지역 포괄 케어 시스템 추진 지역 내 인간관계 약화와 고령자 등의 고립화	ⅴ 안전하고 안심할 수 있는 생활환경 ~고령자가 살기 좋은 사회는 모두가 살기 좋음 ① 배리어 프리, 유니버설 디자인 확대 ② 일상생활권 내의 생활환경 보장 ③ 범죄, 소비자 사기로부터 보호 및 성년후견 확대 불편이나 불안을 느끼는 고령자의 생활환경

사회보장	ⅱ 노후의 생활 안정을 확보하는 사회보장제도 확립 ~지키고 지켜주는 안심 사회	세대 간 격차 세대 내 격차 발생
국민 인식 이념	ⅰ 고령자를 바라보는 인식 개선 ~65세는 과연 고령자인가	고령자 실태와 현실의 괴리감 극복

vi) 은퇴 이전에 시작하는 '인생 90세 시대' 준비와 세대 순환(인생 설계와 세대 순환)

여섯 번째는 인생 설계 '준비'와 세대 간의 자산 '순환'이다. 노년기를 건강하고 활력 있게 보내기 위해서는 사전 준비가 중요하며 젊었을 때부터 건강관리, 자기계발, 일과 삶의 균형을 맞추기 위한 노력이 필요하다. 또한 노년기의 경제적 자립이라는 관점에서 현역 시절에 축적해 온 자산을 활용한 노년기 생활 준비와 남은 재산이 다음 세대로 원활하게 넘어갈 수 있는 순환 구조가 필요하다.

2030년 초고령 미래 사회를 위한 산업계의 로드맵

고령화 과제를 산업 발전으로 전환하는 과정

다음으로 소개하는 자료는 2011년 3월 도쿄대 산학 연계 조직인 '노년학 컨소시엄'●이 발표한 산업계 로드맵이다. 산업계의 시각으로 만들었지만 앞으로 미래 사회를 어떻게 창조해 나갈지 다양한 관점과 방향성이 담겨 있다. 로드맵에는 개인 생활과 사회 모든 분야의 과제가 포함되어 있다. 주거 환경, 주택, 이동과 교통, 정보통신기술(ICT), 식생활, 생활지원, 의료와 요양, 일자리와 삶의 보람, 개인의 인생 설계까지 총망라한 대책을 제시한다. 2030년을 기준으로 이상적인 미래 사회를 가정하고 현실과의 괴리감을 확인하여 목표를 세우고 과업을 고민하는 백 캐스팅(Back casting) 방법론을 중심으로 작성하였다. 이 로드맵의 목적은 '모두가 안심하고 생활하는 활력 넘치는 장수 사회를 만드는 일'이다. 이상적인 미래 사회를 만들기 위한 3가지 주제와 10개의 대응 방안을 제시하고 있다.

【1】축복받는 100세 시대 '진심으로 장수를 기뻐하는 사회'

1) 노년기의 활동 장소와 기회 확대

2) 장수 시대의 인생 설계 모델 확립

앞에서 언급한 내용과 중복되지만 '진심으로 장수를 기뻐하는 사회'를 만드는 일이 중요하다. 신체적으로 건강하고 의욕과 능력이 있는데도 연령 제한으로 은퇴를 강요당하는 고령자는 어떻게 삶의 보람을 느끼며 제2의 인생, 제3의 인생을 살 수 있을까. 이 과제를 해결하기 위해 '삶의 보람을 느끼는

● '모두가 안심하고 생활하는 활력 넘치는 장수 사회를 위해 산학 연계를 통한 기술 혁신'이라는 목적으로 2009년 4월 도쿄대에 설치한 조직(2016년 3월 말 기준, 산업계에서는 100개 회사가 참여). 2011년부터 '노년학 네트워크'로 명칭이 변경되었다.

일자리'라는 새로운 개념을 제시하며 고령자에게 적합한 일자리 발굴과 확대를 제언한다. 또한 장수 시대의 인생 설계 능력을 높일 수 있는 모델 구축이 필요하다고 강조한다.

【2】 'Aging in Place'는 안심이 되고 활력 넘치는 초고령 사회를 여는 열쇠

3) 주택과 주거 환경: 초고령 사회를 대비한 지역 마스터플랜 개발

4) 이동과 교통: 퍼스널 모빌리티를 적용한 교통 네트워크

5) 정보통신기술(ICT): 정보 유틸리티 서비스 보급

6) 생활지원: 고령자 생활지원 서비스의 사회화

7) 식생활: 음식이 지닌 다양한 기능 보급

다음은 전 생애에 걸쳐 안심하고 편안하게 자신의 삶을 살아가는 'Aging in Place' 사회의 필요성이다. 다시 말하면 오래 살아 익숙해진 지역과 자택에서 마지막까지 자기답게 늙어갈 수 있는 사회 만들기다. Aging in Place는 이 책의 여러 곳에 등장하는 매우 중요한 주제이다. Aging in Place를 실현하기 위해 다양한 영역에서 새로운 시도가 필요하다.

　초고령 사회에 어울리는 마을 재건축 계획(새로운 지역 마스터플랜)의 콘셉트는 지역 내에서 원활하게 주거 환경을 전환하는 '지역 순환 주거지' 마련이 중심이다. 고령자의 이동 문제도 매우 중요한데 앞으로 퍼스널 모빌리티(핸들형 전동 휠체어, 전동 자전거, 초소형 전기 자동차 등)가 더욱 자유롭게 주행할 수 있도록 공공 인프라 정비도 필요하다. 고령자를 위한 ICT 기술도 주거 환경 지원에서 일자리와 사회 참여, 의료와 요양까지 모든 측면에서 대안 마련과 기술 개발이 이루어져야 하는 분야이다. 생활지원은 건강한 고령자가 도움이 필요한 고령자를 지원하는 정책을 만들어 전국에 확대해야 하고, 식생활 분야에서는 음식을 통한 건강 증진, 교류 촉진, 삶의 보람 만들기 등 음식의 다양한 기능에 주목하여 사회에 보급하는 일이 필요하다.

그림 3   2030년 초고령 미래 사회를 위한 산업계 로드맵 전체 개요

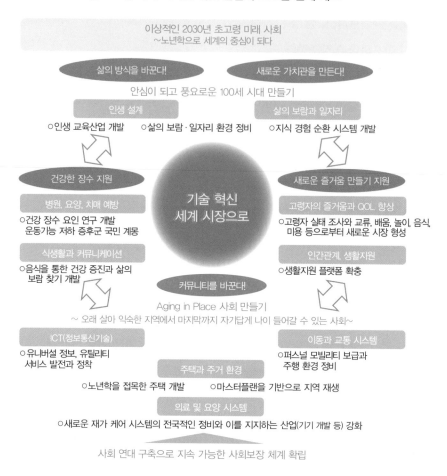

이상적인 2030년 초고령 미래 사회
~노년학으로 세계의 중심이 되다

삶의 방식을 바꾼다!   새로운 가치관을 만든다!

안심이 되고 풍요로운 100세 시대 만들기

인생 설계   삶의 보람과 일자리
○인생 교육산업 개발   ○삶의 보람·일자리 환경 정비   ○지식 경험 순환 시스템 개발

건강한 장수 지원   기술 혁신 세계 시장으로   새로운 즐거움 만들기 지원

병원, 요양, 치매 예방   고령자의 즐거움과 QOL 향상
○건강 장수 요인 연구 개발   ○고령자 실태 조사와 교류, 배움, 놀이, 음식,
운동기능 저하 증후군 국민 계몽   미용 등으로부터 새로운 시장 형성

식생활과 커뮤니케이션   인간관계, 생활지원
○음식을 통한 건강 증진과 삶의   ○생활지원 플랫폼 확충
보람 찾기 개발

커뮤니티를 바꾼다!

Aging in Place 사회 만들기
~ 오래 살아 익숙한 지역에서 마지막까지 자기답게 나이 들어갈 수 있는 사회~

ICT(정보통신기술)   이동과 교통 시스템
○유니버설 정보, 유틸리티   ○퍼스널 모빌리티 보급과
서비스 발전과 정착   주행 환경 정비

주택과 주거 환경
○노년학을 접목한 주택 개발   ○마스터플랜을 기반으로 지역 재생

의료 및 요양 시스템
○새로운 재가 케어 시스템의 전국적인 정비와 이를 지지하는 산업(기기 개발 등) 강화

사회 연대 구축으로 지속 가능한 사회보장 체계 확립

자료: 도쿄대 노년학 컨소시엄 작성 자료(2011년 3월)

※ 위의 로드맵은 2012년 9월 도쿄대 노년학 컨소시엄(2030년 초고령 미래-파탄을 막기 위한 10가지 플랜)에서 발표한 자료.

【3】건강 장수 추진과 안심을 제공하는 '새로운 재가 케어 시스템' 구축

8) 요양 예방: 노년기에 건강한 기간을 연장하기 위한 예방 체계 만들기

9) 의료와 요양 연계: 의료와 간호, 요양 서비스를 단절 없이 제공하는 새로운 통

합 서비스 구축

10) 의료와 요양을 위한 ICT와 기기 개발: '새로운 재가 케어 시스템'을 지원하기 위한 ICT와 기기 개발 확대

마지막은 초고령 사회의 생활 보장에 빠질 수 없는 의료 및 요양 문제로 재가 의료와 재가 요양 시스템을 연계한 새로운 통합 시스템의 구축과 안정적인 정착이다. 이것은 Aging in Place 사회 실현의 핵심 목표인 안심 서비스를 제공한다. 몸이 쇠약해져서 의료 및 요양 서비스가 필요해도 병원이나 시설에 입소하지 않고, 오래 살아 익숙한 자기 집에서 마지막까지 자기다운 삶을 유지하는 데 필요한 정책이다.

이상으로 고령화 사회의 과제를 간단히 살펴보고 향후의 방향성(주요 키워드)을 확인해 보았다. 앞으로 중요한 점은 각각의 정책이 동시다발적으로 시행되면서 구체적인 실체가 사회적으로 나타나야 한다는 것이다. 제대로 된 정책이 시행된다면 우리가 원하는 이상적인 초고령 미래 사회를 만들 수 있을 것이다.

제 4 장

100세 시대
아름답게
나이 드는 법

9

1 　100세 시대의 노년기 3단계

POINT > 100세 시대의 새로운 인생 설계를 위해 노년기를 3단계로 구분한다. 단계별로 어떻게 하면 '자기다운 삶'을 유지할 수 있는지가 중요하다.

개인 편에 들어가며 – 더욱 풍요로운 삶을 위해

100년 인생을 어떻게 보낼 것인가. 이는 21세기를 살아가는 우리에게 주어진 새로운 과제이자 커다란 기회이다. 우리는 이 질문에 어떻게 대답할 것인가. 하루하루가 힘들고 한 치 앞을 상상할 수 없다, 중요한 일이지만 무엇을 해야 좋을지 모르겠다, 아무 걱정도 없다…. 이처럼 노년기를 받아들이는 모습은 사람마다 제각각이다. 인생은 자기 스스로 만들어 가는 것이며 다른 사람에게 배우거나 흉내 낼 수 없다고 생각하는 사람도 있다. 분명히 인생은 사람마다 다르고 어떤 사람의 삶이라 하더라도 유일무이하며 세상에 단 하나도 같은 삶은 없다. 정답이라고 생각하는 삶의 방식도 사람마다 다를 것이다. 다만 지금보다 더욱 풍요로운 삶을 살고 싶다는 소망은 누구라도 품고 있다. 고대 그리스 철학자 소크라테스는 "인생에서 가장 중요한 점은 그저 주어진 대로 사는 삶이 아니라 더욱 풍요로운 삶을 사는 것"이라고 말했다. 그러나 복잡한 과제가 산적해 있는 현대 사회에서 더욱 풍요로운 삶이란 매우 실천하기 어려운 주제이다. 한 사람이라도 더 인간의 근원적 소망인 **더욱 풍요로운 삶**을 실현할 수 있도록 개인 편의 각 장에서는 '100세 시대의 인생 설계'를 주요 주제로 차근차근 고령화 과제에 도전해 보자.

'100세 시대의 인생(더욱 풍요로운 삶) 설계'를 위해서는 다양한 지식과 많은 정보가 필요하다. 어떻게 이 주제에 접근할 것인가 하는 관점도 다양하다. '최선'이라고 판단하는 가치 기준도 사람마다 달라 표준적인 인생 설계를 위한 방향 도출은 그리 간단하지 않다. 막연하게 생각하면 '전 생애에 걸쳐 몸이 건강하고 경제적으로 윤택하며 인간관계도 원만한 축복받은 인생을 성실히 살아가는 것'이 최선일지도 모른다. 그러나 이것만으로는 구체적인 인생 설계가 불가능하다. 수명 연장이 가져온 장수라는 특혜를 최대한 누리기 위해서는 무엇보다 늘어난 후반기 인생, 즉 노년기의 삶을 확실하게 준비해야 한다.

노년기를 다음과 같이 3단계로 나누면 100세 시대의 인생 설계를 전체적으로 이해하는 데 도움이 될 것이다. 단계 구분은 제2장에서 소개한 건강 상태(≒자립도)의 변화 모습을 바탕으로 하였다. 각 단계에서 발생할 것으로 예상하는 과제를 제대로 달성하는 일이 이상적인 삶이고 아름답게 나이 드는 방법이라고 생각한다.

개인 편

【자립 생활기】
인생의 '가능성' 확대 – 활동적인 '다모작 인생' 실현

첫 번째 단계는 다른 기간보다 많은 활동이 기대되는 시기이다. 연령으로 구분하면 75세 정도까지가 기준이 된다. 수명 연장과 함께 아래의 두 가지 통계 자료에서 나타난 것처럼 고령자 본인도 예전보다 무척 젊어졌다. 100세 시대를 살아가는 우리는 여러 가지 경력을 형성하는 것이 가능하다. '50세에 새로운 도전', '70세에 새로운 도전'처럼 삶의 선택 가능성이 확대되었다는 점을 다시 한 번 기억할 필요가 있다. 사회제도(고용 환경)와 연관되는 일이기도 한데, 한 가지 직업으로 평생 일하다가 은퇴하고 자녀가 성장한 후에 죽을 날을 기다리는 예전의 단순한 삶의 방식이 아니라, 새로운 연령 단계마다 여행하는 것처럼 **다모작 인생**에 도전하여 100세 시대에 태어난 특전을 누려보자.

젊어진 고령자

주변만 둘러보아도 '고령자'라고 부르기 어려운, 아주 젊어 보이는 사람이 많다. 실제 같은 연령으로 비교했을 때 '지금의 고령자는 예전의 고령자보다 체력적으로 젊어졌다'라는 연구가 있다. 체력을 나타내는 지표인 '보행속도'를 측정한 1992년과 2002년의 자료를 비교 분석해 보면, 남녀 모두 11살이나 젊어진 것으로 나타났다. 다시 말해, 지금 70세의 체력은 예전의 59세와 같다는 의미이다.[*]

● 스즈키 다카오, "일본인 고령자 신체 능력의 종단적, 횡단적 변화에 관한 연구", 《후생지표》 제53권 제4호, pp.1~10 인용, 2006. 1992년과 2002년 조사를 비교한 결과.

그림 1 **노년기 자립 기간과 요양 기간**(사망 최빈값 연령을 기준으로 산출한 예)

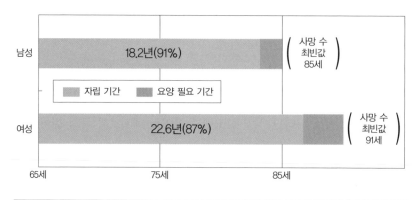

※ 사망 최빈값 연령(후생노동성, 〈완전생명표〉, 2010년)

자료: 2000년도 후생백서, 〈보건의료복지에 관한 지역 지표의 종합적 개발과 응용에 관한 연구〉를 기초로 작성.

노년기의 90%는 자립 생활 가능

사망자가 가장 많은 연령(사망 최빈값 연령)은 남성 85세, 여성 91세이다 (2010년 〈완전생명표〉 기준). 이는 평균 수명이나 평균 여명보다 길다. 또한 65세를 기점으로 요양이 필요한 시간이 어느 정도인지를 살펴보면 노년기의 약 10%(남성은 9%, 여성은 13%)라는 결과도 있다. 다시 말해 노년기에 약 90%의 시간은 다른 사람의 도움 없이 자립 생활이 가능하다.

【자립도 저하기】
누구나 완만하게 늙어간다-후기 고령기의 충실한 생활

두 번째 단계는 완만하게 늙어가는 시기이다. 연령상으로는 75세 이후가 된다. 수명 혁명으로 우리에게 주어진 새로운 인생 단계이다. 인간도 생물인 이상 신체적인 노화는 피할 수 없다. **자립도**의 변화(제2장 참고)를 보면 남성의 70%, 여성의 90%는 70대 후반부터 서서히 쇠약해진다. 활동적인 생활에서 요양이 필요한 시기까지 일정한 유예 기간이 있다. 물론 이 시기에도 자신의 능력을 최대한 살려 계속 활약할 것으로 기대하며 또 그렇게 생활하는 삶이 바람직하다. 점점 허약해지는 노화를 체험하면서 어떻게든 자기다운 생활을 유지하고 충실한 삶을 꾸려나가기 위해서는 미리 사회자원 활용이나 심리 적응을 포함하여 마음의 준비를 해 둘 필요가 있다.

【요양이 필요한 시기】
마지막까지 안심하고 자기답게 늙어가는 삶(Aging in Place)

세 번째 단계는 돌봄이나 요양이 필요한 시기이다. 건강하게 살다가 요양이 필요한 시간을 거치지 않고 바로 인생의 마지막을 맞이하는 상황을 꿈꾸지만 실제로 그렇게 생을 마감하는 사람은 극히 드물다. 만년을 어떻게 보내고 자기만의 최후를 맞이할 것인지에 대한 준비와 대책도 노년기 인생 설계에 매우 중요한 부분이다. 현재 대안의 하나로 '오래 살아 익숙한 지역과 자택에서 마지막까지 자기답게 늙어갈 수 있는 사회(**Aging in Place**)' 만들기를 추진하고 있지만, 개인도 최후의 삶을 의식하고 준비하는 일이 중요하다.

이와 같은 단계를 거쳐 노년기의 생활이 변한다는 점을 이해하고 개개인은 자기다운 삶을 유지하기 위한 미래를 상상하며 대책을 세워야 한다. 각 단계에는 생활비를 어떻게 할지, 부모나 배우자의 요양 문제는 어떻게 처리할지, 주거지는 어디로 할지, 어떠한 즐거움을 만들어 갈지와 같은 개별 과제가 포함된다. 이러한 개별 과제를 해결하고 원활하게 다음 단계로 넘어가면 자기만의 이상적인 삶과 아름답게 나이 들어가는 모습을 그려볼 수 있을 것이다.

2　성공적인 노화가 목표다

POINT >　자기다운 삶, 더욱 풍요로운 삶에 참고가 되는 개념이 '성공적인 노화'
이다. 성공적인 노화란 무엇인지 알아보자.

성공적인 노화(Successful Aging)가 무엇인지 알아두면 '더욱 풍요로운 삶'을
이해하는 데 매우 큰 도움이 된다. 성공적인 노화의 모습이나 개념에 관한
논의는 노년학의 오랜 연구 주제로 시대 변화와 함께 연구 내용도 꾸준히
변해 왔다. 또한 성공적인 노화는 **행복한 노년기**처럼 여러 표현으로 번역되
기도 하지만 의미가 추상적이고 다의적이기 때문에 영어 표현 그대로 사용
하기도 한다. 다소 전문적인 내용이지만 현재에 이르는 성공적인 노화의 개
념 형성과 변화, 연구 과제에 대해서 살펴보자.

성공적인 노화의 개념 정의

ⅰ) 수명 연장에서 QOL(Quality of Life)로 변화

오랜 기간 고령자 관련 연구는 의학이나 생물학 등 이른바 Biomedical로 불

리는 분야에서 나이가 들어 생기는 생리적 기능 변화와 생활 습관병 연구를 중심으로 발전해 왔다. 생리적인 노화의 원인 해명과 생활 습관병 극복을 목표로 인간의 수명을 어디까지 늘릴 수 있는지에 연구자들의 관심이 집중되었다. 20세기 후반의 수명 혁명으로 연구 목표가 어느 정도 달성되어 인간은 오래 살 수 있게 되었지만, 병에 걸려 누워 있기만 하는 고령자나 퇴원 후에 할 일 없이 무위 생활에 빠진 고령자가 증가하는 새로운 문제가 발생했다. 이제 고령자 연구의 목표는 수명을 양적으로 연장하는 일에서 고령자의 **삶의 질**(QOL, Quality of Life)을 향상하는 일로 바뀌었다. 이와 동시에 기존의 고령자 연구가 질병이나 장애 등 노년기의 부정적인 측면에 주목한 것과는 대조적으로 노년기의 가능성, 즉 긍정적인 측면으로 연구의 초점이 이동하였다.

ii) 성공적인 노화의 등장

1987년 노년 의학자 존 로위와 심리학자 로버트 칸이 학술지 《사이언스》에 발표한 '성공적인 노화'라는 개념이 전 세계에 커다란 관심을 불러 모았다 (Rowe & Kahn, 1987). 앞서 언급한 것처럼 그동안 연구자의 관심은 오로지 고령자의 생활 습관병(이전의 성인병) 극복에 집중되어 있었다. 그러나 로위와 칸은 대부분의 고령자가 건강하고 노년기에도 자립해서 생활하며 사회에 공헌할 수 있다는 점을 근거로 제시하면서 '성공적인 노화'를 주장했다. 이러한 성공적인 노화의 개념은 생산 활동에서 은퇴하고 체력과 기력도 쇠약해져 결국 사회에서 소외된다는 기존의 고령자 관념을 뒤집는 것이었다. 이를 계기로 유럽과 미국(특히 미국)의 프로테스탄트 문화권에서 인간의 가장 기본적이고 중요한 가치로 인정하는 '자립(independent)과 생산(productive)' 활동을 전 생애 걸쳐 유지할 수 있다는 주장이 확산되었다. 이에 따라 중년기의 삶을 인생 최후의 순간까지 연장하기 위한 성공적인 노화 연구가 활발히 진행되었고, 미국에서는 연구 성과를 바탕으로 다양한 고령자 정책을 연달아 발표했다. 성공적인 노화를 대표하는 당시의 이론에는 분리 이론, 활동 이론, 지속 이론 세 가지가 있다. 참고로 간단히 소개하겠다.

■ 성공적인 노화를 지지하는 여러 이론

1) 분리 이론(disengagement theory)

가장 먼저 등장한 이론이 '분리 이론'이다. '인간의 노화란 다른 구성원과 상호 작용이 감소하는 단계적이고 불가역적인 물러남과 분리의 과정이며, 은퇴는 피할 수 없는 현상으로 사회 시스템 유지와 개인의 인생 적응을 위해서도 바람직하다'라는 이론이다. 사회에서의 역할과 인간관계가 서서히 줄어드는 은퇴 후 노년기에는 시골에서 조용하게 여생을 보내는 생활이 적합하다고 주장한다(Cumming and Henry, 1961; Cumming, 1963; Rose, 1964; Henry, 1965).

2) 활동 이론(activity theory)

다음에 등장한 것은 '활동 이론'이다. '분리 이론'을 반박하며 등장한 이 이론은 '중장년기의 사회적 활동 수준을 유지하는 일이 행복하게 늙어가기 위한 필수 조건'이라고 주장한다. 직업이나 자녀 키우기처럼 노년기에 상실하게 되는 역할 대신 새로운 일이나 자원봉사처럼 자신에게 맞는 역할을 찾아 계속 활동하며 일생을 현역으로 보내는 생활이 노년기 삶의 방식으로 가장 어울린다는 주장이다(Havighurst et al., 1968; Lemon et al., 1972).

3) 지속 이론(continuity theory)

마지막에 등장한 것은 '지속 이론'이다. 퇴직 전후의 생활 및 인식을 오랜 기간 조사한 연구 결과를 바탕으로 도출한 이론으로, '지금까지 형성해 온 행동 패턴이나 생활, 성격이나 인격을 계속 유지하며 변화에 대처하는 것이 노년기에 가장 바람직한 적응 방법'이라고 주장한다. 지속 이론은 나이가 들어도 그동안 축적해 온 습관이나 사회관계, 라이프스타일을 그대로 유지하는 것이 중요하며 노년기의 적응 방법은 개인에 따라 다양하다는 점을 강조한다(Atchley, 1987; Atchley, 1989; 1995a).

100세 시대의 성공적인 노화

앞서 말한 것처럼 사람은 대부분 70대 후반부터 서서히 신체 자립도가 떨어진다. 이 사실은 후기 고령자 수가 전기 고령자 수를 추월하는 미래를 앞두고 개인 삶이나 이상적인 사회 모습을 구상하는 데 무척 중요한 시사점을 준다. 전기 고령자가 대다수였던 시대에 새롭게 등장한 '성공적인 노화'라는 개념이 말하는 고령자의 모습은 후기 고령자가 급격히 늘어나는 지금의 현실을 제대로 반영하지 못하고, '성공적인 노화=자립해서 생활하는 생애 현역'이라는 편견마저 들게 한다. 다른 사람의 도움이 필요한 고령자는 마치 인생의 낙오자처럼 그려진다. 이러한 현상은 고령자에게 자괴감이 들게 만들어 많은 사람이 실의에 빠진 채 마지막을 맞이할지도 모른다. 이제 우리는 전 세계 어느 나라보다 앞서가는 장수 선진국으로서 '성공적인 노화'의 개념을 재검토해야 한다.

사람은 살아가면서 다양한 변화를 겪는다. 그러한 변화에 적절히 대응할 때 비로소 사람은 여러 면에서 성장한다. 나이가 들어 나타나는 변화에 어떻게 적응할지는 고령자 개인의 중요한 과제이자 성공적인 노화의 본질적 과제이기도 하다.

노년기에는 많은 자유 시간과 새로운 라이프스타일 확보라는 긍정적 변화가 기대되는 한편, 노화로 인한 신체적 변화, 퇴직으로 인한 사회 경제적 변화, 배우자나 친구와의 사별, 요양 서비스 생활 등 노년기만의 다양한 변화에 직면한다. 제대로 **적응**하기 위해서는 모든 변화를 이해하고 받아들이는 일부터 시작해야 한다. 변화를 제대로 이해하지 않고 적절히 받아들이지 못하면(=부적응) 고령자 자신의 존엄이 크게 훼손된다.

후기 고령기의 성공적인 노화에 대한 인식 변화와 함께 최근에는 다음의 세 가지 이론이 주목받고 있다. 이를 정확히 이해하면 '더욱 풍요로운 삶'을 설계하는 데 도움이 될 것이다.

■ 후기 고령기의 성공적인 노화 이론

ⅰ) SOC 모델

하나는 밸티스 부부(Paul Baltes & Margaret Baltes)가 주장한 **SOC**(Selective Optimization with Compensation) 모델이다. 이 이론이 후기 고령기를 지지하는 가장 성공적인 노화 이론이라고 인정하는 사람이 많다. SOC 모델은 나이가 들어 나타나는 다양한 기능 저하를 인정하고, 성공적인 노화란 남아 있는 기능이나 자원을 효율적으로 활용하면서 충실한 생활을 보내는 것이라고 주장한다. SOC 모델은 **선택**, **최적화**, **보상**의 세 가지 프로세스가 서로 밀접하게 연관되어 있다.

a. 선택: 지금까지 해 왔던 많은 활동 영역 중에서 자신에게 중요하고 의미 있는 영역을 선택하여 현실에 맞게 새로운 목표를 세우고 방향을 설정한다.

b. 최적화: 선택한 활동 영역 또는 남아 있는 기능이나 자원을 집중적으로 투입하여 새로운 목표 달성을 위해 노력한다.

c. 보상: 잃어버린 기능은 다른 기능이나 자원으로 새롭게 대체하여 목표를

달성한다.

밸티스 부부는 이 모델을 설명하며 피아니스트 아르투르 루빈스타인을 사례로 들었다. 20세기에 가장 유명한 피아니스트였던 루빈스타인은 89세가 되어 은퇴하기까지 전 세계를 돌며 정열적으로 연주 활동을 펼쳤다. 많은 작곡가의 작품을 편곡하여 자신의 연주곡으로 삼으며 폭넓은 레퍼토리를 자랑했지만, 나이가 들어 신체 기능이 떨어졌다고 자각한 후에는 자신 있는 곡 몇 개만을 골라서 연주했다(선택). 선택한 곡은 젊었을 때보다 몇 배의 시간을 들여 연습하고 더욱 훌륭하게 연주할 수 있도록 다듬었다(최적화). 또한 박자가 빠른 부분을 예전과 같은 속도로 연주할 수 없게 되자 적절히 음의 강약을 강조하여 부족함을 채웠다(보상). 청중들은 그의 기교를 전혀 눈치 채지 못하고 연주에 빠져들었다.

ii) 노년 초월

다른 하나는 **노년 초월**(gerotranscendence)이다. 에릭슨은 인간은 태어나서 죽을 때까지 끊임없이 사회와 상호 작용하면서 자아가 성장한다는 일관된 관점으로 심리 사회적 발달 8단계를 이론화하였다. 그는 80세가 지나서 노년기의 발달 단계를 새롭게 탐구하여 재고찰한 훌륭한 저서 두 권을 남겼다(Erikson, E., Erikson, J. & Kivnick, H., 1986; Erikson, E. & Erikson, J. 1987). 에릭슨이 80세를 맞이한 1980년대에 마지막 8단계를 고민한 이유가 있었다. 20세기 후반의 급속한 고령화와 기술 혁신으로 노년기가 길어지고 고령자의 역할이 크게 변하면서, 인간의 라이프 사이클에 대한 개념 정의도 근본부터 수정할 필요가 있다고 느꼈기 때문이다.

92세에 사망한 에릭슨은 많은 사람이 90세 혹은 그 이상의 연령까지 살아 있는 시대를 맞이하여 인생의 마지막 단계는 지금과 다른 새로운 적응

지침이 필요하다고 고민하였다. 인생의 마지막 단계에서 우리에게 주어진 과제는 노화로 인해 피할 수 없는 체력 저하, 심리적 능력 상실 및 붕괴에 어떻게 적응하고 타협해 나갈 것인가이다.

인간의 발달 과정이 마치 역방향으로 진행하듯 서서히 능력을 잃고 다른 사람의 도움이 필요해졌을 때 느끼는 감정은 의존에 대한 공포이다. 아무 힘이 없는 갓난아이가 '버려질지도 모른다'라고 느끼는 최초의 근원적 공포와도 비슷한 감정이다. 이 공포는 인생의 1단계부터 전 생애에 걸쳐 신뢰를 쌓아온 사람이나 자신을 정성껏 돌봐주는 사람만이 풀어줄 수 있다. 몸과 정신의 쇠약이 심각해지면 의존하는 편이 좋다. 힌두교의 가르침에 나오듯이, 어미 고양이를 무조건 신뢰하여 팔다리의 힘을 빼고 모든 것을 맡기는 아기 고양이처럼 궁극적인 해방(letting go)의 상태에 도달하는 것이 가장 이상적이라고 에릭슨은 설명한다.

에릭슨은 수명 연장으로 노년기가 길어진 현대 사회의 생애 주기를 고려하여 기존에 이론화했던 8단계의 발달 과정에 한 단계를 더 추가해야 한다

표 1 에릭슨의 발달 단계와 과제(8단계)

단계	연령	과제 또는 구성 요소	기초 활력
① 유아기	0~1.5	신뢰-불신	희망
② 초기 아동기	1.5~3	자율성-수치심과 회의	의지
③ 학령 전기	3~6	주도성-죄의식	목적
④ 학령기	6~12	근면-열등감	유능감
⑤ 청소년기	12~20	자아정체성-혼란	충실
⑥ 초기 성인기	20~40	친밀감-고립	사랑
⑦ 성인기	40~60	생산성-정체	관심
⑧ 성숙기(노년기)	60~	자아통합-절망	지혜

고 주장했다. 공동 연구자였던 부인 존 에릭슨은 남편의 사후에 발표한 공
저 《라이프 사이클의 완결》 증보판에서 인간의 발달 과정 제9단계를 추가
했고, 9단계의 발달 목표로는 스웨덴 웁살라대학의 토른스탐이 주장한 '노
년 초월'을 제시하였다. 노년 초월이란 광대하며 무한대인 우주로 이어지
는 정신세계의 변화로 자기를 초월하여 인간의 한계를 받아들인다는 점에
서 보편적인 것이라고 주장한다. 그들이 인간 발달의 제9단계에서 제기한
의문은 지금까지 철학자 혹은 고승과 같은 종교인이 추구하던 주제였지만
인간의 수명 연장에 따라 인생의 가장 긴 최종 단계에서 신체나 능력 저하
를 매일 느끼면서 앞이 보이지 않고 피할 수도 없는 죽음을 향해 살아가는
21세기의 우리 모두에게 주어진 질문이기도 하다.

iii) 사회 정서적 선택 이론

세 번째는 **사회 정서적 선택 이론**(Socio-Emotional Selectivity Theory)이다. 앞서
말한 것처럼 후기 노년기에는 신체적 쇠약이나 질병 등으로 자립 생활 유지
가 곤란해진다. 배우자나 형제자매, 친구 등 오랜 기간 친하게 지내 온 사람
들의 죽음이나 수입 감소와 같은 다양한 상실을 경험한다. 그러나 고령자의
주관적 행복감은 젊은 사람과 비교해 절대로 뒤지지 않고 오히려 높다는 연
구 결과도 많다. 카르스텐센(Carstensen)은 고령자의 주관적인 마음 적응력에
주목하여 사회 정서적 선택 이론을 발표했다. 사회 정서적 선택 이론은 생
애 발달 이론 중 하나이다. 카르스텐센은 인간 행동에 동기를 부여하는 목
표는 그 사람의 인생이 어느 위치에 있는지에 따라 달라진다고 주장한다.
목표는 크게 두 가지로 나뉜다. 첫 번째 목표는 **정보 획득**으로 이를 통해 자
신의 미래를 최적화한다. 두 번째는 **정서적 조정**으로 긍정적인 감정을 최대
화하고 부정적인 감정을 최소화하는 일, 즉 정서적 충족 확대가 목표이다.
　사람은 전 생애에 걸쳐 이 두 가지 목표를 실현하는데, 발달 단계에 따라

중요도가 다르다. 시간이 무한하다고 느끼면서 이제부터 인생을 개척해 나가야 하는 젊은이에게는 정보 획득이 중요한 목표이다. 예를 들면 결혼이나 취직은 정보가 많을수록 좋다. 그러나 노년기에 도달하여 앞으로 살아갈 시간이 얼마 남지 않은 고령자는 정보 획득보다 오히려 정서적 충족감을 바란다. 가능한 한 부정적인 감정을 피하고 긍정적인 감정을 증가시키는 정서적 조정이 중요하다. 정서적 충족감을 최대로 끌어올리기 위해서는 기억이나 주의, 인간관계와 같은 생활환경을 끊임없이 확인하고 선택하는 조정 과정이 다양한 심리 영역에서 나타난다고 실증적으로 검증되었다. 기억 실험에서는 젊은이보다 고령자가 긍정적인 감정을 끌어내는 자극을 기억하고 있으며, 부정적인 감정을 불러오는 자극을 기억하지 않는다는 결과가 나왔다. 광고 실험에서도 젊은이가 긍정적인 자극과 부정적인 자극 모두를 주목하는 것에 반해 고령자는 긍정적인 감정으로 이어지는 자극에 주목하는 경향을 보였다.

　인간관계에도 정서적 조정이 관여한다. 더 많은 정보를 얻기 위해서는 새로운 사람을 많이 만나는 일이 중요하지만, 정보보다 정서적 충족감이 필요한 고령자는 친하고 마음이 맞는 사람과 만나 교류하기를 원한다. 따라서 고령자의 인간관계는 친한 사람 몇 명으로 한정되는 사례가 많다. 이러한 변화는 모두 생활에 적응해서 살아가기 위한 선택적 시도이다. 우리는 평생 본인의 신체를 포함하여 환경 변화에 적응하며 살아간다. 사회 정서적 선택 이론은 노년기의 심리적 특성을 적응 관점에서 설명한 이론이다.

3 　삶의 질이 중요하다

POINT >　　노년기 생활의 중요한 키워드가 QOL(삶의 질)이다. QOL의 개념과 QOL에 대한 다양한 해석을 알아본다.

QOL이란 무엇인가

인생 100세 시대를 맞이하여 누구나 장수의 가능성을 손에 넣었다. 이제 현대 사회의 과제는 인간의 수명을 더욱 늘리는 일이 아니라, 20~30년에 이르는 노년기를 어떻게 하면 더욱 풍요롭게 지낼 수 있는가이다. 우리의 주요 관심은 수명 연장이라는 양적 과제에서 더욱 살기 좋은 생활을 추구하는 질적 과제로 크게 바뀌었다. 여기에 등장하는 주요 키워드가 바로 QOL(Quality Of Life)이다.

　QOL은 일반적으로 삶의 질, 생활의 질, 생명의 질로 번역한다. 'Life'가 지닌 의미가 넓어 해석도 다양할 수밖에 없다. Life는 크게 ① 생명, 목숨, 생존, ② 생계, 생활, 생활 형편, ③ 인생, 생애, 삶의 방식, 삶의 모습 등 삼중 구조로 구성되며 생명 유지 과정에서 자기실현, 삶의 보람이라는 고차원적인 심리 활동까지 포함한 무한하고 다양한 활동을 하나로 묶어 이루어진 것으로 해석한다(모리오카 키요미 외, 1993).

WHO(세계보건기구)는 QOL의 개념을 '어느 개인이 생활하는 문화나 가치관 안에서 목표나 기대, 기준, 관심에 대한 본인의 생활 인식 수준'으로 정의한다. 보통 QOL이라면 생활 형편이나 만족감, 행복감과 같은 용어를 떠올리지만 이와 비슷한 개념인 건강, 삶의 보람, 풍요로움, 쾌적함과 같은 용어도 QOL과 동의어로 종종 사용한다.

QOL을 해석하는 데 가장 논의가 집중되는 부분은 주관적 요소(만족감 등)에서 환경적 요소(주거 환경 등)의 어느 범위까지 QOL로 평가할 것인가이다. 가장 폭넓은 개념으로 해석하면 삶의 의미는 무엇인가, 행복이란 무엇인가, 인생이란 무엇인가, 나는 누구인가와 같은 철학적이고 사상적인 영역까지 범위가 넓어지기도 한다. QOL은 의학 분야를 포함하는 사례가 많아 신체 건강 상태와 깊은 관련이 있다고 판단하기도 한다.

그렇다면 도대체 QOL이란 무엇일까. 결론부터 말하자면 QOL의 정의는 통일되어 있지 않다. QOL은 사용하는 목적이나 관계자에 따라 개념 정의가 달라지고, 각각의 목적에 맞추어 조작적이고 추상적인 개념으로 활용한다.

■ QOL의 개념화 시도

ⅰ) 매슬로의 욕구 단계 이론

QOL은 인간의 욕구가 어느 정도 충족되었는지 평가하는 지표라고 여겨진다. 우리에게는 다양한 욕구가 있는데, 매슬로(Maslow)는 이러한 욕구에도 단계가 있다고 설명하며 인간의 욕구를 5단계로 나누어 이론화하였다. 매슬로의 욕구 단계 이론에 의하면 ① 생리적 욕구(생명 유지를 위한 식욕, 성욕, 수

그림 2 매슬로의 욕구 단계 이론

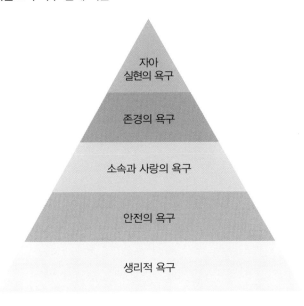

【자아실현의 욕구】 자신의 능력과 가능성을 발휘하여 창조적 활동이나 자기 성장을 실현하려는 욕구
【존경의 욕구】 자신이 속한 집단에서 가치 있는 존재라고 인정받으며 존경을 바라는 인지 욕구
【소속과 사랑의 욕구】 다른 사람과 교류하고 싶다거나 다른 사람과 같이하고 싶다는 집단 귀속의 욕구
【안전의 욕구·생리적 욕구】 살아가는 데 필요한 근원적 욕구

면욕과 같은 본능적이고 근원적인 욕구), ② 안전의 욕구(의류나 주거와 같은 안전하고 안정된 생활을 영위하려는 욕구), ③ 소속과 사랑의 욕구(집단에 소속되어 누군가에게 사랑받고 싶어 하는 욕구), ④ 존경의 욕구(자신이 속한 집단에서 가치 있는 존재로 인정받으며 존경받고 싶어 하는 욕구), ⑤ 자아실현의 욕구(자신의 능력과 가능성을 발휘하여 창조적 활동이나 자기 성장을 실현하려는 욕구)로 구분한다(그림 2). 일반적으로 제1단계의 생리적 욕구가 먼저 충족되어야 다음의 제2단계 욕구가 생겨난다. 이처럼 아래 단계의 욕구부터 차례차례 충족하면 최종적으로는 자아실현의 욕구에 도달한다. 어느 단계까지 어느 정도의 욕구가 충족되었는가 하는 점은 QOL과 매우 닮은 개념으로 판단할 수 있다.

ii) 로턴의 다차원 모델

로턴(Lawton, 1983)의 고령자 QOL 모델은 QOL이 어떠한 요소로 구성되어 있는지를 알려주는 이론으로 유명하다. 이 모델은 QOL 설명에 개인 환경을 중심으로 주관적 평가와 객관적 평가, 두 가지 차원을 조합하여 네 가지 영역으로 구분하였다. 인간의 행동 능력이나 환경과 같이 객관적으로 측정할 수 있는 두 영역과 심리적 행복감이나 주관적인 생활의 질과 같은 주관

그림 3 **고령자의 QOL : 로턴 모델(1983년)**

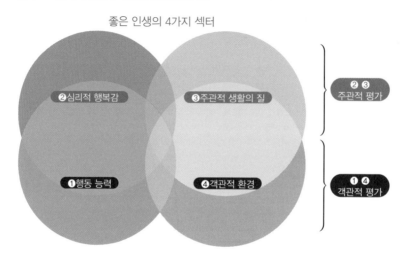

좋은 인생의 4가지 섹터

❶행동능력(behavioral competence)
　건강(health), 지각(perception), 운동(motor behavior), 인지(cognition)
❷심리적 행복감(psychological well-being)
　행복(happiness), 낙관주의(optimism), 목표와 달성의 일치 정도(congruence between desired and attained goals)
❸주관적 생활의 질(perceived quality of life)
　가족과 친구, 활동, 직업, 수입, 주거에 대한 주관적 평가(subjective assessment of family, friends, activities, work, income and housing)
❹객관적 환경(objective environment)
　주거, 이웃, 수입, 직업, 활동 등의 실현(realities of housing, neighborhood, income, work, activities, etc.)

자료: M. Powell Lawton, "Environment and Other Determinants of Well-being in Older People", 《Gerontologist》 23-4, p. 355., 1983.

적 평가를 측정하는 두 영역의 합계인 네 영역으로 구성된다. 각 영역은 예를 들면 '행동 능력' 영역에 건강, 지각, 운동, 인지 요소가 포함되는 것처럼 여러 개의 하위 차원 항목이 있다. 각각의 하위 차원 평가가 더해져 종합적으로 각 영역을 평가한다. 이 모델의 평가 수준이 바람직한 기준을 유지하면 노년기에도 성공적인 노화 실현이 가능하다고 주장한다. 고령자의 QOL에 기본이 되는 이론으로 다양한 연구나 뒤에서 설명할 각종 QOL 측정 척도에도 활용되고 있다.

QOL 측정 방법

QOL은 어떻게 측정할 수 있을까. 지금까지 개발된 여러 가지 척도를 알아보자.

▪ QOL 척도

ⅰ) WHO의 QOL26(포괄적 다차원 척도)

일반인에게 가장 많이 알려진 QOL 척도는 WHO가 개발한 'WHOQOL26'이다. WHO가 전 세계 공통 QOL 척도로 활용하기 위해 오랜 기간 공들여 개발한 것이다. 신체 영역에서 환경에 이르기까지 다양한 하위 항목으로 구성된다. 조사 항목은 예비 조사 단계의 300항목에서 26항목으로 줄었다. 참고로 WHO는 EU와 공동으로 2000년부터 고령자를 대상으로 한 WHOQOL-OLD 척도를 개발하고 있다.

ⅱ) 건강 관련 QOL 측정 척도

QOL에는 의학적 건강 상태를 진단하는 '건강 관련 QOL' 영역이 있다.

표 2 WHOQOL26의 구성(하위 항목)과 질문 사항

No.	영역	하위 항목	질문 사항
1	신체영역	일상생활동작	본인의 일상생활 수행 능력에 만족하십니까
2		의약품과 의료에 의존	일상생활에 치료(의료)가 어느 정도 필요하십니까
3		활력과 피로	일상생활에 활력이 있으십니까
4		이동 능력	집 주변을 자주 돌아다니십니까
5		아픔과 불쾌감	몸이 아프고 불쾌하여 일상생활이 얼마나 제한되십니까
6		수면과 휴양	수면은 충분합니까
7		업무 능력	본인의 업무 능력에 만족하십니까
8	심리영역	신체 이미지	자신의 용모(외모)를 받아들일 수 있으십니까
9		부정적 감정	기분이 좋지 않거나, 절망, 불안, 우울과 같은 나쁜 기분을 자주 느끼십니까
10		긍정적 감정	일상생활은 얼마나 즐거우십니까
11		자기 평가	본인에게 만족하십니까
12		정신, 종교, 신조	본인의 생활은 얼마나 의미 있다고 느끼십니까
13		사고, 학습, 기억, 집중	일에 어느 정도 집중할 수 있으십니까
14	사회	인간관계	인간관계에 만족하십니까
15		사회적 지원	친구들의 지원에 만족하십니까
16		성적 활동	성생활에 만족하십니까
17	환경	금전 관계	필요한 것을 살 수 있는 돈이 있습니까
18		자유, 안전과 치안	일상생활은 얼마나 안전합니까
19		건강과 사회적 돌봄	의료시설이나 복지 서비스의 접근성에 만족하십니까
20		주거 환경	집과 주변 환경에 만족하십니까
21		새로운 정보와 기술 획득의 기회	매일 필요한 정보를 어느 정도 얻을 수 있으십니까
22		여가 생활 참여와 기회	여가를 즐길 기회가 어느 정도 있으십니까
23		생활권의 환경	당신의 생활환경은 얼마나 쾌적합니까
24		교통수단	주변의 교통수단에 만족하십니까
25	전체 종합		당신의 생활의 질을 어떻게 평가하십니까
26	전체 종합		본인의 건강상태에 만족하십니까

자료: 세계보건기구 정신보건 및 약물남용 예방부 편/다자키 미야코, 나카네 요시부미 감수, 《WHOQOL26 가이드》, 2005.

개인 편

1960년대 이후 미국에서는 "Cure ⇒ Care", 즉 치료뿐 아니라 환자의 정신 상태도 배려한 의료 모델로 전환이 필요하다는 논의와 함께 건강 관련 QOL을 측정하는 척도가 잇달아 개발되었다. 그중에서도 다양한 연구에 활용되어 많이 알려진 척도는 'SF-36(Medical Outcome 36-Item Short Form)'이다.

표 3 **건강 관련 QOL 척도(예)**

〈포괄적 측정 척도〉

◇ 【SIP】 Sickness Impact Profile(Bergner 외, 1981)

◇ 【NHP】 Nottingham Health Profile(Hunt 외, 1981)

◇ 【SF-36】 Medical Outcome 36-Item Short Form(Ware, 1993)

◇ 【PGI】 The Patient Generated Index(Ruta 외, 1994)

◇ 【EQ-5D】 Euro QOL(Brook 외, 1996)

◇ 【SEIQol】 Schedule for Evaluation of Individual Quality of Life(Hickey 외, 1996)

〈질환 특성 측정 척도〉

◇ 【EORTC】 European Organization for Research and Treatment of Cancer(Aaronson 외, 1993)

◇ 【FACT-G】 Functional Assessment of Cancer Therapy-General(Cella 외, 1993)

◇ 【RSCL】 Rotterdam Symptom Checklist(de Heas 외, 1996) 등

iii) 주관적 행복감을 측정하는 척도

QOL과 유사한 개념인 주관적 행복감, 생활 만족도, 도덕을 측정하는 척도도 다양하다. 개인의 노화 적응을 측정하는 척도(태도 척도, Attitude Inventory)로 개발이 시작된 이래 생활 전체 만족감 등을 측정하는 종합 척도(global measure)로 발전했다. 아래 표의 LSIA, PGC 도덕관념 측정, 그리고 일본판으로 수정 개발한 LSI-K 척도가 유명하다.

표 4 　주관적 행복감을 측정하는 척도(예)

◇ 【LSIA】 생활 만족도 척도 A: Life Satisfaction Index A(Havighurst, 1961; Neugarten, Havighurst and Tobin, 1961)

◇ 【PGC 도덕관념 측정】 Philadelphia Geriatric Center Moral Scale(Lawton, 1975)

◇ 【LSI-K】 생활 만족도 척도 K: Life Satisfaction Index K(고야노 외, 1989, 1990)

■ QOL과 사회정책

사회정책 영역의 QOL, 이른바 삶의 풍요로움에 관한 측정 논의도 활발하다. 이는 경제 성장만 강조하는 분위기에 반대하고 GNP나 생산성에 과다한 가치를 두는 풍조를 비판하며 국민 생활의 풍요로움이나 행복을 존중하자는 움직임이다.

　미국에서는 1964년 존슨 대통령이 'Great Society' 계획의 하나로 국민의 QOL 향상을 선언하였다. 이에 따라 유럽과 미국에서는 QOL이라는 단어를 일반적으로 폭넓게 사용하기 시작했다. 1970년대에는 국민의 생활수준 향상에 사회적 관심이 높아지면서 OECD 각국에서는 QOL 향상을 사회정책의 기본 목표로 삼았다. 일본도 거의 같은 시기에 비경제적 풍요로움에 대한 지표 개발에 착수했고, 1971년 '사회 지표-더욱 살기 좋은 생활을 위한 기준'을 개발했다. 지표 수정을 거듭하여 1992년에는 '신 국민 생활 지표=풍요로움 지표'가 만들어졌다. 이 지표는 인간의 활동 영역 8항목(① 거주, ② 소비, ③ 일, ④ 양육, ⑤ 치유, ⑥ 놀이, ⑦ 배움, ⑧ 교류)과 생활 평가 영역 4항목(① 안전과 안심, ② 공정함, ③ 자유, ④ 쾌적함)으로 크게 구분하고 세분화한 하위 항목을 중심으로 생활의 풍요로움을 정량적으로 평가한다. 그러나 평가 결과에 따라 지방자치단체의 순위가 매겨지고 이에 과도한 관심이 집중되는 바람에 지방자치단체의 강력한 반발로 1998년 폐지하였다. 현재는 이처럼 광범위하게 지역의 풍요로움을 평가하는 지표는 없다. 이러한 종류의 지표

표 5 일본의 풍요로움 관련 지표 수립 경위

1971년: 사회 지표-더욱 살기 좋은 생활을 위한 기준, 국민생활심의회 조사부회

1973년: NNW(Net National Welfare＝국민 복지 지표), 경제기획청 경제심의회 NNW 개발 위원회

1974년: SI(Social Indicators＝사회 지표), 국민생활심의회 조사부회

1979년: 신판 SI(Social Indicators＝사회 지표), 국민생활심의회 종합정책부회

1986년: NSI(New Social Indicators 국민 생활 지표), 국민생활심의회 종합정책부회 조사위원회

1992년: 신 국민 생활 지표(PLI: People's Life Indicators＝풍요로움 지표), 경제기획청 국민 생활국

　　　　※ 1992~1998년까지(1999년 이후 중지)

는 다른 지역과 비교하기보다 오히려 지방자치단체별로 사회정책 수립과 시행 과정에 필요한 실태 파악, 목표 설정, 성과(개선도) 평가를 위한 기초 자료로 활용하는 편이 효과적이라고 판단한다.

지금까지 통일되지 않은 QOL 개념의 명확화와 평가에 도움이 되는 척도 개발은 앞으로 세계의 고령화, 특히 고령화의 선두에 서 있는 일본의 중요하고 필수적인 과제이다. 인생 100세 시대를 대비한 개개인의 QOL 향상을 위해 중요한 역할을 하리라 기대한다.

4 고령자에 대한 오해와 진실

POINT > 고령자라고 해도 개개인의 건강 상태나 생활 방식은 무척 다양하다.
'고령자=약자'라고 생각하는 일방적인 선입관이 고령자의 QOL을 떨
어뜨린다.

고령자의 QOL 향상이라는 목표에 가장 큰 장애물은 바로 고령자를 바라보
는 잘못된 인식이다. 잘못된 고정 관념을 지니고 있는 것은 젊은이만이 아
니다. 고령자들 사이에도 널리 퍼져 있다. 100세 시대의 인생 설계나 고령
자 관련 정책 수립, 상품이나 서비스 개발을 할 때 '고령자의 다양한 실태'
를 정확히 이해해야 한다. 인생 100세 시대의 장수는 종종 마라톤에 비유한
다. 출발은 같지만 골인 지점에 다다를수록 그 모습은 한결같지 않다. 빠르
거나 느리거나 하는 속도의 차이가 아니라 건강 상태, 경제 상태, 축적한 경
험이나 경력, 가치관이나 생활 방식까지 폭넓은 다양성이 드러난다. 그럼에
도 아직 고령자를 하나의 범주로 다루려는 현상이 곳곳에서 나타난다.

　고령자 이미지 역시 고령자의 약한 부분만을 강조한다. '고령자 이미지'
에 관한 조사에서도 '경험이나 지식이 풍부하다'라며 긍정적으로 응답한 반
면, '건강이나 경제적 불안', '고독하다'라는 부정적인 응답도 많았다. 고령

　　　　　　　　　　　　　　　　　　　　　　　　　　　　　　개인 편

자를 규정하는 연령도 정년 제도가 대표하듯이 고령자의 다양성을 무시한다. 우리 모두 고령자와 연령에 대한 편견이나 선입관(**에이지즘**, ageism ●)에 대한 인식을 전환할 필요가 있다.

표 6 **고령자 이미지**

○ 경험이나 지혜가 풍부하다	43.5%
○ 시간에 구속되지 않고 좋아하는 일을 할 수 있다	29.9%
○ 건강한 생활 습관을 실천한다	11.3%
○ 자원봉사나 활발한 지역 활동으로 사회에 공헌한다	7.7%
○ 저축이나 주택 같은 자산이 있고 경제적으로 풍요롭다	6.9%
▲ 심신이 허약하고 건강 면에서 불안하다	72.3%
▲ 수입이 적어 경제적으로 불안하다	33.0%
▲ 시대에 뒤떨어진 생각을 하기 일쑤다	27.1%
▲ 주변 사람과 교류가 적고 고독하다	19.4%
▲ 일을 하지 않아 사회에 도움이 되지 않는다	6.2%

3개까지 복수 응답. ○은 긍정적 이미지, ▲는 부정적 이미지
자료: 내각부, 〈연령과 노화에 관한 의식 조사〉, 2004.

■ **반드시 없애야 할 여섯 가지 인식**

WHO는 고령화나 고령자를 바라보는 인식 중에 반드시 없애야 하는 여섯 가지 인식의 사례를 발표했다. 고령자는 사회에 유용한 자원으로 연령에 따른 차별을 금지하고 고령자에 대한 적절한 의료와 건강 증진 교육을 실시하여 세대 간 연대를 강화함으로써 활력 넘치는 고령화 사회를 실현할 수 있다고 설명한다.

●   로버트 버틀러(Butler, R.N)가 만들어 낸 용어.

표 7 **반드시 없애야 하는 여섯 가지 인식(WHO)**

(1) 대부분 고령자는 선진국에 산다

(2) 고령자는 모두 같다

(3) 남성과 여성 모두 같은 방식으로 나이가 든다

(4) 고령자는 허약하다

(5) 고령자는 아무런 공헌도 할 수 없다

(6) 고령자는 사회에 경제적 부담이 된다

WHO, "Ageing, Exploding the myths", 《Ageing and Health Programme》, 1999.

인구 3명 중 1명이 고령자인 초고령 사회가 본격화되면서, 고령자와 고령
화 현상을 어떻게 이해할 것인가 하는 기본적인 인식과 자세는 앞으로 미래
사회의 모습을 좌우하는 가장 중요한 핵심이다. 고령자 증가를 사회적 부담
으로 받아들이면 고령화는 모두에게 부정적으로 비친다. 실제 우리 사회에
는 이러한 에이지즘이 존재한다. 과학 기술의 진보와 산업 구조의 변화(1차
산업에서 3차 산업으로 수요 전환)로 고령자는 사회에서 가치와 역할이 없어진다
는 '근대화 이론(Donald Cowgill, 1974)'을 지지하는 현상이다. 고령자의 존재
와 가치가 중요했던 산업 중심의 대가족 시대에는 고령자의 경험이나 지식
을 높이 평가했고 사람들은 모두 존경심을 가지고 고령자를 대했다. 역사적
으로 시대 변화와 함께 고령자의 사회적 가치는 끊임없이 바뀌었으나, 세계
의 선두를 달리는 고령화 국가로서 우리는 세계에 앞서 고령자의 사회적 가
치를 새롭게 재평가해야 한다.

개인 편

제 5 장

고령자의
활동 범위

1 고령자 고용과 일자리 현황

POINT >   평생 자기다운 삶을 유지하며 활기차게 활동하려면 어떻게 해야 좋을
까. 노년기의 고용과 일자리 현황을 살펴보고 고령자의 이상적인 활
동 방법을 알아본다.

초고령 미래 사회의 모습을 결정하는
고령자의 일자리와 활동

언제까지 일을 할까, 노년기에는 어떻게 계속 활약할까(활약할 수 있을까) 하
는 문제는 개인의 인생 설계에 매우 중요한 과제이면서 초고령 미래 사회의
모습을 결정하는 주요 주제이다. 따로 이유를 설명할 필요가 없을 것이다.
우리 사회의 연금 구조나 복지 서비스, 경제 체계 등은 크게 지원하는 사람
과 지원받는 사람으로 구성된다. 고령화로 지원을 해야 하는 사람이 계속
감소하면 사회를 유지하고 지속하는 데 위협을 받는다. 그래서 고령화 자체
를 부정적으로 바라보는 사람도 많지만 고령화 자체가 나쁜 것은 아니다.
지원하는 사람이 줄어드는 현상이 사회적으로 문제가 될 뿐이다.

사실 이 문제에 대한 정답은 아주 명확하다. 바로 '나이에 상관없이 일하

고 싶은 모든 사람이 일할 수 있는 사회'를 만들면 된다. **생애 현역 사회, 에이지 프리 사회**라고도 표현하는데 정부의 일자리 정책도 이러한 방향으로 흘러가고 있다. 그러나 정책 실현은 생각보다 간단하지 않다. 정부(행정), 기업, 지역(지방자치단체), 국민 간에 서로 연관된 정년과 연금제도(노년기 소득 보장의 연속성 확보), 기존 고용 정책과의 관계(정년 연장이 기업에 미치는 영향 등), 고령자가 활동할 수 있는 환경, 개인의 삶의 방식 등을 종합적으로 살펴보고 최적의 고용과 일자리 정책을 만들어야 하기 때문이다.

현재 가장 적절한 방법으로 조금씩 체계를 바꾸려고 시도하는 중이다. 이러한 사회의 방향성을 제대로 이해하고 100세 시대에 어울리는 노년기의 쾌적한 활동이 무엇인지 고민하는 일, 확실하게 준비하고 계획에 따라 실천하는 일이 중요하다. 이제부터 노년기 활동의 준비와 계획에 필요한 고용 및 일자리 현황을 살펴보도록 하겠다.

'일을 한다'라는 말에 담긴 의미는 매우 넓다. 현역 세대의 생계유지 활동에서 은퇴한 고령자의 봉사 활동처럼 다양한 지역 활동에서 땀을 흘리는 일까지, 일을 하는 목적이나 방향은 서로 다르다. 여기에서는 이런 모든 활동을 포함하여 사회와 자신을 위해 일을 한다는 가장 넓은 의미의 '활동'으로 정의한다.

기본적으로는 정년 제도가 있는 직장에서 근무한 회사원(샐러리맨과 샐러리우먼)을 주요 대상으로 하나, 정년 제도가 없는 곳에서 근무한 회사원이나 전업주부(남편)도 노년기의 새로운 활동 관점에서 이해하길 바란다.

■ 노년기의 바쁜 생활은 'Busy Ethic'

현역 세대의 바쁜 생활은 사회적인 책임이나 의무 때문이지만 은퇴한 고령자의 바쁜 생활은 자신의 가치를 실현하기 위한 노력에 따른 것이다. 이처럼 개인적인 목표 달성을 위해 바빠지는 퇴직자를 긍정적으로 바라보는 윤리를 **Busy Ethic**(비지 에틱)이라 부르며, 현역 세대의 **Work Ethic**(워크 에틱)과 구별해서 사용한다. 스스로 목표를 명확히 세우고 꾸준히 노력하는 것이 퇴직자의 역할이며, 주어진 역할을 끝까지 해내는 일은 퇴직이라는 변화에 제대로 적응했다고 평가하는 기준이 된다. 퇴직 후의 역할은 퇴직 전과 같거나 그 이상으로 멋진 일이다.

고령자 고용 정책의 흐름

먼저 정부가 지금까지 시행해 온 고령자 고용 정책을 살펴보자. 고령자 관련 고용 정책은 1960년대부터 실시되었다. 당시에는 50세 또는 55세에 정년을 맞이했다. 요즘 기준으로는 너무 빠르다고 느낄지도 모르겠다. 그러나 1960년대의 평균 수명은 남성 65.32세, 여성 70.19세였기 때문에 적절한 수준이었다. 은퇴한 고령자는 동거하는 자녀에게 부양(사적 부양)받으며 여생을 보내는 일이 일반적인 모습이었다.

사회 발전과 더불어 점점 수명이 연장되어 은퇴 후의 시간이 길어졌고 노년기의 생활(소득) 보장이 심각한 문제로 등장하기 시작했다. 1961년 공적 연금제도(국민연금제도)가 제정되었지만 당시 수급 대상자는 극히 드물었고 대부분 고령자는 본인의 저축과 자녀의 돌봄을 받으며 은퇴 후 생활을 유지했다. 이러한 상황에서 고령자 고용 정책은 은퇴 후의 실업자 대책을 중심으로 한 재취업(신규 고용) 정책이 주류였다.

1970년대에 들어서 본격적으로 노동 시장 내부의 고용 유지 정책, 즉 '정년 연장'이 논의되기 시작했다. 1973년에는 고용 대책법을 개정하여 정년 연장을 촉진하는 대책 마련을 법적으로 명시하는 등 정년 연장이 가장 중요한 사회적 과제로 떠올랐다. 1960년대가 정년 후의 사후적 대응이었다면 1970년대부터는 정년 연장이라는 예방적 대응으로 고령자 고용 정책의 중

표 1 **고령자 고용 안정법 개정 과정**

개정연도	주요 개정 내용
1986년	※ 중고연령자 등의 고용 촉진에 관한 특별조치법 명칭 변경 ⇒ 고령자 등의 고용 안정에 관한 법률 • 60세 정년 의무화 노력
1990년	• 65세까지 계속 고용 추진
1994년	■ 60세 정년 의무화 등
1996년	• 실버 인재 센터 사업의 발전 및 확대
2000년	• 재취업 지원 계획 제도 확충 • 정년 연령을 늘리는 고령자 고용 확보 대책 마련 의무화 노력
2004년	■ 정년 연령을 늘리는 고령자 고용 확보 대책 마련 법적 의무화(단계적 대처) 등
2012년	• 계속 고용 제도의 대상자 한정 폐지(희망자 전원을 대상으로 하는 제도로 개정)

심이 바뀌었다.

이후에도 '중고연령자 등의 고용 촉진에 관한 특별조치법(1971년 제정)'을 중심으로 정년 연장을 위한 각계의 노력이 이어졌다. 1986년 이 법률은 '고연령자 등의 고용 안정에 관한 법률(약칭 고령자 고용 안정법)'로 명칭이 변경되었다. 이 법에서는 기업이 60세 정년 보장을 위해 노력해야 한다고 규정하였다. 그러나 이와 동시에 60세 정년만으로는 계속 고용이 불안한 사태를 맞이한다. 1985년 연금제도 대개혁을 통해 정부는 노령연금 지급 개시 연령을 60세에서 65세까지 단계적으로 올리겠다고 결정한 것이다. 고령자 고용 정책도 연금제도 개정의 영향으로 1990년부터 '65세까지 계속 고용 확보' 체계를 마련하기 시작했으며 1994년에는 '60세 정년'을 의무화했다.

60세 정년이 안정적으로 자리 잡은 2004년 이후에는 65세 정년을 법적으로 의무화(단계적 대응)하려는 시도가 이어졌다. 이에 따라 기업은 ① 정년 제도 폐지, ② 정년 연령 상향 조정, ③ 계속 고용 제도 도입 중 무엇이든 하나의 대책을 도입해야 한다. ②와 ③에 대해서는 2013년 4월 1일까지 고용 확보 의무 연령을 65세 이상으로 상향 조정하도록 하였다. 이를 통해 적어도 65세까지 일을 할 수 있는 길이 열린 것이다. 최근에는 후생노동성 주도로 70세까지 일할 수 있는 기업 추진 프로젝트를 수행하며 70세까지 정년을 연장하기 위한 대책을 마련하고 있다.

그림 1 **고령자 고용 확보 상황**

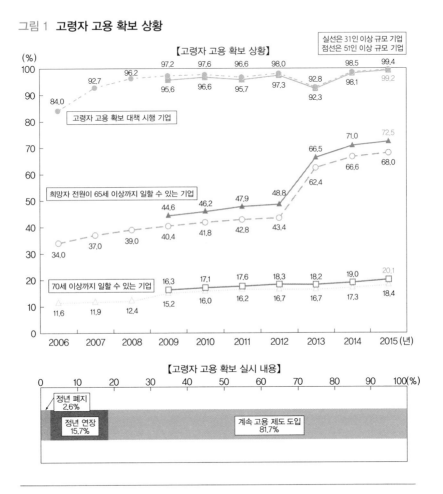

자료: 후생노동성 직업안정국, 〈고령자의 고용 상황〉, 2015.
주: 1) 2015년 6월 1일 현재 2) 2013년 4월 제도 개정(계속 고용 제도의 대상자 한정 제도 폐지)으로 2012년과 2013년의 수치는 단순 비교 불가능

■ 2004년 고령자 고용 안정법 개정을 통한

　기업의 고령자 고용 확보 대책 실시 상황(2015년 6월 현재)

고령자 고용 확보 대책을 '완료'한 기업의 비율은 99.2%까지 늘어났다. 세부 내용을 살펴보면 ① 정년 폐지 2.6%, ② 정년 연령 상향 조정 15.7%, ③ 계속 고용 제도 도입 81.7%로 나타났다. 또한 70세 이상까지 일할 수 있는 기업의 비율은 20.1%였다(모두 31인 이상 규모의 기업, 그림 1).

고령자의 취업 실태와 과제

정책적으로는 65세까지 고용 확보, 70세까지 고용 연장을 위해 힘써 왔는데 실제 고령자의 취업 실태는 어떠한지 현황을 살펴보자.

i) 정년 후의 선택(계속 고용 희망)

정년 제도와 계속 고용 제도가 있는 기업에서 정년을 맞이한 사람을 대상으로 계속 고용을 희망했는지 조사한 결과를 살펴보면, 본인의 희망으로 계속 일하는 사람의 비율은 82.1%, 희망했지만 기준 미달로 퇴직한 사람은 0.2%였다. 계속 고용을 희망하지 않고 퇴직의 길, 새로운 길을 선택한 사람은

그림 2 60세가 정년인 기업의 정년 퇴직자 동향

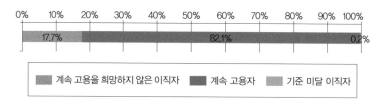

주: 2014년 6월 1일부터 2015년 5월 31일까지 정년 퇴직자(약 35만 명)를 대상으로 한 조사 결과
자료: 후생노동성, 〈고령자의 고용 상황〉, 2015.

17.7%로 나타났다.

ii) 65세 이후의 취업 실태

65세가 지나도 건강한 사람이 많은데 실제 어느 정도의 사람이 계속 일을 하고 있을까. 2015년 현재 연령대별 취업률(인구 대비 취업자 비율)을 살펴보면, 남녀 합쳐 65~69세는 41.5%, 70~74세는 24.9%, 75세 이상에서는 8.3%로 나타났다. 거꾸로 보면 65~69세 중 약 60%는 특별한 일을 하지 않는다는 것을 의미한다. 능력이나 경험이 풍부한 고령자 대부분이 아무 일도 하지 않는다는 사실은 고령사회를 맞이한 우리에게 많은 시사점을 던져준다.

'생산 가능 인구'●의 변화를 살펴보면, 전체 생산 가능 인구는 6500만 명

그림 3 **연령대별 취업률**

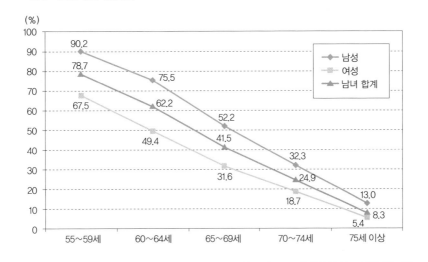

주: 연평균 값

자료: 총무성, 〈노동력 조사〉, 2015.

● 취업자와 완전 실업자 합계(일할 의사와 능력이 있는 사람으로 분류)

그림 4 **연령대별 생산 가능 인구와 비생산 인구의 변화와 추계**(2000~2040)

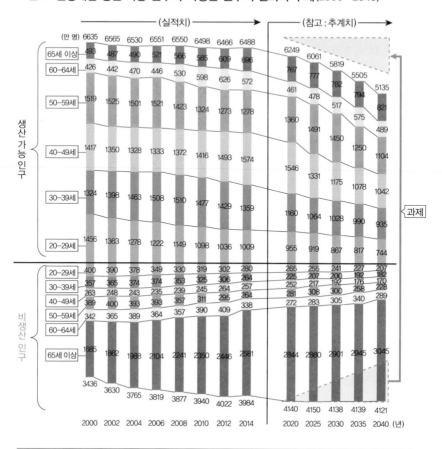

2000~2014년은 총무성 통계국 〈노동력 조사〉. 2020~2040년은 국립 사회보장·인구문제 연구소 〈일본 미래 인구 추계〉(2012년 1월)의 출생 중위, 사망 중위 가정에 의한 추계 결과의 추계 인구에 2014년 시점의 생산 가능 인구 비율과 비생산 인구 비율을 곱해서 작성.

전후로 추계되는데 젊은 취업자의 감소를 고령 취업자가 보완하는 양상이 나타나고 있다. 나이가 들어서도 일을 하는 고령자가 많고 생애 현역으로 활동하려는 사람이 늘어나는 일은 매우 바람직한 현상이다. 한편 비생산 인구로 분류되는 고령자도 일하는 고령자 숫자를 뛰어넘고 있다. 매년 지속적

　　　　　　　　　　　　　　　　　　　개인 편

으로 고령자가 증가하고 그중에서도 후기 고령자층이 두터워지면서(고령자의 고령화) 고용과 관계없는 인구가 계속 늘고 있다. 이러한 인구 구조는 앞으로 더욱 뚜렷하게 나타날 것으로 전망한다. 만약 2014년 시점의 생산 가능 인구와 비생산 인구의 비율이 그대로 2020~2040년까지 변하지 않는다고 가정하면, 생산 가능 인구는 2014년부터 2040년에 걸쳐 총 1353만 명이 감소하고, 비생산 인구는 137만 명이 증가한다. 비생산 인구에 차지하는 65세 이상의 비율은 2014년 64.8%였으나 2040년에는 73.9%까지 약 10%가 증가할 것으로 예상한다(그림 4). 이러한 상황을 고려하면 비생산 인구에 속한 고령자를 어떻게 우리 사회를 이끄는 생산 인구로 만들어갈지가 중요한 과제임을 재확인할 수 있다.

iii) 노년기의 취업 의욕과 이유

지금까지 고령자의 취업 실태를 살펴보면서 '빨리 은퇴하고 싶다. 일하기 싫다'라고 생각하는 사람이 있을지도 모른다고 추측할 수도 있다. 과연 어떨까. 60세 이상을 대상으로 '몇 살까지 일하고 싶은지'에 대해 조사한(내각

그림 5 **고령자의 취업 의욕 – 몇 세까지 일하고 싶은가**(60세 이상 남녀)

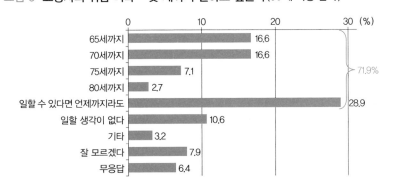

자료: 내각부, 〈고령자의 일상생활에 관한 의식 조사〉, 2014.

그림 6 앞으로도 계속 일하고 싶은 이유(국제비교)

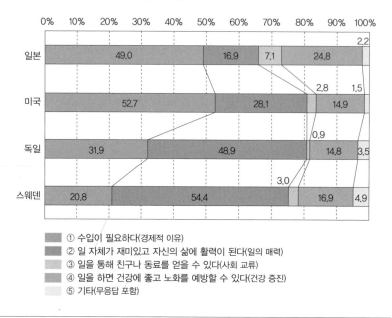

자료: 내각부, 〈제8회 고령자 생활과 의식에 관한 국제비교조사〉, 2015

부, 2014) 결과를 보면 약 30%가 '일을 할 수 있는 동안에는 계속 일하고 싶다'라고 응답했다. 이를 포함하여 약 70%는 65세가 지나서도 계속 일하기를 희망했다. 앞서 설명한 65~69세의 취업률이 41.5%인 점을 고려하면 고령자의 취업 의욕과 취업률에 큰 차이가 있음을 알 수 있다.

일본의 고령자는 다른 나라의 고령자와 비교해 계속 일을 하려는 욕구가 높은 것으로 나타났다. 현재 일을 하는 65세 이상의 고령자를 대상으로 '앞으로도 계속 일하고 싶은지'에 대한 국제비교조사 결과(그림 6)를 보면 일본은 44.9%가 계속 일하기를 희망했다. 이에 비해 미국 39.4%, 스웨덴 36.6%, 독일 22.7%로 나타나 일본의 고령자가 다른 나라의 고령자보다 일할 의욕이 높다는 사실을 확인할 수 있다. 취업을 희망하는 이유도 나라마다 차이가 있었다. 미국은 경제적 이유와 함께 일에 대한 매력이라고 응답한 비율이 높다. 일본은 경제적 이유 다음으로 건강을 꼽았으며 일을 통해 사회와 계속 이어지기를 바라는 비율이 상대적으로 높게 나타났다.

iv) 고령자 일자리가 확대되지 않는 이유(고령자와 기업 각각의 관점)

이처럼 고령자가 일할 의욕이 있는데도 많은 사람이 취업하지 못하는 이유는 무엇일까. 고령자와 기업 양쪽의 이유를 들어보자.

■ 일자리를 원하는 고령자의 의견(65~69세 응답)

일하기를 원하지만 취업하지 못한 사람(65~69세)의 이유를 들어보면, '적당한 일자리를 찾을 수 없다'라고 응답한 사람이 가장 많았고 여성은 '건강상의 이유'라고 응답한 비율이 높았다. 자신의 경험이나 능력을 살리고 단축 근무나 짧은 시간 일할 수 있는 노동 조건을 제시하면, 현재의 노동 시장에서 고령자에게 맞는 적합한 일자리는 찾을 수 없는 상황이다.

표 2 취업 희망자(65~69세)가 일자리를 찾지 못하는 이유

(%)

	남성	여성
적당한 일자리가 없다	43.7	29.0
창업 또는 개업을 준비 중이다	0.0	0.0
계약 업무나 사무직 관련 일을 찾을 수 없다	12.1	4.2
건강 상태가 좋지 않다	28.7	34.0
가족의 건강 상태가 좋지 않다(가족 돌봄 등)	6.7	15.1
개인 사정(가사 등)	1.9	12.1
기타	4.8	4.1

자료: 노동정책연구·연수기구, 〈고령자의 고용과 취업 실태 조사〉, 2010.

■ 기업의 태도

65세 이상의 고용 확보 대책을 시행하거나 검토해야 하는 기업의 담당자에게 고령자의 일자리가 확대되지 않는 이유를 물어보니, '65세 이상의 고용은 시급한 과제가 아니다'라고 응답한 비율이 가장 높았다. 이어서 '고령자를 일률적으로 고용하거나 대우하기 어렵다' '고령자의 건강이나 체력이 불안하다'라고 응답한 기업이 많았다. 다양성이 확대되는 고령자 개개인의 취업 능력이나 가치를 어떻게 파악하고 활용할지가 앞으로 고용 확대 정책의 가장 중요한 과제라고 할 수 있다.

표 3 65세 이상의 고용 확보 대책을 시행하거나 검토하지 않는 이유

(복수 응답)(%)

65세까지의 고용으로 이미 한계이며 65세 이상의 고용은 시급한 과제가 아니다	48.5
인건비 증가가 부담된다	12.0
사내의 신진대사가 원활하지 않을 것 같다	26.5
현재의 인사평가제도나 임금제도에 큰 폭의 개정이 필요하다	4.5
65세 이후의 근로자는 건강과 체력이 불안하다	30.5
65세 이후의 근로자는 생산성이 크게 떨어진다	11.5
희망하는 종업원이 별로 많지 않을 것 같다	21.7
개개인의 체력이나 능력에 차이가 있어 일률적으로 고용하거나 대우하기 어렵다	38.9
기타	7.0
무응답	11.3

자료: 노동정책연구·연수기구, 〈고령자의 고용과 채용에 관한 조사〉, 2008.

개인 편

생애 현역 사회, 에이지 프리 사회 실현

이상의 내용을 정리하면 고령자 고용 정책의 큰 방향은 연령에 관계없이 일하고 싶은 사람이 일할 수 있는 사회 만들기, 즉 '생애 현역 사회' '에이지 프리 사회'를 실현하는 일이다. 많은 사람이 이러한 사회를 꿈꾸며 고령자의 취업 의욕도 높다. 그러나 고용연장제도를 마련해야 하는 기업의 인사 제도나 처우 방안, 기존의 고용 제도와의 관계, 고령자를 활용할 직무 개발 및 환경이 제대로 갖추어지지 않은 것도 사실이다. 현재 고령자의 일자리 확대는 생각보다 진전되지 않고 있다. 이러한 상황을 풀어나가기 위해서는 어떠한 대책이 필요할까. 생애 현역 사회 실현의 관점에서 대책을 마련하려면 다음의 세 가지를 반드시 염두에 두어야 한다.

ⅰ) 65세까지 일한 후에는 연금을 받아 생활하는 것에 만족하는가(개인 과제)

우선 개인 문제이다. 고용 정책의 변화로 적어도 65세까지 일을 하고 퇴직한 후에는 연금으로 생활한다. 어쩌면 이러한 생활에 '평안하고 만족한다'라고 생각하는 사람이 있을지도 모르겠다. 65세까지 일을 하고 안정된 생활을 확보한 것 자체가 축복받은 일이며, 노년기에는 평안하고 여유로운 생활이 바람직하다고 인정하는 사람도 있다. 그러나 단 한 번밖에 살 수 없는 인생이고 마지막까지 더욱 풍요롭게 살아야 한다는 관점에서 보면 65세 은퇴는 너무 이르다. 65세라는 연령은 어디까지나 인생의 단순한 통과 기준일 뿐으로 진정한 의미의 완전 은퇴까지는 계속해서 활동할 수 있는 목표를 세워야 한다. 65세부터 시작하는 두 번째 인생, 아니면 그 이전부터라도 새로운 삶을 계획하고 되도록 젊은 시절부터 준비해 두어야 한다.

ⅱ) '연령차별 금지법' 도입과 기업의 고용 규칙 개정의 필요성(정부와 기업의 과제)

개인의 삶의 방식 변화에 사회가 유연하게 대처해 나가기 위해서는 고령자를 위한 고용 정책이 한층 강화되어야 한다. 지금까지는 연금제도와의 연계를 최우선으로 고려하여 고용 확보정책을 만들어 왔으나, 앞으로는 **연령차별 금지**까지 포함해 새로운 정책이 필요하다는 사회적 목소리가 커질 가능성이 있다. 미국에서는 1967년 '연령에 따른 고용 차별 금지법(The Age Discrimination in Employment Act of 1967; ADEA)'이 제정되었고, 유럽연합(EU)에서도 2000년 '고용 및 직업의 처우 형평성 확보를 위한 지침'을 만들어 연령을 포함한 네 가지 사유에 대한 고용 차별을 금지했다(EU 각국은 위의 지침을 바탕으로 각종 법률을 개정함). 기업의 정년 제도를 수정하기 위해서는 입사에서 퇴직까지 설정한 임금 곡선 등 다양한 인사 제도와 고용 규칙 개정이 필요하다. 그러나 기업의 고용 규칙 개정에는 상당한 노력이 필요하다. 지금까지 축적해 온 고용 관행을 한순간에 부정할 수는 없지만, 기존 체계를 고집하지 않고 더욱 유연한 고용 제도로 바꾸려는 노력이 필요하다. 진정한 생애 현역 사회, 에이지 프리 사회를 만들기 위해서는 고용 제도의 새로운 혁신을 위한 도전이 필요하다고 판단한다.

ⅲ) 지역 사회의 고령자 지원(지역과 지방자치단체의 과제)

초고령 미래 사회에는 지역 사회의 역할이 더욱 중요하다. 현역에서 퇴직한 사람은 지역을 중심으로 새로운 활동 장소를 찾고 싶어 한다. 그러나 지역으로 아무리 눈을 돌려 보아도 흥미로운 활동 장소가 없다는 고령자의 불만 섞인 소리를 자주 듣는다. '할 일이 없다, 갈 곳이 없다. 만날 사람이 없다'라는 목소리가 대변하듯이 정말 아무것도 없기 때문에 자택에서만 생활하는 고령자가 적지 않다. 활동 범위가 좁은 생활을 계속하면 신체를 거의 사용하지 않아 생기는 '폐용증후군'이 발생하거나 고령자의 사회적 고립 문제가 나타난다. 특히 베드타운으로 불리는 도시 근교 지역에서 이러한 현상이 실제로 발생하고 있다. 지역 사회 내에 고령자의 활동 장소를 만드는 일은 초고령 미래 사회에 반드시 필요한 과제이다. 각각의 지역이 안고 있는 과제에는 고령자의 힘을 빌려 해결하는 체계 정비 등 지역 사회의 다양한 방안 마련이 필요하다.

■ Live Longer, Work Longer(오래 살고 오래 일하자)

이것은 OECD(경제협력개발기구)가 2005년에 개최한 '고령화와 고용에 관한 정책 포럼'의 보고서 제목이다. 이 보고서는 전 세계의 고령화 현상과 고용 정책을 검토하여 미래 사회의 방향으로 고령화 현상을 '과제가 아닌 기회(찬스)'로 받아들여야 한다고 강조한다. 과감하게 고령 친화적인 고용 정책을 펼치고 지금까지의 고용 관행을 수정하면 사회가 더욱 발전할 것이라고 제언한다.

2

지역 사회의 다양한 메뉴 제공

POINT > 후반기 인생의 생활 설계 방법을 알아보자. 개인의 인생 설계에 중요한, 지역 사회에서 일하기(활동), 배우기, 즐기기와 관련한 메뉴를 살펴본다.

후반기 인생의 생활 설계

더욱 풍요로운 고령사회를 실현하기 위해 지역 사회와 시장은 어떤 역할을 하는 장소여야 할까. 이것은 우리가 노년기에 어떤 삶을 원하는지에 따라 달라진다. 현재 목표가 명확하지 않아 지역 사회와 시장 만들기가 더디게 진행되는 것이다. 지금까지 100세 시대에 어울리는 삶의 방식, 인생 설계의 중요성을 몇 번이나 강조했지만, 고령사회의 모든 과제는 결국 이 주제로 되돌아올 수밖에 없다. 여기서 다시 한 번 50세 이후 후반기 삶의 모습을 그려 보자.

■ 100세 시대의 성공적인 인생 설계 모델

인생 100세 시대의 삶의 방향을 제시하는 인생 설계 모델이 없었던 이유는 세대 간에 의식 차이가 있었기 때문이다. 현재의 고령자(주로 전쟁을 겪은 세대)는 결과론적으로 오래 산 세대(젊은 시절에는 오래 살 것으로 생각하지 않았으나 현실적으로 오래 살았다는 의미)로 100세 시대의 인생 설계는 백지 상태에 가까웠다. 반면 베이비붐 세대 이후는 '장수를 전제로 사는 세대'로 현실 속에서 자신의 미래 모습을 그려볼 수 있는 인생 설계 모델이 필요하다.

■ 많은 가능성이 있는 후반기 인생(생활 설계의 전제 조건)

인간은 나이가 들면서 많은 변화를 경험한다. 이러한 변화에 대처하고 적응하며 성숙해 간다. 노년기에는 네 가지 상실(건강, 경제적 기반, 사회적 유대감, 삶의 목적)을 경험한다고 알려져 있다. 이는 노년기의 모습에 자칫하면 부정적인 이미지를 주기 쉬우나 긍정적인 변화가 많다는 점도 알아두어야 한다. 여유로운 시간, 선택의 자유, 풍부한 경험과 활용 가능한 자원, 연금이라는 불로 소득은 물론 젊은 시절에는 하지 못했던 일에 도전할 수 있는 많은 '가

그림 7 **노년기에 찾아오는 긍정적 변화**

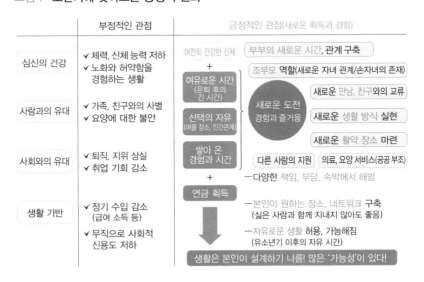

능성'이 열려 있다는 점을 인생 설계의 전제로 삼아야 한다.

■ 후반기 인생을 설계하는 방법

인생을 설계하는 방법에는 특별한 규칙이 없어 막상 설계하려고 해도 어디
서부터 손을 대면 좋을지 모르겠다는 사람이 많을 것이다. 기본적으로는 본

그림 8 **후반기 인생의 생활 설계 검토 양식**

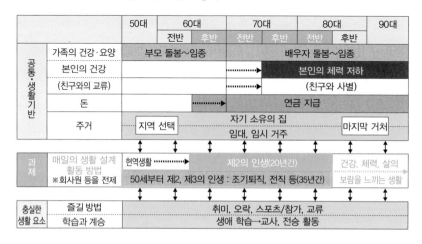

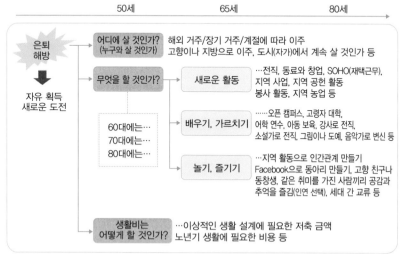

인이 희망하는 노년기의 생활 모습을 시계열 순으로 정리해 나가는 작업이 필요하다. 하나의 사례로 그림 8을 작성해 보았다.

인간의 생활을 구성하는 요소는 다양하나 크게 두 가지, 기초적인 생활을 어떻게 유지할 것인가와 어떤 활동을 할 것인가로 구분할 수 있다. 인생 설계 작성의 우선순위는 사람마다 다르겠지만 '본인과 가족의 건강'을 가장 먼저 떠올릴 것이다. 연로한 부모가 요양이 필요해지거나 본인이나 배우자가 건강을 잃으면 어떻게 대처할지 미리 생각해 둘 필요가 있다. 돈은 모든 생활의 기반이므로 매우 중요하다. 주거 환경 개선을 비롯해 모든 활동에 직결된다. 돈에 관해서는 개인차가 크고 가치관도 다양하기 때문에 한마디로 말할 수는 없으나, 연금에 의존하기보다 가능한 한 스스로 생산하고 소비하는 생활 방식을 지향하는 것이 100세 시대에 어울린다. 인간인 이상 언제까지라도 '즐거움'을 누리고 싶어 할 것이다. 이러한 모든 상황을 종합적으로 검토하여 후반기 인생을 어떻게 보낼지 고민해야 한다. 진정한 후반기 인생의 생활 설계는 각각의 주제에 본인이 꿈꾸는 이상과 이미지를 명확히 떠올리고 조합하는 작업을 통해 이루어진다.

■ 후반기 인생의 생활 방식과 욕구

그림 8을 보고서도 아직 자신의 미래에 대한 확실한 이미지를 떠올리지 못하는 사람이 있을지도 모르겠다. 이제 조금 더 구체적으로 생각해 보자. 기초 생활 부분은 개인차가 크기 때문에 조금 옆으로 제쳐두고, 먼저 '노년기에 어떤 생활을 하고 싶은지'를 고민해 보자. 세상에 공개된 많은 사례를 분석해 보면 그림 9와 같은 생활 방식(No.1~28까지의 ○○생활)으로 요약된다. 일부 사례에 지나지 않지만 '앞으로 무엇을 할 것인가' '미래에 어떤 생활을 할 것인가'를 계획하는 데 참고가 된다. 기본은 No. 1의 '평온하고 안정된' 생활이다. 오랜 기간 유지해 온 일상생활을 지속하는 것이 가장 기본적인

욕구이며, 그 외(No.2~28)는 모두 선택으로 볼 수도 있다. 다만 'Aging in my place'가 의미하는 것처럼 전 생애에 걸쳐 가장 마음이 편안한 자신만의 장소를 어떻게 확보할지가 후반기 인생의 생활 설계에 매우 중요한 요소이다. No.2~28은 활동·일자리, 생활 방식·이주, 교류, 즐기기·전직 등 네 가지로 구분되어 있으나 모두 밀접하게 연관된다. 앞으로 '무엇을 하고 싶은가'라는 과제는 이들 요소가 복합적으로 연결되어 하나의 모델을 만드는 것으로 이해하면 된다.

그림 9 **후반기 인생의 생활 방식 모델과 욕구**(이미지)

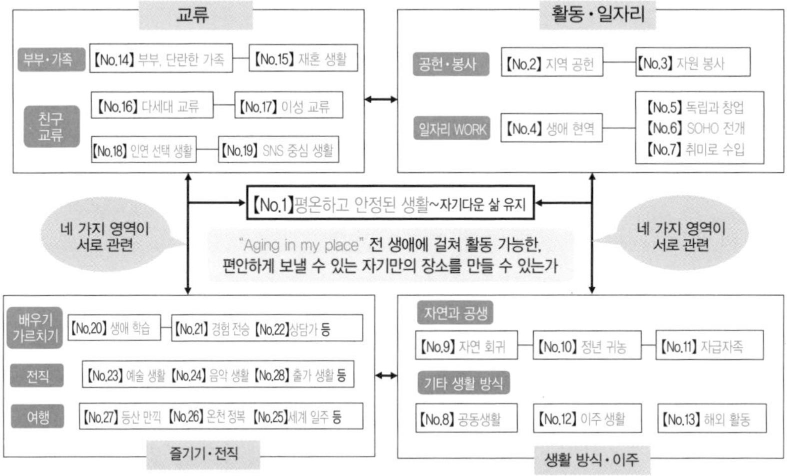

자료: 도쿄대, 〈제론톨로지·네트워크의 연구활동성과〉, 2012년 3월.

〈기본〉
【No. 1】일과 삶의 이상적인 균형, 평온하고 안정된 상태로 작은 기쁨을 만들어 가는 생활, '평온하고 안정된 생활'

〈활동과 일자리〉

【No. 2】지역 사회에 공헌하고 싶다(종합적), '지역 공헌 활동 생활' ※기존 조직에 소속

【No. 3】동료와 새롭게 지역 활동을 전개하고 싶다. '비영리, 봉사 활동 생활'

【No. 4】생애 현역(사업)으로 계속 활동하고 싶다, '생애 현역 생활'

【No. 5】동료와 창업하고 싶다(온라인 비즈니스 등), '독립과 창업 생활'

【No. 6】혼자 개업하고 싶다, 'SOHO 전개 생활'

【No. 7】취미로 노년기의 수입을 얻고 싶다, '취미로 수입 생활'

〈생활 방식과 이주〉

【No. 8】빠른 시일 내에 다른 사람과 공동으로 생활하고 싶다, '공동생활'

【No. 9】자연과 더불어 살고 싶다, '자연 회귀 생활'

【No. 10】농업을 하며 생활하고 싶다, '정년 후 귀농 생활'

【No. 11】자급자족 생활을 실현하고 싶다, '자급자족 생활'

【No. 12】다양한 지역(해외 포함)에서 즐기고 싶다, '이주하여 다른 문화를 맛보는 생활'

【No. 13】해외에서 활약하고 싶다, '해외 활동 생활'

〈교류〉

【No. 14】부부(가족)의 즐거움을 계속 이어나가고 싶다, '부부, 단란한 가족생활'

【No. 15】배우자와 사별 후에 재혼하고 싶다, '재혼 생활'

【No. 16】다세대 교류를 즐기고 싶다, '다세대 교류 활동 생활'

【No. 17】이성을 만나 사귀고 싶다, '이성 교류 생활'

【No. 18】동료와 함께 같은 취미를 즐기고 싶다, '인연 선택 활동 생활'

【No. 19】SNS에서 새로운 교류나 자극을 즐기고 싶다, 'SNS 중심 생활'

〈즐기기〉

【No. 20】생애 학습에 도전하고 싶다. 자격증이나 박사학위를 취득하고 싶다, '생애 학습 활동 생활'

【No. 21】다음 세대를 이끄는 선교사, 전승자(교사, 강사)가 되고 싶다, '경험 전승 활동 생활'

【No. 22】다음 세대의 인생 설계를 지원하고 싶다, '시니어 경력 상담자 생활'

【No. 23】은퇴 후에는 예술을 하며 살고 싶다, '예술형 생활'

【No. 24】은퇴 후에는 음악에 몰두하고 싶다, '음악 생활'

【No. 25】세계 일주를 하고 싶다, '세계 일주 생활'

【No. 26】전국의 모든 온천을 돌아보고 싶다, '온천 정복 생활'

【No. 27】일본의 명산을 제패하고 싶다, '등산 만끽 생활'

【No. 28】마지막에는 출가하고 싶다(삼라만상의 경지), '출가 생활'

일하기(활동), 배우기, 즐기기 관련 선택 메뉴

노년기의 생활 설계를 염두에 두고 매일매일 어떤 활동을 할 수 있는지 일하기(활동), 배우기, 즐기기 등 세 가지 세부 활동을 중심으로 확인해 보자.

■ 일하기(활동)

일하기(활동)는 생계유지를 목적으로 하는 활동에서 삶의 보람을 찾기 위한 활동까지 다양한 선택이 있다. 계속 고용 제도는 앞서 말한 것처럼 현역 생활의 연장이다. 계속 고용 외에도 일하기에는 다양한 선택 메뉴가 있다. 재취업이나 파견(위탁)직을 찾고 싶으면 일자리 전문 지원 센터인 헬로 워크나 실버 인재 센터 등의 기관을 통해서 일자리 기회를 얻을 수 있다. 실버 인재 센터는 고령자의 활동을 지원하는 중요한 기관이다. 그러나 제공하는 일자리가 한정적(고령자를 원하는 기관이 적다)이라는 비판이 있어 전체적으로

그림 10 **일하기(활동)의 선택 메뉴 사례**

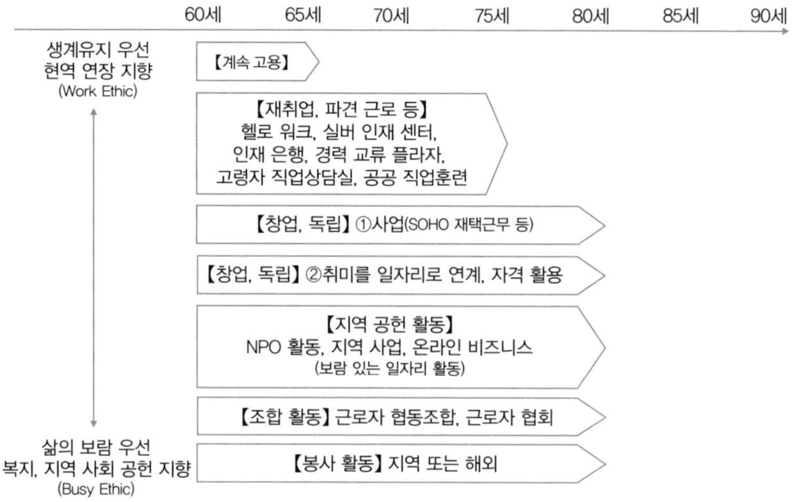

표4 **실버 인재 센터가 알선하는 일자리**

① 일반 작업 분야 : 잡초 제거, 나무 손질, 야외 청소, 포장·짐 싸기, 조리 작업, 농작업,
　전단지 배포, 짐 운반하기 등
② 서비스 분야 : 가사 서비스(청소, 세탁, 빈집 보기, 애완동물 돌보기 등), 복지·육아 서비스 등
③ 관리 분야 : 건물 관리(주택관리인 등), 시설 관리 등
④ 기술 분야 : 가정교사, 학원 강사, 컴퓨터 지도, 번역·통역 등
⑤ 기능 분야 : 정원수 관리, 장지·맹장지 문 교체, 목수, 페인트칠, 의류 리폼 등
⑥ 사무 분야 : 일반 사무, 경리, 조사·집계, 손글씨·대필, 컴퓨터 입력
⑦ 대인 서비스 분야 : 판매원·점원, 배달·집계, 수금, 영업, 전기·가스 등의 검침

그림 11 **고령자의 지역 활동, 봉사 활동 참여 현황**

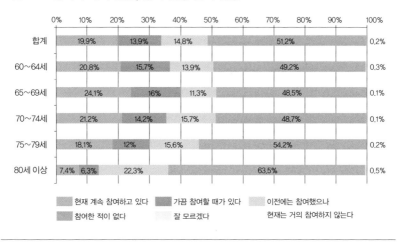

자료: 내각부, 〈지역의 고령자 생활 방식에 관한 조사 결과〉, 2009.

개선이 필요하다. 창업을 선택하는 길도 있다. 최근에는 SOHO(Small Office
Home Office)의 형태로 집에서 컴퓨터와 인터넷을 활용하여 자신의 전문 분
야를 기반으로 사업을 시작하는 사람이 늘어나고 있다. 지역 공헌 활동으로
는 NPO(Non Profit Organization)에 들어가거나 스스로 단체를 설립하여 활동
을 전개하기도 한다. NPO는 영리 목적이 아닌 공익을 위해 활동하는 비영

리 민간단체이다. 조합을 통해 활동하는 방법도 있다. 고용하거나 고용되는 '계약' 제도가 아니라 조합원 모두가 사업의 주체자인 동시에 취업자가 되는 '협동조합'의 형태로 활동하는 것이다. 각종 근로자 협동조합, 근로자 협회와 같은 조직이 있다. 무료 혹은 유료로 활동하는 봉사 활동도 고령자에게 기대할 수 있는 활동 중 하나다.

■ 배우기(생애 학습)

'배우기'도 노년기 생활에 필요한 활동 중 하나이다. 경험이나 지식이 풍부한 고령자의 지적 호기심을 채우고 본인의 지식이나 기술을 이어가려는 욕구를 만족시키는 중요한 활동이다.

고령자의 학습 활동을 **생애 학습**이라고 표현하는데, 생애 학습이 가진 본래의 의미를 오해하는 경우도 많다. 생애 학습이라고 하면 취미나 교양처럼 자기 완결적인 학습을 떠올리는 사람이 있다. 아주 좁은 의미에서 바라보기 때문이다. 본래 생애 학습이란 '자기만족이나 생활 향상을 목적으로 인생의 각 단계에서 필요한 과제를 해결하기 위해 모든 장소, 시간, 방법을 활용하여 학습자가 자발적으로 실시하는 자유롭고 광범위한 학습' 활동을 의미한다. 생애 학습의 범위는 학교나 사회 안에서 이루어지는 의무적이고 조직적인 학습뿐 아니라 스포츠, 문화, 취미, 레크리에이션, 봉사 활동 등 폭넓고 다양하다. 생애 학습을 통해 개인의 즐거움이나 내적 향상을 이루는 것도 중요하지만, 그 이상으로 배움을 통해 '삶의 보람을 찾는 일'이 진정한 생애 학습의 목적이다.

최근에는 생애 학습의 내용 및 활동 방향성도 다양해지고 있다. 문부과학성이 추천하는 생애 학습의 방향으로 **배움의 순환**이라는 개념이 있다. 이는 생애 학습 장소에서 '개인의 자립'과 '사회 내의 협동'을 촉진하는 데 목적이 있다. 구체적으로는 지역에서 활발히 활동하며 개인의 지식을 현장에 적

그림 12 **배우기, 가르치기의 선택 메뉴 사례**

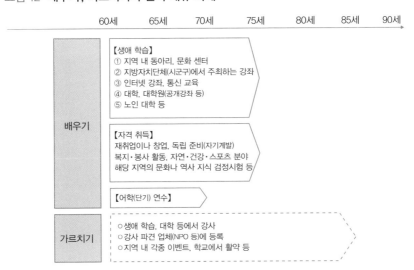

그림 13 **고령자의 학습 활동 참가 현황(복수 응답)**

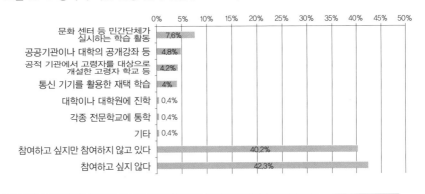

주: 전국의 60세 이상 남녀 대상

자료: 내각부, 〈고령자의 지역 사회 참여에 관한 의식 조사〉, 2008.

용하거나 주위 사람과 함께 과제를 해결하기 위해 더 깊이 배우려고 노력하는 활동을 의미한다. 배움의 순환을 실현하기 위해서는 지역 내의 대학이나 NPO 등의 역할이 중요하다. 관련 기관이나 조직은 적극적으로 지역 주민

(고령자)에게 학습 장소를 제공해야 한다. 지역 주민은 이러한 생애 학습 장소를 찾아 스스로 삶의 보람을 가꾸는 활동에 적극적으로 참여하기 바란다.

■ 즐기기

즐기기의 범위는 무한하여 다양한 선택 메뉴가 있다. 우리는 모두 자기만이 느끼는 즐거움이 있다. 모임 '참가'나 '교류', 여행에서 가벼운 등산까지 다양한 '취미'를 예로 들면 끝이 없다. 개인의 즐거움은 자기 스스로 찾아내기도 하지만, 지역 사회 및 시장이 제공하여 만들어지는 것도 많다. 지역 사회와 시장은 어떤 즐길 거리를 만들어 제공할지 계획을 세우기 전에 고령자가 느끼는 '즐거움'의 특징을 알아 둘 필요가 있다. 크게 다음의 세 가지로 요약할 수 있다.

첫 번째, 고령자가 느끼는 즐거움의 원천은 젊었을 때부터 좋아하던 것에 있다는 관점(요인)이다. 고령자에게만 적용되는 특별한 즐거움은 없다는 관점과 논리적으로 대립하지만, 기본적인 취미나 기호는 나이가 들어 변하는 것이 아니다. 오히려 인간은 언제까지라도 좋아하는 일을 계속하고 싶다는 원초적인 욕구를 가지고 있다. 스포츠, 취미, 오락 등 개인의 취향은 젊은 시절부터 오랜 시간 쌓아 온 생활과 경험을 통해 만들어진다.

두 번째는 반대로 고령자가 되면 새로운 즐거움이 생긴다는 관점이다. 앞서 말한 것과 반대되는 말이지만 부정할 수 없는 요인이다. 나이가 들면서 고령자의 생활은 변하지 않는 부분과 변하는 부분 두 가지로 나누어진다. 무엇보다 자유 시간이 많아진다는 점은 노년기의 변화이자 특전이다. 늘어난 자유 시간은 젊은 시절에 하지 못했던 일을 실현하는 즐거움을 선사한다. 장기간 여행을 떠나고 새로운 무언가를 배우기 시작하거나 취미에 몰두하는 즐거움은 노년기에 할 수 있는 일들이다. 고령자는 기본적으로 물질에 부족함이 없어 정신적인 충족을 바라는 경향이 강하다. 또한 자신의 시간을

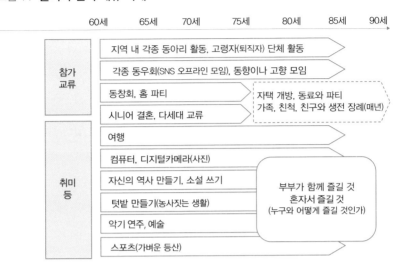

그림 14 **즐기기 선택 메뉴 사례**

	60세 65세 70세 75세 80세 85세 90세
참가 교류	지역 내 각종 동아리 활동, 고령자(퇴직자) 단체 활동
	각종 동우회(SNS 오프라인 모임), 동향이나 고향 모임
	동창회, 홈 파티
	시니어 결혼, 다세대 교류
	자택 개방, 동료와 파티
	가족, 친척, 친구와 생전 장례(매년)
취미 등	여행
	컴퓨터, 디지털카메라(사진)
	자신의 역사 만들기, 소설 쓰기
	텃밭 만들기(농사짓는 생활)
	악기 연주, 예술
	스포츠(가벼운 등산)

부부가 함께 즐길 것
혼자서 즐길 것
(누구와 어떻게 즐길 것인가)

충실하게 보내고 싶다는 욕구도 있다. 모두 자유로운 시간이 뒷받침되어 나타나는 현상이다.

과거를 되돌아보는 즐거움, 추억에 흠뻑 젖는 일도 고령자만의 특권이다. 옛날 친구나 동료를 만나고 젊은 시절에 들었던 노래나 영화를 즐기는 고령자가 아주 많다. 지나온 과거를 돌아보며 즐기는 일도 고령자만이 누릴 수 있는 특혜이다.

최근에는 건강이나 미용에 관심을 두고 활동하는 고령자가 늘었다. 건강은 연령을 불문하고 모든 사람의 관심사이긴 하지만 특히 노년기가 되면 관심이 깊어진다. 건강을 겸비한 여행(헬스 관광, 건강 투어 등)을 하거나 건강 노래방, 건강 마작과 같은 새로운 시장이 형성되고, 여성 고령자를 대상으로 하는 미용 및 패션 상품이 속속 등장하는 등 건강과 미용은 고령자의 즐거움(욕구)을 충족시키는 핵심 요소로 자리 잡고 있다.

세 번째는 시대 변화와 함께 새로운 시장을 개척하는 즐거움이다. 앞서 말한 건강과 미용 분야처럼 고령자의 즐거움을 만드는 힘은 시장에서 나온다. 그동안 우리 모두의 즐길 거리는 실제로 시장이 주도적으로 이끌어 왔다. 최근 디지털 시니어라고 불리는, ICT 활용 능력이 뛰어난 시니어도 많다. 고령자가 컴퓨터나 인터넷을 통해 커뮤니케이션을 즐기는 환경도 시대와 시장이 만들어 낸 결과물이다. 고령자의 즐기기 선택 메뉴 개발에는 지역 사회와 시장이 짊어져야 할 역할이 매우 크다. 앞으로 고령자의 욕구를 반영한 새로운 상품과 서비스가 개발되기를 기대한다.

지금까지 지방자치단체가 중심이 되어 전국 각지에 고령자의 활동 장소, 삶의 보람을 느낄 수 있는 장소를 많이 만들어 왔다. 그러나 이런 장소가 은퇴하고 지역을 중심으로 활동을 펼치려는 새로운 고령자에게도 여전히 매력적인 장소인지 점검이 필요한 시점이다. 지역 사회에서 생활하는 고령자가 어떻게 하면 계속 활동하며 배우고 즐길 것인가. 앞으로 고령자의 목소리를 담아 다양한 즐기기 선택 메뉴를 개발해야 한다.

제6장

고령자와
주거 환경

1 고령자의 주거 실태

POINT > 　신체가 허약하거나 요양이 필요한 고령자가 생활하기 편안한 주거 환경은 어떤 모습일까. 고령자의 주거 환경 실태를 살펴보자.

고령자만으로 구성된 세대 증가

그림 1은 65세 이상 고령자 세대의 가족 구성 변화를 보여준다. 1986년에 거의 절반을 차지하던 3세대 가족이 2015년에는 13% 수준으로 떨어졌고, 고령자 단독 세대와 고령 부부 세대가 각각 전체의 4분의 1, 3분의 1을 차지하며 가족 구성원이 줄었다는 사실을 알 수 있다. 혼자 사는 고령자 세대와 고령자 부부로만 구성된 세대가 급증하고 있다.

2008년 총무성의 〈주택·토지 통계조사〉 결과를 살펴보면 고령 부부 세대의 약 86%, 고령자 단독 세대의 약 65%가 집을 소유하고 있는 것으로 나타났다. 이런 상태로 계속 고령화가 진행되면 어떻게 될까.

그림 2는 2015년 내각부가 발표한 '신체가 허약해졌을 때 지내고 싶은 장소'에 대한 국제비교조사 결과이다. 조사 대상국 모두 자택에서 계속 생활

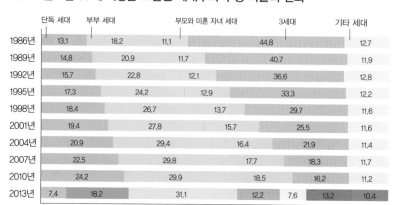

그림 1 **연도별 65세 이상을 포함한 세대수와 구성 비율의 변화**

	단독 세대	부부 세대	부모와 미혼 자녀 세대	3세대		기타 세대
1986년	13.1	18.2	11.1	44.8		12.7
1989년	14.8	20.9	11.7	40.7		11.9
1992년	15.7	22.8	12.1	36.6		12.8
1995년	17.3	24.2	12.9	33.3		12.2
1998년	18.4	26.7	13.7	29.7		11.6
2001년	19.4	27.8	15.7	25.5		11.6
2004년	20.9	29.4	16.4	21.9		11.4
2007년	22.5	29.8	17.7	18.3		11.7
2010년	24.2	29.9	18.5	16.2		11.2
2013년	7.4	18.2	31.1	12.2	7.6	13.2 / 10.4

자료: 후생노동성, 〈2014년 국민생활 기초조사 개요〉

그림 2 **신체가 허약해졌을 때 지내고 싶은 장소**

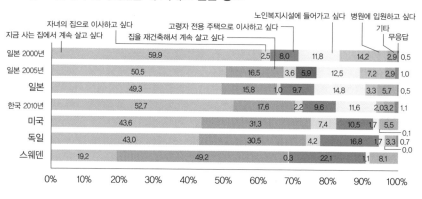

	지금 사는 집에서 계속 살고 싶다	자녀의 집으로 이사하고 싶다	집을 재건축해서 계속 살고 싶다	고령자 전용 주택으로 이사하고 싶다	노인복지시설에 들어가고 싶다	병원에 입원하고 싶다	기타	무응답
일본 2000년	59.9		2.5	8.0	11.8	14.2	2.9	0.5
일본 2005년	50.5	16.5	3.6	5.9	12.5	7.2	2.9	1.0
일본	49.3	15.8	1.0	9.7	14.8	3.3	5.7	0.5
한국 2010년	52.7	17.6	2.2	9.6	11.6	2.0 3.2		1.1
미국	43.6	31.3		7.4	10.5	1.7	5.5	
독일	43.0	30.5	4.2	16.8	1.7	3.3	0.7	0.1
스웨덴	19.2	49.2	0.3	22.1	1.1	8.1		0.0

주: 1) 조사 대상은 60세 이상 남녀 2) 연도를 표시한 국가 이외에는 모두 2015년 자료

자료: 내각부, 〈고령자의 생활과 의식에 관한 국제비교조사〉, 2015.

하고 싶다는 비율이 높았다. '지금 사는 내 집에서 계속 살고 싶다(일본 약
50%)', '집을 재건축해서 계속 살고 싶다(일본 16%)'의 비율을 합쳐 약 70%의

그림 3 요양 서비스를 받는 장소

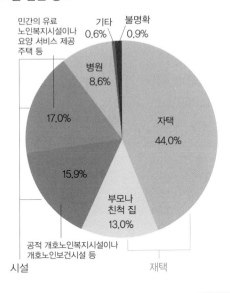

자료: 생명보험 문화센터, 〈2015년 생명보험에 관한 전국 실태조사 속보판〉, p.80 그림 II−4 참고.

고령자가 자택에서 계속 생활하기를 원했다.

　그렇다면 실제 요양 서비스를 받는 장소는 어디일까. 2015년 생명보험 문화센터의 조사 결과(그림 3)를 보면, '자택', '부모나 친척 집'을 포함하여 재가 요양은 전체의 약 60% 수준이다. '공공 요양 시설', '민간 요양 시설'이 각각 약 20%에 가깝고 '병원'이 약 10%로 시설에서 요양 서비스를 받는 사람은 약 40%에 해당한다. 그림 2와 그림 3을 비교해 보면, 요양이 필요하더라도 내 집에서 계속 살고 싶다는 사람이 65%인데 반해 이를 실현한 사람은 40% 정도임을 알 수 있다. 위의 조사 결과를 통해 약 4분의 1은 내 집에서 요양 서비스를 받고 싶지만 받을 수 없는 상황이라고 추측할 수 있다.

재가 요양 지원의 중요성

앞서 살펴본 것처럼 급격한 고령화와 가족 구성원의 감소로 고령자 단독 세대나 고령 부부 세대가 늘어나고 있다. 이들 중 과반수는 집을 소유하고 있으며 내 집에서 요양 서비스를 받고 싶어 하지만 실현하지 못하는 사람이 많다.

고령자의 증가로 요양 및 의료 수요도 급격히 증가하면서 정부의 재정 압박은 물론 요양 및 의료 시설 확충 등 관련 정책은 커다란 전환기를 맞이하고 있다. 국민의 정책 수요와 국가의 재정 사정을 고려하여 재가 요양 서비스와 재가 간호 서비스 체계 확충이 시급한 상황이다.

내 집에서 계속 생활하며 요양 및 의료 서비스를 받을 수 있도록 지역 내에 서비스 거점을 더욱 꼼꼼하게 정비하는 일도 필요하지만, 개인 맞춤형 주택 개선이나 고령자의 주거 이동에 대한 정확한 이해가 더욱 중요하다.

2   고령자 맞춤형 주택

POINT >   고령자는 신체 기능의 저하로 지금까지 생활해 온 주택에서 그대로 살기에는 불편함이 많다. 고령자에게 편안한 주택은 안전하고 안심하며 생활할 수 있는 주택이다.

고령자의 가정 내 사고 현황

고령자 사고의 특징

그림 4는 일상생활에서 사고가 발생한 장소를 연령대별로 비교한 것이다. 65세 이상의 고령자가 집 주변의 대지를 포함해 주택에서 발생한 사고로 다치는 비율은 젊은 사람에 비해 10% 정도 높았다. 이러한 결과는 고령자가 젊은 사람보다 집에서 보내는 시간이 길고 비교적 힘든 운동 등을 하지 않아도 일상에서 쉽게 사고가 발생한다는 점을 보여준다.

사고가 발생하면 골절과 같이 중상을 입는다는 점도 고령자의 특징이다. 특히 골절처럼 일정 기간 안정이나 요양을 해야 하는 증상은 주의가 필요하다. 안정이나 요양을 위해 오랫동안 몸을 거의 움직이지 않고 지내면 급격하게 체력이 떨어지기 때문이다. 젊은 사람의 체력 저하는 운동 등으로 쉽

그림 4 **사고 발생 장소**

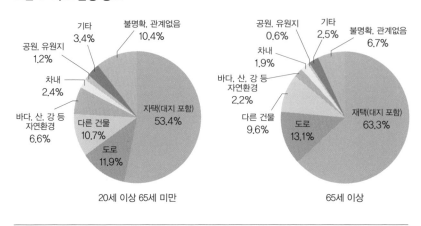

20세 이상 65세 미만
- 기타 3.4%
- 불명확, 관계없음 10.4%
- 공원, 유원지 1.2%
- 차내 2.4%
- 바다, 산, 강 등 자연환경 6.6%
- 다른 건물 10.7%
- 도로 11.9%
- 자택(대지 포함) 53.4%

65세 이상
- 공원, 유원지 0.6%
- 기타 2.5%
- 불명확, 관계없음 6.7%
- 차내 1.9%
- 바다, 산, 강 등 자연환경 2.2%
- 다른 건물 9.6%
- 도로 13.1%
- 재택(대지 포함) 63.3%

자료: 국민생활센터, 〈병원 위험과 재해 정보로 분석한 고령자의 가정 내 사고 현황〉, 2008.

게 회복할 수 있지만 고령자의 체력 저하는 회복에 시간이 걸린다. 떨어진 체력 탓에 다음 사고가 연달아 발생할 위험도 커진다.

　고령자의 주거 환경은 조금이라도 사고의 위험을 줄이기 위한 방향으로 개선해야 한다.

고령자의 사고와 주거 환경

그림 5는 구체적으로 주택 내부의 어디에서 사고가 자주 발생하는지 연령 대별로 비교한 것이다. 부엌을 뺀 나머지 모든 장소에서 젊은 사람에 비해 고령자의 사고 비율이 높았다. 높낮이 차가 있는 물리적 장애물이 많은 계단, 현관, 복도, 정원에서 고령자의 사고가 많이 발생했다.

　의외의 결과라고 생각할지도 모르겠지만 고령자는 실외보다 실내의 사고 발생 비율이 높다. 주로 침실이나 거실처럼 느긋한 자세로 편안하게 쉬는 장소이다. 실내는 계단이나 현관과 달리 높낮이 차도 별로 없다. 그런데 왜 실내에서 자주 사고가 발생하는 것일까.

그림 5 **연령대별 주택 내 사고 발생 장소**

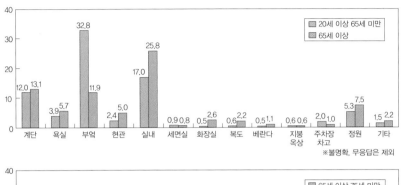

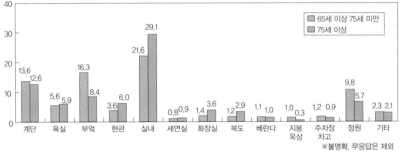

자료: 국민생활센터, 〈병원 위험과 재해 정보로 분석한 고령자의 가정 내 사고 현황〉, 2008.

　실내에서 일어나는 사고의 대부분은 공간 이동 중에 발생한다. 침실이나 거실에서 다른 공간으로 움직이다 무엇엔가 걸려 넘어져 사고가 발생하는 사례가 많다. 실내에서 발생하는 사고를 75세 이상과 75세 미만으로 나누어 비교해 보면 특히 고령일수록 사고 비율이 높은 것으로 나타났다.

　이러한 결과는 고령으로 신체 기능이 떨어지면서 처음에는 높낮이 차가 있는 장소에서 사고가 발생하다 서서히 높낮이 차가 없는 실내에서도 쉽게 사고가 발생한다는 사실을 보여준다. 중요한 점은 연령에 따라 주택 안에서도 사고에 주의해야 하는 장소가 바뀐다는 것이다.

고령자의 사망 사고와 주거 환경

갑자기 사망 사고가 발생했다는 소리를 들으면 가장 먼저 교통사고가 떠오른다. 그러나 최근 통계(그림 6)를 살펴보면, 교통사고로 인한 갑작스러운 사망보다 가정 내에서 일어나는 사망 사고가 많다는 사실을 알 수 있다. 가정 내에서 발생하는 사망 사고의 종류는 질식사, 낙상사나 전락사, 익사의 비율이 높은데 모두 교통사고 사망자 수와 비슷한 수준이다. 예전에 교통 전쟁이라고 부르며 많은 사람에게 공포를 주었던 교통사고로 인한 갑작스러운 죽음이 지금은 가정 내에서 일어나고 있는 것이다.

그림 7은 가정 내에서 발생한 사고 내용을 연령대별로 구분하여 세부적으로 분석한 것이다. 반복해서 말하지만 실내에서는 익사, 질식, 낙상이나 전락 사고로 많은 사람이 사망한다. 질식은 음식물을 잘못 삼켜 목에 걸리는 것이 주요 원인으로 연령이 높을수록 사망자 수가 늘어난다. 고령자의 식사 보조나 식사 시간에 주의해서 지켜보는 일이 중요하다.

익사는 질식사와 비슷한 수치이다. 대부분 욕실에서 일어나는데 고령일

그림 6 사망 원인에 따른 성별 사망자 수와 사망률

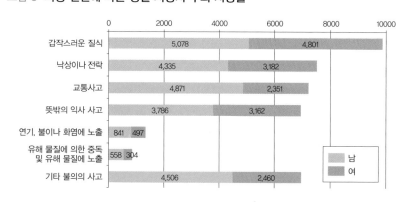

자료: 인구동태 통계연보 주요통계표, 〈사망 원인 분류에 의한 성별 사망자 수와 사망률(인구 10만 대비)〉, 2010.

개인 편

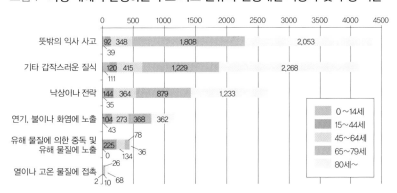

그림 7 **가정 내에서 발생하는 주요 사고 분류와 연령대별 사망자 및 구성 비율**

자료: 후생노동성, 〈인구동태 통계연보–가정 내에서 발생한 주요 불의의 사고 원인 분류와 연령대별 사망자 및 구성 비율〉, 2010.

수록 사고 비율이 높아진다. 따라서 고령자를 위한 욕실의 익사 사고 예방 대책이 매우 중요하다.

낙상이나 전락 사고에서는 계단처럼 높낮이 차가 있는 장소에서 넘어지는 사람보다 높낮이 차가 없는 평평한 장소에서 넘어져 사망하는 사람이 거의 두 배에 이른다. 평평한 장소에서 발생하는 낙상 사고의 비율은 고령일수록 높아지며, 높낮이 차가 있는 장소에서 발생한 낙상 사고는 비교적 젊은 사람에게서 많이 나타난다. 다시 말해 자유롭게 몸을 움직이는 동안에는 계단처럼 높낮이 차가 있는 장소에서 낙상으로 인한 사망 비율이 높고, 신체 기능이 떨어지면 실내처럼 높낮이 차가 없는 곳에서 발생한 낙상 사고의 사망 비율이 높아진다.

이 외에 직접적인 사망 사고로 이어지지는 않더라도 화장실 등은 뇌출혈을 일으키는 장소로 많이 알려져 있다.

욕조에 빠지지 않고 계단이나 실내에서 넘어지지 않도록 배려하는 일과 화장실에서 쓰러지지 않고 부엌에서 화상을 입지 않도록 점검하는 일이 고령자가 안전하게 생활할 수 있는 주택의 중요한 요소이다.

고령자의 가정 내 사고 방지

지금까지 살펴본 것처럼 노년기에도 안심하고 생활할 수 있는 안전한 주거 환경 만들기가 무엇보다 중요한 과제이다. 이를 위해서는 주택 내의 공간을 안심과 안전의 관점에서 세심하게 살펴보아야 한다. 가정 내 사고를 방지하기 위해 공간별로 반드시 주의해서 확인해야 할 핵심 항목이 있다. 여기에 제시한 유의사항 이외에도 개인의 상황에 맞춘 다양한 배려가 필요하다.

욕실

가정 내에서 갑자기 발생한 사망 사고의 가장 큰 원인은 익사로 무엇보다 욕실의 익사 방지가 가장 중요하다. 욕실 주변은 급격한 온도 변화로 '히트 쇼크'가 발생하기 쉬운 장소여서 특히 주의해야 한다. 욕실 설계는 크게 탈의 공간, 샤워 공간, 욕조 등 세 부분으로 나누어 접근해야 한다. 위의 세 공간을 어떻게 매끄럽게 연결할 것인지가 공간 구성의 핵심이다.

탈의 공간에서 반드시 고려해야 할 점은 다음과 같다.

• **넓이**: 몸이 자유롭게 움직이는 동안에는 옷을 입고 벗는 동작에 시간이 오래 걸리지 않고 힘도 들지 않지만 신체 기능이 떨어지면 무척 힘든 일이 된다. 목욕 보조 서비스가 필요할 수도 있다. 따라서 탈의 공간은 목욕 보조가 필요하더라도 손쉽게 옷을 입고 벗을 수 있는 넓이가 바람직하다. 걸터앉아 스스로 옷을 입고 벗을 수 있도록 의자를 놓을 공간이 있어야 하고, 휠체어를 사용하는 경우에는 휠체어가 회전할 수 있거나 휠체어 앞 뒤로 도와주는 사람이 움직일 수 있는 공간을 충분히 확보해야 한다.

- **손잡이**: 탈의 공간은 되도록 넓은 면적을 확보해야 좋다고 했는데 단지 넓기만 해서는 안 된다. 고령자가 스스로 옷을 입고 벗을 수 있도록 적절한 위치나 벽에 손잡이를 설치해야 한다. 미끄럼 방지 등을 위해서도 손잡이 설치는 매우 중요한 요소이다.

- **수납**: 탈의 공간은 옷을 입고 벗는 장소로만 사용하지 않는다. 세면기를 설치했거나 세탁기를 들여놓은 집도 있다. 이러한 탈의 공간은 청소나 정돈에 주의하지 않으면 여기저기 흩어져 있는 옷 등에 걸려 생각지도 못한 낙상 사고를 일으킬 가능성이 있다. 단순히 움직일 수 있는 충분한 공간 확보뿐 아니라 효과적인 수납도 함께 고민해야 한다.

- **난방**: 탈의실은 알몸이 되는 장소이다. 특히 겨울에는 껴입었던 옷을 한꺼번에 벗으며 발생하는 히트 쇼크를 예방하기 위해서라도 입욕 전에 미리 따뜻하게 적정 온도로 맞춰 두어야 한다. 탈의실 전용 난방 장치를 구매하는 것이 좋으며 콘센트도 미리 장만해 두면 편리하다.

다음으로 욕실을 살펴보자.

- **입구**: 탈의 공간과 샤워 공간은 일반적으로 접이식 문이나 미닫이문으로 구분한다. 여닫이문이 욕실의 물 튀김 방지에는 효과적이지만 문을 여닫기 위한 면적이 넓고 문을 여는 동작이 크기 때문에 일반 주택에서는 접이식 문이나 미닫이문을 사용한다. 고령자는 여닫기 편한 미닫이문을 사용하는 편이 좋다. 휠체어 사용을 고려하면 두 쪽짜리 미닫이문보다는 세 쪽짜리 미닫이문이 입구 폭을 넓게 사용할 수 있어 편리하다. 유효 입구 폭은 800mm 이상이 바람직하다.

- **높낮이 차 해결**: 일반적으로 탈의 공간과 욕실 사이에는 낮은 문턱이 있다. 이 문턱은 욕실에서 탈의 공간으로 물이 흘러들지 않도록 막는 역할

을 한다. 그러나 문턱의 높낮이 차는 고령자의 이동을 방해할 뿐 아니라 문턱에 걸려 넘어지는 사고로 이어지기도 한다. 휠체어를 사용하는 사람은 높낮이 차 때문에 안으로 들어가지도 못한다. 최근에는 문턱의 높낮이 차를 해결하고 물이 탈의 공간으로 흘러들지 않도록 욕실 입구에 배수로를 설치하는 주택이 늘고 있다.

• **미끄럼 방지:** 욕실 바닥 소재가 반들반들하면 비누 성분이 조금만 떨어져도 넘어질 가능성이 크다. 이를 예방하기 위해 미끄럼 방지용 바닥재를 사용하는 것이 효과적이다.

• **손잡이:** 욕실 내에서 편하게 움직이고 미끄럼을 방지하기 위해 빠질 수 없는 장치가 손잡이다. 가로형 손잡이, 세로형 손잡이, L자형 손잡이 등 사용 목적에 따라 몇 종류를 설치해 놓으면 안심이 된다. 출입구 바로 옆에는 문을 여닫을 때 잡을 수 있도록 세로형 손잡이를 설치한다. 이때 일반 세로형 손잡이보다 문 가까이에서 잡을 수 있도록 디자인한 오프셋형 손잡이를 설치하면 욕실 안팎에서 모두 사용할 수 있다. 욕실 안의 넓은

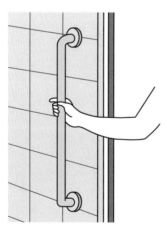

I자형 손잡이는 손잡이가 문에서
조금 떨어져 있어 잡기 불편하다.

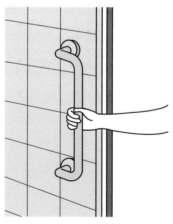

오프셋형 손잡이는 문 가까이에
손잡이가 위치하여 확실하게 잡을 수 있다.

개인 편

벽면에는 안전하게 이동하도록 가로형 손잡이를 설치한다. 수도꼭지와 욕조 사이에는 세로형 손잡이를 설치하면 앉았다가 일어서는 동작이 편리하다. 욕조에 접한 벽면에는 앉았다가 일어서는 동작은 물론 욕조 안에서도 자세를 유지하는 데 도움을 주는 L자형 손잡이를 설치하면 안전하다. 평행 이동에는 가로형 손잡이, 상하 동작에는 세로형 손잡이처럼 움직이는 동작과 행위가 손잡이의 종류를 고르는 중요한 기준이 된다.

- **욕실 내 온도:** 급격한 온도 차이로 발생하는 히트 쇼크는 탈의실에서만 발생하는 것이 아니다. 밖으로 연결되는 창문이 달린 욕실은 특히 겨울에 온도가 아주 낮다. 몸을 씻기 전에 욕실을 탈의실과 비슷한 온도가 되도록 따뜻하게 덥혀야 한다. 욕실용 난방 기구를 사용해도 좋고 한참 동안 욕실 문을 열어 탈의실과 비슷한 온도로 맞추는 방법도 있다. 목욕 직전에 뜨거운 물을 욕실 전체에 뿌리는 방법도 효과적이다. 젊은 가족과 함께 사는 경우에는 젊은 사람이 먼저 목욕한 다음에 고령자가 목욕하는 습관을 들이는 것도 방법이다.

- **샤워기 걸이:** 샤워기에서 물이 나오는 부분(샤워 헤드)을 고정하는 샤워기 걸이 위치도 고령자에게는 매우 중요하다. 목욕 의자에 앉아서 몸을 씻는다면 낮은 위치에 설치해야 하고 서서 몸을 씻는다면 높은 위치에 있어야 편리하다. 높은 위치라고 해도 너무 높지 않은 곳에 설치해야 한다. 만약 목욕을 보조해 주는 사람이 있다면 욕조 안에서 몸을 씻게 된다. 이때에는 욕조 바로 위에 샤워기 걸이를 설치하면 편리하다.

다음으로 욕조를 확인해 보자.

- **욕조 크기:** 고령자에게 너무 큰 욕조는 위험하다. 폭과 깊이 모두 욕조에 들어갔을 때 바로 손에 닿는 크기의 욕조를 골라야 한다. 욕조 안의 치수

는 어깨 치수보다 조금 여유로운 600mm 정도가 좋다. 길이는 개개인의 키에 따라 다르지만, 욕조 안에 들어갔을 때 발이 여유롭게 욕조 반대쪽 벽에 닿는 1000mm 전후가 적당하다. 욕조 깊이도 매우 중요하다. 너무 깊으면 웅크리고 앉아 욕조 바닥을 청소해야 하는데, 무릎과 허리가 아파 제대로 청소하지 못하는 고령자도 많다. 바닥 청소를 깨끗이 하지 않으면 미끄러지기 쉬운 상태가 되어 욕조 안에서 익사 사고가 발생하기 쉽다. 욕조 바닥에 미끄럼 방지 용품을 미리 깔아놓으면 안전하다.

- **욕조 에이프런 세우기**: 욕조 에이프런이란 욕조를 둘러싸고 있는 벽면을 말한다. 욕실 바닥에서 에이프런 위까지 너무 높으면, 고령자가 욕조에 들어갈 때 다리를 벌려서 한 번에 넘기 힘들다. 욕조 바닥이 너무 깊어도 발을 잘못 짚어 욕조 안으로 쓰러질 가능성이 있다. 따라서 욕조 에이프런의 높이는 450mm 정도, 욕조 깊이는 500mm 정도가 적당하다.
- **이동 보조대(트랜스퍼 보드), 목욕 보드**: 다리가 불편해도 본인의 힘으로 앉은 채 몸을 조금씩 수평으로 움직일 수 있도록 고안된 이동 보조대를 사용하면 휠체어에서 침대로 또는 휠체어에서 욕조로 이동하기 편리하다.

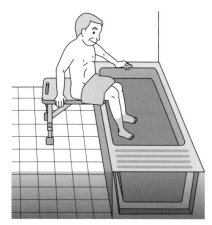

트랜스퍼 보드

목욕 보드

에이프런

이처럼 이동을 지원하는 도구를 트랜스퍼 보드라고 부른다. 샤워 의자나 목욕 전용 휠체어에서 이동 보조대로 옮긴 후에 욕조 주변의 손잡이를 잡고 욕조 안에 들어가거나, 욕조 위의 좁은 폭을 활용하여 움직이는 목욕 보드에 옮겨 앉아 욕조 안으로 들어갈 수도 있다.

화장실

화장실은 하의 탈의, 앉았다가 일어서기, 배에 힘주기 등 여러 신체 동작이 한꺼번에 이루어지기 때문에 욕실 다음으로 고령자에게 불편함을 주는 곳이다. 그러나 오래도록 자립 생활을 유지하기 위해서는 되도록 혼자 힘으로 화장실에 가려고 노력해야 한다. 체력이 떨어지더라도 문제없이 사용할 수 있는 화장실 공간으로 꾸며 놓아야 한다.

- **화장실 설치 장소:** 건강할 때는 실내에서 화장실이 멀리 떨어져 있어도 아무런 불편이 없다. 오히려 침실에서 멀어야 좋다고 생각하는 사람도 있다. 그러나 신체 기능이 떨어지고 주택 내에서 이동이 불편해지면 침실과 화장실은 가까워야 좋다. 게다가 누워서 지내며 요양 서비스를 받아야 한다면 돌봄자의 일 처리가 편하도록 침대 가까이에 화장실이 있으면 편리하다. 이러한 상황을 고려하여 처음 주택을 설계할 때 침실과 화장실을 같은 공간에 배치하고 건강할 때는 침실과 화장실 사이를 벽으로 막아두었다가 필요해지면 벽을 미닫이문으로 바꾸기도 한다. 오래된 주택이라도 침실과 화장실을 가까이에 두도록 개보수를 통해 문 위치를 바꾸는 방법도 있다.
- **화장실 가기:** 침실에서 화장실로 안전하게 이동하기 위해서는 손잡이 설치가 매우 중요하다. 일반적으로 가로형 손잡이를 설치하지만, 팔의 상태나 하반신 장애 등을 고려하여 적절한 손잡이를 골라 설치해야 한다. 밤

에 화장실에 갈 때를 대비하여 센서 조명을 설치해 두면 안전하다. 또한 겨울에는 침실과 복도, 복도와 화장실의 온도 차이를 줄이기 위한 난방 대책도 세워야 한다.

- **화장실 출입구:** 일반 가정에서는 사생활 확보와 방음 등의 이유로 화장실 출입구를 여닫이문으로 하는데 고령자에게는 미닫이문이 편리하다. 화장실의 유효 입구 폭은 휠체어 사용을 고려하여 800mm 이상이 적당하다. 미닫이문은 문을 밀어서 넣는 공간이 필요하기 때문에 화장실 입구 좌우에 별도의 출입구가 있으면 설치하기 어렵다. 이런 곳에는 어쩔 수 없이 여닫이문을 달아야 하지만 화장실 안의 폭이 좁으면 밖으로 열리도록 설치하고 화장실 안이 넓으면 안으로 열리도록 설치한다. 화장실 문은 일반적으로 사생활 보호를 위해 안으로 열리도록 설치하는데 뇌졸중 등으로 사람이 쓰러지면 밖으로 문이 열리지 않아 바로 대처하기 어려운 단점이 있다.

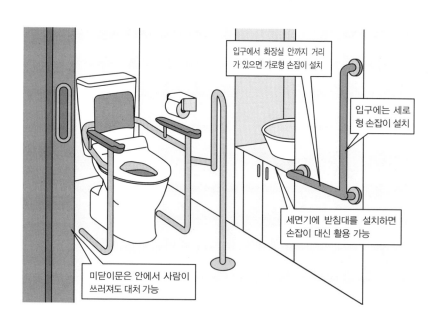

입구에서 화장실 안까지 거리가 있으면 가로형 손잡이 설치

입구에는 세로형 손잡이 설치

세면기에 받침대를 설치하면 손잡이 대신 활용 가능

미닫이문은 안에서 사람이 쓰러져도 대처 가능

- **손잡이:** 화장실 입구에는 문을 여닫기 전에 지탱할 수 있는 세로형 손잡이가 필요하다. 화장실 입구에서 변기까지 거리가 있으면 수평 손잡이를 설치한다. 화장실 안에 받침대가 있으면 손잡이 대신 활용할 수 있다. 변기 양쪽에는 잡고 일어서기 편하도록 세로형 손잡이를 설치한다.

- **변기 높이:** 변기가 낮으면 앉았다가 일어서기 힘들고 반대로 변기가 높으면 앉았을 때 불안정하다. 변기에 앉았을 때 발이 바닥에 여유롭게 닿는 400mm 정도가 좋으나 다리와 허리가 약해지면 약간 더 높은 편이 앉았다 일어서기가 편하다. 이를 위해 높이 조절용 보조 변기를 변기 밑에 끼우면 30mm에서 50mm 정도 높아진다. 휠체어 사용을 고려한다면 휠체어의 의자 높이가 일반적으로 450mm 정도이므로 이동하기 쉽도록 변기 높이도 450mm로 맞추면 편리하다.

- **히트 쇼크 대책:** 화장실에서는 갑자기 힘을 주거나 온도가 낮아져 뇌졸중으로 쓰러지는 사례가 많다. 온도가 낮은 계절에는 히트 쇼크로 쓰러지는 비율이 높다. 따라서 화장실의 낮은 벽이나 바닥 근처에 난방 기구 설치를 추천한다.

- **돌봄 보조 공간 확보:** 화장실 보조가 필요해지면 그만큼의 공간을 확보해야 한다. 변기 옆에서 보조하는지, 앞에서 보조하는지, 휠체어를 이용하는지 등에 따라 확보해야 할 공간 규모가 달라진다.

이동 공간

나이가 들어 신체 기능이 떨어지면 주요 공간 사이의 이동이 힘들어지기 때문에 이동 동선은 짧을수록 좋다. 이동 중에는 쓰러지거나 넘어지지 않도록 대책을 마련해야 한다. 이동 공간을 현관, 복도, 계단으로 나누어 특별히 주의해야 할 부분을 살펴보도록 하겠다.

현관

- **현관의 높낮이 차 방지**: 주택을 설계할 때 기본이 되는 법률은 건축기준법이다. 이 법에는 주택 1층의 바닥을 지반(건축물이 세워지는 대지의 평균 높이)보다 450mm 높게 해야 한다는 규정이 있다. 이 때문에 대지 밖에서 주택 내부로 들어가는 경계에는 반드시 높낮이 차가 생긴다. 법적으로 가능하다면 입구의 높낮이 차를 없애고 휠체어가 드나들기 쉽도록 슬로프를 만드는 것이 가장 바람직하다. 건물 밖에 설치하는 슬로프의 기울기는 12분의 1에서 15분의 1 정도가 적당하다. 슬로프의 바닥은 미끄럼 방지를 위해 모양을 새기거나 미끄러지지 않는 소재를 선택해야 한다. 슬로프 양옆으로 손잡이를 설치하면 더욱 안전하다.

- **현관 출입구**: 주택의 현관문은 안에서 밖으로 미는 여닫이문이 일반적이다. 참고로 서양은 대부분 밖에서 안으로 문을 연다. 비를 피하는 방식이나 손님을 맞이하는 문화 차이 등 여러 요인이 있다. 그러나 고령자의 현관 출입을 고려하면 여닫이문보다는 미닫이문이 적합하다. 출입구의 유효 폭은 휠체어 크기를 고려해서 최저 800mm 이상이 필요하다.

- **마루청 높낮이 차 해결**: 일반 주택은 대부분 현관에서 한 계단 올라서 실내로 들어간다. 그래서 현관에서 신발을 벗는 위치를 확실히 알 수 있다. 현관과 실내 바닥 사이에는 대개 마룻귀틀이라는 목재를 가로로 길게 깔아 높낮이 차를 만든다. 격식을 차리는 현관 공간 연출에는 중요한 요소지만 고령자 주택에는 적합하지 않다. 처음 설계할 때부터 높낮이 차를 없애는 것이 가장 이상적이지만 개선책으로 마루청 옆에 세로형 손잡이를 설치하거나 마룻귀틀 옆에 편하게 신발을 신고 벗도록 의자를 놓기도 한다.

복도

- **문턱 해결:** 주택에는 공간을 구분하기 위해 미닫이문이나 여닫이문 아래에 바닥에서 10mm 높이의 문턱을 설치한다. 건강하게 움직일 때는 아무렇지 않으나 신체 기능이 떨어지면 이러한 문턱이 방해가 된다. 문턱에 걸려 넘어지거나 골절을 당하는 사례도 있다. 더구나 휠체어 사용자는 이동에 불편을 겪을 수밖에 없다. 참고로 휠체어가 통과할 수 있는 문턱의 높이는 20mm까지로 알려져 있으나 평평한 곳에서의 이동과 불편함을 단순 비교하기는 어렵다. 주택을 설계할 때부터 문턱을 없애고 완전한 배리어 프리로 만드는 것이 중요하다. 기존 문턱의 높낮이 차 해결 방안으로는 높낮이 해결용 슬로프(문턱 제거용 미니 슬로프)를 추천한다.

- **복도 폭:** 건축기준법에서는 복도의 유효 폭을 750mm로 규정한다. 지팡이나 휠체어를 사용하거나 요양이 필요한 고령자가 이용하기에 너무 좁다. 이상적인 유효 폭은 800mm 이상이다. 특히 직각으로 꺾어지는 곳에서 휠체어를 사용한다면 유효 폭은 900mm가 적당하다.

- **동선의 길이:** 고령으로 신체 기능이 떨어지면 방과 방 사이를 오가기 힘들고 이동 중에 넘어져 사고가 발생할 확률도 높아진다. 따라서 고령자를 위한 주택은 동선의 길이가 짧아야 한다. 고령자에게 효율적인 동선 계획을 미리 짜고 움직이기 편리하도록 공간을 배치해야 한다.

- **복도의 손잡이:** 복도에 설치하는 손잡이는 보행을 돕는다. 손잡이에 지탱하고 걸을 수 있도록 복도 벽에는 가로형 손잡이를 설치한다. 다만 현관의 마루청 옆, 방의 출입문 옆 등은 서서 걸을 때와 달리 문을 열기 위해 지탱할 수 있는 세로형 손잡이를 달아 동작을 자연스럽게 하나로 연결할 필요가 있다. 손잡이는 가능한 한 도중에 끊어지지 않고 이어지도록 설치해야 한다. 가로형 손잡이가 도중에 끊어지는 경우에는 끝부분을 벽 쪽으로 굽혀 옷소매나 주머니가 끼지 않도록 주의해야 한다. 주택 안에 온통

손잡이를 설치하여 병원처럼 보이지 않도록 손잡이와 유사한 기능을 발휘하는 키 작은 가구 등을 연속적으로 배치하는 방법도 있다.

계단

환경이 제대로 정비되지 않은 주택에서는 고령자의 체력이 떨어져도 어느 정도 몸이 움직이는 동안에는 계단을 이용할 수밖에 없다. 집 안의 계단을 가능한 한 안심하고 안전하게 이용할 수 있도록 배려해야 한다.

- **계단의 길이**: 건축기준법에서는 일반 주택에 계단을 설치할 때 최소한의 길이로 챌면은 230mm 이하, 디딤판(발을 올려놓는 수평면)은 150mm 이상으로 규정하고 있다. 챌면은 계단 하나의 높이이고, 디딤판은 계단 진행 방향의 폭을 말한다. 그러나 챌면이 230mm, 디딤판이 150mm인 계단은 건강한 사람이 오르내리기에도 힘이 든다. 고령자의 안전성을 고려하여 가능한 한 완만하게 계단의 챌면은 150mm, 디딤판은 300mm에 가깝게 설치해야 한다.
- **계단 주의사항**: 계단은 미끄러지지 않는 소재를 사용하는 것이 기본인데 계단코(챌면보다 조금 더 튀어나온 디딤판의 끝부분)는 미끄럼 방지 재료를 사용

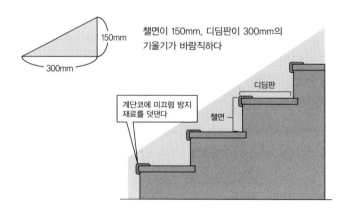

챌면이 150mm, 디딤판이 300mm의 기울기가 바람직하다

150mm
300mm

계단코에 미끄럼 방지 재료를 덧댄다

디딤판

챌면

하는 것이 좋다. 계단코가 너무 튀어나오지 않도록 설치하면 예기치 않은 낙상을 줄일 수 있다. 계단코와 계단 디딤판의 색을 달리하여 광도비(밝기의 차이)에 차이를 두면 계단을 잘못 짚어 넘어지는 일을 방지한다.

부엌, 세면실

부엌과 세면실은 욕실, 화장실과 함께 '물을 사용하는 곳'이다. 상수도관, 하수도관, 온수관에다가 배기 시설이나 바닥 방수 시설까지 설치하는, 설계에 많은 제약이 따르는 곳이다. 그중에서도 부엌이나 세면실은 복잡하고 다양한 작업을 하는 공간으로 편리하게 움직일 수 있도록 다각도의 배려가 필요하다.

- **부엌의 작업 동선:** 동선은 복도나 계단처럼 이동 공간에서만 사용하는 개념이 아니다. 부엌에서 이루어지는 조리 작업은 다양하고 섬세한 행위가 복합적으로 일어난다. 간단히 살펴보면 보존(냉장고와 선반), 설거지(싱크대), 사전 준비(조리대), 조리(조리대), 가열(가스레인지, 오븐, 전자레인지), 요리 담기(조리대), 나르기(식탁) 등의 행위가 순조롭게 각각 필요한 장소에서 이루어져야 한다. 모든 동작에 군더더기를 없애려면 작업 동선이 짧고 순서가 뒤섞이지 않는 것이 좋다. 따라서 부엌 주변의 공간 배치는 작업 동선의 흐름이 단순해지도록 설계해야 한다. 벽을 따라 L자형으로 부엌 작업대를 설치하면 비교적 동선이 짧아져 능률적이다.
- **부엌 작업대 높이:** 부엌 작업대는 바닥에서부터 850mm 높이가 표준인데, 이 높이는 키가 작은 사람에게는 너무 높고 키가 큰 사람에게는 너무 낮다. 부엌 작업대는 사용하는 사람의 키에 맞는 높이를 고르는 것이 무엇보다 중요하다. 무릎이 안 좋아서 장시간 서 있기 힘들거나 휠체어를 사용하는 사람은 바퀴가 달린 의자에 앉은 채 또는 휠체어에 탄 채로 조

리할 수 있도록 개수대나 조리대 아랫면을 수납으로 사용하지 않고 무릎이 들어가는 공간으로 비워두기도 한다. 휠체어를 사용하면 일반 높이보다 100mm 정도 낮게 설치하는데 설치 전에 사용하는 사람의 키와 맞추어 보는 일이 중요하다.

- **가열 기구:** 일반 가정에서는 가열 기구로 가스를 많이 사용하지만 일산화탄소, 이산화탄소와 같은 유독 가스 문제와 화재 위험, 옷에 불이 붙을 위험 등으로 최근에는 전기레인지를 사용하는 가정이 늘고 있다. 고령자의 조리 환경에 매우 적합한 도구이기는 하지만 정전이 되면 사용할 수 없다. 재해 등으로 발생하는 정전에 대비하여 휴대용 가스 조리 기구를 긴급 용품으로 준비해 두면 안심이 된다.

- **세면대:** 세면대의 높이는 일반적으로 750mm 정도이다. 휠체어나 의자 위에 앉아서 씻는다면 세면대 아래에 무릎이 들어가는 형태를 고르는 것이 좋다. 세면대의 높이는 사용자의 신체 조건을 세심하게 파악하고 결정해야 한다.

거실

거실은 침실과 응접실을 말하는데 나이가 들면 이러한 장소에서도 넘어져 다치는 사례가 많다. 거실에서는 다음과 같은 점에 주의해야 한다.

- **넘어짐 방지:** 거실 내에는 높낮이 차가 별로 없지만 가전제품 사용을 위한 전기 코드나 바닥에 떨어진 옷, 물건 등에 걸려 쉽게 넘어진다. 바닥은 되도록 미끄러지지 않는 소재를 사용하고 넘어지더라도 크게 다치지 않도록 부드러운 소재를 깔아두면 안심이 된다. 실내에서는 미끄러지기 쉬운 양말이나 슬리퍼를 신지 말고 미끄럼 방지용을 사용하는 등 다양한 대비책이 필요하다.

- **스위치 위치:** 조명이나 전기 사용을 위한 실내의 각종 스위치는 크기가 클수록 고령자가 조작하기 쉽다. 설치 높이는 바닥에서 1200mm 정도가 적당하다. 이 높이보다 위에 설치하면 팔을 올리는 동작이 부담스러워 사용하기 불편해진다. 야간에는 스위치의 위치를 금방 찾을 수 있도록 어두워도 빛이 나는 야광 스위치를 설치하면 편리하다.

- **콘센트 위치:** 콘센트는 보통 바닥에서 200mm 정도 높이에 설치하는데, 고령자나 휠체어 사용자가 가능한 한 몸을 구부리지 않도록 바닥에서 400mm 높이에 설치하는 편이 좋다. 침대를 놓을 장소와 겹치지 않고 바닥 위에 전기 코드가 널브러지지 않는 위치에 설치하는 일이 중요하다.

- **거실 입구:** 여닫이문보다는 미닫이문이 여닫기 편하고 열어 놓은 채로 사용하면 공간의 개방감도 느낄 수 있다. 입구의 유효 폭은 휠체어가 드나들도록 800mm 이상이 적당하다.

- **손잡이 등:** 예전에 많이 사용한 여닫이문의 둥글게 튀어나온 원통 모양 손잡이는 손으로 쥐기 힘들기 때문에 지금은 레버 형식을 많이 사용한다. 레버 형식 손잡이는 고령자도 사용하기 편리하지만, 레버 끝이 문 쪽으로

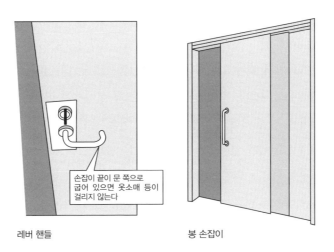

손잡이 끝이 문 쪽으로 굽어 있으면 옷소매 등이 걸리지 않는다

레버 핸들   봉 손잡이

굽어 있지 않으면 옷소매나 주머니 또는 손가방이 레버에 걸려 사고가 발생한다. 미닫이문도 예전에는 손잡이를 문안에 새겨 넣는 것이 일반적이었으나 지금은 여닫기 편하도록 긴 봉 형태의 손잡이를 많이 설치한다.

- **침대 주변:** 고령자는 침대보다 바닥에 이불을 펴고 사용하기를 선호하지만 요양이 필요해지면 본인은 물론 돌봄 지원자를 위해서도 침대가 편리하다. 침대 주위에는 750mm 넓이의 돌봄 공간을 미리 확보해 두어야 한다.

돌봄 환경, 주인이라는 존재감

고령자가 건강할 동안에는 개인의 사생활을 존중하여 최소한의 안부 확인만으로 충분하지만 신체 기능이 점점 떨어지면서 다양한 돌봄 수요가 발생한다. 중증의 요양 상태가 되더라도 고령자를 요양 서비스나 간호 서비스의 대상(손님)으로 생각해서는 안 된다. 마지막까지 집, 방, 침대의 주인으로 생활할 수 있도록 환경을 정비하고 배려해야 한다.

- **툇마루:** 툇마루는 주로 전통 가옥에 딸려 있는데 주택 안과 밖을 자연스레 연결하는 중요한 공간이다. 툇마루는 햇볕을 조절하는 곳이며 정원에 가꾼 꽃나무를 바라보거나 밤하늘의 달을 즐기는 공간이기도 하고 이웃이나 손님과 차를 마시며 이야기꽃을 피우는 자리이기도 하다. 서양식 주택이 보편화되어 툇마루나 실내의 쓰레기를 밖으로 내보내는 청소용 창문(소제창)이 사라졌다. 주택 안팎을 자연스레 이어주는 공간이 사라지고 모든 생활은 집 안에서만 이루어지며 집 안의 생활 모습이 밖으로 새나가지 않도록 설계한 집이 늘어났다. 그러나 집에 있는 시간이 긴 고령자를 위해서는 외부로 연결하는 물리적인 장소를 만들 필요가 있다. 툇마루를 만들면 이웃과 교류하는 기회가 늘고 마당으로 나가는 동기 부여가 될 수도 있다. 툇마루 옆을 고령자가 지내는 공간으로 배치하면 언젠가 방문

요양이나 방문 간호가 필요하더라도 야간에 식구들에게 폐를 끼치지 않고 서비스 요원들이 쉽게 드나들며 지원할 수 있는 장점도 있다. 현재 이러한 '재가복지 서비스에 대응한 주택' 개발도 활발히 진행되고 있다.

- **ICT:** 고독사가 심각한 사회 문제가 되면서 ICT가 주목받고 있다. 현재 ICT를 활용하여 고령자 생활 주변 환경을 개선하려는 시스템 개발이 한창이다. ICT는 Information and Communication Technology의 약자로 직역하면 정보통신기술인데 고령자의 건강 유지와 안부 확인에 도입하자는 움직임이 활발하다. 컴퓨터나 태블릿, 혹은 소형 컴퓨터를 활용하여 고령자의 사회 참여나 네트워크 형성을 돕는 것이 목표이다. 고독사를 예방하기 위해 고령자의 건강 상태 체크나 일상생활의 움직임을 확인하는 시스템도 개발하고 있다. 이러한 ICT의 개발 동향에도 관심을 기울여야 한다.

- **물건 선택 기준:** 일상생활용품도 고령자의 사용 습관이나 안전성을 고려한 상품과 고령자가 선호하는 디자인의 상품이 늘고 있다. 고령 친화적인 상품은 어린아이나 장애인은 물론 모든 사람이 사용하기 편리하다. 고령자를 대상으로 한 상품을 포함하여 유니버설 디자인 상품을 고르는 일은 모든 사람이 안전하고 살기 좋은 주거 환경 만들기에 도움이 될 것이다.

- **주인이라는 존재감:** 집에 찾아온 손님을 대접하는 일은 무척 번거롭다. 이웃, 가족, 요양 및 간호 서비스 제공자 등 방문자는 각기 다른 긴장감을 준다. 건강 상태가 어떠하든 고령자는 집의 주인이라는 확신과 존경을 통해 살아가는 힘을 얻는다. 누구든 병원에 입원하여 침대에 누워있더라도 병문안 온 사람에게는 차를 대접하거나 사과를 깎아주려는 마음이 들 것이다. 집이든 방이든 심지어 병원 침대에서라도 고령자가 주인인 환경을 만들어야 한다. 병들어 누워 지내도 방 안에 차를 내릴 수 있는 공간을 두고, 언제라도 손님에게 조그만 과자라도 대접할 수 있게 하고, 다른 사람

에게 보여줄 수 있는 사진이나 추억이 깃든 물건을 손이 닿는 공간에 두어, 고령자가 그 공간의 주인이고 더 나아가 자기 인생의 주인이라는 점을 깨닫게 한다.

고령자 맞춤형 주거 환경 만들기

고령자는 어느 날 갑자기 고령자가 되는 것이 아니다. 신체 기능의 저하는 이미 중년부터 부분적으로 시작되고 개인차도 매우 크다. 따라서 고령자에 적합한 주거 환경 만들기는 '개인 맞춤형 주거 환경 만들기'가 최선이라고 할 수 있다. 주거 환경 개선은 고령자만을 위해서가 아니라 동거하는 가족, 동거하지 않아도 도와주는 가족이나 친구, 복지 지원 담당자의 생활의 질도 함께 높일 수 있어야 한다. 이것이 가장 이상적인 주거 환경 개선이다. 개개인의 생활에 맞춘 주거 환경 개선을 하우스 어댑테이션이라고 부른다.

시간 축을 기준으로 생활과 주거 환경의 변화를 살펴보면 환경심리학, 환경행동학 분야에서 사용하는 환경 이행이라는 개념이 도움이 된다. 거주자가 다치거나 병에 걸리지 않아도, 현재 사는 집을 개보수하거나 이사하지 않아도 시간이 지나면 자연스레 물리적 환경의 관계가 변한다.

예를 들어 '얼마 전까지는 2층에 올라가는 계단이 하나도 안 힘들었는데 요즘 부쩍 힘들어졌다'라고 느낀다면 분명히 그 사람과 환경의 관계가 변한 것이다. 이처럼 별다른 사고나 계기가 없어도 우리와 우리를 둘러싼 물리적 환경의 관계는 조금씩이지만 매일매일 변하고 있다. 이를 원만한 환경 이행이라고 한다면 재해로 집을 잃은 사람은 갑작스러운 환경 이행을 경험한다. 갑작스러운 환경 이행은 이사나 가족을 잃은 상황에서도 발생할 수 있다. 이러한 상황은 종종 당사자의 심리 상태를 크게 불안정하게 만들어 그때까지 할 수 있었던 일을 불가능하게 만들기도 한다. 더구나 고령이 될수록 환경 이행이 가져오는 부정적인 측면에 유연하게 대처하기 힘들어진다. 인간은 나이가 들면서 환경 이행을 피할 수 없지만 가능한 한 갑작스러운 환경 이행이 일어나지 않도록 준비해야 한다. 노년기에 주거 환경 변화를 피할 수 없다면 자연스럽게 환경 이행이 가능하도록 미리 대책을 세워야 한다.

현재 고령자에게 적합한 주택을 새로 짓거나 개보수를 지원하는 여러 지원금 보조제도가 있다. 이러한 제도를 효과적으로 활용하여 고령자의 환경 이행이 원활하게 이루어지도록 배려해야 한다. 주택 관련 지원금 보조제도는 규정이 자주 바뀌기 때문에 관계 기관에 최신 정보를 문의하는 것이 좋다.

고령자의 주거 환경 개선에는 필요한 분야마다 전문가가 다르다. 각각의 전문성을 효율적으로 연계하여 고령자의 생활환경을 향상시키도록 노력해야 한다.

공적 지원제도

현재 고령자 주거 환경과 관련한 지원제도에는 다음과 같은 것들이 있다. 서로 중복해서 지원받을 수도 있으므로 조합해서 활용하면 된다.

• **개호보험의 주택 개보수, 요양 예방 주택 개보수**: 개호보험●의 요개호나 요지원 등급을 인정받으면 등급에 관계없이 20만 엔 이하의 주택 개보수 또는 요양 방지 주택 개보수 비용의 90%까지 신청할 수 있다. 한 번에 전액을 사용하지 않고 여러 번 나누어서 사용하는 일도 가능하다.

• **개호보험의 특정 복지 용구, 특정 요양 예방 복지 용구 구매**: 개호보험의 요개호나 요지원 등급을 인정받은 사람은 등급에 관계없이 연간 10만

● 스스로 일상생활을 유지할 수 없는 사람을 위해 실시하고 있는 일본의 간병보험. 우리나라의 장기 요양보험에 해당한다. —옮긴이

엔 이하의 특정 복지 용구 구매나 특정 요양 예방 복지 용구 구매 비용의 90%를 신청할 수 있다.

- **개호보험의 복지 용구, 요양 예방 복지 용구 대여(렌탈):** 개호보험의 요개 호나 요지원 등급을 인정받은 사람은 등급에 따라 한도 금액 내에서 복 지 용구의 매월 대여 비용(10% 자기 부담)을 신청할 수 있다.
- **주택금융지원기구의 개보수 비용 융자:** 만 60세 이상으로 본인이 거주하 는 주택을 배리어 프리로 개보수를 하는 경우, 본인이 사망할 때까지 매 월 차입금의 이자만 내고 원금은 신청자 본인이 사망했을 때 일괄 상환 하는 제도이다.

고령자 주거 환경 개선 전문가

고령자를 위한 주거 환경 개선을 원활하고 적합하게 실시하기 위해서는 건 축 전문가인 건축사와 복지 전문가인 케어 매니저가 중심이 되어야 한다. 이 외에도 재활 전문가인 **물리치료사**(PT, Physical Therapist)나 **작업치료사**(OT, Occupational Therapist), 복지와 의료 분야의 연결 고리인 의료 사회복지사(의료 소셜 워커), 복지 용구 전문가인 복지 용구 전문 상담원 등 각종 전문가와 연 계가 필수이다.

건축사는 일정 면적 이상 또는 일정 구조 형태 이상의 건축물을 신축, 증 축, 개보수, 이전하는 데 필요한 국가 자격 건축 전문가로 1급 건축사, 2급 건축사, 목조 건축사 등이 있다. 1급 건축사는 모든 건축물의 설계가 가능하 다. 다만 모든 건축사가 고령자의 주거 환경 전반에 상세한 지식을 가지고 있는 것은 아니므로 충분히 상담하고 의뢰해야 한다.

케어 매니저는 개호보험법에 따라 복지 서비스를 지원하기 위한 재가복 지 서비스 계획(케어 플랜)을 작성하고, 각종 복지 사업자와 연락하고 조정하 는 복지 전문가로 공식 명칭은 개호지원 전문원이라고 부른다.

물리치료사, 작업치료사는 모두 재활(기능 회복) 전문가이다. 물리치료사가 앉았다 일어서기와 같은 '신체를 움직이는 기본 동작'에 관한 재활 전문가라면 작업치료사는 손가락 움직이기, 식사하기, 목욕하기 등과 같은 '일상생활에 필요한 동작'의 기능 회복을 위한 재활 전문가이다. 물리치료사는 동작의 기본 부분, 작업치료사는 심리를 포함한 생활에 필요한 동작의 재활을 각각 담당한다.

의료 사회복지사(의료 소셜 워커)는 보건 의료 분야의 복지 전문가로 대부분 병원에 소속되어 근무한다. 입원 환자가 퇴원해서 집으로 돌아갈 때, 원활하게 지역 사회로 복귀하고 자립 생활을 할 수 있도록 사회복지 입장에서 환자와 가족이 안고 있는 심리적, 사회적 문제 해결을 도와준다. 의료 간호와 재가 복지 서비스를 연결하는 역할을 담당한다.

복지 용구 전문 상담원은 개호보험법에 의한 복지 용구 상담 전문가이다. 개호보험법에서는 지정 재가복지 서비스로 복지 용구 대여 사업을 하는 경우, 사업소마다 2명 이상의 복지 용구 전문 상담원을 배치하도록 규정하고 있다.

이 외에도 고령자의 주거 환경과 관련한 전문가로 **복지 주거 환경 코디네이터**가 있다. 건축사법에 의해 반드시 건축사가 해야 하는 건축물 설계 이외에는 복지 주거 환경 코디네이터의 역할이 가장 크다.

주거 환경 개선은 생활의 주인공인 고령자의 상황을 충분히 이해하고 현재 드러난 욕구 외에 숨어있는 욕구까지 찾아내는 일이 중요하다. 고령자의 욕구를 정확히 파악하기 위해서는 일상생활을 같이하는 가족의 참여가 필수이다. 충분한 시간을 가지고 가족들과 협의하여 본인뿐 아니라 가족의 생활도 향상시킬 수 있는 주거 환경 개선을 목표로 세워야 한다.

히트 쇼크

겨울에 따뜻한 곳에 있다가 차가운 욕실이나 화장실에 들어가면 급격한 온도 변화로 혈압이
나 맥박에 이상이 생기는데 이러한 현상을 히트 쇼크라고 부른다. 히트 쇼크는 심근경색이
나 뇌경색을 일으키는 주요 원인이다. 연간 약 1만 명이 히트 쇼크로 사망한다. 고령자, 고혈
압, 당뇨병, 동맥 경화 등이 있는 사람은 뇌출혈을 일으키기 쉬우므로 겨울에는 욕실과 화장
실에 난방 장치가 필요하다.

유효 치수

건축물의 내부 공간을 잴 때 튀어나온 벽이나 기둥 등을 제외하고 실제 이용 가능한 공간의
넓이를 계산하는 방법. 예를 들어 복도의 유효 폭은 손잡이 돌출 부분을 빼고 계산하며, 출
입구와 같은 문의 유효 폭은 문의 두께나 미닫이문의 밀고 남은 부분을 뺀 나머지 폭만 계산
한다.

여닫이문, 미닫이문, 접이문

주택에는 방과 방을 이어주고 사람이 드나들도록 만든 문이 있다. 문에는 일반적으로 창호
라고 부르는 칸막이를 설치한다. 칸막이를 여닫는 방식은 여러 가지인데 보통 도어라고 하
면 여닫이문을 가리키며 일상에서는 문이라고 부른다. 한편 미닫이문은 문지방과 기둥 사이
에 문을 넣는 공간을 만들고, 수평으로 밀어서 여닫는 형식이다. 입구에 문이 하나 있고 벽
면을 따라 또는 벽 속으로 따라 들어가는 형태를 미닫이 수납문이라고 한다. 고령자의 주택
에는 여닫기 편하도록 미닫이 형태의 문을 다는 집이 많다. 또한 경첩을 사용하여 몇 개의
문이 레일 위에서 겹쳐지도록 지그재그로 접고 펴는 형식의 문을 접이문이라고 하는데 주로
욕실 입구에 설치한다.

내부 치수

주택 내부 설계에는 여러 가지 치수가 사용된다. 특히 고령자 주택의 환경 개선을 위해서는
내부 치수 길이를 반드시 알아두어야 한다. 예를 들어 욕조 폭을 계산할 때, 욕조 전체의 폭

(외부의 전체 길이)과 내부 공간의 폭(내부와 내부 사이의 폭)을 고려하는데 전자를 외부 치수, 후자를 내부 치수라고 부른다. 내부 치수의 반대를 외부 길이, 외부 폭으로 부르기도 한다.

건축기준법

1950년에 제정한 법률로 건축물 설계에 반드시 지켜야 하는 사항을 규정한다. 단일 건축물에 대한 안전성이나 쾌적성을 규정한 단일 규정과 도시 계획에 필요한 지역 자원으로서의 건축물 제한 등을 규정한 집단 규정으로 구분되어 있다. 건축물 각 부분의 최저 넓이 등은 단일 규정에 정의되어 있는데 고령자용 주택은 건축기준법보다 조금 넉넉하게 설계해야 한다.

마룻귀틀

마룻귀틀은 건축 용어로 어느 정도 폭이 있는 각목을 가로로 깔아 놓을 것을 말한다. 마루청은 현관 바닥에서 실내로 올라갈 때 바닥 윗부분에 가로로 덧댄 목재를 가리킨다. 참고로 가로대는 방과 다다미가 접하는 부분에 가로로 덧댄 목재를 말하며, 귀틀 문은 문 한가운데 가로로 목재를 덧대어 문 윗부분과 아랫부분을 나눈 것이다.

배리어 프리

일상생활에서 장애(배리어)가 없는 상태(프리)를 가리킨다. 주택에서는 현관의 높낮이 차이나 문턱 등이 대표적인 배리어다. 또한 급격한 온도 차이와 조명 밝기도 이동에 방해가 된다. 자연스러운 온도 변화와 조명의 밝기를 자동으로 조절하는 기능도 배리어 프리의 범주에 들어간다.

동선

동선이란 공간 안에서 움직이는 사람의 이동 방향을 말한다. 건물 설계 시에는 사람이 평면에서 움직이는 수평 동선을 따라 공간을 배치한다. 세로 동선(수직 동선이라 부름)은 위아래 층의 원활한 이동을 위해 필요한 요소이다. 계단은 세로 동선인데 위층 계단을 현관 옆에 설치하느냐 거실 안에 설치하느냐에 따라 가족 관계에 영향을 미치기도 한다. 손님의 동선과 사생활 동선(실내복으로 이동할 가능성이 높은 동선 등)처럼 서로 다른 목적의 동선이 교차하지 않도록 설계하면 생활하기 편리한 공간을 만들 수 있다.

허리 높이 창문과 청소용 창문

벽면에 설치된 창문 중 집 안 청소를 하며 생긴 쓰레기를 그대로 창밖으로 내보낼 수 있도록 창문 밑을 집 안 바닥에 맞추어 만든 창문을 청소용 창문(소제창)이라고 부른다. 이에 비해 창문 밑 부분을 사람의 허리 높이(1000mm)로 설정하고 아래에는 허리 벽이라는 벽면을 세워서 만든 창문을 허리 높이 창문이라고 한다. 대형 청소용 창문은 창이 넓고 사람이 다닐 수 있지만 창을 통해 들어오는 외풍과 실내외의 온도 차이가 심해 냉난방의 효율을 떨어뜨리는 단점이 있다. 사생활 보호, 방범, 창문 쪽 가구 배치를 이유로 최근에는 허리 높이 창문이 증가하고 있지만 허리 높이 창문은 주택의 폐쇄성을 높인다고 지적하는 목소리도 있다.

재가 방문 서비스에 대응한 주택

서양식 주택은 가족의 사생활 보호를 최우선으로 고려한다. 다른 사람과의 교류보다 자기의 사생활이 더 중요하다고 여기는 젊은 세대는 이러한 주택이 쾌적하지만 이웃 주민의 따뜻한 안부 확인이나 방문 요양, 방문 간호 등 돌봄 서비스가 사생활보다 중요한 고령자의 주택은 방문 서비스를 받기 쉬운 공간으로 만들어야 한다. 국토교통성 주택국 안심주거추진과에서는 이러한 사회적 요청에 따라 2012년 3월 '재가 서비스에 대비한 주거 개선 힌트(안)—집에서 계속 생활할 수 있는 마지막 거주지를 위한 아이디어와 대책'을 발표했다. http://www.mlit.go.jp/common/000209752.pdf

유니버설 디자인

유니버설 디자인이란 건강한 사람이나 어린아이, 고령자, 다양한 장애가 있는 사람 모두가 편리하게 사용하도록 만들어진 디자인을 의미한다. 유니버설 디자인은 배리어 프리 디자인을 포함하는 개념이다.

하우스 어댑테이션

하우스 어댑테이션은 고령자나 가족 개개인의 상황을 모두 고려하여 고령자의 자립 생활을 유지하도록 주택을 개선하는 일을 말한다. 고령으로 인한 장애가 있더라도 자기만의 생활을 유지하도록 지원하기 위해 실시한 환경 개선이 가족이나 주위 사람들의 생활까지도 더욱 편리하고 풍요롭게 한다는 개념이다.

환경 이행

인간과 인간을 둘러싼 물리적 환경의 관계가 시간이 흐르며 변하는 현상을 환경 이행이라고 부른다. 질병이나 사고로 이사를 하면서 혹은 환경에 변화가 없더라도 시간이 지남에 따라 환경 이행이 발생한다. 지금까지 아무 불편함이 없던 상황이 자신도 모르게 힘들어지는 일처럼 자연스러운 형태로 환경 이행을 경험하게 하는 것이 고령자를 위한 주거 환경 만들기의 기본이다.

3 고령자를 위한 주택 메뉴

POINT > 고령자가 주거지를 옮겨야 하는 상황이 오면 어떤 선택을 할 수 있을까. 고령자에게 필요한 돌봄의 내용과 수준, 생활 방식, 가족과의 관계, 경제적인 부분 등을 충분히 이해하고 결정해야 한다.

고령자 주택의 기본 방향

고령자가 주거지 변경을 결심하는 데는 여러 이유가 있다. 고령자의 주거지 선택은 요양 서비스의 필요 여부에 따라 크게 달라진다. 다음으로는 자녀와의 관계이다. 자녀와 가까이 살지 말지도 중요한 판단 기준이다. 그리고 오래 살아 익숙한 지역에서 유대감을 소중히 지키며 살지, 제대로 된 요양 서비스를 받으며 안심하고 생활할지에 따라 선택이 달라진다. 요양 서비스의 필요성, 친족과의 관계, 지역과의 관계 등이 고령자 거주지의 중요한 선택 기준이다.

고령자를 위한 주택 메뉴

고령자 주택은 일반 생활 주택에서 복지 및 의료 지원 시설까지 매우 다양하다. 요양이나 의료 필요도에 따라 크게 '주택 계열 시설', '복지 계열 시설', '의료 계열 시설' 세 종류가 있다. 주택 계열 시설은 국토교통성, 복지 계열 및 의료 계열 시설은 후생노동성이 담당한다. 아래는 각 시설의 개요를 간략히 정리한 것이다.

주택 계열 시설

1) 공동 주택(셰어 하우스, 콜렉티브 하우스)

기존의 가족 및 주택 개념에서 벗어나 사람과 사람이 모여 공동체를 만들며 살아가는 새로운 생활 방식이 속속 등장하고 있다. 공동 주택에서는 독립된 개인 전용실과 공동으로 사용하는 몇몇 공용 공간에서 다양한 연령대의 사람이 교류하며 생활한다.

임대주택 등으로 옮길 때는 개인 공간과 공용 공간의 균형이 매우 중요하다. 공동 주택에는 사생활 보호를 위한 개인 공간은 물론 다른 거주자와 교류할 수 있는 거실이나 식당과 같은 공동 공간이 있다. 고령자는 개인 공간에서만 지내면 심신이 약해지기 때문에 공동 공간을 통해 적절한 교류가 필요하다.

2) 서비스 제공 고령자 주택(서비스 고령자 주택, 서비스 제공 주택)

서비스 제공 고령자 주택의 특징은 낮에 복지 전문가가 건물에 상주하며 안부 확인, 생활 상담 서비스 등을 제공한다는 점이다. 주택 건물의 모든 구조는 배리어 프리이다. 개인 전용 공간에 부엌, 화장실, 수납공간, 세면기, 욕실을 설치하고 면적은 25m² 이상을 기준으로 한다. 개호보험법에서 규정하는 일정 조건을 충족하면 특정 시설로 지정받을 수 있다.

3) 실버 하우징

생활 상담이나 안부 확인, 긴급 상황에 바로 대응할 수 있는 생활 상담원(LSA: Life Support Advisor)이 배치되어 있다. 자립 생활이 가능한 고령자(60세 이상)가 입소할 수 있는 공영 주택(공공 임대주택)을 말한다. 건물은 배리어 프리 구조로 화장실과 욕실 등에 비상 호출 장치가 설치되어 있으며 저렴한 임대료로 입주할 수 있다.

복지 계열 시설

4) 유료 노인 홈

목욕, 배설, 식사 보조, 식사, 세탁, 청소 등의 가사 서비스 또는 건강관리 중 하나를 제공하는 민간 시설로 노인복지시설이나 치매 그룹 홈이 아닌 시설을 말한다. 계약 방법에 따라 종신 이용, 임대, 종신 건물 임대차 등으로 구분한다. 거주자의 상태에 따라 크게 다음의 세 종류가 있다.

- **건강형:** 건강하고 자립 생활이 가능한 고령자를 대상으로 식사 등의 서비스를 제공한다.
- **주택형:** 생활지원 등의 서비스를 제공한다. 요양이 필요한 사람은 외부의 복지 사업자와 계약하여 요양 서비스를 받을 수 있다.
- **요양 서비스 제공형:** 도도부현 지사로부터 개호보험의 '특정 시설 입소자 생활지원' 시설로 지정받은 곳이다. 시설 내에서 근무하는 직원이 요양 서비스를 제공한다.

5) 경비 노인 홈(케어 하우스)

노인복지법에 의한 노인복지시설의 하나이다. 기초자치단체나 사회복지법
인이 운영하며 무료 또는 적은 비용으로 입소할 수 있다. 대상은 가정이나
주택 사정 등의 이유로 자택에서 생활이 곤란하거나 불안정한 60세 이상이
다. 다음의 네 종류로 구분한다.

- **A형**(급식형): 수입이 일정 기준 이하이며 부양가족이 없는 사람에게 급식
  서비스를 제공한다(일시 조치).
- **B형**(자취형): 자택 생활이 곤란한 사람으로 자취가 원칙이다. 방에는 조리
  기구와 세면대가 설치되어 있다(일시 조치).
- **케어 하우스**: 집안일이 불가능할 만큼 신체 기능이 떨어져 혼자 생활하기
  어렵고, 가족의 지원도 받을 수 없는 사람이 대상이다. 급식과 외부 사업
  자로부터 방문 요양 서비스를 받을 수 있다.
- **도시형**: 도시 지역에 있는 정원 20명 이하의 소규모 시설로 건강 상태나
  희망에 따라 필요한 지원을 받을 수 있다.

6) 생활지원 하우스

기초지방자치단체인 시정촌(市町村)에서 관할하는 복지시설로 자택에서 생
활하기 어려운 60세 이상이 이용하는 저렴한 임대 주택이다. 요양 서비스가
필요한 사람은 이용할 수 없다.

7) 양호 노인 홈

시정촌에서 관할하는 복지시설이다. 신체, 정신, 환경, 경제상 이유로 자택 생
활이 어려운 65세 이상이 입소한다. 시정촌의 일시 조치로 입소가 결정된다.

8) 개호 노인복지시설(특별 양호 노인 홈)

요개호 3~5등급으로 자택에서 요양이 곤란한 사람이 긴급 또는 중증도에 따라 순서대로 입소한다. 시설에서는 신체 돌봄, 생활 원조, 재활 등의 요양 서비스를 제공한다. 개인실 10개 정도를 하나의 유닛(생활 단위)으로 하여 식당, 부엌, 욕실 등을 공유하고 전담 요양 팀이 서비스를 제공한다. 가정적인 분위기 속에서 생활하는 유닛형 개호 노인복지시설이나 정원 29명 이하의 지역 밀착형 개호 노인복지시설 혹은 이 둘의 형태를 합친 유닛형 지역밀착 개호 노인복지시설이 있다.

9) 치매 대응형 공동생활 요양시설(그룹 홈)

요지원 2등급 이상의 치매 환자 5~9명이 요양 서비스를 받으며 공동으로 생활하는 시설이다. 의사나 간호사는 없고 개호보험에서는 주택으로 규정하여 재가복지 서비스 시설로 구분한다.

의료 계열 시설

10) 개호 노인보건시설(노인보건시설)

급성기, 회복기가 지나 만성기에 접어든 환자가 자택 복귀를 목표로 생활하는 시설이다. 요개호 1~5등급으로 의료적인 돌봄이나 재활이 필요한 사람이 대상이다.

11) 개호 요양형 의료 시설(요양 병동)

급성기가 지난 요개호 1~5등급으로 비교적 장기간 의료 서비스를 받아야 하는 고령자가 입원하는 시설이다.

12) 개호 요양형 노인보건시설(신형 노인보건시설)

개호 노인보건시설과 개호 요양형 의료 시설의 중간 시설이다. 요개호 1~5등급으로 입원까지는 아니더라도 일정한 의료 서비스가 필요한 사람을 위한 시설이다.

노인복지시설

노인복지법에서 규정한 복지시설로 다음과 같은 종류가 있다.

- 노인 주간 보호센터 / 노인 단기 보호시설 / 양호 노인 홈 / 특별 양호 노인 홈 / 경비 노인 홈 / 노인 복지센터 / 노인 개호 지원센터

개호보험제도의 '특정 시설'

개호보험법에서는 특정 시설에 입소한 요양 등급 인정자가 요양 서비스 계획에 따라 시설이 기본으로 제공하는 서비스('특정 시설 입소자 생활지원')를 받으면 개호보험에서 지원하도록 되어 있다. 특정 시설은 다음의 네 종류 중에 법률에서 규정한 일정 조건을 충족하면 사업자로 지정한다.

- 서비스 제공 고령자 주택 / 유료 노인 홈(요양 서비스 제공) / 경비 노인 홈 / 양호 노인 홈

유닛 케어

거실을 중심으로 10명 이하의 개인실을 하나의 유닛으로 규정한다. 적은 인원을 대상으로 가정적인 분위기 속에서 서비스를 제공하며 식사나 목욕, 시설 내의 행사 등 모든 일상생활은 유닛별로 실시한다.

개호보험의 세 종류 시설

개호보험제도에는 방문 요양 등 재가복지 서비스 외에 시설 서비스로 다음의 세 종류가 있음

- 개호 노인복지시설(특별 양호 노인 홈) / 개호 노인보건시설 / 개호 요양형 의료시설(요양 병원)

개인
편

제7장

고령자와
이동

1 　고령자의 이동 실태

POINT >　고령화 사회에서 고령자가 안전하게 이동하기 위해서는 무엇을 바꾸고 어떻게 준비하면 좋을까. 고령자의 이동 실태를 파악하고 사회나 도시의 이상적인 모습을 그려보자.

고령사회의 이동 문제

일, 교류 및 여가, 쇼핑, 병원 가기 등 고령자의 생활에 이동은 매우 중요한 요소다. 최근 고령 운전자의 사고가 증가하며 사회적 문제로 주목받고 있지만, 고령자의 운전을 금지하고 이동 수단을 한정하면 쇼핑이나 병원 가기가 어려워져 일상생활에 지장이 생긴다. 결국에는 집 안에서만 생활하여 체력과 기력이 떨어지는 문제로 이어진다.

초고령 사회를 대비하여 정부와 민간에서는 다양한 이동 수단, 안전과 안심 확보 대책 마련에 고심하고 있다. 고령화 속도를 따라가려면 도시 계획이나 고령자의 생활에 깊숙이 관여하여 안전한 이동 수단을 확보하기 위한 발상의 전환이 필요하다.

고령자의 이동 실태와 관련한 통계 자료, 문제 해결을 위한 시범 사례를 살펴보면서 고령자가 안심하고 안전하게 이동 수단을 확보할 수 있는 미래 사회의 모습을 전망해 본다.

도시와 지방의 차이

국토교통성의 공공 교통 의식 동향 조사에 따르면 3대 도시권에서는 '편리한 공공 교통(철도, 버스 등)'의 중요성이 81.9%로 높고 만족도도 54.6%였으나, 지방에서는 '편리한 공공 교통'의 중요성 67.8%, 만족도 23.2%, 불만족 52.6%로 나타났다. 공공 교통을 이용하고 싶지만 교통편이 좋지 않아 자동차에 의존할 수밖에 없다고 불만을 나타낸 사람이 절반 이상이었다(〈2008년도 국토교통백서〉 참고).

그림 1 **도시 규모별 이동 수단 분담 비율(평일)**

		철도	버스	자동차	이륜차	도보, 기타
3대 도시권	중심 도시	32.1	3.9	21.4	17.4	25.2
	주변 도시 1	25.5	2.0	34.0	18.1	20.4
	주변 도시 2	12.0	1.2	55.8	14.2	16.8
지방 중추 도시권	중심 도시	11.8	5.6	44.9	14.1	23.6
	주변 도시	7.2	5.5	54.8	10.8	21.9
지방 중심 40만 명 이상	중심 도시	3.6	3.8	56.3	19.0	17.3
	주변 도시	3.6	1.2	71.9	9.7	13.7
지방 중심 40만 명 미만	중심 도시	1.7	2.6	62.3	18.0	15.5
	주변 도시	3.7	1.1	68.2	12.8	14.2
지방 중심 도시권	기타 도시	1.5	0.9	71.2	12.4	13.9
전국		14.3	2.5	48.8	15.5	18.9

자료: 국토교통성, 〈전국 도시 교통 특성 조사〉, 2010.

지방 도시 실태 – 후쿠이현 사례

후쿠이현에서는 1989년부터 2005년까지 65세 이상 고령자 인구가 1.57배 증가했는데, 자동차 운전면허를 가진 고령자는 4.52배 늘어 전체의 36.3%를 차지한다.

　고령자의 이동 횟수(이동의 빈도, 왕복은 2회)는 1989년과 비교하여 1.67배 늘었고, 이 중에서도 자동차를 이용한 이동은 3.26배 증가했다. 또한 면허를 소지한 고령자와 비교해 무면허 고령자의 이동 횟수는 약 3분의 1로 급격히 낮아졌다. 고령자의 이동은 자동차에 의존하는 비율이 높다는 사실을 확인할 수 있다.

　면허가 없는 사람의 이동 수단도 자동차가 36.2%로 가장 높았는데 외출 시 가족 등의 차를 타고 이동하는 것으로 추측된다.

그림 2 **고령자의 자동차 운전면허 유무별 인구 변화**

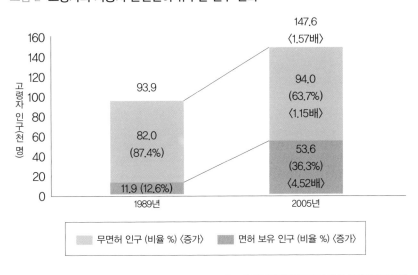

자료: 〈제3회 후쿠이 도시권 개인 이동 조사〉, 2005.

그림 3 **고령자의 대표 교통수단별 이동 횟수 변화**

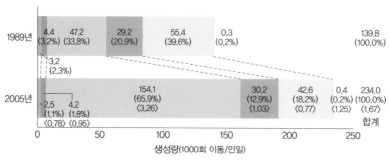

( )은 교통수단별 구성 / 〈 〉은 1989년부터 증가량

철도 노선버스 자동차 이륜차 도보 기타

그림 4 **고령자의 자동차 운전면허 유무 및 대표 교통수단별 1인 1일 이동 횟수**

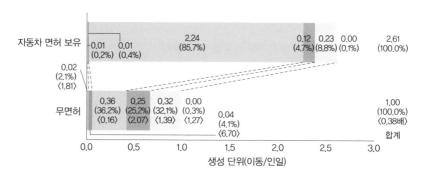

( )은 교통수단별 구성 / 〈 〉은 면허 유무의 비율

철도 노선버스 자동차 이륜차 도보 기타

자료: 〈제3회 후쿠이 도시권 개인 이동 조사〉, 2005.

개인 편

고령자의 이동 목적

'고령자에게 편리한 자동차 개발 추진 지사 연합'에서 고령자 1만 명을 대상으로 실시한 설문 조사에 따르면 고령자의 이동 목적은 1위 쇼핑 76.4%, 2위 지역 활동 36.5%, 3위 병원 가기 35.9% 순으로 나타났다. 이 외에는 취미나 학습 27.2%, 농작업 22.9%, 친척이나 친구 방문 21.5% 순이었다.

대도시, 지방 도시, 농촌 등 지역별로 살펴보면 대도시 이외에서는 자기 소유의 자동차에 의존하는 현상이 뚜렷하게 나타났다.

자동차를 매일 운전하는 사람은 전체의 약 64%였으며, 주 3~4회가 약 25%, 주 1~2회가 10%, 거의 하지 않는다고 응답한 사람은 1%를 약간 넘는 수준이었다.

운전 거리는 10킬로미터 이하라고 응답한 비율이 약 59%였는데 쇼핑이

그림 5 **고령자의 이동 목적**

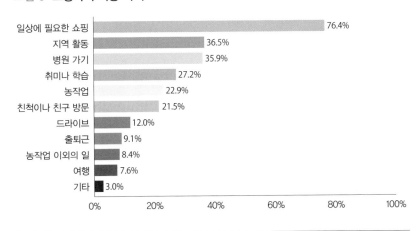

설문 대상=1만 856명. ※ 복수 응답 가능(3개까지)

자료: 지사 연합에 참가하는 도부현의 〈고령 드라이버 설문 조사〉, 2009년 11월~2010년 1월 실시

http://www.pref.hukuoka.lg.jp/uploaded/life/39/39250_15494350_misc.pdf

나 지역 활동, 병원 가기 등과 같은 근거리 이동이 많았다.

'자동차를 운전해서 좋은 점은 무엇인가?'라는 질문에 '가고 싶은 곳에 갈 수 있다(90.9%)', '짐 옮기기가 편리하다(65.9%)'라는 응답 비율이 높았다. 반대로 나쁜 점으로는 '교통사고에 대한 걱정(67.0%)'이라고 응답한 비율이 높았고 그다음은 '경제적 부담이 크다(56.3%)'였다.

이동의 자유와 짐 운반에 매우 편리한 자동차이지만 안전에 대한 불안과 가계 경제에 부담감을 느끼고 있었다.

2

고령자의 이동 특성과
사고 현황

POINT > 사회 전체적으로 교통사고는 감소하고 있지만 고령자 관련 교통사고
는 피해, 가해 모두 증가하며 커다란 사회문제가 되고 있다. 고령자의
교통사고 현황과 대책을 알아본다.

교통사고 관련 통계에 나타난 고령자의 특징

고령자의 교통사고는 다음과 같은 특징이 있다.

- 교통사고 사망자 수는 1989년도부터 감소 추세를 보이며 최근 4100대까
지 줄었지만 2015년은 전년도 대비 약간 증가하여 감소세가 멈추었다(그
림 6).
- 교통사고 건수, 부상자 수는 2004년까지 증가 추세였지만 이후 점차 감
소하여 2015년의 사고 건수는 54만 건을 조금 넘었고, 부상자 수는 67만
명 근처까지 내려갔다.
- 사망자 수의 약 과반수는 고령자로 고령 사망자 수는 그다지 줄지 않았다.
- 고령자 사고는 보행 중에 혹은 자전거를 타는 도중에 발생한 사고 등 일

상 생활권의 사고가 잦았다.

- 고령자는 다른 연령층보다 치사율●이 약 6배 높고 고령 사망자 수의 약 과반수는 보행 중에 발생한 사고가 원인이었다.
- 고령자의 증가와 함께 고령 운전자도 계속 늘어나며 교통사고의 피해자, 가해자 모두 증가 추세이다.

이런 특징을 그림과 함께 살펴보자.

전체 교통사고 사망자 수는 줄고 있으나 고령자가 차지하는 비율은 그대로이다(그림 6).

고령자가 일으키는 사고가 증가 추세이다. 최근 자료에서는 미세하게 감소한(2010년 : 10만 311건 대비 2015년 : 10만 551건) 것처럼 보이나, 전체가 68만 7911건에서 51만 50건으로 줄어 비율로 계산하면 15.5%에서 19.7%로 증가했다(그림 7).

젊은층의 수치와 합계는 감소했으나 65세 이상은 증가했거나 비슷한 수준이다(그림 8).

보행 중이 1위로 과반수를 차지하며 자전거 탑승 중이 3위로 이 둘을 합쳐 생활권에서 발생하는 사고가 64.2%로 매우 높은 비율이다. 사망자는 65세 이상이 절반을 차지한다(그림 9).

2030년 65세 이상의 고령 운전자는 약 2840만 명에 도달한다. 2010년의 약 1280만 명 대비 2배가 넘는 수치이다(그림 10).

여성 고령 운전자 수는 2030년 남성과 거의 비슷한 수준인 1400만 명이 된다(그림 10).

● 치사율=사망자 수÷(사망자 수+부상자 수)×100

그림 6 **연령대별 교통사고 사망자 수의 변화**

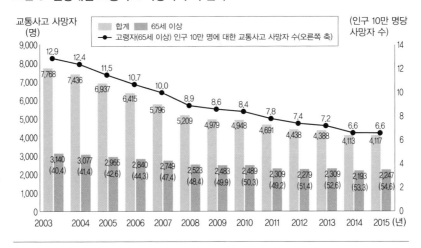

경찰청 통계, 총무성 '인구 추계'를 참고로 내각부에서 작성

주: ( )안은 교통사고 사망자 수 전체에서 65세 이상 인구의 비율(%)

자료: 《2016년도 고령사회백서》

그림 7 **고령자에 의한 교통사고 건수의 변화(매년 12월 말 기준)**

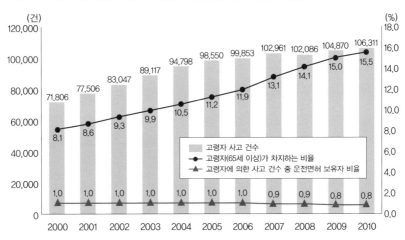

주: 1) 경찰청, 〈2009년 교통사고 발생 상황〉, 〈2009년 교통 사망 사고의 특징 및 도로교통법 위반 단속 상황〉 참고 2) 소형 이륜차 이상의 운전자(제일 당사자) 교통사고 건수 3) 제일 당사자란 사고를 일으킨 당사자 중에서 과실이 가장 큰 사람 또는 과실의 비중이 비슷한 경우에는 인체의 손상 정도가 가장 가벼운 사람을 말함

자료: 《2011년도 고령사회백서》

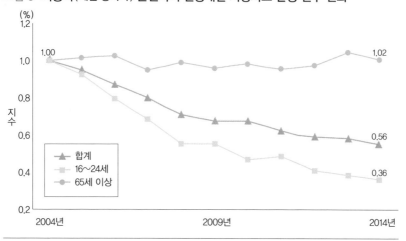

그림 8 **자동차(제일 당사자) 운전자의 연령대별 사망사고 발생 건수 변화**

주: 1) 경찰청 자료 참고 2) 2004년을 1로 설정한 지수 자료:《2015년 교통안전백서》

그림 9 **고령자의 상황별 교통사고 사망자 수의 변화**

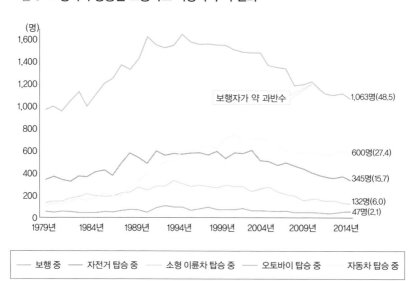

주: 1) 경찰청 자료 참고. '기타'는 생략 2) ( ) 안은 고령자의 상황별 사망자 수의 구성 비율(%)
자료:《2015년 교통안전백서》

그림 10 　고령 운전자 수의 미래 예측(연령(좌), 성별(우))

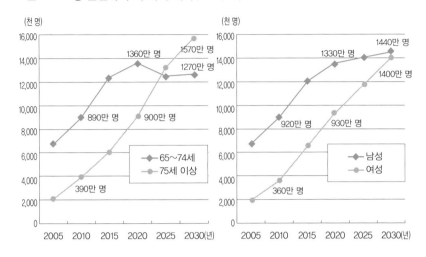

자료: 재단법인 일본자동차연구소 추계(2010년)

고령자의 특성 이해

고령자는 반사 신경이 둔하고 신체 기능이 떨어져 사고가 발생하기 쉽다. 사고가 발생하면 '내성의 저하'로 쉽게 골절을 당하거나 중상을 입는다. 고령자는 체력의 변화뿐 아니라 심리적 특성과 사회적 특성, 예를 들면 도로 주행에서 젊은 세대와 커뮤니케이션이 제대로 이루어지지 않는 특징을 보이므로 이를 염두에 두고 대책을 마련해야 한다. 신체의 기능 저하는 모든 고령자에게 일률적으로 나타나지 않는다. 80대지만 젊은 청년처럼 운전하는 사람도 있다. 고령자 개개인이 다르다는 점을 전제로 교통사고 문제에 접근해야 한다.

• **신체적 특성:** 움직이는 물체 파악 능력 저하, 시야의 변화, 명암 감도 저

하, 어두움 적응 능력 저하, 쉽게 다른 일에 현혹됨, 시력 저하, 반사적 반응 동작 저하, 판단의 신속성과 정확성 저하, 체력과 충격에 대한 내성의 저하, 피로 회복력 저하, 주의력 배분 및 집중력 저하 등

- **심리적 특성:** 복잡한 정보를 동시에 처리할 수 없거나 본인 중심으로 운전하기
- **운전 특성:** 젊은 시절의 경험에서 벗어나지 못함, 의식과 행동이 일치하지 않음, 나쁜 습관과 추측 운전 등
- **사회적 특성:** 커뮤니케이션 능력의 저하, 생활 행동 차이, 세대 차이 등

(스즈키 하루오, "고령 운전자에 대한 교통안전의 동기 부여", 《IATSS Review》 Vol. 35, No.3, 2011)

고령 운전자의 사고 원인

고령자는 피해자가 되기 쉬운 동시에 가해자가 되기도 쉽다. 교통사고 원인을 분석한 자료를 살펴보면 고령자는 16~24세의 젊은층보다 일시 정지 무시, 운전 미숙으로 발생한 사고 비율이 높은 것으로 나타났다. 우선 통행 방해도 고령자의 사고 비율이 높았으나 한눈팔기 운전으로 발생한 사고는 젊은층보다 낮았다(그림 11).

더구나 도로 역주행, 액셀과 브레이크 혼동, 중앙선 침범 등 치매가 의심되는 사고도 늘어나고 있다.

경찰청에서는 1998년부터 75세 이상이 운전면허를 갱신하면 의무적으로 고령자 강습을 받도록 했는데 2002년부터는 70세 이상으로 연령을 낮췄다. 또한 정확한 운전 능력 판단을 위해 75세 이상은 2009년부터 **강습 예비 검사**로 **인지 기능 검사**가 추가되었다.

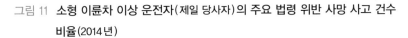

그림 11 소형 이륜차 이상 운전자(제일 당사자)의 주요 법령 위반 사망 사고 건수
비율(2014년)

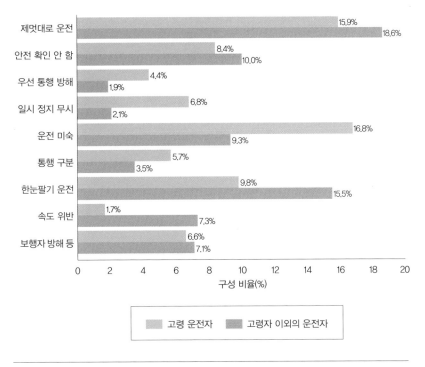

주: 1) 제일 당사자란 사고를 일으킨 당사자 중에서 과실이 가장 큰 사람 또는 과실의 비중이 비슷한 경
우에는 인체의 손상 정도가 가장 가벼운 사람을 말함
자료: 경찰청 교통국, 〈2014년 교통 사망 사고의 특징 및 도로교통법 위반 단속 상황〉

• 고령자는 우선 통행 방해, 일시 정지 무시, 운전 조작 미숙이 많다.

강습 예비 검사에서 치매가 의심되면 과거의 사고나 위반 이력을 살펴보
고 의사의 진단을 받아 종합적으로 갱신 여부를 판정한다. 치매가 시작되었
다는 결과가 나오면 운전면허는 갱신할 수 없다.

그러나 **경도인지장애(MCI)**로 판정받더라도 일상생활이나 운전에 아무런

문제가 없는 사람도 있고, 고령자가 운전면허증을 반납해 버리면 다른 이동 수단이 없어 생활에 지장이 생기기 때문에 고령자 운전 대책은 매우 어려운 문제에 직면해 있다. 위험 상황에서는 자동차가 자동으로 정지하는 기능을 도입하는 등 고령 운전자를 위한 기술 개발을 적극적으로 추진할 필요가 있다.

고령자 강습

교육 시간은 3시간이며 강의, 모의 적성 검사, 운전 실기로 구성된다.

강습 예비 검사(인지 기능 검사)

날짜를 묻거나(인식) 시계의 시침과 분침을 그려 보는(추상) 간단한 검사로 인지 기능을 확인
한다.

경도인지장애(MCI)

건망증이나 가벼운 기억 장애가 있지만 일반 상식이나 오래된 기억을 유지하고 일상생활에
지장이 없는 사례가 많다. 이 중 약 절반은 2년 정도가 지나 치매로 발전한다고 알려져 있다.

3   고령자의 이동 수단

POINT >   고령이나 질병으로 관절, 근력, 신체 균형에 변화가 생길 때 안전하게
보행을 보조하며 이동을 돕는 다양한 이동 보조 수단에 대해 알아본다.

보행 보조 기구와 전동 휠체어 등

걸을 때 균형 유지에 도움이 되거나 피로와 아픔을 줄여 주고 속도를 조절
하는 목적으로 만든 이동 보조 기구는 지팡이에서 전동 자동차까지 매우 다
양하다. 개개인의 상태나 사용하는 장소, 목적(이동 보조, 걷기 연습, 재활 등)에
맞추어 선택한다.

지팡이

일자형 지팡이 외에 지팡이 끝이 4개로 갈라져 안정감을 주는 사발 지팡이, 신체의 한쪽 마비가 있는 사람에게 효과적인 사이드 워커, 잡는 부분이 팔의 힘을 지지하도록 만든 팔뚝 고정형 지팡이 등이 있다.

일자형 지팡이

보행기

네 발 보행기는 프레임만 있고 바퀴가 없는 형태와 바퀴가 달린 형태가 있다. 바퀴가 없는 보행기는 한 걸음씩 앞으로 옮기며 걷는다.

보행기

실버 카

보행 보조차

작은 바퀴가 달린 사각형 보조차와 U자형 보조차, 큰 바퀴가 달린 사각형 보조차, 야외용으로 일반적인 유모차 형태의 실버 카 등이 있다.

휠체어(자주용)

휠체어

걷지 못하는 사람이 앉은 채로 이동할 수 있도록 양축에 큰 바퀴, 발밑에 작은 바퀴가 달린 의자로 사용자가 직접 바퀴를 굴리는 자주용과 돌봄 보조자가 밀어주는 케어용이 있다.

전동 카트(핸들형 자동 휠체어)

작은 스쿠터 형식의 전동 휠체어로 세 바퀴와 네 바퀴 형태가 있다. 간단하고 안전하게 운전하도록 시속 6㎞ 이하로 천천히 움직인다. 운전면허가 없어도 탈 수 있으며 도로교통법에서는 보행자와 같다고 규정한다.

전동 휠체어

조이스틱과 액셀 조작이 가능한 휠체어이다. 주로 중증 장애가 있는 사람이 사용한다

사진 제공: 스즈키, 프랑스 침대

복지용 차량

탑승 지원, 휠체어 탑재 장치를 갖춘 이동 지원 차량이나 장애가 있는 사람이 스스로 운전할 수 있는 자동차 등을 복지용 차량이라고 부른다.

회전의자 차량

조수석 의자가 회전하여 양쪽 다리가 불편한 사람이 휠체어로 옮겨 타기 편리하다.

휠체어용 차량

뒷문을 열고 내장된 슬로프를 빼내어 휠체어 그대로 차에 싣는다.

리프트 업 의자 차량
차량 두 번째 열의 의자 또는 조수석 의자가 자동으로 회전하여 차 밖으로 내려온다. 휠체어에서 차량 의자로 쉽게 옮겨 탈 수 있다.

장애인 운전자 전용 차량
양쪽 다리가 불편한 사람이 손으로만 운전할 수 있고 한쪽 손이 불편한 사람은 다른 한 손과 다리로 운전할 수 있는 등 운전 보조 장치를 장착한 차량이다.

사진 제공: 도요타 자동차, 닛산 자동차, 혼다기연공업

고령자에게 편리한 자동차

'고령자에게 편리한 자동차 개발 추진 지사 연합'은 2009년 아소 후쿠오카현 지사의 제안으로 35개의 도부현이 참가하여 조직되었다. 연합 산하에 설치한 '고령자에 편리한 자동차 개발 위원회'에서는 고령자 1만 명을 대상으로 설문 조사 등을 실시하여 교통사고의 특성과 행동 분석, 고령자에게 어울리는 자동차 콘셉트 만들기를 추진했다. 고령 운전자 약 1000명을 대상으로 인터뷰 조사도 실시했다.[•] 이 보고서를 바탕으로 아래에 고령자에게 편리한 자동차는 어떠한 이미지인지 정리했다.

고령자에게 편리한 자동차 콘셉트

차량

경차보다 작은, 두 사람이 탈 수 있는 자동차(근거리 전용, 초미니 고령자용 자동

• http://www.iatss.or.jp/common/pdf/publication/iatss-review/35-3-03.pdf

차)이다. 짧은 거리 운전(일상생활)에 편리한 차로 좁은 길이나 좁은 주차장에도 편리하다.

운전 향상 기능

(1) 액셀과 브레이크 작동 오류로 발생하는 사고 방지 기능
- 작동 오류를 방지하고 자동으로 멈추는 기능
- 작동 오류를 방지하기 위한 페달을 달거나 구조 변경

(2) 급정지 사고 방지 기능
- 빨간불이나 일시 정지선을 미리 알려주거나 감속하지 않으면 경고하고 자동으로 멈추는 기능
- 사각지대에서 접근하는 차량을 알려주고 충돌 가능성이 클 때는 자동으로 멈추는 기능
- 교차로 상황을 감지하고 출발을 지원하는 기능

(3) 우회전 시 사고를 방지하는 기능
- 반대편 직진 차량의 접근을 알려주고 출발을 지원하는 기능
- 횡단보도를 지나는 자동차나 보행자를 알려주고 충돌 가능성이 크면 자동으로 멈추는 기능

(4) 충돌 사고 방지 기능
- 앞서 달리는 차에 접근을 알려주는 기능
- 차간 거리를 유지하는 기능
- 앞 차량이 정지 상태일 때 출발하면 자동으로 멈추는 기능

(5) 지각 기능 보조
- 야간이나 비 오는 날, 터널에 들어갈 때 주위를 보기 쉽게 만들고 앞의 보행자 등을 미리 알려주는 기능
- 간단하고 보기 편한 계기판과 스위치 장착
- 고개를 돌리지 않아도 좌우와 뒤를 확인할 수 있는 기능
- 야간에 반대편 차량 불빛으로 생기는 눈부심 방지 기능
- 사이렌 소리나 건널목 위험 경고음을 알려주는 기능

(6) 체력, 근골격계 보조 기능

· 트렁크나 문을 편하게 열 수 있는 기능

· 타고 내리기가 편하고 주위를 바라보기 쉬운 구조(넓은 문, 앉기 편한 의자 높이 등)

· 장착하기 쉬운 안전띠

· 편안한 자세로 후진할 수 있고 부딪힐 것 같은 순간에 자동으로 멈추는 기능

(7) 정보 처리를 도와주는 기능

· 교차로에서 방향 전환 없이 목적지까지 안내하는 기능

· 차선 이탈이나 차가 옆으로 미끄러지는 것을 방지하는 기능

· 슈퍼의 주차장에서 도로로 나올 때 진입을 지원하는 기능

· 차폭이나 앞뒤의 거리 감각 판단을 지원하는 기능

· 피로 등으로 인한 집중력 감소를 알려주는 기능

(8) 적설량이 많은 한랭 지역 옵션

· 겨울의 결빙 도로에서 타이어 미끄럼 방지 기능

· 눈이 오는 날에도 주위를 살피기 쉬운 기능

· 앞유리와 와이퍼 동결 방지 및 단시간에 녹이는 기능

2011년 도쿄 모터쇼에서는 '고령자에게 편리한 자동차 콘셉트'의 일부를 장착한 시험 제작 차량이 전시되었다. 사진은 사례 중 하나로 다이하쓰 공업에서 제작한 PICO.

선진 안전 자동차(ASV)

ASV(Advanced Safety Vehicle)는 선진 기술을 활용하여 안전 운전 시스템을 탑재한 자동차이다. 국토교통성의 ASV 추진 검토회는 일본 자동차 제조업체

14곳과 관련 단체가 모여 1991년부터 ASV 개발을 검토하고 있다.[*]

이미 실용화된 ASV 시스템에는 다음과 같은 것들이 있으며 이러한 기능이 탑재된 차량도 판매하고 있다.

- 충돌 피해를 줄이는 브레이크
- 운전 부담을 줄이고 차간 거리를 일정하게 유지하며 다른 차의 접근을 경고. 앞서 달리는 차가 정지하면 이어서 정지하는 ACC(Adaptive Cruise Control)
- 자동으로 차선을 따라 달리는 차선 유지 보조
- 흔들림 경고
- 옆으로 미끄러짐 조절(ESC=Electronic Stability Control)
- ABS(Antilock Brake System)가 가능한 콤비 브레이크(차량 잠김 방지와 전후 바퀴 운동 제어 기능이 있어 안심하고 멈출 수 있음)

● 선진 안전 자동차 관련 국토교통성 홈페이지 http://www.mlit.go.jp/jidosha/anzen/01asv/index.html

개인
편

제8장

노년기의
생활과 경제

1   노년기에 필요한 생활비

POINT >   안심하고 노년기를 맞이하기 위해 중요한 부분이 경제적인 문제이다.
노년기를 위해 얼마를 준비하면 좋을지 확인해 보자.

경제적 기반이 어느 정도인지 정확히 예상하지 못하면 100세 시대 인생 설계를 구체화하기 어렵다. 개인의 경제 문제는 생활 유지에 매우 중요한 요소이다. 지금은 예전과 달리 은퇴한 후에 자녀에게 의존해서 사는 시대가 아니므로 마지막까지 경제적으로 자립해서 생활해야 한다. 그렇다면 안심하고 노년기 생활을 맞이하기 위해 얼마를 준비해야 좋을지 살펴보자.

노년기의 필요 생활비와 여유 생활비

여러 기관에서 노년기에 기본적으로 필요한 생활비와 여유로운 생활에 필요한 생활비 수준을 조사하였다. 조사 결과는 응답자의 주관이나 개개인의 상황에 따라 달라서 약간의 차이가 드러났다. 지역에 따라서도 차이가 발생했다. 아래의 표는 8개 기관이 조사한 결과를 중심으로 노년기의 **필요 생활**

비와 **여유 생활비**의 연도별 단순 평균액(부부의 한 달 금액)을 정리한 것이다. 지난 연도와 비교해 변화폭은 크지 않으나 최근의 수치를 살펴보면 필요 생활비는 26만 엔, 여유 생활비는 36만 엔으로 나타났다.

표 1 **노년기의 필요 생활비와 여유 생활비**(부부 한 달 기준)

(만 엔)

	2001년	02년	03년	04년	05년	06년	07년	08년	09년	10년	11년	12년
노년기 필요 생활비	24.8	26.7	24.3	25.6	25.6	26.3	24.4	27.3	26.5	25.5	26.0	—
노년기 여유 생활비	37.3	39.0	32.6	37.9	—	—	34.4	—	33.7	36.6	—	36.6

주: 금융광보중앙위원회, 생명보험 문화센터, 노동정책연구·연수기구, 유초재단, 지방공무원 등 라이프 플랜 협회, 우정사업청, 일본FP협회 및 연합 등의 각종 조사 결과 연도별 평균액
자료: 노동연구소, 〈순간(旬刊) 복리후생〉, No. 2113, 2012년 10월 상순호.

■ 연금 수령액

노년기의 생활비로 36만 엔, 적어도 26만 엔을 전부 연금으로 받으면 안심이 될 것이다. 그렇다면 실제로 받을 수 있는 연금은 얼마나 될까. 개인의 연금 수령액은 가입한 연금의 종류와 납입 기간의 소득에 따라 다르기 때문에 일률적으로 얼마라고 말하기는 어렵지만, 부부 두 사람의 평균은 국민연금 13만 엔, 후생연금 22만 엔이다. 표준 연금액은 모든 고령자를 대표하는 연금액 수준과 다르다. 후생연금도 2014년 수급자의 노령 후생연금 월평균 금액을 보면(후생노동성 자료[●]) 남녀를 합한 평균이 약 16만 엔(15만 6245엔)으로 나타났다. 주요 수급권자인 남자(65세 이상)의 금액은 약 18만 엔(17만 9578엔)이고, 여자(65세 이상)의 평균은 10만 8384엔이었다. 필요 생활비 기준인 26만 엔과 큰 차이가 난다.

● 후생노동성, 〈2014년 후생연금보험·국민연금사업 개요〉

표 2 **평균 연금액**(2017년)

	2017년
국민연금(노령기초연금 : 1인)	6만 4941엔
국민연금(노령기초연금 : 부부 2인)	12만 9882엔
후생연금(부부 2인의 노령기초연금을 포함한 표준 연금액)	22만 1277엔

주: 후생연금은 남편이 평균 수입(상여금 포함 월평균 금액으로 환산한 평균 표준 월급 42.8만 엔)으로 40년간
근무하고 아내는 전업주부로만 지낸 세대의 급여 수준
자료: 후생노동성 자료 참고

65세까지 얼마나 모을 수 있는가

위의 정보를 기준으로 단순한 계산을 해보자. 65세부터 85세까지 20년
간 부부 두 사람이 연금만으로 생활한다면 65세를 기준으로 추가 생활비
는 얼마나 준비해야 할까. 아래와 같이 계산하면 여유로운 생활을 위해서
는 4800만 엔, 노년기 생활의 기본인 필요 생활비를 기준으로 계산해도
2400만 엔이 필요하다.

> (여유 생활비 36만 엔−연금 16만 엔) × 12개월 × 20년＝4800만 엔
> (필요 생활비 26만 엔−연금 16만 엔) × 12개월 × 20년＝2400만 엔

이만한 금액을 저축으로 모으기는 어렵다고 생각하는 사람이 많을 것이
다. 퇴직금으로 어느 정도는 메울 수 있지만, 주택 대출금이나 당장 생활비
로 지출해야 하는 돈이 많아 전액을 노년기 생활 자금으로 모아 두기는 어
려운 실정이다(후생노동성 조사 결과, 평균 정년 퇴직금은 대졸 1941만 엔, 고졸 1128만
엔). 어쨌든 노년기에 일하지 않고 생활한다면 필요 생활비와 여유 생활비
를 모아야 한다.

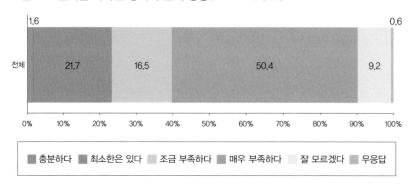

그림 1 **노년기를 대비한 경제적 준비 상황**(35~64세 응답)

자료: 내각부, 〈노년기 '준비'에 관한 의식 조사〉, 2013.

35~64세를 대상으로 '노년기를 대비한 경제적 준비 상황'을 조사한 내각부의 자료(2013)에 따르면 '부족하다(조금 부족하다와 매우 부족하다)'라고 응답한 사람이 67%(3명 중 2명)에 이른다.

개인 편

2 고령자의 가계 실태

POINT > 현재 고령자의 경제 상황은 어떨까. 모든 저축과 소득, 매월 가계의 수입과 지출 구조를 알아보자.

고령자의 저축과 소득

고령자 세대(2인 이상)의 평균 저축액은 2499만 엔으로 전체 세대 평균액인 1798만 엔보다 높은 수준이다. 그러나 저축액이 2000만 엔 이상인 세대가 42.8%를 차지하는 반면, 600만 엔 미만인 세대는 22.6%로 매우 편차가 큰 상황이다. 단신 세대도 역시 저축액의 편차가 크다. 1000만 엔 이상의 저축이 있는 세대가 46.6%, 500만 엔 미만 세대는 36.0%에 달한다.

연간 평균 소득을 살펴보면 전체 세대의 평균은 541만 엔이었으나 고령자 세대(2인 이상)는 297만 엔으로 나타났다. 연금을 중심으로 생활하는 사람이 많기 때문에(공적 연금, 은급● 등이 총소득에 차지하는 비율이 80%를 넘는 고령

● 공무원 등에게 지급했던 기존의 정부 연금─옮긴이

그림 2 고령자 세대(2인 이상)의 저축액 분포

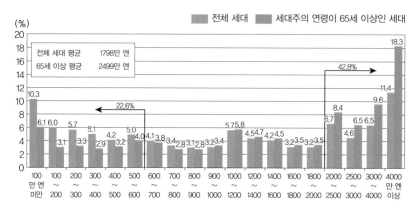

주: 1) 단신 세대는 대상에서 제외 2) 유초은행, 우편 적금 간이 생명보험 관리기구(전 일본우정공사), 은행, 기타 금융 기관의 저축액, 적립식 생명보험 등의 납입액, 주식·채권·투자신탁·금전신탁 등의 유가증권과 사내 적금 등 금융 기관 외의 저축액 합계

자료: 총무성, 〈가계조사(2인 이상 세대)〉, 2014.

그림 3 고령자 세대(단신)의 저축액 분포

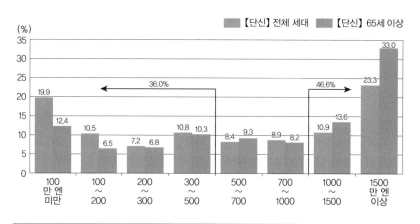

주: 단신 남성의 평균 저축액은 870만 엔, 고령 단신 남성은 1265만 엔. 단신 여성의 평균 저축액은 1306만 엔, 고령 단신 여성은 1594만 엔

자료: 총무성, 〈전국소비실태조사〉, 2009.

그림 4 **고령자(2인 이상) 세대의 연간 소득 분포**

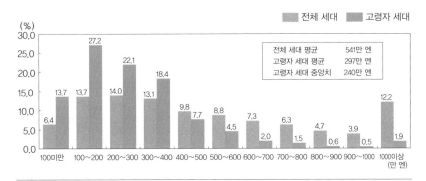

주: 1) 고령자 세대란 65세 이상으로만 구성되거나 18세 미만의 미혼자가 함께 사는 세대를 말함 2) 2014
년 1년간의 소득

자료: 후생노동성, 〈국민생활 기초조사〉, 2015.

그림 5 **세대주(2인 이상 세대)의 연령대별 1세대당 평균 저축 및 부채 현황(참고)**

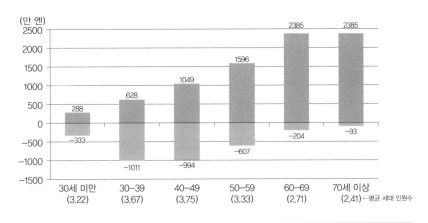

자료: 총무성, 〈가계조사(2인 이상 세대)〉, 2013.

자 세대는 68.1%) 이러한 분포를 보이는 것이며, 연간 소득이 300만 엔 미만
의 고령자 세대는 약 60%에 이른다. 고령자는 자산(저축)이 있지만 소비 금
액(유동성)이 적다고 알려져 있는데 수치상으로도 그런 상황을 짐작할 수 있

다. 100세 인생을 살아가기 위해 노년기의 소득을 어떻게 확보하고 준비할 것인지는 우리의 커다란 과제이다.

고령자의 월별 가계 경제 상황(수입과 지출)

이어서 개별 세대 단위로 매월 가계의 수입과 지출 현황을 살펴보자. 총무성의 '전국소비실태조사(2009년)' 결과를 참고하면 노년기에도 계속 일을 하는지 아닌지에 따라 수입과 지출에 큰 차이를 보였다. '고령 근로자 세대'는 연금과 월급 등으로 매월 약 36만 엔의 수입이 있으며 근소하게나마 흑자 상태였다. 한편 무직 세대는 연금을 중심으로 약 18만 엔의 수입이 있으나 세금을 포함한 비소비성 지출과 소비 지출을 합치면 약 28만 엔으로 매월 10만 엔 가까이 적자인 것으로 나타났다. 근로 세대보다 소비에 조심스러운 생활을 할 수밖에 없고 매월 발생하는 적자는 그동안 모아 놓은 저축을 깨서 생활 자금으로 써야 한다. 개개인의 연금 수령액에 따라 상황은 달라지나 100세 시대에 연금만으로 긴 노년기를 보내기에는 경제적 위험이 크다.

그림 6 고령 근로자 세대와 무직 세대의 한 달 가계 수입과 지출 현황

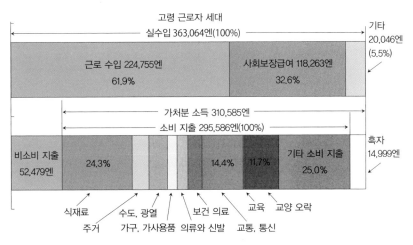

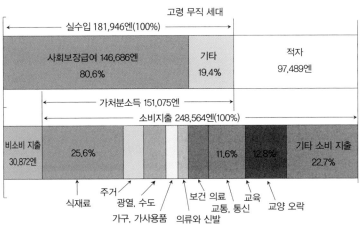

자료: 총무성 통계국, 〈전국소비실태조사〉, 2009.

3   고령자의 취업과 돈

POINT >   저축이나 연금을 제외하고 노년기에 자금을 얻을 방법은 '취업'이다.
건강이나 삶의 보람 찾기에 도움이 되는 노년기의 취업과 돈에 대해
알아본다.

돈은 모으거나 벌거나 이자로 불리는 방법밖에 없어 노년기에 안정적으로
자금을 확보할 수 있는 '취업'이 주목받고 있다. 노년기의 안심 생활 설계는
'연금+취업'의 형태가 점점 기본으로 자리 잡고 있다. 고령자에게 일은 생
활을 지탱하는 원천이며 건강 증진이나 삶의 보람에도 중요하므로 적극적
으로 사회에 나가 일을 해야 한다. 60세 이후에도 계속 일을 한다고 가정했
을 때 주의 깊게 살펴보아야 할 제도로는 고용보험과 연금제도가 있다.

급여가 깎이면 받을 수 있는 '고연령 계속 고용 급여(고용보험)'

60세 이후에 회사에서 계속 근무하는 사람의 임금은 대부분 삭감된다. 이
런 상황을 보조하기 위해 고용보험에서는 **고연령 계속 고용 급여**를 지급한
다. 대상자는 ① 60세 이후에도 같은 사업소에서 계속 근무하는 사람 ② 퇴

직 후 고용보험의 기본 수당을 받지 않고 1년 이내에 다른 회사에 재취업한 사람이다. 수급 조건으로는 1) 60세 이후 매월 임금이 60세 임금의 75% 미만일 것 2) 60세 시점에서 고용보험에 5년 이상 가입되어 있을 것 3) 월 급여가 33만 9560엔 미만일 것(2016년 기준이며 기준 금액은 매월 8월 1일 변경)이다. 이상의 세 가지 조건을 모두 충족하면 60세부터 65세까지 60세 이후 임금의 최고 15%를 매월 받을 수 있다. 신청은 사업주 또는 피보험자(대부분 사업주)가 고연령 계속 고용 급여 지급신청서에 60세에 도달한 고용보험 피보험자 임금 증명서 등을 첨부하여 사업소를 관할하는 헬로 워크●에 제출하면 된다.

> 예를 들어 60세의 임금이 40만 엔이고 60세 이후에 받는 임금이 월 20만 엔이면(50% 삭감), 20만 엔의 15%인 3만 엔이 고연령 계속 고용 급여금으로 결정되며 65세까지 받을 수 있다.

일하며 받는 '재직 노령연금(후생연금)'

60세 이후에도 일을 하고 후생연금에 계속 가입하면 임금에 따라 노령후생연금을 감액한다. 이를 **재직 노령연금제도**라고 하며 감액된 연금을 재직 노령연금이라고 부른다. 감액은 60대 전반과 후반에 따라 달라지는데 임금과 연금의 합계액을 기준으로 판단하는 점은 같다.

1) 60~64세 재직 노령연금
60~64세의 재직 노령연금은 연금의 매월 수령액과 총보수의 매월 금액(월

● 세부 규정은 신청에 앞서 헬로 워크 등에 확인이 필요하다.

급여와 상여를 포함한 연봉÷12)의 합계가 28만 엔 이하이면 감액하지 않고 전액을 받을 수 있다. 28만 엔을 넘으면 아래와 같이 계산한다.

(임금) 총보수 월 금액	(연금) 기본 월 금액	감액된 연금의 매월 금액(정지 부분)
47만 엔 이하	28만 엔 이하	(총보수 월액＋기본 월액−28만 엔)×1/2
	28만 엔 초과	총보수 월액×1/2
47만 엔 초과	28만 엔 이하	(47만 엔＋기본 월액−28만 엔)×1/2＋(총보수 월액−47만 엔)
	28만 엔 초과	(47만 엔×1/2)＋(총보수 월액−47만 엔)

2) 65세 이상의 재직 노령연금

65세 이상의 재직 노령연금은 감액 부분이 줄어든다. 연금의 기본 매월 금액과 총보수의 매월 금액의 합계가 47만 엔 이하이면 감액하지 않고 전액을 받는다. 47만 엔이 넘으면 넘은 금액의 반이 연금에서 깎인다.

총보수 월액+기본 월액	감액된 연금의 매월 금액(정지 부분)
47만 엔 이하	감액 없음
47만 엔 초과	(총보수 월액＋기본 월액−47만 엔)×1/2

개인 편

4 의료와 요양 준비

POINT > 　　노년기의 지출 걱정은 의료와 요양에 들어가는 비용이다. 언제, 얼마큼의 의료비나 요양비가 들어가는지 알아보자.

노년기에 필요한 돈과 관련하여 의료와 요양에 들어가는 비용이 가장 큰 걱정거리이다. 관점은 조금 다르지만 60세 이상 고령자를 대상으로 '우선적으

그림 7 우선적으로 돈을 쓰고 싶은 곳(3개까지 복수 응답)

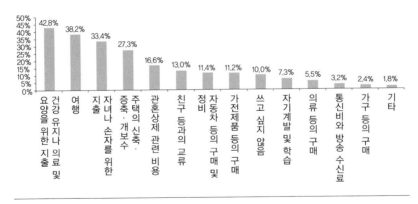

주: 전국 60세 이상 남녀 대상

자료: 내각부, 〈고령자의 경제생활에 관한 의식 조사〉, 2011.

그림 8 **저축 목적**

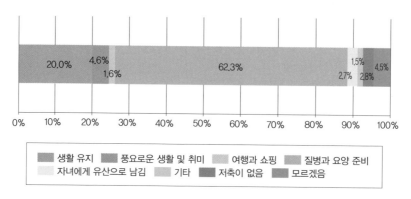

주: 전국 60세 이상 남녀 대상
자료: 내각부, 〈고령자의 경제생활에 관한 의식 조사〉, 2011.

로 돈을 쓰고 싶은 곳(3개까지 복수 응답)'을 물어본 결과, 가장 많이 응답한 항목은 '건강 유지와 의료 및 요양을 위한 지출'이었다. 우선적으로 사용하고 싶다기보다 지출할 수밖에 없는 돈이다. 마찬가지로 60세 이상의 고령자에게 '저축의 목적'을 물어본 조사에서도 '질병, 요양 준비'라고 응답한 비율이 전체의 약 60%를 차지했다.

70세부터 급증하는 의료비와 요양비

의료 및 요양 서비스가 필요해지는 시기는 사람마다 다르지만 대부분 70세가 넘으면 서비스 수요가 증가한다. 후생노동성이 발표한 연령대별 의료비 총액을 살펴보면, 70세 이전 총액과 70세 이후의 총액이 거의 비슷할 만큼 70세가 지나면서 급격히 의료비가 늘어난다(그림 9). 요양비용은 75세를 기준으로 급격히 늘어났는데 남녀 모두 요양 서비스를 받는 비율이 상승했다. 수급자 성별로 나눠보면 남성이 약 30%, 여성이 약 70%에 달한다(그림 10).

그림 9 **연령대별 생애 의료비**

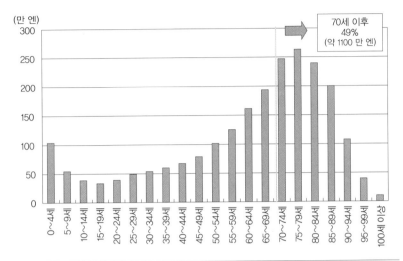

주: 2005년의 연령대별 1인당 의료비를 기준으로 〈2005년 간이생명표〉에 의한 정상 인구를 적용하여
추계. 위의 금액은 의료비 총액으로 실제 개인이 지출한 부담액은 의료보험제도에 의한 자기 부담액
자료: 〈2008년 후생노동백서〉

    의료비나 요양비를 어느 정도 준비해야 하는지 예측할 수 없어 불안하지
만 공적 의료보험과 개호보험을 이용하는 한 일정한 자기 부담이 기본이며
한도액도 정해져 있어 큰 부담은 피할 수 있다. 그러나 치료나 요양이 장기
화되면 상당한 비용 지출이 예상된다(표 3).

    의료비나 요양비의 한도와 관련하여 '고액 의료, 고액 개호 합산제도'를
알아 두어야 한다. 2008년 4월에 도입한 제도로 의료보험제도와 개호보험
제도의 자기 부담 금액을 1년 단위로 합산하여 일정 금액이 넘으면 초과 금
액을 되돌려 주는 제도이다. 합산은 '세대' 단위지만 합산제도에서 말하는
세대란 '주민표 등록 세대'가 아닌 '같은 의료보험제도에 가입된 세대'가 기
준이다. 합산 기간은 매년 8월부터 다음 연도 7월까지 1년이다. 표 4와 같이
가입한 의료보험제도마다 6개의 소득 구간별로 한도액이 정해져 있다.

그림 10 **연령대별 요양 서비스 수급자 비율**

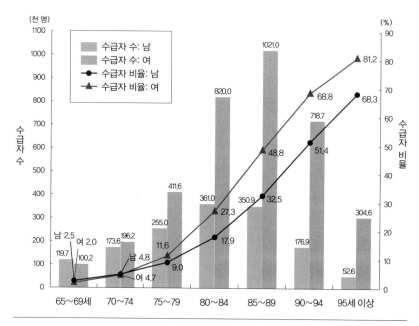

주: 1) 성별, 연령별 인구 대비 수급자 비율(%)=성별, 연령별 수급자 수/성별, 연령별 인구×100, 인구는
　　 총무성 통계국 〈인구 추계(2015년 10월 1일 현재)〉의 총인구 적용
　　2) 2015년 11월 심사 자료
자료: 후생노동성, 〈2015년 개호 급여비 등 실태조사 개요〉

표3 **의료비 자기 부담액**

①부담 비율

연령 구분	부담 비율	
	현역 수준의 소득[※1]	일반
70세 미만		30%
70~74세	30%	20%[※2]
75세 이상		10%

※ 1 표준 보수 월액이 28만 엔 이상인 사람, 단신 세대로 연간 수입 383만 엔 이상
　　부부 세대(70세 이상의 피부양자가 있음)로 연간 수입 520만 엔 이상
※ 2 2014년 4월 이후에 70세가 되는 사람 대상(2014년 3월까지 70세는 10%)

②고액 의료비 자기 부담 한도액

\<70세 미만\>

소득 구분	1개월 부담 한도액(엔)
연간 수입 약 1160만 엔~	252,600엔+(의료비−842,000엔)×1%
연간 수입 약 770~약 1160만 엔	167,400엔+(의료비−558,000엔)×1%
연간 수입 약 370~약 770만 엔	60,100엔+(의료비−267,000엔)×1%
연간 수입 ~약 370만 엔	57,600엔
저소득자(주민세 비과세인 사람)	35,400엔

\<70세 이상\>

소득 구분		외래(개인별)	1개월 부담 상한액(엔)
현역 수준의 소득자		44,400엔	80,100엔+(의료비−267,000)×1%
일반		12,000엔	44,400엔
저소득자 (주민세 비과세인 사람)	II (I 이외의 사람)	8,000엔	24,600엔
	I (연금 수입 80만 엔 이하 등)		15,000엔

표4 **고액 의료, 고액 개호 합산제도의 자기 부담 한도액**

소득 구분		75세 이상	70~74세[※1]	70세 미만[※1]
		개호보험+ 후기 고령자 의료	개호보험+직장 건강보험 또는 국민건강보험	
연간 수입 약 1160만 엔~		67만 엔	67만 엔	212만 엔
연간 수입 약 770~약 1160만 엔				141만 엔
연간 수입 약 370~약 770만 엔				67만 엔
연간 수입 ~370만 엔		56만 엔	56만 엔	60만 엔
저소득자 (주민세 비과세인 사람)	II (I 이외의 사람)	31만 엔	31만 엔	34만 엔
	I (연금 수입 80만 엔 이하 등)	19만 엔[※2]	19만 엔[※2]	

※ 1 대상 세대에 70~74세와 70세 미만의 비용이 합쳐진 것이라면 먼저 70~74세의 자기 부담 금액에
　한도액을 적용한 후 남은 부담액과 70세 미만의 자기 부담 합산 금액을 합해 한도액을 적용함

※ 2 세대 내에 요양 서비스 이용자가 여러 명이면 31만 엔

이처럼 인생 100세 시대를 살아가기 위해서는 긴 노년기의 생활비를 확보하고 의료와 요양에 대한 준비를 철저히 해야 한다. 이번 장에서는 언급하지 않았지만 장례비와 원활한 재산 상속 및 계승 준비도 필요하다. 이러한 준비는 다른 사람에게 맡길 수 없으므로 본인 스스로 빠른 시기에 확실한 대책을 마련하도록 노력해야 한다.

제 9 장

고령자
생활지원
자원

1 생활지원제도와 서비스

POINT >   고령자가 지역 내에서 자립 생활을 유지하기 위해서는 다른 사람의
지원이나 서비스가 반드시 필요하다. 고령자의 생활에 필요한 제도와
서비스를 알아보자.

오래 살아 익숙한 지역에서 생활하기

오래 살아 익숙한 집이나 지역에서 친하게 교류해 온 사람들과 함께 생활하
는 것은 모든 사람의 희망이다. 내각부가 전국의 60세 이상을 대상으로 실
시한 조사[*]에서 대부분의 사람은 체력이 떨어져도 오래 살아 익숙한 자택
에서 그대로 생활하거나 혹은 개보수해서라도 계속 살고 싶다고 응답했다.
마지막을 보내는 임종 장소 역시 자택에서 최후를 맞이하고 싶다고 바라는
사람이 60%를 넘어 병원이나 노인복지시설 등을 희망하는 사람과 큰 차이
를 보였다. 한편 20세 이상 성인을 대상으로 실시한 조사에서 '본인이 요양
상태가 되면 곤란한 점'을 물어보았다. 모든 연령대를 불문하고 노년기의

●   내각부, 〈2015년 제8회 고령자의 생활과 의식에 관한 국제비교조사 결과〉

금전적인 걱정보다 '가족에게 육체적, 정신적 부담을 주는 일'이라고 응답한 비율이 가장 높았다.[*] 오래 살아 익숙한 집이나 지역에서 계속 생활하고 싶지만 요양이 필요해지면 계속 같은 곳에서 생활할 수 있을지, 주위에 피해를 주는 것은 아닐지 걱정하는 사람이 많다는 사실을 알 수 있다. 2000년도부터 시작된 개호보험제도의 목적은 이러한 노년기의 '돌봄이나 지원'을 개인이 전부 부담하지 않고 사회 전체에서 부담하려는 것이다. 개호보험제도에서는 고령자에게 다양한 서비스를 제공하고 있다(개호보험제도의 상세한 내용은 제15장 참고). 그러나 고령자는 개호보험제도의 서비스 이용뿐 아니라 일상생활에서도 다른 사람의 도움이 필요한 일이 많다.

실제 고령자의 요양 돌봄과 다양한 일상생활 지원은 주로 동거하는 가족, 특히 여성(아내, 며느리, 딸)이 부담해 왔다. 요양이 필요한 사람도 노인, 돌보는 사람도 노인인 '노노케어'의 사례도 많다. 고령자의 '주요 요양 지원자'가 복지 사업자처럼 가족 이외인 비율은 전체의 약 15%에 지나지 않는다(그림 1). 요양 등급이 높아질수록 돌보는 사람의 부담이 커지는 현실을 고려하여 배우자나 자녀에게 부담을 주고 싶지 않다거나 가족에게 의지하지 않고 복지 사업자를 통해 돌봄이나 요양 서비스를 받고 싶다고 생각하는 사람도 많다.

이와 더불어 변화하는 가족의 모습에 주목해야 한다. 제1장이나 제6장에서 살펴본 것처럼 자녀 세대와 고령의 부모가 동거하는 3세대 가족은 해마다 줄고 있으며 혼자 살거나 부부 둘이서 생활하는 고령자 세대가 일반화되고 있다. 고령자의 의식도 자녀나 손자와 함께 생활하는 3세대가 바람직하다는 관점에서 때때로 만나는 관계가 좋다는 방향으로 변하고 있다. 자녀 세대에게 의지하지 않고 가능한 한 자립해서 생활하는 자기만의 삶의 방식이 주류로 자리 잡는 듯하다.

---

[*] 내각부, 〈2010년 개호보험제도에 관한 여론조사〉

개인 편

그렇다면 고령자가 오래 살아 익숙한 집이나 지역에서 계속 생활할 수 있도록 지원하는 제도와 서비스에는 어떠한 것들이 있을까. 요양이 필요해지거나 최후의 순간이 다가왔을 때 이용 가능한 서비스를 알아보자.

그림 1　주요 돌봄자는 누구인가

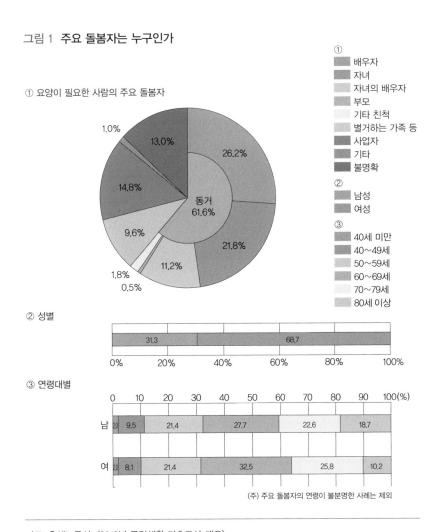

① 요양이 필요한 사람의 주요 돌봄자

② 성별

③ 연령대별

(주) 주요 돌봄자의 연령이 불분명한 사례는 제외

자료: 후생노동성, 〈2013년 국민생활 기초조사 개요〉

개호보험제도 이외의 생활지원 서비스

개호보험법(1997년 제정, 2000년 실시) 시행으로 고령자의 생활을 지원하는 많은 제도가 통합되었고, 지원이나 돌봄이 필요하더라도 오래 살아 익숙한 집이나 마을에서 계속 생활할 수 있게 되었다. 개호보험제도에서는 요양이 필요한 고령자가 자택에서 생활하도록 지원하는 다양한 재가 복지 서비스와 지역 밀착형 서비스를 제공한다. 다만 개호보험은 돌봄이 필요하다고 인정한 사람을 지원하는 서비스에 한정되므로 고령자나 돌봄자의 모든 욕구를 채워주지는 못한다. 살아가는 데 필수적이지는 않더라도 한층 풍요로운 생활 유지를 위한 지원은 개호보험제도의 범위 밖이다. 또한 개호보험제도는 요양 등급 인정자만 이용할 수 있어 자립해서 생활하는 고령자는 개호보험의 서비스 대상이 아니다.

개호보험 이외에 고령자의 생활을 지원하는 서비스도 여러 종류이다. 주요 서비스로는 도시락 배달, 이동 지원, 쇼핑 지원, 종이 기저귀 구매 비용 조성, 긴급 호출 장치 설치 등이 있다. 절에 가거나 성묘를 하러 멀리 외출하고 싶지만 혼자 가기 불안한 경우나, 침실 이외의 자택 대청소, 전구 갈기처럼 일상생활에도 세세한 도움이 많이 필요하다. 이러한 고령자의 생활을 지원하기 위해 많은 영리, 비영리 조직과 단체에서 서비스를 제공한다. 서비스의 내용이나 가격도 다양하다. 개호보험 서비스를 제공하는 재가 방문 사업자가 보험 이외의 서비스로 지원하는 사례도 있다. 비용은 기본적으로 전액 자비 부담이나 지역에 따라서는 저렴한 가격으로 서비스를 제공하거나 비용 일부를 보전해 주는 곳도 있다. 무상으로 제공하는 자원봉사 서비스도 활용할 수 있다.

고령자의 권리를 보호하는 제도와 서비스

고령자의 권리를 지키고 학대를 방지하는 제도와 서비스도 매우 중요하다. 혼자 사는 고령자와 치매 고령자가 늘어남에 따라 이러한 제도와 서비스의 중요성이 점점 높아지고 있다.

성년후견제도[●]는 치매나 정신 장애, 지적 장애 등으로 판단 능력이 불충분한 사람을 보호하는 제도이다. 성년후견제도 중에서도 법정 후견제도는 가정법원이 선임한 사람이 후견자의 판단 능력 수준에 따라 '후견', '보좌', '보조'하는 제도이다. 판단 능력이 떨어질지도 모르는 미래를 대비하여 본인이 미리 후견인을 지명하고 보호 내용을 정하는 임의후견제도도 있다. 개호보험 서비스의 이용이나 재산 관리에 불이익이 생기지 않도록 고령자의 권리를 보호한다.

고령자 학대방지법(2006년 제정)에 따라 국가, 지방공공단체, 그리고 국민은 고령자를 신체적, 정신적 학대나 돌봄 방치, 방임으로부터 보호하고, 고령자를 돌보는 사람을 적극적으로 지원해야 한다는 의무가 부여되었다. 학대 방지를 위해서는 고령자와 돌봄자, 가족에 대한 다면적이고 지속적인 지원이 필요하므로, 지역 내 고령자 종합 상담 창구인 지역 포괄 지원 센터가 중심이 되어 '학대 방지 네트워크'를 구성하고 다양한 관계 기관과 단체가 연계하여 각각의 사례에 대응해 나가야 한다. 행정 기관이나 법률 전문가, 의료 기관, 개호보험 서비스 사업자 등 복지 전문가, 일상에서 학대를 방지하고 조기에 발견하기 위한 민생위원, 사회복지협의회, 지역 주민 자치회처럼 고령자와 연관된 모든 네트워크가 중요한 역할을 담당한다.

● 성년후견제도는 제20장 참고

엔딩 지원

오래 살아 익숙한 집이나 지역에서 생활하고 싶다거나 가족을 가능하면 그런 환경에서 살게 하고 싶다는 배경에는 어디에서 마지막을 맞이하고 임종을 지킬 것인가 하는 문제가 깊이 자리하고 있다. 어디에서 살면서 어떠한 의료 지원을 받을지, 사후의 재산이나 묘지는 어떻게 할 것인지에 대해 고령자 본인과 가족이 충분한 대화를 나누고 합의해서 결정해야 한다. '종활'●이라는 용어도 최근 널리 사용되고 있다(자세한 내용은 제12장 참고). 병원에서는 급성기 치료 후에 자택에서 요양할 수 있도록 지원하는 상담실을 운영하거나 종말기 간호 서비스를 제공하는 병동을 따로 설치하는 곳도 있다. 가족의 마음 치료나 다양한 면담을 위한 상담실 또는 남겨진 가족끼리 서로 교류하며 치유하는 '피어 서포트(Peer Support, 동반 성장)' 프로그램을 운영하는 의료 기관이나 단체 등도 늘고 있다.

자택에서 요양 서비스를 받으며 생활하려면 지금까지 소개한 여러 서비스와 함께 의료보험에서 제공하는 재가 의료 서비스도 포함되어야 한다. 의료, 복지, 보건 전문가와 기관이 하나의 팀을 구성하여 재가 요양 지원체계를 만드는 일이 무엇보다 중요하다. 병원 상담실은 물론 재가 요양 지원 진료소, 방문 간호 스테이션 등 자택에서 요양하는 사람을 위한 상담과 지원 팀을 운영하는 사업자도 점점 증가하고 있다. 시정촌의 담당 부서나 지역 포괄 지원 센터 등에도 관련 부서가 설치되어 있다(자세한 내용은 제15장 참고).

고령자 본인이 사후의 여러 절차나 장례, 묘지 등을 사전에 준비하고 결정하는 사람도 늘고 있으며 이를 지원하는 민간 서비스도 다양하다.

● '종말 활동'의 준말로 죽음을 준비하는 다양한 활동(연명 치료, 장례, 상속 등)에 관한 희망을 정리하고 준비하는 일−옮긴이

2 고령자를 둘러싼 사회관계망

POINT > 고령자를 지원하는 가족, 친구, 이웃 등 인적 네트워크의 현황과 문제
에 대해 알아본다.

사회관계와 사회적 지원

우리는 살아 있는 동안 많은 사람과 함께 생활한다. 다른 사람과의 관계는
태어난 순간부터 시작되어 죽는 순간까지 이어지며 아무런 교류 없이 세상
을 살아가기는 어렵다. 고령 여부와 관계없이 우리는 주위 사람들과 무언가
를 주고받으며 생활한다. 물건이나 돈처럼 눈에 보이는 것도 있고 애정이나
배려, 안부 확인처럼 눈에 보이지 않는 것도 있다. 주위 사람의 범위도 가족,
친척에서부터 이웃 주민, 친구, 직장 동료 또는 자주 가는 가게의 이름 모를
점원까지 아주 다양하다.

　노년기 생활에는 공적 제도나 서비스뿐 아니라 주위 사람의 지원이나 도
움도 무척 중요하다. 누구에게 어떠한 지원을 받을 수 있느냐에 따라 본인
이 필요한 서비스 내용도 달라지며 공적 제도나 서비스를 준비하고 이용하

기 위해서도 주위 사람의 도움이 반드시 필요하다.

　사람은 누구나 여러 사람과 그물코처럼 촘촘히 연결되어 살아간다. 사람과 사람 사이의 관계를 사회관계, 사회 관계망 전체는 **사회적 네트워크**(Social network)라고 부른다. 고령자의 사회적 네트워크는 대부분 고령자 본인을 중심에 두고 어떠한 사람과 그리고 몇 명과 각각 어떠한 관계를 맺고 있으며 네트워크 전체가 어떠한 모습을 하고 있는지 살펴보기에 수월하다.

　이러한 사회관계 속에서 이루어지는 자원의 흐름을 **사회적 지원**(Social support)이라고 부른다. 여기서 말하는 지원은 돈이나 물건에 한정되지 않고 시간, 노력, 정보는 물론 애정이나 위로의 말과 같은 공감까지도 포함된다. 고령자에게 중요한 사회적 지원은 크게 두 가지로, 물건이나 서비스처럼 직접 지원하는 '수단적 지원'과 애정이나 존경, 공감과 같은 '정서적 지원'이 있다. 사회적 네트워크를 이해하기 위해서는 중심인물의 생활을 자세히 들여다보는 것이 도움이 된다. 사회적 네트워크 안에서 이루어지는 사회적 지원은 그 사람의 생활의 질(QOL)에 큰 영향을 미친다. 병에 걸리거나 요양 서비스가 필요해졌을 때 주위에 어느 정도의 '돌봄 능력'이 있는지, 외부로부터 어떠한 도움이나 서비스를 받을 수 있는지 판단하기 위해서도 고령자를 둘러싼 사회관계와 그 교류가 중요한 의미를 갖는다.

■ 사회관계와 건강

사회관계가 크게 주목받게 된 이유 중 하나는 미국의 한 지역에 사는 성인들을 9년간 추적 조사하여 생존 및 사망 요인을 탐색한 연구 결과 때문이다. 이 연구에서는 배우자 유무, 친척과 친구와의 교류 빈도, 교회와 사회 집단 소속 여부를 합해 사회와 많은 관계를 갖는 사람일수록 사망 확률이 낮다는 사실을 밝혀냈다. 이후 세계 각지에서 사회관계와 심신의 건강에 관한 연구를 통해 사회관계 효과가 반복해서 검증되었다.[*]

그렇다면 사회관계와 건강은 어떤 연관이 있는 것일까. 첫째, 사회관계 자체가 우리 생활에 좋은 영향을 준다. 자신에게 신경을 써주는 사람이 있으면 우리는 더욱 건강에 신경을 쓰고 건전한 행동을 한다. 반대로 누구도 자기에게 관심을 보이지 않는다고 느끼면 그것이 커다란 스트레스 요인이 되어 스스로 자신을 무시하는 행동으로 이어진다. 둘째, 사회관계에서 얻는 사회적 지원이 스트레스의 나쁜 영향을 완화시켜 준다. 주위 사람으로부터 도움이나 조언을 얻어 과제를 해결하고 결과적으로는 스트레스도 피할 수 있다. 한편 사회관계가 도리어 스트레스가 되어 건강에 악영향을 미치는 사례도 있다.

사회관계는 좋든 나쁘든 우리 생활에 무시할 수 없는 영향을 미친다. 이는 우리가 사회적 동물이라고 주장한 고대 그리스 철학자 아리스토텔레스의 말을 여실히 증명한다.

고령자의 사회관계

고령자의 사회관계는 어떠할까. 일반적으로 동거나 별거하는 가족, 친척, 친구, 이웃 주민, 일이나 여러 사회 활동을 통해 알게 된 동료 등을 떠올릴 수 있다. 남녀, 가족 구성, 거주 지역의 도시 규모, 개인의 성격이나 살아온 인생에 따라 사회관계에 많은 차이가 나타난다.

고령자는 곤란한 일이 생기면 누구에게 도움을 요청할까. 전국의 70세 이상 고령자를 대상으로 실시한 조사[*]에 따르면 배우자가 있는 남성은 모

● Cohen, S., "Social relationships and health", 《American Psychologist》 59, 676–684., 2004.

●● 고바야시 에리카, 스기하라 요코, 후카야 타로, 아키야마 히로코, Jersey Liang, "배우자 유무와 자녀와의 거리가 고령자의 친구·이웃 네트워크의 구조와 기능에 미치는 효과", 《노년사회과학》 26, 438–450., 2005.

든 면에서 아내에게 의지하고 있었다. 배우자가 있는 남성은 수단적 지원, 정서적 지원 모두 80% 이상의 비율로 아내가 지원해 줄 것으로 기대했다. 약 10~20%는 '자녀'에게 의지하는 것으로 나타났다. 배우자가 없는 남성은 '자녀'라고 응답한 비율이 50%였고, 수단적 지원은 '자녀의 배우자', 정서적 지원은 '친구나 이웃'에게 의지한다고 응답했다. 의지할 사람이 아무도 없다고 응답한 사람도 20~30%에 이른다.

배우자가 있는 여성은 남편 또는 자녀에게 의지하는 비율이 높았고, 배우자가 없는 여성은 수단적 지원 부분은 자녀의 배우자, 정서적 지원은 친구, 이웃, 친척처럼 다양한 사회관계에 의지하는 것으로 나타났다. 배우자가 없는 여성 중에 수단적 지원을 해줄 만한 사람이 아무도 없다고 응답한 비율이 20%나 되는 점은 주목해 둘 사항이다.

고령자는 다양한 사회관계를 유지하고 있지만 병에 걸리거나 일상생활에 필요한 수단적 지원은 배우자나 자녀처럼 가족에게 집중되는 현상이 나타났다. 특히 남성 고령자는 배우자에게 모두 맡기고 의지하는 사람이 많아 배우자를 잃으면 요양 돌봄은 물론 일상생활의 작은 도움이 필요해도 의지할 사람이 없어진다.

고령자의 사회관계에서 가족이 아닌 친구나 이웃과의 교류는 어떤 의미를 지니고 있을까. 위의 조사 결과를 보면 배우자나 자녀 유무와 관계없이 친구를 수단적 지원자로 기대하는 사람은 소수였다. 그러나 정서적 지원을 기대하는 상대로는 배우자, 자녀에 이어 친구나 이웃이라고 응답한 사람이 많았다. 친구는 가족과 달리 교류의 지속 여부를 스스로 선택할 수 있으며 어느 한쪽에 일방적으로 무거운 부담이 생기면 관계가 오래 유지되지 못한다는 특징이 있다. 자기 스스로 선택하기 때문에 대부분 공통된 화제 또는 취미를 가지고 있거나 성격이 잘 맞는 사람끼리 교류한다는 특징도 있다. 친구는 요양 돌봄이나 일상생활에 직접적인 도움을 기대하기는 어렵더

그림 2 **사회적 지원을 기대하는 사람**

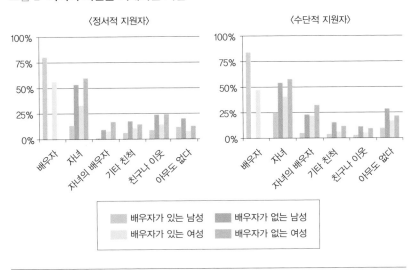

자료: 고바야시 에리카, 스기하라 요코, 후카야 타로, 아키야마 히로코, Jersey Liang, "배우자 유무와 자녀와의 거리가 고령자의 친구·이웃 네트워크의 구조와 기능에 미치는 효과", 《노년사회과학》 26, 438–450., 2005.

라도 고민을 털어놓고 공유하거나 함께 취미를 즐기며 눈치 보지 않고 즐거운 시간을 같이 보내는 상대이다. 공통의 화제를 가지고 즐겁게 보내는 일은 사회적 지원과는 별도로 '동료애(companionship)'라고 부르는데 이것도 사회관계의 중요한 역할이다. 친구는 일상생활에서 마음을 든든하게 지원하고 말 상대나 상담을 주고받는 동료로 고령자의 생활을 한층 풍요롭게 만드는 존재이다.

이웃은 물리적으로 거리가 가깝다는 점에서 특별한 역할을 기대할 수 있다. 예를 들어 급하게 병원을 가거나 재해가 발생하면 멀리 사는 친척이나 친구보다 가까운 이웃에게 도움을 받기 쉽다. 비바람을 피하려고 달아둔 베란다 철제문을 열어 놓지 않았는지, 신문이 우편함에 잔뜩 쌓여 있지 않은지 가까이에서 확인할 수 있고, 길에서 잠시 서서 잡담을 나누거나 쓰레기

분리수거를 도와줄 수도 있다. 내각부에서 실시한 '이웃 주민이나 지역 사회와 교류 또는 연계하고 싶은가'라는 조사에서 60세 이상의 결과를 보면 '교류하고 싶다'라고 응답한 사람이 50%가 넘었고 긍정적으로 응답한 비율을 모두 합치면 90%에 달해 교류의 필요성을 매우 중요하게 인식하는 것으로 나타났다.[•]

가족과 사회를 지지하는 고령자

지금까지 고령자를 지원하는 여러 사회관계에 관해 설명했는데 고령자가 다른 사람을 지원하는 존재가 될 수 있다는 사실도 잊어서는 안 된다. 가정 안에서 집안일을 맡아 하거나 손자를 돌보고 집안의 가장으로서 다양한 결정을 내리는 고령자도 적지 않다(그림 3). 더구나 자녀나 손자에게 금전적으로 보조하는 사람도 많다. 건강한 고령자가 늘어나면서 가족 안에서 고령자의 역할은 더욱 커지고 있다.

가족뿐 아니라 사회를 지원하는 고령자도 많다. 환경 미화, 방범, 마을 만들기나 육아 지원 활동 등 지역 사회를 지탱하고 다음 세대를 육성하는 주체로 고령자의 존재가 매우 중요하다. 지금까지 살면서 몸에 익힌 일이나 육아 경험, 온갖 지식을 활용하여 고령층이 사회를 지탱하는 순환 체계가 점점 자리 잡고 있다. 지식 전달이나 몸을 움직이는 일뿐 아니라 기부를 통해 단체나 활동을 지지하는 고령자도 있다. 예전부터 개인 기부 활동은 저조한 편이었으나 고령자가 안심하고 활동이나 단체를 지원할 수 있는 체계가 확실하게 갖추어진다면 고령자 기부가 더욱 늘어날지도 모른다.

설령 요양이 필요해져서 신체적으로는 누군가의 지원을 받게 되더라도

● 내각부, 〈2015년 주거 생활에 관한 여론 조사〉

그림 3 가족이나 친족 중에서 고령자의 역할

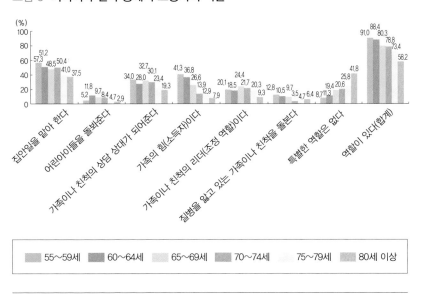

자료: 내각부, 〈고령자의 건강에 관한 의식 조사 결과〉, 2012.

정서적으로는 가족이나 친구를 지지하는 지원자가 될 수 있다는 점도 잊어
서는 안 된다.

3 사회관계의 변화

POINT > 사회관계 만들기가 활발히 진행되는 한편으로 무연사회나 고독사라는 말이 심심찮게 들려온다. 고령자의 사회적 고립을 방지하고 교류를 지원하는 환경 만들기가 시급하다.

가족, 친구나 이웃과의 관계 등 고령자를 둘러싼 사회관계는 최근 10여 년간 크게 변했다.

1989년에는 65세 이상의 고령자가 자녀와 동거하는 비율이 60%였고 이 중에서 70%는 자녀 부부와 동거하고 있었다. 26년이 지난 2015년에는 자녀와 동거하는 비율이 39%, 이 중 자녀 부부와 동거하는 비율은 30%를 조금 넘었으며, 배우자가 없는 자녀와 고령의 부모가 동거하는 사례가 많았다.[•] 별거하는 자녀와의 교류 빈도는 지난 20년간 증가한 것으로 나타났다.[••] 부모와 자녀가 가까이 사는 근거리 거주 방식이 주목받는 이유도 이러한 가족의 변화 모습을 반영한 현상으로 볼 수 있다.

[•] 후생노동성, 〈2015년 국민생활 기초조사 개요〉
[••] 내각부, 〈2015년 제8회 고령자의 생활과 의식에 관한 국제비교조사 결과〉

개인 편

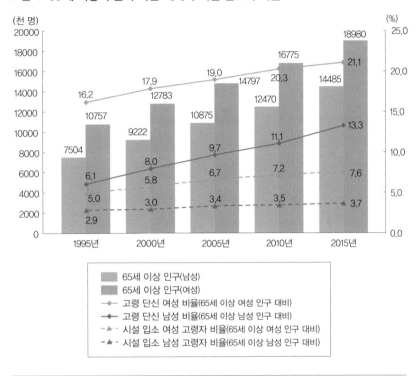

그림 4 65세 이상의 혼자 사는 세대와 시설 입소자 비율

자료: 총무성 통계국(1995, 2000, 2005, 2010, 2015), 〈국세조사〉

지난 26년 사이에 부부만 사는 세대는 약 12%, 혼자 사는 세대는 약 6% 증가했다. 혼자 사는 고령자의 대부분은 배우자와 사별하고 혼자가 된 사람으로 여성이 먼저 배우자를 잃는 비율이 높기 때문에 혼자 사는 세대의 약 70%가 여성이다. 반면 젊은 세대의 구성을 살펴보면 평생 결혼하지 않고 자녀도 갖지 않는 사람이 증가하고 있다. 남성의 생애 미혼율(50세 시점에 한 번도 결혼한 적이 없는 사람의 비율)은 1985년 3.89%에서 2010년 20.14%로 급상승했다. 가까운 미래에는 혼자 사는 남성이 더욱 증가할 것으로 추측한다.

가족 구성원이 점점 줄어드는 상황에서 다른 사회관계는 어떻게 변했을

그림 5 **친구나 이웃과의 교류 변화**(1990년부터 2015년)

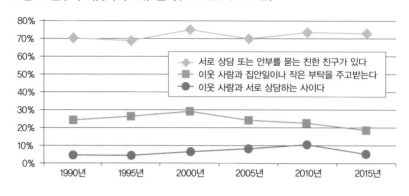

자료: 내각부, 〈2015년 제8회 고령자 생활과 의식에 관한 국제비교조사 결과〉

까. 내각부의 조사 결과를 살펴보면 지난 25년 사이에 '가족 이외에 서로 상담하거나 안부를 묻는 친한 친구가 있다'라고 응답한 60세 이상의 비율에 큰 변화가 나타났다(그림 5). 이웃과의 교류에 '집안일이나 작은 일을 서로 돕는다'라고 응답한 비율은 10%에도 미치지 못하며, '서로 상담할 일이 있으면 이야기를 나눈다' 정도의 교류도 2000년 이후 계속 감소하여 2015년에는 20% 이하였다. 가족 대신 친구나 이웃과 교류가 밀접해졌다고 말하기는 어려운 상황이다.

지난 25년 사이 고령자에게 일어난 새로운 변화는 취미나 건강, 지역을 위한 사회 활동과 단체 행사의 참여 비율이 확대되었다는 점이다. 60세 이상에서 '개인, 친구, 동아리나 단체에서 자체적으로 진행하는 활동에 참여했다'라고 응답한 비율이 40%에서 60%로 증가했다. 활동에 참여해서 좋았던 이유로는 '새로운 친구를 사귈 수 있었다'라는 비율이 가장 높았다.[•] 이러한 활동에는 퇴직 또는 육아를 끝내고 처음으로 참여하는 사람이 많았는

● 내각부, 〈2013년 고령자의 지역 사회 참여에 관한 의식 조사 결과〉

　　　　　　　　　　　　　　　　　　　　　　　　　　　　　　　　개인 편

데 중고령자가 새로운 사회관계를 만들거나 삶의 보람, 활동 장소를 발견하는 중요한 기회가 되고 있다. 이렇게 만들어진 사회관계가 고령자의 생활을 지지하는 힘이 되는지는 아직 미지수이지만 앞으로 가족이나 친족, 이웃과의 교류에 더해 고령자의 사회적 네트워크를 구성하는 중요한 요소가 될 것이다.

고립 방지

최근 인간관계가 약해지며 '무연사회'나 '인연'과 같은 용어가 자주 등장한다. 사회와 더불어 살아가지 못하고 고립되어 발생하는 여러 문제에 사회적 관심이 높아졌기 때문이다. 이러한 현상은 고령자에게 한정되지 않지만 특히 노년기는 퇴직이나 가까운 사람의 죽음, 본인 스스로 서서히 떨어지는 신체 자립도를 체감하며 멀어진 사회와의 관계를 재확인하는 시기라고 여겨진다.

사회적 고립이란 다른 사람이나 사회와의 접촉이 거의 없거나 전혀 없는 객관적 상태를 나타내는 말이다. 어느 정도 접촉이 없어야 사회적 고립 상태라고 판정할지 기준을 세우기는 매우 어렵고, 실제 전체 고령자의 몇 퍼센트가 사회적 고립 상태인지 정확히 알 수 있는 자료도 없다. 내각부의 조사에 따르면 전국의 60세 이상 남녀 중에 '다른 사람과 거의 이야기하지 않는다'라고 응답한 사람은 3.0%이며, 대부분의 사람이 주 1회 이상 누군가와 접촉하고 있었다.●● 반면 내각부가 실시한 다른 조사에서는 '이웃과 교류가 없다', '이웃과 교류하고 싶지 않다', '친하게 지내는 친구나 동료가 없다'라고 응답한 사람은 85세 이상이거나 혼자 사는 사람, 건강 상태가 좋지 않

●● 내각부, 〈2015년 제8회 고령자의 생활과 의식에 관한 국제비교조사 결과〉

다고 응답한 사람, 집안 경제 사정이 좋지 않아 매우 걱정이라고 응답한 사람이 많았다.[●] 이러한 결과로부터 유추해 보면 혼자 사는 사람, 고령자, 건강 상태나 경제 상태가 불안한 사람일수록 사회적으로 고립되기 쉽다.

사회와 단절된 사람일수록 주관적으로 느끼는 건강 상태나 생활만족도가 낮다. 사회적 고립은 고령자의 일상생활 유지에 나쁜 영향을 미치고 사망 확률을 높이는 요인 중 하나로 알려져 있다. 아무도 임종을 지키지 않는 고독사나 고령자가 피해자나 가해자가 되는 다양한 범죄의 배경에는 사회적 고립이 원인이라는 지적도 있다.[●●] 또한 대지진과 같은 자연재해가 발생하면 사회에서 고립된 고령자의 안부 확인과 안전 확보를 어떻게 할지, 생활 복귀를 어떻게 도울지도 중요한 문제이다. 개인의 문제가 아닌 사회 문제로서 고령자의 고립 방지와 해결 방안 마련이 시급하다.

그렇다면 고령자의 사회적 고립을 방지하기 위해서는 구체적으로 어떤 대안들이 있을까. 고령자가 적극적으로 사회에 참여하도록 기회를 제공하고 취미나 삶의 보람, 건강을 증진할 수 있는 다양한 활동을 지원해야 한다. 이와 관련하여 지역 내에는 주민 자치회, 노인회, 부인회처럼 주민 중심의 행사나 활동, 생애 교육이나 노인 대학과 같은 교육 서비스, 고령자 취업을 지원하는 실버 인재 센터 등 다양한 프로그램이 있다. 퇴직자를 위한 지역 복귀 프로그램, 혼자 사는 고령자를 위한 정기적인 점심 식사 모임 개최 등은 사회와 단절되기 쉬운 고위험 집단에 적합한 접근 방법이다. 사회 참가에 관심 있는 사람들에게 많은 기회를 제공하고 장기적으로는 사회적 고립을 방지하는 효과도 있다.

여러 사정으로 사회적 고립 상태에 빠진 사람을 다시 사회와 연결하기

● 　내각부, 〈2014년 고령자의 일상생활에 관한 의식 조사〉

●● 　내각부, 〈2011년 고령사회백서〉

위한 체계 정비도 시급하다. 각 지역에서는 주민 자치회나 자원봉사단체, 민생위원, 사회복지협의회 등을 중심으로 혼자 사는 고령자나 지원이 필요한 사람을 발굴하고 정기적으로 안부를 확인하며 돌보는 체계(돌봄 네트워크라고 부름)를 만들고 있다. 의료 기관에 바로 연락할 수 있는 긴급 호출 장치나 전달 체계, 멀리 사는 가족이 정기적으로 안부를 확인할 수 있는 시스템 도입도 주목받고 있다. 혼자 사는 사람이나 고령자로만 구성된 세대가 늘어나면서 이러한 돌봄 네트워크의 역할과 의의는 더욱 중요해질 전망이다.

새로운 인연 만들기

고령자가 자기다운 삶을 계속 유지하기 위해서는 가족이나 친구처럼 평생에 걸쳐 쌓아 온 사회관계와 외부 서비스 및 지원제도를 적절히 조합해서 활용해야 한다. 고령자를 둘러싼 사회관계는 최근 10여 년간 크게 바뀌었다. 현재 고령자의 생활에 직접 도움이 필요한 수단적 지원 제공자는 배우자와 자녀가 중심이지만 앞으로는 가족 이외의 사회관계와 외부 서비스에 의지하는 사람이 늘어날 것으로 예상한다. 이러한 변화에 대응하기 위해 개호보험제도를 시행했지만, 제2차 세계대전 후에 태어난 세대가 70세를 맞이하며 고령자의 사고방식이나 생활방식이 급속도로 바뀌고 있다. 고령자의 생활을 지원하는 제도도 고령자의 사회관계 변화와 생활방식 변화에 맞추어 유연하게 대응할 필요가 있다.

　고령자 세대의 욕구가 다양해지면서 제공하는 서비스도 복잡해졌다. 새로운 제도나 복잡한 서비스를 적절히 조합하여 활용하는 운용 능력, 고령자 본인과 고령자를 둘러싼 인간관계, 외부 서비스와 제도, 이러한 세 부분이 결합한 전달 체계 마련이 무엇보다 중요하다.

노화와
건강 증진

1   노화와 노화 프로세스

POINT >   어떻게 해야 건강하게 나이 들며 남은 인생을 충실하게 보낼 수 있을
까. 노화의 실태와 노년기 심신의 변화를 알아본다.

노화란 무엇인가

노화가 무엇인지 우선 개념을 정리해 보자. **에이징**(aging)이라는 단어를 '노
화'의 의미로 사용하는 일이 많은데 본래의 뜻은 사람이 태어나 성장하며
한 살씩 나이를 먹는다는 의미이다. 노화를 나타내는 가장 정확한 영어 표
현은 'Senescence'로 성숙기 이후 나이가 들며 서서히 각 신체 장기의 기능
이 전체적으로 떨어지기 시작하여 개체의 항상성을 유지하지 못하면서 마
지막으로 죽음에 이르는 과정을 의미한다.

    사람은 성장해서 어른이 되고 성숙기를 지나면 체내 세포의 감소와 기능
에 변화가 생긴다. 필연적으로 신체 장기의 축소, 조직 퇴행 및 성분 변화로
노화가 시작된다.

    얼굴에는 주름이 생기고 흰머리가 늘며 운동 능력이 떨어지는 등 노화

현상은 '보편, 진행, 내재, 유해'의 특성을 보인다. 다시 말해 노화는 모든 생명에게 일어나는 보편적인 현상으로 개체의 내부에서 발생하며, 결코 되돌릴 수 없이 여러 기능을 떨어뜨리며 진행한다는 공통점이 있다.

임상 노년의학 분야에서는 65세부터 75세를 **전기 고령자**(young-old), 75세부터 84세를 **후기 고령자**(old-old), 85세 이상을 **초고령자**(older-old)로 구분한다. 75세 이상이 되면 요양을 해야 하는 사람이 급격히 늘어나지만 개개인의 노화 속도는 똑같지 않고 개인차도 크다.

개체의 생존 기간을 수명이라고 부른다. 생물은 종에 따라서 살 수 있는 최대의 기간이 정해져 있고 이를 한계 수명이라고 하는데 인간의 **한계 수명**은 120세 정도로 알려져 있다.

생리적 노화와 병적 노화

평범한 일상생활 속에서 고령자는 해를 거듭할수록 자연스레 체력이 떨어지고 허약해진 끝에 죽음을 맞이한다. 이러한 과정에서 생기는 노화를 **생리적 노화**라고 부른다(그림 1).

병적 노화는 생리적 노화에 질병이 겹쳐 나타나는 노화 현상이다. 예를 들어 병에 걸려 후유증이 남거나 합병증이 생기면 노화 속도가 빨라진다.

노화의 원인이나 진행을 이해하기 위해서는 내적 요인과 외적 요인을 알아 두어야 한다. 내적 요인이란 DNA 말단부가 풀어지지 않도록 보호하는 텔로미어의 길이가 세포 분열할 때마다 조금씩 짧아져 수명을 다하게 되고 DNA 회복 효소가 회복 속도를 따라가지 못해 생기는 체내의 변화이다. 외적 요인으로는 환경오염 물질이나 환경 호르몬, 약물 등 외부로부터 받은 나쁜 영향을 들 수 있다.

출생을 기점으로 계산하는 생활 연령, 즉 생물학적 연령이 아닌 **사회적**

그림 1 **생리적 노화와 병적 노화**

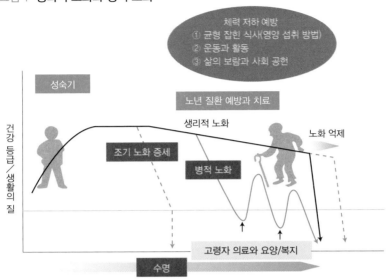

생리적 노화	병적 노화
많든 적든 모든 사람에게 나이가 들어 나타나는 심신의 변화	누구에게나 일어나는 현상이 아니라 질병으로 인해 발생하는 심신의 변화
흰머리나 탈모, 주름이나 기미 체중에 차지하는 수분량 감소	탈수
밤낮을 구분하는 일주 리듬 저하	불면, 체온 저하
뇌나 근육, 뼈 중량 감소 (허리가 굽거나 키가 작아짐)	치매, 골다공증, 관절염, 운동기능 저하 증후군
노안, 난청	백내장
면역력이나 소화 흡수력 저하	소화기 증상, 식욕 부진
전립선 비대, 요도 괄약근 기능 저하	비뇨기 장애, 요실금

연령(social age)에도 주목해야 한다. 제대로 활동하지 못하는 70대와 적극적으로 사회 활동을 하는 80대를 비교해 보면 80대가 훨씬 젊어 보이기도 한다.

사람은 태어나 성장, 발달, 성숙의 과정을 거쳐 마지막으로 죽음에 이른다. 이것은 모든 사람에게 일어나는 생물학적 과정이다(그림 1). 모든 사람에게 시간의 흐름을 동일하게 적용하여 같은 날 태어난 사람과 같은 속도로 나이가 드는 생활 연령도 마찬가지이다. 그러나 노화 속도에는 개인차가 있고 우리 몸을 구성하는 조직이나 세포의 종류에 따라서도 노화에 차이가 난다. 왜 노화의 속도에 개인차가 발생하는 것일까.

고령자의 다양성과 문제점

고령자는 여러 질병을 가진 사람이 많고 신체 문제와 함께 가정 및 사회 문제, 정신 및 심리 문제가 한꺼번에 중복해서 나타난다는 특징이 있다(그림 2).

그림 2 **고령자의 다양성과 문제점**

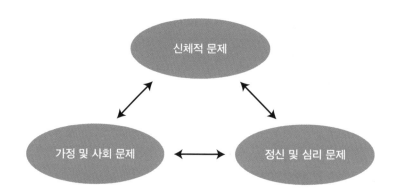

신체 노화의 특징	마음 노화의 특징
①온몸의 상태가 불안정하고 쉽게 나빠진다 ②여러 가지 질병이 있으며 대부분 만성 질환이다 ③개인차가 크다 ④전형적인 증상이 아니다 ⑤약에 대한 반응이 다르다	①지적 기능이 저하된다 ②성격이 변한다 ③감정이 변한다

개인 편

따라서 폭넓은 관점에서 평가나 배려가 필요하고 신체 노화와 마음의 노화 양쪽의 충분한 지식을 가지고 접근해야 한다.

노년 증후군

노년 증후군은 '고령자에게 특별히 나타나거나 높은 빈도로 발생하는 증상이며 포괄적인 대처가 필요한 것'으로 정의한다. 대부분의 고령자는 그림 3과 같은 노년 증후군이 나타난다. 치매, 요실금, 난청처럼 매우 빈도가 높은 증상도 있고 연하장애나 낙상처럼 빈도가 약간 낮기는 해도 결과적으로

그림 3 **노년 증후군의 빈도**

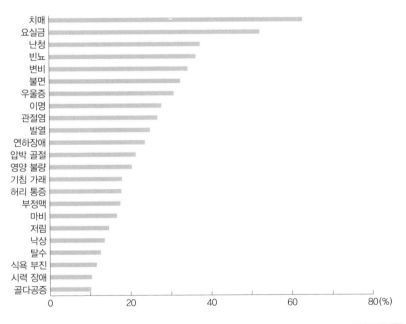

인용 문헌

1) Suzuki Y, et al., 《Geriatrics & gerontology international》 6-2, 244-247., 2006.
2) 오우치 야스요시 외, 《일본노년의학회잡지》 37, 469-471., 2000.

그림 4 **노년 증후군 수와 연령**

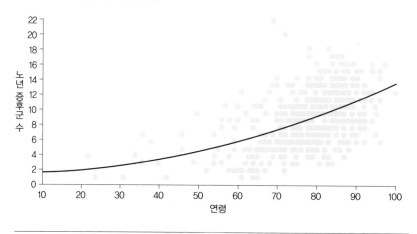

인용 문헌

1) Suzuki Y, et al., 《Geriatrics & gerontology international》 6-2, 244-247., 2006.

2) 오우치 야스요시 외, 《일본노년의학회잡지》 37, 469-471., 2000.

폐렴이나 골절, 와상으로 번지는 심각한 증상까지 무척 다양하다. 실제로 이러한 증상 수와 연령의 관계를 살펴보면 고령자는 '연령÷10' 가지의 증상이 있다(그림 4).

내적 요인에 따른 다양한 노화 가설

왜 노화가 발생하는지 다양한 각도에서 연구를 진행하고 있다.

- **텔로미어 가설**(소모 가설)

  DNA 말단부의 텔로미어라는 부분이 세포가 분열할 때마다 짧아져 결국 분열할 수 없는 상태가 된다.

- **DNA 회복 기능 저하 오류 가설**(오류 가설)

  유전자가 상처를 입어 회복하는 기능이 떨어지고 구조적인 오류가 발생하여 노화를 촉진한다는 가설

- **유전자 지배설**(프로그램 가설)

  Werner 증후군(빨리 늙는 병)처럼 노화를 일으키는 유전자가 존재한다는 가설

- **산화 스트레스설**(활성 산소 가설)

  세포 속의 미토콘드리아가 만들어 내는 활성 산소가 노화를 가져온다는 가설

- **단백질 가교설**(분자 간 가교 가설)

  고령으로 콜라겐의 가교가 변하는 것처럼 DNA나 단백질 분자 간의 가교가 변화하여 노화를 촉진한다는 가설

2 고령자의 생리적 기능 변화

POINT > 고령자는 신체 기능 저하에 따라 생활의 질이 크게 달라진다. 신체 기능 저하는 어디에서 어떻게 시작되어 진행하는지 노화의 전체 모습을 알아본다.

생리 기능의 노화

고령자의 생리적 노화는 몸의 다양한 형태학적 변화와 기능 저하를 가져온다(그림 5). 이러한 특징을 개별적으로 이해하는 것도 중요하지만 종합적으로 판단하여 건강 상태를 확인하고 균형을 맞춰야 한다.

노화는 개인차가 크며 급격하게 기능이 저하되어 자립도가 떨어지는 사람도 많다. 혈중의 DHEA-S(성호르몬의 일종) 농도를 노화의 지표로 사용할 수도 있으나, 아래에 나열하는 다양한 변화를 본인과 주위 사람이 빨리 알아차리면 질병이나 사고 예방에 도움이 된다.

그림 5 **30세 이후 노화로 인한 생리 기능의 변화**

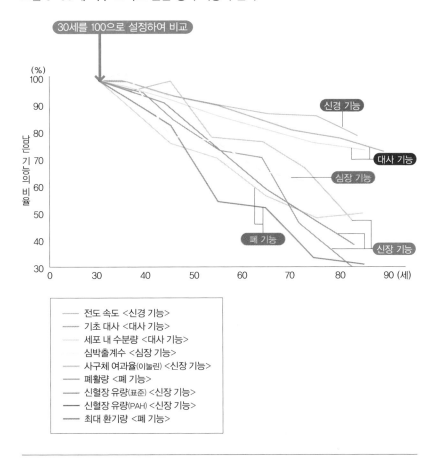

자료: 오타 구니오 감수, 《노화 지표 데이터 북》, 14-15, 1988.

고령자의 주요 변화

외적 변화	• 체중 대비 수분량의 비율이 20대에는 60% 수준이나 60세 이후에는 50% 정도로 떨어진다. 얼굴에는 주름과 기미가 늘고 흰머리가 생기거나 탈모가 시작된다. 상체가 서서히 앞으로 굽으며 전체적으로 외모가 변한다. • 체중은 60대까지 증가하기 쉬우나 이후에는 감소한다. 키는 70~85세까지 남성은 약 2%, 여성은 약 4%가 작아진다.

뇌 신경	• 지식이나 경험을 살리는 '결정성 지능'은 계속 늘어나지만 새로운 일이나 환경 변화에 적응하는 '유동성 지능'은 고령의 영향을 받기 쉽다. • 자율 신경에서는 일주 리듬(24시간의 생체 리듬)이 짧아져 선잠을 자거나 쉽게 체온이 떨어진다. • 신경 세포가 감소하고 자극 전달이 늦어지기 때문에 기민함이 사라지고 운동 능력도 떨어져 쉽게 넘어진다. 세로토닌 등 전달 물질의 변화로 우울해지기 쉽다.
시력	• 눈의 수정체 조정 능력이 떨어지고 노안이 생기며 눈동자의 반응속도가 늦어져 망막의 움직임이 둔해진다. 어두운 곳에서는 보기 어렵고 밝은 빛에 익숙하기까지 시간이 걸린다.
청력	• 시각 신경로의 생리적 변화로 청력이 떨어져 65세 이상에서는 약 4분의 1이 난청이라고 알려져 있다. 높은 주파수가 알아듣기 힘들어지고 점점 사람의 말소리나 전화 목소리가 듣기 어려워진다. 소리가 고르게 들리지 않는다는 특징도 있다.
후각, 미각, 촉각	• 후각, 미각, 촉각 능력이 떨어지고 강한 맛을 선호하여 음식의 간을 진하게 맞춘다. 이에 따라 상대적으로 염분이나 당분 섭취가 많아진다. 온도나 통증 등 감각이 둔감해지며 환경 변화를 바로 알아차리지 못해 부상이나 사고가 발생하기 쉽다.
체온 조절 기능	• 고령이 될수록 따뜻함이나 차가움에 둔감해지고 신경 조절 기능이 낮아지며 체온 조절 능력이 떨어진다. 수족냉증이 많아지고 열사병의 위험도 높아진다.
내분비	• 생명 유지에 필요한 호르몬은 변하지 않지만 일주 리듬에 연관되는 멜라토닌은 감소하여 수면 장애가 발생하기 쉽다. • 여성은 50세 전후로 폐경이 오며 여성호르몬이 급격히 줄어 갱년기 장애나 골다공증이 발생하기 쉽다. • 남성은 50대 중반부터 호르몬 변화가 일어나 사람에 따라서는 성 기능 장애나 우울증이 생기기도 한다.
혈액, 면역	• 빈혈로 쓰러지거나 면역력이 떨어져 감염증에 걸리기 쉽다.
호흡기	• 성인과 고령자의 호흡량은 500ml로 변함없지만, 폐포와 기도의 탄성 저하로 폐활량이 감소하여 쉽게 숨이 찬다. 지속적인 운동으로 폐활량을 유지하는 사람도 있다. 최대 산소 섭취량은 매년 1%씩 감소한다.
순환기	• 심장 기능이 떨어지면서 안정된 상태의 심장 박동 수가 낮아진다. 고령자는 운동에 알맞은 심장 박동 수를 따라가기 어려우므로 주의가 필요하다. 심장판막증이나 부정맥이 발생하기도 쉽다. • 혈관 벽이 두꺼워지며 혈압이 상승하거나 변동하기 쉽다.

근육과 뼈	• 나이가 들며 몸속에서 가장 감소하기 쉬운 것이 골격근량이다. 근력은 80세가 되면 20대의 60% 정도로 감소한다. 운동 능력이 떨어지고 균형 감각도 나빠져 넘어지기 쉽고 금세 피곤해진다. • 골밀도가 떨어지면서 관절 가동 영역이 축소되기 때문에 제대로 구부리지 못하거나 머리 위의 물건을 내릴 수 없고 앉았다 일어나기가 힘들어지는 등 생활 기능이 떨어진다. • 골절이 쉽게 발생한다. 척수 골절(압박 골절이 많음)은 70대에서 25%, 80대에서는 50%의 비율로 일어난다고 알려져 있다.
소화기	• 운동 기능 저하로 위장 점막이 쉽게 위축되고 위액 분비가 적어져 소화 흡수에 문제가 있는 사람이 늘어난다. 영양 불량, 소화 불량, 위염, 변비, 설사 등도 쉽게 발생한다. • 간 기능이 떨어져 몸속의 해독 작용이 약해진다.
입안	• 비타민 D 부족이 칼슘 부족으로 이어져 뼛속의 미네랄량을 감소시키는 현상이 전신에 영향을 주는 경우가 많다. 이가 빠지거나 치주염이 생기고 음식을 씹는 힘이 떨어진다.
비뇨기	• 방광 평활근의 섬유화, 점막 위축 등으로 방광 용량이 감소하고 잔뇨감이 남으며 여성은 요실금이나 요로 감염증이 발생하기 쉽다. • 남성은 전립선이 비대해져 요도를 압박하고 배뇨 곤란을 일으킨다.
생식기	• 여성은 50세 전후로 폐경을 맞으며 임신 능력을 상실함과 동시에 여성호르몬(에스트로겐)이 감소한다. 에스트로겐의 좋은 영향을 받던 대사의 흐름이나 골밀도 등은 폐경 후에 급속히 악화되기 쉽다. • 남성은 개인차가 있지만 점점 성 기능이 떨어진다.

유동성 지능과 결정성 지능

유동성 지능은 새로운 것을 기억하거나 새로운 환경에 적응하기 위한 능력이고 결정성 지능은 축적해온 지식이나 경험을 살리는 능력이다. 유동성 지능은 고령의 영향을 받기 쉽지만 결정성 지능은 생애 발달을 지속한다.

3 노년기 특유의 질병과 장애

POINT > 고령자의 질병은 넘어져서 발생한 골절을 계기로 와상 상태가 되거나
치매로 진행하는 등 합병증이나 중증으로 발전하기 쉽다. 노년기의
질병과 장애의 특징을 알아본다.

고령자의 질병

고령자의 질병은 1. 젊은 시절에 발생해서 노년기까지 이어진 질병, 2. 중년기 이후의 생활 습관병, 3. 고령자에게 많이 나타나는 질병 등 세 종류가 있다.

1의 대표적인 사례는 결핵으로, 젊은 시절에 앓았던 결핵이 노년기에 재발하는 사례가 많다. 2의 생활 습관병으로는 고혈압, 고지혈증, 당뇨병 등이 있으며 허혈성 심장 질환, 뇌혈관 장애 등을 일으킨다. 이러한 질병은 일상생활에 지장을 주고 악화되면 고령자의 사망 원인이 되기도 한다. 3은 노인성 백내장, 난청, 파킨슨병, 폐기종, 음식물을 잘못 삼켜 발생한 오연성 폐렴, 식도 열공 헤르니아, 골다공증, 척추 변형 장애, 전립선 비대증, 치매, 노인성 우울증 등을 말한다. 악성 종양은 2와 3의 양면을 모두 지니고 있다.

고령자 질병의 특징

고령자의 질병은 아래의 10가지 항목을 꼼꼼히 확인해야 한다. 마음을 안정시키고 생활의 질을 확보할 수 있을 때까지 종합적으로 관찰하며 대응해 나가야 한다.

고령자 질병의 특징

여러 질병이 중복되기 쉽다
• 고령자 한 사람이 여러 질병이나 장애를 가진 사례가 많다. 심근경색이나 폐색 동맥경화증처럼 유사한 질병이 같이 나타나기도 하고 뇌졸중과 전립선 비대증을 동시에 앓는 사람도 있다. 따라서 여러 질병을 주의 깊게 치료하고 경과를 관찰하는 일이 중요하다. 여러 명의 의사가 서로 연계하지 않고 각자 약을 처방하면 예기치 않은 **다중 약물요법** 때문에 **의료 행위가 원인이 되어 발생하는 합병증**이 생길 위험도 있다.
개인차가 크다
• 고령자는 실제로 태어난 시점을 기준으로 하는 생활 연령과 심신의 기능으로 측정하는 생물학적 연령에 개인차가 크다. 생활 습관병은 장기간에 걸쳐 발생하기 때문에 영양 조절이나 입안 상태, 운동을 균형 있게 맞추려고 노력한 사람은 쉽게 병에 걸리지 않는다. 질병은 개개인의 생활 습관에 크게 좌우된다. 따라서 치료나 재활에 생활 연령을 기준으로 삼는 것은 매우 위험한 일이며 생물학적 연령이나 사회적인 활동 등을 포괄적으로 고려해서 대응해야 한다.
증상이 일정하지 않다
• 열이 나지 않았는데 폐렴이었다거나 가슴이 아프지 않았는데 이미 심근경색이 발생한 사례처럼 고령자에게 나타나는 증상은 일정하지 않다.
신체 장기의 기능 장애가 일어날 가능성이 크다
• 평소 호흡 곤란 문제가 없더라도 폐렴에 걸리면 바로 저산소 상태에 빠진다. 고령자는 각 신체 장기의 기능이 떨어져 있다는 점을 염두에 두고 신중하게 대처하지 않으면 생각지도 못한 질병이 악화되기도 한다.
일상생활 동작이 곤란해지기 쉽다
• 고령자의 질병은 골절로 인한 와상 상태→몸을 움직이지 않아 생기는 **폐용 증후군**→치매 발생과 같이 악순환으로 이어지는 사례가 많다. 신체 회복을 목표로 한 안정과 요양이 때로는 나쁜 결과를 가져오기도 한다. 고령자의 요양은 신체적인 회복뿐 아니라 ADL이나 사회적 활동을 염두에 두고 폐용 증후군이 발생하지 않도록 유의해야 한다. 이를 위해 입원 기간도 너무 길지 않도록 조정해야 한다.

약물에 주의가 필요하다
• 고령자 중에는 약물에 민감하거나 반대로 둔감한 사람이 있다. 주의 깊게 적당량을 확인하고 복용해야 한다. 어지러움, 배뇨 장애, 기립 저혈압과 같은 부작용이 발생하기 쉬워 개개인에 적합한 약물을 처방해야 한다. 여러 질병을 동시에 앓고 있으면 **다중 약물요법**의 부작용에 빠질 위험이 있으므로 의료진의 연계도 중요하다.
의료 행위가 원인이 되어 발생하는 합병증
• 고령자에게 입원은 생활환경의 커다란 변화로 신체적으로나 심리적으로 피해를 주기도 한다. 치료를 위해 복용한 약물 부작용으로 다른 질병이 생기는 사례도 있다(뇌졸중으로 혈전을 예방하기 위해 먹은 약 때문에 위장 점막에 출혈이 생겨 하혈과 빈혈 발생 등). 건강 검진을 받느라 체력을 소모하여 합병증을 일으키는 사람도 있으므로 필요한 검사를 적절히 구분하는 일도 중요하다. 고령자는 면역력이 떨어진 상태여서 노로바이러스나 결핵과 같은 '병원 내 감염' 예방에도 주의를 기울여야 한다.
쉽게 낫지 않고 만성화되기 쉽다
• 질병과 노화로 인한 면역력 저하, 연하장애, 배뇨 장애, 영양 불량 등으로 질병은 더욱 낫기 힘들어지고 만성화된다.
사회적 환경에 좌우되기 쉽다
• 병원에서 퇴원하고 집으로 돌아왔더니 완전히 다른 사람처럼 건강해졌다는 사례가 많다. 주거 환경이나 돌봄자의 유무, 요양 서비스 등에 따라 고령자의 건강은 크게 좌우된다. • 병을 앓고 난 후 건강 회복에는 작업치료사, 물리치료사, 언어청각치료사 등 전문가의 적절한 지원이 도움이 된다.
우울증으로 치매와 비슷한 증상이나 환각이 나타나기 쉽다
• 노인성 우울증으로 불면, 식욕 부진, 체중 감소, 피로감, 기억력 쇠퇴, 피해망상, 환각 등을 보이는 사람이 많아 적절한 치료가 필요하다. 우울하다고 활동하지 않고 집에만 틀어박혀 있으면 폐용 증후군이 발생한다. 기억 장애, 피해망상, 환각은 치매의 주요 증상과 유사하여 치매와 혼동하기 쉬우므로 주의가 필요하다.

고령자가 호소하는 증상과 주요 원인

나이가 들어 그렇다고 참고 있던 불쾌한 증상들이 사실은 여러 질병의 징조였는지도 모른다. 적절히 대응하면 질병을 예방하거나 중증 질병으로 진행하는 것을 막아 생활의 질을 높일 수도 있다. 고령자에게 많이 나타나는 증상과 주요 원인을 알아보자.

고령자가 호소하는 증상과 주요 원인

허리 통증	• 척추 변형, 골다공증, 과로로 인한 허리 통증과 뼈(허리뼈)나 신경의 변화로 발생하는 허리 통증이 많다. 요로결석, 악성 종양 등의 질환으로 허리 통증이 오는 사람도 있다.
손발의 관절염	• 변형성 무릎 관절염, 건초염, 관절 류머티즘, 통풍 발작 등으로 발생하며 아픔을 동반한다. 걸을 수 없게 되어 집 안에서만 지내는 악순환이 생긴다.
빈뇨	• 하루에 8회 이상, 취침 중에 2번 이상 화장실에 가는 현상을 빈뇨라고 부른다. 신경인성 방광, 과민성 방광, 방광염 등이 원인이고 뇌척수 질환이나 당뇨처럼 다른 질병으로 인해 발생하기도 한다. • 생활 습관 개선이 필요한 사례도 있다.
기침(가래)	• 고령자가 기침을 계속하면 체력이 소모되어 골절로 이어지는 사례도 있다. 염증을 동반한 기침은 기관지 확장증, 축농증, 만성 기도염 등이 있고, 마른기침은 급성 기도염, 천식, 폐암이나 기관지암, 간질성 폐렴과 혈압을 내리는 강압제 중 하나인 ACE 저해제 때문에 발생한 부작용도 의심된다.
난청	• 생리적 노화 이외에 중이염(후유증 포함), 당뇨병, 메니에르병, 항암제 부작용 등이 원인인 사례도 있다.
눈의 가려움, 시야 장애	• 노안 이외의 시력 장애 원인은 백내장, 노인성 동공 수축, 각막 난시, 당뇨병, 스테로이드 부작용 등이 있다. 시야가 좁아지는 장애는 녹내장, 뇌 질환으로 생기기도 한다.
불면	• 일주 리듬 저하로 인한 노인성 불면 외에 우울증, 불안증, 수면 시 무호흡 증후군, 약물 부작용 등이 있다.
가려움	• 피부 건조로 발생하는 노인성 건피증(노인성 가려움증), 백선, 옴(옴진드기), 약품이나 화장품 독으로 인한 피부 질환, 당뇨병과 같은 내과 질병이 피부 증상으로 나타나는 사례도 있다. 긁어서 2차 감염이 생기지 않도록 가려움을 완화하는 일이 중요하다.

다중 약물요법으로 인한 부작용 방지

고령자는 여러 가지 질병을 동시에 앓는 사람이 많아 여러 명의 의사로부터 약을 처방받는다. 많은 약을 한꺼번에 먹어야 하는 사람은 충분한 주의가 필요하다. 같이 먹어서는 안 되는 약을 모르고 먹거나 성분이 같은 약을 중복해서 먹으면 약물 함량이 많아져 문제가 생긴다. 다른 질병으로 치료를 받을 때는 '약물 수첩'을 가지고 다니며 의사에게 보여주는 습관을 들여야 한다.

- 무모하게 약을 받지 않는다.
- '약물 수첩'과 다른 병원에서 처방받은 약을 보여준다.
- 약은 제멋대로 중단하지 않는다.
- 부작용이 없는지 주의해서 살핀다.

노년 증후군의 증상

나이가 들어 질병이 생기고 자율 및 자립 생활이 어려워져 결국 요양이 필요한 상태에 이른다. 고령으로 인한 질병이나 심신의 변화를 가리켜 '노년

그림 6 **고령으로 인한 노년 증후군 증상 수의 변화**

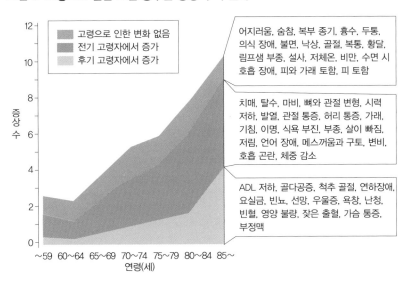

자료: 이지마 세츠·도바 겐지, 《노년학 교과서》, 2006.

노년 증후군의 주요 증상

의식 장애, 기절	• 고령자는 약물의 영향과 대사 이상으로 의식 장애가 발생하거나 환각, 착각, 행동 이상 등이 발생하기 쉽다. 오랜 기간 와상 상태로 지내면 혈압의 자동 조절 기능이 떨어진다.
섬망	• 의식이 혼탁하여 환상을 보거나 무언가를 착각하여 두려워하고 소란을 피우는 등 정신적으로 불안정한 상태가 된다. 여러 제한, 영양 상태의 악화, 탈수, 약물 영향 등 복수의 요인으로 발생하는데 70세 이상의 입원 환자 중 30%에게서 섬망이 나타난다.
어지러움	• 눈앞이 어질어질하거나 갑자기 어두워지고 몸이 흔들리며 공중에 떠있는 듯한 증상이 나타난다. 고령자는 뇌의 전정 기능 장애나 뇌혈관 장애로 어지럼증이 늘어난다.
요실금	• 다양한 요인이 중복되어 요실금이 발생하여 고령자의 자존감에 상처를 입히고 외출을 꺼리게 만들어 생활의 질을 떨어뜨린다. 화장실 유도, 보조 등 가능한 한 기저귀를 사용하지 않고 적절한 지원을 통해 고령자의 QOL을 지켜야 한다.
섭식 장애, 연하장애	• 섭식 장애는 영양 불균형을 가져온다. 젊었을 때는 콜레스테롤 수치가 높지 않도록 주의해야 하나 노년기에는 콜레스테롤 수치가 너무 낮지 않도록 주의해야 한다. • 음식을 제대로 씹지 못하고 잘못 삼키면 기관지나 폐에 음식물이 들어가 감염을 일으키는 오연성 폐렴으로 발전하여 생명이 위험한 상태에 빠진다. 종말기의 고령자에게 오연성 폐렴이 많이 나타난다.
욕창	• 오랜 시간 침대에 누워있거나 휠체어로 생활하면 신체의 같은 부위에 쏠림이나 압박이 생기고 혈액 순환이 나빠져 피하 조직에 궤양이 생긴다. 이것을 욕창이라고 부르는데 욕창이 생기면 심한 고통과 함께 고령자의 QOL이 급격히 떨어진다. • 욕창은 선골이나 좌골 부분, 대전자 부위(넓적다리뼈의 큰 돌기 옆)에서 발생하기 쉽고, 체위를 자주 바꾸는 것이 도움이 되며 영양이나 혈액 순환 개선 등으로 예방할 수 있다.

증후군'이라고 부른다. 주요 증상으로는 신체 기능 장애, 배뇨 장애, 폐용 증후군, 마비, 연하장애, 우울증 등이 있다.

와상 상태를 만드는 3대 주요 질병은 **뇌 심혈관 장애**, **고령으로 인한 쇠약**, **낙상으로 발생하는 골절**이다. 와상 상태가 되면 자립해서 생활하는 사람의 2배 가까이 노년 증후군이 빨리 나타난다. 3대 질병을 예방하는 일이 무엇보다 중요하다.

고령자 종합 기능 평가

어느 정도 요양이 필요한지 알아보기 위해 고령자의 능력을 다면적으로 평가하는 도구가 CGA(Comprehensive Geriatric Assessment, 고령자 종합 기능 평가)이다. CGA에는 다양한 지표들이 있는데, 그중에서도 CGA 7이 가장 간단한 종합 기능 평가 방법이다.

CGA는 고령자의 의료나 요양에 어떠한 지원이 필요한지 파악하는 기준이 되거나 요양이 필요해질 가능성이 있는 사람의 능력을 다면적으로 평가하는 도구이다. 역사를 거슬러 올라가면 1935년 영국의 여성 의사 월렌(Wallen, M.)이 당시 방치된 환자를 의학적 평가뿐 아니라 ADL, 기분, 의사소통 평가 등을 포함하여 종합적으로 판단하고 시설에 입소시키거나 외래를 계속하도록 하는 기준으로 삼았다. 평가 결과를 바탕으로 서비스를 제공하면서 많은 사람의 증상이 개선되었는데 이것이 CGA의 시작으로 알려져 있다.

1984년 미국의 의사 루벤스타인(Rubenstein, L.Z.)은 CGA가 고령 환자의 생명이나 기능을 예상하고 개선하는 데 도움이 되는 평가 도구라고 발표했다. 이후 전 세계적으로 CGA가 급속도로 확산되었고 많은 연구 성과가 발표되면서 현장에서 적극적으로 활용하게 되었다.

CGA의 구체적인 평가 내용 중에서 자립도(ADL) 평가는 크게 두 가지로 나누어진다(그림 7).

- 기본적 ADL: 바델 인덱스(Barthel Index)
- 수단적 ADL: 로턴(Lawton, 생활 자립)

CGA 7의 내용

	질문 내용	해석
1. 의욕	외래 또는 진찰이나 방문 시 상대와 인사를 합니까?	자기가 먼저 인사한다=○
		대답만 한다 또는 반응 없다=× (의욕 저하)
2. 인지 기능 (따라 말하기)	지금부터 하는 말을 따라 하세요 (예: 벚꽃, 고양이, 전철)	따라 한다=○
		못 따라 한다=(불가능하다면 4번 생략. 난청이나 실어증이 아니라면 중도의 치매 의심)
3. 수단적 ADL	(외래의 경우) 여기는 어떻게 오셨습니까?	대답한다=○ ○=본인이 버스나 전철, 자가용으로 이동 가능함
		대답하지 못한다=× ×=돌봄자가 필요(허약이나 중도의 치매 의심)
	(이 외의 경우) 평소에 버스나 전철, 자가용으로 백화점이나 슈퍼마켓에 가십니까?	네=○ ※ 해석은 위와 같음
		아니요=× ※ 해석은 위와 같음
4. 인지 기능 (재생 장애)	앞에서 기억한 것을 다시 말해 보세요	힌트 없이 전부 가능=○
		이 외의 사례=×(가까운 기억=재생 장애, 경도의 치매 의심)
5. 기본적 ADL (목욕)	욕조에 혼자서 들어가고 몸도 혼자 씻을 수 있습니까?	네=○(자립)
		아니요=×(부분 보조 또는 전체 보조 필요)
6. 기본적 ADL (배설)	대소변이 새는 일은 없습니까? 화장실에 가지 못할 때 본인이 이동식 변기를 사용할 수 있습니까?	네=○(자립)
		아니요=×(부분 보조 또는 전부 보조 필요) ※ 목욕이나 배설 동작이 자립 상태이면 다른 기본적인 ADL도 자립인 경우가 많음
7. 정서와 기분	본인이 무기력하다고 느끼십니까?	아니요=○(자립)
		네=×(우울 경향이 있음)

고령자 종합 기능 간이 평가판 CGA 7 개발, 《일본노년의학회잡지》 41, p.124., 2004. 일부 수정 인용

개인 편

그림 7 기본적 ADL과 수단적 ADL

기본적 ADL인 바델 인덱스는 다음의 평가 항목으로 구성되어 있다. ①
식사 ② 휠체어에서 침대로 이동 ③ 외모 가꾸기 ④ 화장실 ⑤ 목욕 ⑥ 보행
⑦ 계단 오르내리기 ⑧ 옷 갈아입기 ⑨ 배변 조절 ⑩ 배뇨 조절 등이다. 실
제 평가에서는 10개 항목의 합계 100점 만점으로 점수를 매긴다. 종합 점수
는 전반적인 자립도의 판단 기준으로 각 항목의 평가에 더욱 중요한 의미가
있다.

한편 수단적 ADL은 1960년대에 로턴(Lawton, M.P.) 등이 제안한 개념으로
재현성과 평가자 사이의 일치성 등 기초적인 검증을 기반으로 한다. 항목은
전화, 쇼핑, 식사 준비, 집안일, 세탁, 대중교통 이용하기, 복용하는 약품 관
리, 금전 관리 등 8항목으로 구성되어 있다. 8점 만점으로 평가하는데 남성
은 식사 준비, 집안일, 세탁은 판정 항목에서 제외하고 5점 만점으로 평가하
기도 한다(Lawton IADL-5로 부르기도 함). 현재는 여성의 사회 진출로 집안일
의 상당 부분을 담당하는 남성도 늘었고 혼자 사는 고령자는 성별에 따라
차이를 둘 필요가 없다는 견해도 있다. 전체적으로 혼자 사는 기능을 평가
하는 지표로 보아도 무난하다.

폐용 증후군

안정을 취해야 하는 상태가 오래 지속되어 신체를 움직이지 않으면 심신의 기능이 떨어져 근육 위축, 욕창(부스럼), 괄약근 장애(요실금, 변비) 등이 발생한다.

ACE 저해제

혈압을 내리는 강압제의 하나이다. 부작용으로 마른기침이 발생한다.

4

초고령 사회를 대비한
예방 의료와 건강 증진

POINT >   평균 수명이 길어진 현대 사회에서는 치매나 낙상, 영양 불량 등으로
발생하는 노년 증후군 예방이 매우 중요하다. 바람직한 영양 섭취, 입
안 상태 유지, 균형 있는 운동 등 건강의 좋은 순환 만들기에 필요한
지식을 알아본다.

쇠약의 개념 정의

초고령 사회를 맞이하며 고령자의 건강 수명을 연장하고 경제 활동이나 지역 활동에 적극적으로 참여하도록 하여 고령자도 '사회를 지탱하는 사람'이라는 새로운 인식 전환이 필요하다. 사람은 나이가 들면서 서서히 심신의 기능이 허약해지고 일상생활 활동이나 자립도가 떨어져 요양이 필요한 상태가 된다. 일반적으로 나이가 들어 심신의 기능이 눈에 띄게 떨어지는 현상을 쇠약(frailty)이라고 부르는데 요양 상태가 되는 가장 큰 요인이다. 고령자의 기능 저하는 서로 다른 여러 원인이 섞여 부정적 연쇄 사이클(Frailty cycle)을 일으킨다고 알려져 있다. 일본노년의학회에서는 2014년 고령으로 인해 나타나는 허약함을 **쇠약**으로 정의하자고 제안했다.

새로운 개념인 '쇠약'의 특징은 다음의 세 가지로 설명할 수 있다.

그림 8 **쇠약의 다면성**

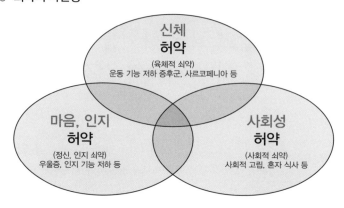

① 건강한 상태와 요양이 필요한 상태의 중간 지점이다.

② 상황에 맞는 적절한 개입으로 기능(예비 능력, 잔존 기능)을 되돌릴 수 있는 이른바 가역성(reversibility)이 존재하는 시기이다.

③ 쇠약은 다면적으로 나타난다. 골격근을 중심으로 한 신체 허약(육체적 쇠약)뿐 아니라 그림 8에서처럼 마음과 인지 허약(정신, 인지 쇠약)과 사회성 허약(사회적 쇠약)도 존재한다.

　이러한 쇠약이라는 새로운 개념을 바탕으로 기존의 건강 증진~요양 예방 정책을 원점(특히 효과 검증과 계속성 등의 관점)에서부터 새롭게 보완하고 재검토할 시기가 왔다. 건강 수명 연장이 주목받는 현재, 전문가와 행정가 그리고 국민 모두 쇠약에 대해 정확히 이해하고 대책을 마련하도록 노년기에 대한 새로운 패러다임 전환이 요구된다.

쇠약의 최대 위험 요인 '사르코페니아'

고령자가 되면 영양 부족(단백질 부족, 비타민 D 부족), 호르몬 변화(테스토스테론,

에스트로겐, IGF-1 등), 대사 변화(인슐린 저항성), 염증 변화 등이 복합적으로 일어나고 골격근의 근섬유 감소와 위축이 발생한다. 이와 함께 고령자의 신체 활동이 줄며 골격근은 **근육이 급속히 위축되는 증상**(사르코페니아)을 보인다. 근육 감소증인 사르코페니아의 진단 기준은 ① 근육량(특히 사지) ② 근력(악력) ③ 신체 능력(일반적으로 보행 속도) 저하 등 세 가지다. 실제로는 근육(근력 등) 위축 진행⇒활동성과 에너지 소모량 감소⇒식욕이나 식사 섭취량 감소⇒영양 부족과 체중 감소처럼 부정적 연쇄 작용이 일어난다(그림 9).

사르코페니아는 쇠약의 최대 위험 요인으로 알려져 있다. 예를 들면, 노년기에 2주간 누워서 생활하면 실제로는 7년 치의 근육을 잃고 쉽게 넘어져 골절이 발생한다고 알려져 있다. 입안도 사르코페니아가 발생하여 충분히 씹고 넘기는 동작이 힘들어진다. 사르코페니아가 진행될수록 외출 빈도가 줄고 사회와의 연계도 줄어 결과적으로는 인지 기능 저하를 불러온다.

종아리 굵기로 골격근량을 파악할 수 있다고 알려져 있다. 무작위로 추출한 '자립~요지원 등급'의 고령자를 대상으로 시행한 대규모 현장 조사 연구

그림 9 **쇠약의 위험 요인인 사르코페니아**

진단 기준

1 근육량 감소 ···사지의 근육량
2 근육 위축 ···악력(손으로 쥐는 힘)
3 신체 능력 저하 ···일반적인 걸음 속도

정상　　　　사르코페니아

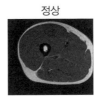 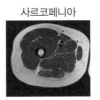

• 폐용(활용하지 않음)은 생각보다 훨씬 근력을 약화시킨다
• 2주간 누워서 지내는 요양 생활 → 실제로는 7년 치의 근육을 잃는다

에 사르코페니아를 간단히 평가할 수 있는 간이 지표인 '손가락 고리 테스트'를 적용해 보았다. 손가락 고리 테스트는 전문적인 검사가 불가능한 환경에서도 간편하게 본인 스스로 평가할 수 있다는 장점이 있다(그림 10). 양손의 엄지와 검지를 붙여서 만드는 손가락 고리의 치수는 보통 자신의 키에 비례하며 시간이 지나도 그다지 크기가 변하지 않는다. 자기만을 위한 잣대(줄자)라고 생각하면 된다. 양손의 엄지와 검지로 고리를 만들어 자기 종아리의 가장 굵은 부분(엄지손가락으로 뒤에서 조르지 않을 정도로)을 둘러보면 그림 10과 같이 세 분류로 나누어진다. '잡을 수 없는' 집단보다 '딱 잡히는' 집단이나 '여유가 있는' 집단 쪽이 신체 능력(악력, 보행 속도 등), 식사 섭취량, 수면의 질, 입안(혀의 강도, 씹는 힘의 강도, 원활한 발음, 입안의 자립도)의 상황, 생활

그림 10 '손가락 고리' 테스트 : 사르코페니아 간이 지표

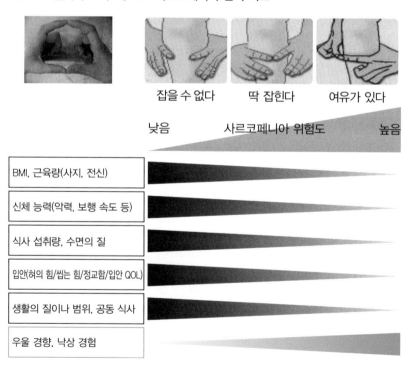

잡을 수 없다　　딱 잡는다　　여유가 있다

낮음　　　사르코페니아 위험도　　　높음

BMI, 근육량(사지, 전신)

신체 능력(악력, 보행 속도 등)

식사 섭취량, 수면의 질

입안(혀의 힘/씹는 힘/정교함/입안 QOL)

생활의 질이나 범위, 공동 식사

우울 경향, 낙상 경험

의 질이나 생활 범위의 규모, 여럿이 식사하는 빈도 등 많은 항목에서 위험도 수치가 높았다. 반대로 우울 경향이나 낙상 경험은 더 많은 것으로 나타났다(모든 항목에서 연령 조정 후에 통계학적으로 유의미한 차이가 있었고 현재 논문 투고 중).

쇠약 예방 포인트: 건강 장수를 위한 세 가지 핵심

어떻게 하면 사르코페니아를 예방하고 더 나아가 쇠약을 막을 수 있을까. 영양(특히 제대로 씹고 단백질을 중심으로 균형 있게 섭취하는 일)과 충분한 운동(신체 활동), 적극적인 사회 참여나 사회 공헌 활동 등 되도록 빠른 시기에 고령으로 인한 쇠약 예방 활동을 시작해야 한다. 건강 장수의 핵심은 그림 11과 같이 크게 세 가지이다. 고령이 되면 과잉 내장 지방 축적으로 생기는 대사증후군의 위험으로부터 벗어나 '제대로 씹어서 먹고 적절히 활동하며 사회성을 유지하는 일'에 중점을 두어야 한다. 사회적으로 고립되어 사르코페니아가 발생하는 고령자가 많다. 그림 11에 정리한 부정적인 연쇄 사슬을 필자

그림 11 **건강 장수의 세 가지 핵심과 쇠약 도미노**(다음 페이지)

~사회와의 단절이 쇠약의 최초 입구이다~

는 '쇠약 도미노'라고 부른다. 나이가 들며 생기는 쇠약을 예방하기 위해서
는 앞서 말한 세 가지 핵심의 최저 수준을 끌어올려야 하는데 특히 사회와
의 연계가 가장 중요하다.

고령자에게 '먹는 힘'이란

고령자의 식사 안정성, 즉 '먹는 힘'을 지탱하는 최소한의 요소가 무엇인지
다시 한 번 살펴보자. 남은 치아 수와 씹는 능력, 삼키는 능력, 위아래 치아
가 서로 맞물리는 교합 상태 모두를 포함하여 입안 기능은 생명 유지에 가
장 중요한 역할을 담당한다. 여러 기초 질병(중복 질병)으로 인한 다중 약물
요법(polypharmacy)의 부작용으로 자신도 모르는 사이에 식욕 감퇴 증상이
나타날지도 모른다. 고령자의 식사 상태는 입안을 포함한 전신의 사르코페
니아 문제, 편식 등 영양 섭취 불균형, 체중을 조금 더 줄여야 한다는 잘못
된 다이어트 인식 등 다양한 요소가 관여한다. 그리고 무엇보다 중요한 사
회 활동이나 다른 사람과의 교류, 생활 범위의 확대로 혼자 식사를 하는지
여럿이서 공동으로 하는지와 같은 식사 환경의 변화도 포함된다. 이처럼 고

령자의 음식을 둘러싼 환경을 자세히 살펴보면 고령자가 영양 불량에 빠지는 원인도 다양하다는 점을 알 수 있다.

4단계의 연속 접근 쇠약 예방법

다면적으로 발생하는 쇠약을 예방하기 위해 4단계로 구분한 접근 방법을 그림 12에 제시하였다. '정상(건강)' 상태에서는 생활 습관병 예방을 위해 적절한 체중을 유지하는 것이 바람직하지만, 후기 고령자(또는 70세 이상) 중에서도 감량이 필요하다고 생각하는 고령자가 많다. 65~74세의 전기 고령자 시기부터 대사증후군 대책에서 쇠약 예방 대책으로 전환해야 하며 개별적인 대응 방안 마련이 중요하다.

　살펴본 것처럼 쇠약의 단계 폭은 매우 크다. 그래서 우리는 어떻게 하면

그림 12 **쇠약 모델의 4단계 연속 접근 방법**

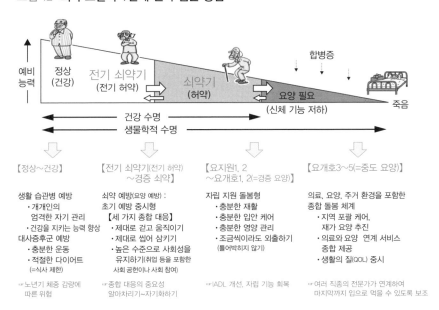

가능한 한 빨리 전기 쇠약(섬세한 쇠약함) 단계를 알아차릴 수 있을지에 주목해야 한다. 앞서 언급한 건강 장수의 세 가지 중요한 핵심(영양, 운동, 사회 참가) 사항을 충분히 이해한 후, 빠른 시기에 개개인이 자기 일로 받아들이고 쇠약을 예방하기 위해 노력해야 한다. 이를 위해서는 지역의 다양한 활동 주체가 적극적으로 개입할 필요가 있다.

요양 상태에 빠지기 전후 시기인 '요지원 1, 2~요개호 1, 2(=경증)' 등급의 사람은 충분한 재활과 입안 케어 및 영양 상태를 꼼꼼히 관리하고, 사회적으로 고립되지 않도록 적절한 외출 보조 등을 통한 세심한 자립 생활지원이 필요하다.

마지막으로 '요개호(신체 기능 장애, disability)'의 시기에는 의료와 요양, 주거를 포함한 종합 돌봄 체계 구축이 필요하다. 각 지역의 사정이나 특성에 맞는 지역 포괄 케어 시스템 구축을 목표로 설정하고, 생활의 질(QOL)을 중시한 재가 의료와 요양 서비스를 제공해야 한다. 마지막까지 고령자가 입으로 음식을 먹을 수 있도록 전문가 팀의 '섬세한 지원'도 필요하다.

활기찬 마을 만들기로 쇠약 예방

앞으로 맞이하게 될 초고령 사회에서는 건강하게 자립 생활을 유지하는 고령자가 사회를 지원하는 자원이 되어야 한다. 고령자의 건강 유지와 활발한 활동은 개개인의 과제인 동시에 지역 사회의 과제이기도 하다. 고령화와 더불어 우리는 커다란 전환기를 맞이하고 있다. 고령자의 쇠약 예방은 지역 사회 전체의 다양한 지혜를 담아 마을 만들기의 일환으로 추진해야 한다.

그림 13은 저자가 현재 진행 중인 '주민에 의한 주민을 위한 쇠약 예방' 활동을 정리한 것이다. 과학적인 연구를 바탕으로 앞서 언급한 건강 장수의 세 가지 핵심과 고령자의 쇠약 상태를 주민 서로가 간이 측정이나 평가 항

그림 13 **주민에 의한 주민을 위한 쇠약 예방**

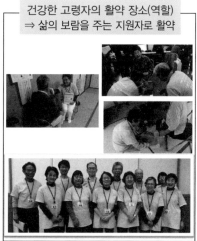

목을 활용하여 확인하는 일이 주요 목적이다. 지역 주민이 주체가 되어 새로운 쇠약 예방 서포터(건강한 고령자가 담당할 역할)를 양성하고, 모두가 즐기며 사르코페니아를 포함한 쇠약 예방 대책의 지식을 서로 배우고 나누어 빨리 자기 일로 받아들일 수 있도록 하는 과정이다.

　이러한 활동을 포함하여 활기찬 마을을 만들기 위해서는 ① 개인의 의식과 행동 변화 ② 이를 강력하게 지원하는 건전한 지역 사회(보건, 의료, 복지 서비스의 연계로 건강을 위한 지원과 접근 방법의 개선, 지역 내 인연을 중심으로 한 건강 만들기 장소 마련 등)가 균형 있게 적절히 어우러지는 환경을 만들어야 한다. 지금이야말로 다시 한 번 마을 만들기 관점에서 기존의 건강 증진 사업~요양 예방 사업을 보완하고 새로운 활기를 불어넣을 시기이다.

치매와
행동 장애

1 뇌 기능의 변화

POINT > 뇌는 사람이 사람답게 사는 데 중요한 역할을 한다. 고령으로 인한 뇌의 변화를 살펴보고 노화를 방지하여 언제까지나 지혜로운 고령자로 살아갈 방법을 찾아본다.

나이에 따른 뇌의 변화

뇌에는 150억 개 이상의 신경 세포가 있으며 복잡한 네트워크를 이루어 여러 정보를 전달하고 기억을 저장한다.

　나이가 든다는 것은 다양한 체험을 통해 뇌에 경험 네트워크를 만드는 일이기도 하다. 이러한 풍부한 네트워크에 더해 이미 습득한 언어 지식이나 사고력과 같은 결정성 지능은 떨어지지 않고 사람의 판단력이나 통찰력을 높인다. 뇌가 건강하고 적절한 자극에 노출될수록 고령자는 정신적으로 안정되어 풍요로운 생활을 보낼 수 있다.

뇌의 두 가지 노화

■ 생리적 노화

뇌의 노화는 크게 세 가지 요인으로부터 시작된다. 나이가 들어 자연스레 뇌세포가 줄고, 산소 부족으로 쉽게 뇌세포가 죽어버리고, 신경 전달 물질의 생성 방식이 나빠지는 것이다. 생리적인 노화 증상은 기억력이나 운동 반응과 같은 유동성 지능이 쇠퇴하여 나타난다. '물건을 잃어버리는 일이 잦다', '새로운 일을 기억하지 못한다', '순간적인 판단이 느려진다', '완고해진다' 등의 현상이다. 뇌의 생리적 노화로 발생하는 위의 사례는 치매로 진단하지 않는다. 참고로 뇌의 생리적 노화는 개인차가 매우 크다.

　뇌의 신경 세포는 항상 산소와 포도당을 필요로 한다. 가벼운 운동, 좋은 식생활, 충분한 수면에 신경을 써서 뇌 신경 세포의 파괴를 막아야 한다. 뇌의 노화를 방지하기 위해서는 무엇보다 뇌를 쓰는 일이 중요하다. 매일 좌뇌와 우뇌를 사용하여 계산, 작문, 요리, 공작, 뜨개질 등을 하며 의식적으로 머리를 쓰고 적극적으로 다른 사람들과 어울리며 대화를 나누어 뇌의 노화를 예방해야 한다.

■ 병적 노화

뇌혈관 장애(뇌경색이나 뇌출혈 등)나 머리 외상으로 뇌 기능이 손상되면 뇌의 노화 증세가 빨라지거나 인지 기능 장애가 생긴다.

　자각 증세가 나타나지 않는 무증후성 뇌경색(뇌의 혈관이 막혀 뇌 조직 일부가 죽음), 허혈성 대뇌 백질(대뇌 백질이 손상되어 치매로 발전), 신경돌기의 변형성 탈락(알츠하이머성 치매 등)이 있다.

　성인병도 뇌의 노화를 앞당긴다. 대표적인 질병은 고혈압과 당뇨병으로 모두 혈관의 노화를 촉진하여 뇌의 병적 노화로 이어진다. 특히 당뇨병은

그림 1 인지 기능 노화 방지: 운동의 중요성

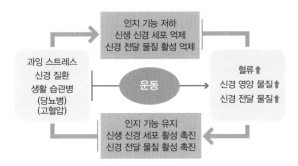

알츠하이머성 치매에 커다란 위험 요인이다.

고혈압과 당뇨병 등 만성 질환을 예방하고 비만이 되지 않도록 노력하는 일이 건강한 뇌를 유지하는 길이다.

적절한 운동은 혈류를 증가시켜 인지 기능 저하를 방지하고 고혈압이나 당뇨병 등 생활 습관병도 예방한다(그림 1).

노화가 기억력에 미치는 영향

사람의 기억은 세 가지 요소로 구성된다.

> 1) 새로운 정보를 지각하고 뇌에 새기기 '기명'
> 2) 머릿속에 새긴 일을 유지하기 '유지'
> 3) 유지하고 있는 일을 다시 떠올리기 '추상, 상기'

노화의 영향이 가장 큰 부분은 새로운 정보를 기억하는 기명(단기 기억)이다. 유지(장기 기억)는 비교적 영향을 받지 않는데, 치매 환자라도 예전에 배웠던 노래를 부르고 어린 시절에 했던 실뜨기 놀이나 공기놀이를 술술 해내는 점이 이를 증명한다.

　기명을 중심으로 한 기억력은 20대를 정점으로 나이가 들어감에 따라 낮아진다. 60세가 되면 기억력을 비롯해 지능의 주변 기능에도 쇠퇴가 시작되어 판단력이나 적응력이 떨어지고 다양한 변화가 나타난다. 그러나 기억력 이외의 능력은 다양한 일상 체험으로부터 경험이 축적되어 지능 전체로 보면 50세 전후까지도 계속 늘어난다.

■ 생리적인(정상 범위 내) 건망증과 치매의 기억 상실

1) 생리적인 기억 상실(양성 건망)

예를 들어 물건을 가지러 2층에 올라갔는데 무엇을 가지러 왔는지 잊어버렸다거나, 안경을 어디에 벗어놓았는지 늘 잊어버려 소동을 일으키고, 얼굴은 아는데 이름을 기억하지 못한다거나 떠올리지 못하는 현상 등이다.

　이처럼 자신의 건망 체험을 심각하게 털어놓는 사람의 대부분은 건망증 때문에 실패한 괴로운 상황을 모두 기억하고 있다. 최근에 발생한 일을 세세하게 기억하고 있으므로 이들은 치매가 아니다. 나이가 들며 자연스레 기억력이 떨어져 잊어버리는 빈도가 높아지지만, 방금 식사한 일을 잊어버리거나 자신의 집을 잊어버리는 일과 같은 치매의 건망증으로 진행하지 않는다. 기억 일부만을 잊어버리는 현상은 나이가 들며 발생하는 정상적인 건망증이다.

2) 치매의 건망증

치매의 건망증은 자신의 체험 모두를 잊어버린다. 따라서 자기에게 일어난 건망증 사고를 상세히 설명하지 못한다. 대부분 건망증에 대한 자각이 없어 치매라고 걱정하며 병원에 가야겠다는 생각 자체를 하지 않는다. 치매의 건망증이 점점 심해지면 은행 일을 보거나 혼자서 전철을 타고 멀리 외출하는 일, 정해진 시간에 약을 먹는 일 등에 문제가 생겨 일상생활을 제대로 유지할 수 없다.

3) 경도인지장애: Mild Cognitive Impairment(MCI)

고령자 중에는 치매는 아니지만 평범한 건망증보다는 잊어버림의 빈도나 정도가 조금 더 심한 사람이 있다. 이러한 사람을 '경도 치매 장애(Mild Cognitive Impairment, MCI)'라고 부른다(그림 2). 본인과 주변 사람 모두 건망증이 심해졌다는 사실을 인정하고 기억 관련 심리 테스트를 하면 정상인보다 뚜렷하게 기억력이 떨어지지만 일상생활에는 아무런 문제가 없는 상태이다.

　MCI를 정의한 연구자가 실시한 역학 조사에 따르면 일반 고령자가 알츠하이머성 치매에 걸릴 확률은 연간 1~2%인데 MCI를 가진 사람은 연간 10~15%라고 한다. 일반 고령자보다 약 10배 알츠하이머성 치매로 발전할

그림 2 **경도인지장애**(Mild Cognitive Impairment)**와 치매의 개념적 변화**

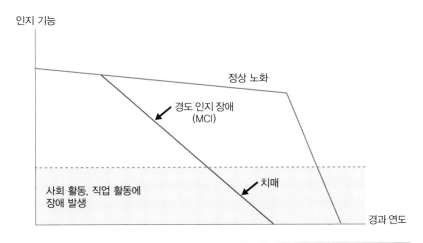

자료: 도쿄도 노인종합연구소, 〈치매 예방 및 지원 매뉴얼〉을 참고로 작성.

가능성이 크다.

뇌의 노화 예방

1) 좋아하는 일, 즐거운 일을 한다
최근 연구에서 뇌의 기억에 중요한 부분(대뇌변연계에 있는 해마)을 구성하는 신경 세포는 나이가 들어도 증식한다는 사실이 밝혀졌다. 특히 '좋아하는 일'이나 '즐거운 일'을 계속하는 것이 뇌의 노화 예방에 효과적이다.

2) 좌우의 뇌를 균형 있게 사용한다
좌뇌는 책을 읽거나 문자를 쓰거나 계산할 때 사용하는 뇌로 디지털 뇌라고 부르며 우뇌는 공간이나 그림 인식, 직감, 음감에 뛰어난 뇌로 아날로그 뇌라고 부른다. 이처럼 사람의 뇌는 우뇌와 좌뇌가 각각 서로 다른 역할을 담당한다.

뇌의 노화를 방지하기 위해서는 좌우의 뇌를 균형 있게 사용하는 일이 중요하다. 예를 들면 우뇌가 효과적으로 움직이도록 음악을 듣거나 자연의 바람 소리, 새의 지저귐 등에 귀를 기울이는 일도 추천한다.

3) 왕성한 호기심을 갖는다
호기심은 뇌세포 활성화에 빼놓을 수 없는 요인으로 호기심을 잃으면 뇌의 노화가 점점 빨라진다. 부끄럽다는 기분을 버리고 어떤 일에든 호기심을 왕성하게 가져보자.

4) 스트레스를 쌓아두지 않는다
뇌는 어느 정도의 스트레스나 긴장감이 필요하다. 그러나 장기간에 걸친 과

개인 편

도한 스트레스는 당연히 뇌에도 좋지 않다. 뇌의 노화를 막기 위한 스트레스 해소가 중요하다.

5) 올빼미형이 아닌 아침형 인간이 되자
우리 몸의 다양한 기능은 뇌 내에 있는 '체내 시계'가 제어한다. 하루 내내 지적 작업의 능률이나 운동 기능이 일정하게 유지되지 않는다. 이것은 체온 상승과 깊은 관련이 있다.

6) 정기적으로 산책하고 집 안에서는 맨발로 걷는다
걷기는 뇌의 활성화에 큰 도움이 된다. 맨발로 걸으면 발에 닿는 감각이 뇌를 자극하고 활성화한다.

단기 기억과 장기 기억

단기 기억이란 '바로 외울 수 있는 전화번호'처럼 숫자 9개, 단어 5개 정도를 적어도 30초 정도 기억하거나 호텔의 방 번호 등을 몇 분에서 며칠 동안 유지하는 기억을 말한다. 단기 기억 중에서도 필요한 정보만을 반복하여 장기 기억에 저장한다.

2   치매의 발병과 치료

POINT > 무언가를 기억하거나 생각하고 판단하여 대화를 나누는 일처럼 일상
생활 유지에 필요한 인지 기능에 장애를 주는 것이 치매이다. 치매와
치매 환자의 돌봄 방법을 알아본다.

치매의 종류

■ 알츠하이머성 치매(치매 환자의 약 50%)

단백질의 한 종류인 아밀로이드 β 단백이 뇌의 신경 세포에 엉겨 붙어 생기
는 섬유화로 뇌 신경 세포가 감소하거나 위축하여 뇌의 움직임을 방해한다.
뇌에 변화가 생겨도 치매가 발생하지 않는 사람도 있어 아직 수수께끼 같은
병이다. 남성보다는 여성에게 많이 나타난다. 서서히 몇 년에 걸쳐 진행되
며 초기에는 잠깐잠깐 증상이 나타났다 사라진다.

> 초기 : 건망, 인격 변화, 물건을 빼앗겼다는 환상, 병을 자각하지 못함
> 중기 : 날짜와 시간, 계절감, 어디에 있는지 모름, 일상생활이 흐트러짐, 배회
> 후기 : 실어증, 요실금, 보행 곤란, 와상, 씹기 곤란, 잘못 삼켜 발생하는 폐렴

- **돌봄:** 인간 중심 돌봄(Person-centered Care, 환자를 중심으로 존중하며 돌봄)으로 행동 장애, BPSD(다음 꼭지 참고)를 파악하여 치매의 진행을 늦추고 평온한 생활을 유지하도록 지원하는 일이 목표이다. 아리셉트와 같은 약물을 사용하여 진행을 더디게 한다. 집단생활이나 활동에 익숙해지도록 주간 보호를 활용하는 일도 효과적이다.

■ 뇌혈관성 치매(치매 환자의 약 20%)

뇌경색 등 뇌혈관 장애로 뇌 신경에 이상이 생겨 인지 기능이 떨어진다. 뇌 내에서 일어난 미세한 뇌경색이나 출혈이 생길 때마다 증상이 심해진다. 알츠하이머성과 유사한 증상이 나타나기도 하지만 인격의 변화는 비교적 낮고 병에 대한 자각 증상이 있어 불안감 또는 감정에 급격한 변화를 보인다. 남성에게 많이 나타난다.

■ 레비소체형 치매(치매 환자의 약 20%)

신경 세포의 변형(레비소체)으로 발생하는 치매이다. 알츠하이머성 증상을 동반한 '일반형'과 레비소체에만 손상을 입히는 '순수형'이 있다. 인격을 유지하지만 생생한 환각이나 환시, 근육의 긴장이나 손 떨림과 같은 파킨슨 증세, 기립 저혈압, 배뇨 장애, 변비, 부종, 침 흘림 등 자율 신경 기능 부전, 약물에 대한 과민성 증상이 나타난다.

- **돌봄:** 전문의를 중심으로 세심한 진단과 치료, 투약, 약물 반응에 주의가 필요하다. 낙상 사고에도 주의해야 한다. 환자가 느끼는 환시 등을 부정하지 말고 안심하도록 배려해야 한다. 인지 기능은 비교적 양호하게 유지하고 있으므로 자존감에 상처를 주지 않는 수용적 대응이 필요하다.

■ 전두측두엽 치매(치매 환자의 약 10%)

뇌의 전두부와 측두부 앞부분이 위축되며 발생한다. 피크병도 유사한 형태의 치매이다. 상황에 맞지 않는 제멋대로인 행동, 억제할 수 없는 반사회적 행동, 의욕 감퇴, 무관심, 일정 시간에만 보이는 특이 행동이나 반복 행동, 언어 장애나 다른 사람 말 흉내 내기, 음식에 대한 집착, 취향 변화 등을 보인다.

- **돌봄:** 병세를 자각하지 못하고 주위 사람을 곤란하게 만드는 특징적인 증상을 보여 가족이 돌보기에는 큰 부담이 된다. 전문의나 복지 서비스, 가족 모임 등과 연계하여 종합 돌봄 체계를 구축해야 한다.

치매 조기 발견 체크 리스트

치매 진단은 하세가와 방식(HDS-R)과 MMSE 인지 기능 테스트가 있는데, 가족이나 돌봄자 등 주위 사람이 되도록 빨리 이상 증세를 알아차리고 조기에 발견하여 치료를 받을 수 있도록 지원하는 일이 중요하다. 여기에 치매 조기 발견을 위한 간단한 평가 항목을 소개한다.

● **건망증이 심하다**

1 방금 전화를 끊었는데 전화 상대의 이름을 기억하지 못한다

2 같은 일을 몇 번이나 말하고 묻거나 반복한다

3 정리 수납하는 일을 잊거나 놓아둔 채 깜박하는 일이 많아 항상 물건을 찾는다

4 지갑, 통장, 옷을 도둑맞았다며 다른 사람을 의심한다

● **판단력과 이해력이 떨어진다**

5 요리, 정리, 계산, 운전 등에 실수가 잦아진다

6 새로운 일을 기억하지 못한다

7 이야기의 앞뒤가 맞지 않는다

8 텔레비전 프로그램 내용을 이해하지 못한다

● **시간이나 장소를 모른다**

9 약속 날짜나 장소를 틀린다

10 익숙한 길에서도 헤맬 때가 있다

● **인격이 변한다**

11 작은 일에도 금방 화를 낸다

12 주위 사람을 신경 쓰지 않고 완고해진다

13 자신의 실패를 다른 사람 탓으로 여긴다

14 주위에서 '요즘 상태가 이상하다'라는 말을 자주 듣는다

● **불안감이 강하다**

15 혼자 있으면 무서워하거나 외로워한다

16 외출할 때 가방을 몇 번이나 확인한다

17 본인이 '머리가 이상해졌다'라고 하소연한다

● **의욕이 사라진다**

18 속옷을 갈아입지 않고 옷차림도 신경 쓰지 않는다

19 취미나 좋아하던 TV 방송에도 흥미를 잃는다

20 몹시 울적해 하며 모든 것을 귀찮아하고 싫어한다

공익사단법인 '치매 환자와 가족 모임' 홈페이지

치매 치료

치매 치료는 모든 치매 환자에게 나타나는 중핵 증상인 인지 기능 장애 치료와 이상행동증상(BPSD)을 보이는 환자를 위한 주변 증상 치료, 약물 치료와 비약물 치료로 나눈다.

중핵 증상 치료는 소량의 약물로 치료하는데, 비교적 약한 약으로 시작하여 짧은 기간을 두고 효과를 평가한다. 다중 약물요법을 피하고 정기적으로 처방을 수정한다.

BPSD는 일종의 심리 반응으로 원인을 제거하는 일이 중요하다. 원인이

명확하지 않거나 긴급한 대응이 필요한 경우에는 약물을 사용한다.

치매 환자는 약물 치료만으로 충분한 효과가 나타나지 않으며 비약물 치료와 병행하는 것이 효과적이라고 알려져 있다. 비약물 치료에는 회상 치료, 음악 치료, 운동 치료 등이 있다.

예방: 영양, 운동, 삶의 보람

규칙적인 생활과 영양 균형을 맞춘 식생활, 적절한 운동으로 뇌의 혈류를 생생하게 유지하여 노화를 예방한다. 집에서만 지내지 말고 밖으로 나가 다른 사람들과 적극적으로 교류하는 것이 좋다. 새로운 일에 도전하며 항상 뇌에 기분 좋은 자극을 불어넣어야 한다.

이사와 같이 급격한 환경 변화는 치매의 발병과 악화의 계기가 되기도 한다. 고령자가 익숙한 환경에서 생활하는 일이 치매 예방으로 이어진다는 사실을 기억해 두자.

치료 가능한 가성 치매

치매 증상이 있어도 기억 장애가 아주 가벼우면 '가성 치매'로 분류한다. 가성 치매는 외부로부터 받은 정신적, 심리적 스트레스로 발생하거나 신체 내부 노화 등으로 발생한다.

심리적 요인으로 발생하는 가성 치매의 증상으로는 주로 우울증이 나타나는데 질병이나 이사, 가족의 죽음과 같은 스트레스가 계기가 되어 건망, 피해망상 등의 증상을 보인다. 전문의에게 진단을 받고 우울증을 치료하면 증상이 호전된다.

뇌척수액의 압력이 정상 범위인데도 뇌를 압박하는 정상압 물뇌증처럼 치료 가능한 인지 기능 저하 장애도 있다.

인지 기능 장애

인지 기능 장애는 다음의 세 종류가 있다.

① 기억 장애

새롭게 경험한 일을 기억하지 못함

② 소재 식별 장애

여기가 어디고 지금은 언제인지 모름

③ 판단력 저하

계획 세우기, 조직화, 순서 정하기, 추상화, 판단하기 등을 할 수 없다.

이상행동증상(BPSD Behavioral and Psychological Symptoms of Dementia)

치매로 인해 나타나는 이상행동증상을 BPSD라고 부른다. 치매는 '중핵 증상'과 '주변 증상'으로 나뉜다. 중핵 증상은 건망이나 판단력 등 뇌 기능 저하를 가리키며 주변 증상은 중핵 증상과 함께 나타나는 행동이나 심리 변화로 폭력, 폭언, 배회처럼 행동으로 나타나거나 불안이나 환각처럼 심리적으로 나타나기도 한다.

3 이상행동증상(BPSD)의 대응 및 예방

POINT > 자기 집에 있으면서도 '집에 간다'라고 나가 버리는 행동은 치매의 주변 증상인 이상행동증상(BPSD)의 대표적인 예다. 이러한 행동과 심리를 충분히 이해하고 돌보아야 한다.

치매는 중핵 증상뿐 아니라 치매가 일으키는 주변 증상(그림 3), 이른바 BPSD로 인해 본인과 돌봄자 모두 힘들어하는 사례가 많다. 치매 환자는 지금까지 스스로 했던 일을 할 수 없게 되며 자율, 자립도가 크게 떨어진다. 갑작스러운 생활의 어긋남을 이기지 못하고 강한 불안을 밖으로 표현하는 행동이므로 이를 충분히 이해하고 '질타하지 않기, 혼내지 않기, 설득하기보다는 이해하기, 불쾌하게 만들지 않기'에 중점을 두고 BPSD를 방지하며 돌보아야 한다. 치매 환자의 자존감을 존중해야 하는 이유는 기억 장애가 생겨도 뇌 깊숙한 곳에서 감정을 다루는 편도체는 해마(기억)만큼의 손상을 입지 않고 감정 기억이 그대로 남아 있기 때문이다.

포인트 ①

안 되는 일을 시키려고 질책하거나 핀잔을 주며 교육하는 일은 환자의 자존

그림 3 **치매의 다양한 증상**

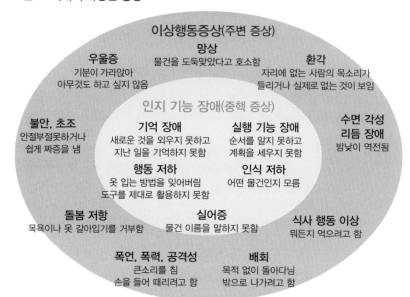

심에 상처를 입혀 역효과가 난다. BPSD 예방에는 적절한 역할 부여나 삶의 보람을 느끼게 만드는 규칙적인 생활, 균형 잡힌 식생활, 적절한 운동, 외출을 통한 감동 체험 등 일상생활 속에서 기쁨을 찾도록 지원하고 기분을 안정시키는 일이 중요하다. 이러한 배려를 바탕으로 개개인의 상황에 맞추어 다양한 시도가 필요하다.

포인트 ②

주위 사람을 곤란하게 만드는 행동은 BPSD의 양성 증상이지만 어떤 것에도 흥미를 나타내지 않고 잠만 자는 BPSD의 음성 증상을 보이는 사람도 있다. 음성 증상을 보이는 사람은 폐용 증후군에 빠지지 않도록 밖으로 유도하여 자극을 주거나 가족이나 손자와의 교류, 동물과의 접촉, 주간 보호를 이용하는 등 외적인 자극을 주어야 한다.

포인트 ③

가족 돌봄에는 가족이기 때문에 생기는 어려움이 있다. '이런 어머니나 아버지가 아니었는데'라며 화를 내고, '시간과 에너지를 빼앗겨 자신의 인생이 망가질 것 같다'라는 초조함이나 절망감을 느끼기 쉽다. 이러한 감정을 치매 환자에게 화풀이하며 자존감에 상처를 내고 결국 BPSD를 일으키는 악순환에 빠지기도 한다. 요양 등급을 받은 시점이나 돌봄 체계를 구성할 때에는 가족의 이러한 돌봄 문제를 염두에 두고 전문가의 조언을 참고하여 사회적 지원을 적절히 이용하는 편이 좋다.

주요 이상행동증상(BPSD)과 돌봄 주의 사항

건망	• 치매 환자의 이상 행동을 고치려 하기보다는 받아들이고 일상생활을 보조한다. 커다란 달력에 예정 사항을 써서 잘 보이는 곳에 두거나 메모지를 붙여 놓는 등의 방법을 활용한다. 요리할 때는 냄비에 불을 켜 놓고 잊어버리면 위험하므로 곁에서 지켜본다. 조리나 집안일은 증상이 나빠지지 않도록 방지하는 기능이 있으므로 본인이 할 수 있는 데까지 스스로 하도록 지원하는 일이 중요하다.
도둑맞았다는 환상	• 불안에 사로잡혀 지갑이나 통장을 감추거나 감춘 곳을 잊어버리고 옆에 있는 사람이 훔쳐갔다고 단정한다. 도둑으로 몰리는 일은 힘들지만 '함께 찾아봐요' 하며 같이 행동하고 본인이 찾아내도록 유도하면 안심한다. 마음속의 불안을 없애도록 적절한 역할을 부여하고 모든 역할을 다하면 감사를 표현하는 등 환자를 지지하며 돌보면 심리적으로 안정이 된다.
질투 망상	• 예를 들어 아내나 남편이 바람을 피운다고 단정하며 화를 내거나 공격한다. 신체 능력이 떨어지면서 마음 편히 지낼 만한 장소가 사라지고 버려진다는 불안한 감정이 생긴다. • 불안정해지면 같이 산책을 하거나 어깨를 두드리는 신체 접촉으로 안정감을 준다.
배회	• 지금 사는 집이 아닌 기억에 남아 있는 집으로 돌아가려 한다거나 화장실을 찾으려 밖으로 나가버린다. 자신이 머물 장소가 없다는 불안이나 불만 때문에 기분이 안정되는 다른 장소가 있다고 믿는다. 이처럼 치매 환자가 배회하는 이유는 매우 다양하다. 불안한 기분을 없애기 위한 노력(적당한 역할을 주거나 주간 보호에 가서 다른 사람과 교류하기 등)에도 배회를 계속한다면 함께 산책하고, 밖으로 나가면 안 되는 상황에서는 '데리러 올 때까지 차를 마시자' 라고 다른 일로 관심을 돌리며 대응한다.

폭력이나 고함	• 입으로 말하지 못하는 불만이 폭력이나 고함으로 나타난다. 항상 '부정하지 않는다. 혼내지 않는다, 설명하기보다는 이해한다'로 대처하면 치매 환자도 안정된다. 돌봄자가 짜증을 내거나 피곤해하면 주위 사람이 돌봄자를 지원하는 일도 매우 중요하다.
옷 갈아입기 행동 장애	• 바지를 머리에 뒤집어쓰거나 날씨가 더운데도 몇 겹씩 옷을 겹쳐 입고 화장이 묘하게 두꺼워진다. 이러한 행동은 순서나 공간 인식이 없어지면서 발생하는 행동 장애이다. 옷을 겹쳐 입는 것, 두꺼운 화장처럼 위험하지 않은 행동은 옆에서 지켜보며 최대한 본인의 자유를 존중한다.
거울 인지 장애	• 거울이나 유리에 비친 자신과 이야기를 나누는 사람이 있다. 이것도 간섭하지 않고 지켜본다. 주먹을 휘둘러 거울이 깨질 위험이 있으면 멀리 떨어지게 한다.
수집벽	• 쓰레기를 주워 오거나 서랍 안에 과자를 감추는 행동이 수집벽이다. 위험하지 않은 상황이라면 환자의 심리적인 만족을 존중하여 그냥 지켜보는 것이 좋다. 커다란 상자를 만들어 '중요한 것은 여기에 넣자'라고 대처하면 정리하기 쉬워진다.
요실금	• 화장실까지 갈 여유 없이 요의를 느끼자마자 오줌이 새거나 야간에 복도나 방구석에서 오줌을 눈다. 오염된 옷을 갈아입으려 하지 않고 옷을 감추는 증상 등을 포함하여 요실금이라고 말한다. 요실금이 생기면 누구보다 본인이 제일 괴로우며 이로 인한 다양한 BPSD가 나타난다. 힘든 기분을 이해하고 배뇨 리듬에 맞추어 1~2시간 단위로 화장실에 가도록 유도한다. • 돌보기 힘들다고 기저귀를 채우면 치매가 급속도로 진행한다. 가능한 한 화장실에 다니도록 지원하여 치매의 진행을 막아야 한다.

치매 서포터와 마을 만들기

이미 전국에 수많은 치매 서포터가 배출되었다. 치매 서포터는 무언가 특별한 활동을 한다기보다 치매를 정확히 이해하고 자기 주변의 치매 환자나 가족을 따뜻하게 지켜보는 응원자이다. 개개인이 가능한 범위 내에서 치매 서포터 활동을 실시하면 된다. 친구나 가족에게 치매 관련 지식을 전달하거나 치매 환자나 가족의 기분을 이해하려고 노력하는 일처럼 어떤 활동이라도 좋다.

다양한 지역에서 치매 서포터 활동 사례가 보고되고 있다. 구체적으로는

개인 편

치매 서포터가 지역 내에 동아리를 만들어 자체 활동을 실시하거나 치매 돌보기 어린이 협력대가 만들어진 지역도 있고, 어느 지방자치단체에서는 공공 교통기관에서 근무하는 전원이 치매 서포터가 된 사례도 있다. 치매 환자와 지역이 공존하는 '마을 만들기'의 좋은 사례라고 볼 수 있다.

치매를 정확히 이해하기

- 가까운 사람 앞에서 치매 증상이 더욱 심하게 나타난다.
- 자신에게 불리한 일은 인정하지 않는다.
- 말한 일이나 했던 일을 바로 잊어버린다.
- 정상적인 부분과 치매 증상이 섞여 있어 가끔 만나는 사람에게는 '정상'으로 보일 때가 있다. 형제나 친척이 같은 인식을 공유하도록 노력하는 일이 중요하다.
- 집착이 강하다. 설득이나 부정은 집착을 더욱 강하게 만든다.
- 돌봄자가 강하게 대응하면 더 강하게 반발한다. 돌봄자의 기분이나 상태를 치매 환자와 유사하게 맞추면 편안하다.
- 자존심을 지키도록 칭찬이나 감사를 표현하고, '잘했어요'라고 동조하거나 맞장구를 치며 공감하는 일이 중요하다. 사실이 아니더라도 인정하고 사과하며 거짓말을 하는 등 다재다능한 연기도 필요하다.
- 치매 환자가 자기 세계와 현실 세계에 괴리감을 느끼지 않도록 해야 좋다.

4 고령자의 정신건강관리

POINT > 고령자는 노화에 대한 불안이나 친한 사람과의 사별 등 심각한 스트
레스로 불면증이나 우울증에 걸리기 쉽다. 예방이나 빠른 치료를 받
을 수 있도록 지원하는 일이 중요하다.

고령자의 불면증

고령으로 인해 수면의 질은 나빠지고 리듬이 깨져(일주 리듬 장애) 잠이 오
는 시간이 빨라진다. 저녁 식사 후에 빨리 잠이 들고 한밤중이나 이른 아
침에 깨서 다시 잠이 들지 못해 피로가 누적되는 수면 장애가 있는 사람이
많다. 수면 장애로 고생하는 사람의 비율은 자택에서 생활하는 고령자의
25~45%로 알려져 있다.

고령자의 수면을 방해하는 특징적인 질병으로는 자는 도중에 호흡이 멈
추는 수면 시 무호흡 증후군, 저녁때부터 시작하여 밤이 되면 손발이 찌릿
찌릿해서 가만히 있을 수 없는 이상 감각에 시달리는 하지불안 증후군(돌발
성 주기성 사지 운동증)이 있다.

불안을 일으키는 질환으로 척추 소뇌 변성증, 치매, 파킨슨병, 뇌혈관 장

애 등이 있으며 우울증으로 인한 수면 장애도 많다. 원인 질병을 알면 그에 맞는 치료를 할 수 있지만 고령자의 수면 장애는 여러 요인으로 발생하는 사례가 많아 생활 습관 개선을 포함하여 꾸준한 치료가 필요하다.

효과적으로 생활 리듬을 조절하기 위해서는 낮에 활동을 늘리고 낮잠을 자지 않도록 생활 습관을 고쳐야 한다. 좋은 수면을 위한 적절한 운동과 영양 조절도 필요하다.

■ 술과 수면제의 단점

잠이 오지 않아 자기 전에 술을 마시거나 수면제에 의존하는 고령자가 많은데 알코올이나 수면제도 제대로 사용하지 않으면 QOL을 떨어뜨리고 수면 장애를 악화시키는 원인이 된다.

고령자는 수면제의 과도한 진정 작용, 졸림(잠기운이 계속됨), 혈압 저하, 불안정, 어지러움, 힘 빠짐, 낙상, 중독, 간에 미치는 나쁜 영향 등 부작용을 일으키기 쉬워 수면제를 먹어야 한다면 성인의 양보다 조금 적은 양에서 시작하고 약을 먹은 후에도 주의 깊은 관찰이 필요하다.

알코올은 신경을 흥분시켜 한밤중에 눈이 떠지거나 수면의 질을 떨어뜨리는 원인이 되기도 한다.

고령자의 우울증

나이가 들수록 심신이 허약해지고 마음이 답답한 날들이 이어지며 울적한 상태에 빠진다. 퇴직이나 가족과의 사별, 질병 등 스트레스가 큰 사건으로 우울증이 생긴다. 고령자에게는 우울증의 위험 요인이 많다.

우울증은 식욕, 수면, 성욕, 소속 욕구와 같은 인간의 기본적인 욕구가 모두 사라지고 비애감이나 절망감에 빠지는 상태를 말한다. 행동이 느려지고 외출할 기분이 들지 않아 집에서만 지내게 되며, 특히 고령자는 건망증이나 환상과 같은 치매 증상도 함께 나타나 QOL을 급격히 떨어뜨린다.

　우울증은 식사를 제대로 하지 못하거나 잠을 충분히 자지 못하는 두 가지 징조를 보이므로 항상 주의 깊게 살펴야 한다.

■ 주요 우울증의 증상

기분, 감정

불안감, 슬픔, 자책감, 초조함 등과 함께 '모든 것이 귀찮다', '좋은 일이 하나도 없다', '더는 살기가 싫다' 등과 같은 혼잣말을 한다. 얼굴에 표정이 사라지고 단조로운 말투가 된다.

행동

잠만 자려고 하며 평소에 가능했던 행동이 불가능해진다. 동작이 느려지고 판단을 하지 못한다. 외출하지 않는다. 과묵해진다. 옷차림이 단정하지 못하다. 의욕이 없어지고 좋아하던 취미 생활도 하지 않으려 한다.

몸 상태

잠을 제대로 이루지 못한다. 식욕이 떨어진다. 허리 통증이나 두통, 심장의 두근거림 등을 호소하지만 병원에서 진단을 받아도 나쁜 곳을 찾을 수 없다.

　이러한 증상이 나타나면 전문의를 찾아가야 한다. 우울증은 조기에 발견해서 치료하면 원만하게 회복된다. 치료 중에 우울증 약을 먹으면 수면제처럼 졸리거나 어지럼증과 같은 부작용이 나타나기 때문에 낙상이나 사고에 주의해야 한다.

■ 우울증 예방

지역 활동이나 취미 활동, 운동 동호회 등에 참여하여 같은 세대의 친구 만들기를 추천한다. 고민을 서로 나누고 지지해 주는 동료가 있다는 사실이 삶의 보람으로 이어진다.

생활 리듬에 맞추어 수면의 질을 높이고 식사를 즐기며 정기적인 운동으로 건강을 유지하고 피로를 쌓아두지 않도록 해야 한다. 우울증은 과로에서 발생한다.

사고방식을 바꾸는 일도 중요하다. 노화를 느낀다면 사라지는 것에 신경 쓰지 말고 감사한 일들에 눈을 돌려 긍정적으로 마음을 조절하는 훈련이 필요하다.

일주 리듬

동물은 약 24시간 주기로 수면과 각성 사이클이 반복된다. 이러한 체내 시계는 정확히 하루의 24시간과 일치하지 않아 조금씩 차이가 발생하나, 보통 빛의 명암(낮과 밤), 식사, 운동 등 외적 요인에 따라 원래 상태로 맞춰진다.

제12장

마지막까지
자기다운 삶

1 고령기의 의사 결정

POINT > 노년기, 죽음이 그리 멀지 않다고 느끼지만 마지막까지 자기다운 삶을 살고 싶다. 이를 위해 필요한 '의사 결정'과 '선택'에 대해 알아본다.

들어가며—고령기의 의사 결정과 선택

사람은 누구라도 빠르든 늦든 죽음을 맞이한다. 인생 전체를 놓고 보면 고령자는 마지막 시기를 사는 셈이다. 신체적으로는 젊었을 때 가능했던 일들이 조금씩 불가능해지고 여러 기능이 떨어진다. 언젠가 죽음이 찾아오리라는 사실을 자각하고 '아직 아니다'라거나 '이제 슬슬 시간이 되었다'라며 남은 시간을 어떻게 보낼지 현재 시점에서 예상할 수 있는 범위의 일들을 고민한다.

노년기가 인생 전체에서 삶을 마무리하는 마지막 시기라면 지금까지 살아온 인생을 정리하고 완성하는 시기라고 바꿔 말할 수도 있다. 자기 인생을 집대성하는 일은 여러 가지 상황을 정리하는 데 핵심이 된다. 노년기에는 거시적인 관점에서 자기 인생을 바라보는 능력이 있기 때문에 눈앞에 펼

그림 1 의사 결정 과정의 '정보 공유-합의 모델'

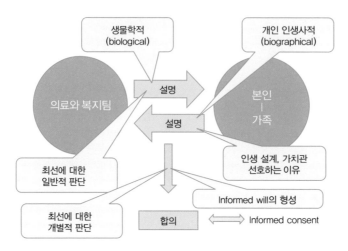

처질 미래를 고민할 수 있다.

　인생은 선택의 연속이다. 학교, 직업, 결혼 상대, 집…. 그리고 질병에 걸리면 치료 방법을 선택해야 한다. 노년기에는 신체적 쇠약으로 일상생활에도 주위 사람들의 지원이 필요해진다. 의료 및 복지 서비스를 어떻게 이용할지, 혼자서 또는 부부 둘이서만 생활할지 자녀와 함께 살지 그렇지 않으면 시설에 입소할지 하는 선택과 입으로 음식을 먹을 수 없게 되면 인공적으로 영양을 보충할 것인지(예를 들면 **위루술**)에 대한 선택 등 여러 가지를 고민해야 한다.

　고령자의 의사 결정을 통해 노년기를 어떻게 보낼 것인지 종합적으로 윤곽이 드러나기 때문에 조금 더 구체적으로 살펴보자.

　여기서 고민해야 하는 포인트는 두 가지이다. 하나는 의사 결정을 어떻게 진행할지 판단하는 선택 과정이고, 다른 하나는 어떤 기준으로 선택해야 더 나은 인생을 보낼 수 있는지 하는 인생의 가치에 대한 평가이다.

　일본노년의학회는 2012년 6월 인공적인 수분과 영양 보충 문제를 중심으로 '**고령자 돌봄을 위한 의사 결정 과정 가이드라인**'을 발표했다. 전체 3부로 구성되어 있는데 제3부에서 인공적 수분과 영양 보충에 관한 유의 사항을 다루고 있다. 이에 앞서 제1부, 제2부에서는 각각 위에서 언급한 두 가지 지침을 제시하고 있다. 가이드라인을 참고로 각각의 사항을 구체적으로 살펴보자.

의사 결정 과정과 선택 방법

지금까지 의료 치료에 관한 판단은 환자에게 무엇이 최선인지 평가할 수 있는 의사가 결정해야 한다는 인식(=퍼터널리즘, 온정주의)이 일반적이었다. 그러나 점점 환자가 본인의 일을 직접 결정할 권한이 있다(=**환자의 자기 결정권**)는 주장이 힘을 얻으면서, 환자가 자기 미래를 전망하고 스스로 결정한 결과(자율)를 존중해야 한다는 인식이 커졌다. 지금은 한층 더 나아가 본인을 중심으로 의료와 복지 관련자, 가족(상황에 따라서는 후견인 등) 모두가 합의를 목표로 충분히 토의하고 도출한 결과를 바탕으로 선택해야 한다는 새로운 인식이 자리 잡고 있다. **본인이 결정한다**는 점에 큰 차이가 없지만 본인만 결정하는 것이 아니라 **관련자 모두가 결정한다**는 점이 다르다.

이러한 **의사 결정 과정**을 〈**정보 공유-합의 모델**〉로 표현한다(그림 1). 앞서 언급한 고령자 돌봄 가이드라인도 정보 공유-합의 모델을 바탕으로 설명한 것이다.

본문 중의 네모 상자는 일본노년의학회, 〈고령자 돌봄을 위한 의사 결정 과정 가이드라인〉의 내용을 인용한 것이다.

고령으로 심신이 허약해지면 자기가 하고 싶은 일을 확실하게 결정하거나 표현하는 힘도 약해진다. 늙으면 자녀의 판단에 따르라는 잘못된 인식에서 젊은 세대가 고령자의 의견을 무시하고 결정하는 일도 있다. 이에 대해 가이드라인에서는 가족도 의사 결정의 당사자로 합의 과정에 참여하는 일이 중요하지만, 무게 중심은 환자의 의향과 환자의 인생에 무엇이 최선인지를 찾아가는 점이라고 강조한다. 하지만 환자의 최선을 위해 가족은 어떠한 희생이라도 감수해야 한다는 말은 아니다. 환자의 생활을 지원하는 데 가족의 부담이 너무 과중하면 모든 것을 잃고 만다. 따라서 관련자들은 가족의 부담이 크지 않도록 사회적 자원을 적절히 활용할 방법을 고민해야 한다.

이루어지도록 대비한다.

(B) 환자가 의사 표현 불가능

③ 가족과 함께 환자의 의견과 최선을 충분히 검토하고 가족의 상황을 고려하여 합의한다.④ 환자가 의사 표현을 못해도 대응 능력에 맞추어 이야기하도록 노력하고 환자의 기분을 존중한다.

치매로 사고 능력이 떨어져 자신이 가야 할 방향을 이성적으로 판단하지 못하고 어떤 선택을 해야 좋은지 모르는 사람이 있다. 그래도 정서적인 감정은 남아 있어 아픈 일이나 불쾌한 것은 싫다고 여러 방법으로 표현한다. 아프다고 직접 말하기도 하지만 영양 보충을 위해 코에 꽂은 **경비위관**을 몇 번이나 빼내며 행동으로 보이는 사례도 있다. 다양한 방법으로 나타나는 환자의 기분을 빨리 알아차리고 대응하는 일이야말로 한 사람으로 존중하는 바람직한 자세이다.

부모가 오래 살았으면 하는 바람으로 최선을 다해 부모를 돌보는 자녀를 자주 본다. 아름다운 모습이다. 그러나 자칫 다음과 같이 부적절하게 대응하는 사례도 있다.

① 부모의 의사나 기분을 무시하고 자녀들의 판단으로 결정하거나 부모를 관리, 조종하려 한다.
② 부모의 최선(좋은 인생)을 목표로 한다기보다 자녀들의 만족이나 이해를 우선으로 생각한다.
③ 자녀들의 상황에 맞추어 부모를 희생시키는 것처럼 보인다.

예를 들어 부모가 싫어하는데 '이제 어머니는 집을 정리하고 나(아들)한테 와서 같이 살아요. 그게 최선입니다' 하며 결정하는 일이 있다(①). 정말로 그것이 부모에게 최선인지 어떤지 깊이 고민하지 않고 자기들이 안심한다는 이유로 밀어붙인다(②). 이런 사례는 자신들의 상황을 우선하기는 해도 부모를 희생시킨다(③)고 판단하기에는 조금 과장되었다. 전형적인 ③의 사례는 부모의 연금으로 요양에 필요한 비용을 처리하고 나머지 돈은 자신의 생활비로 사용하기 위해 부모가 오래 살기를 바라는 경우이다.

부모와 자녀 사이에 '우리는 하나'라는 의식이 강해 이처럼 부적절한 일이 발생한다. 가족 내에서도 개개인의 서로 다른 사고방식이나 삶의 방식을 존중해야 한다.

개인의 문제이기 때문에 **본인 의사를 존중**하는 자세가 무엇보다 중요하다. 당연한 일이다. 그러나 가이드라인에는 이러한 상황을 다음과 같이 설명한다.

> 1.5 본인이 표현한 의사 또는 추정만을 근거로 결정하는 일은 위험하다. 본인의 의사와 본인에게 가장 최선인 상황 모두를 충분히 검토해서 합의해야 한다.

가이드라인에서는 본인의 의사만으로 선택하는 일은 위험하다고 경고한다. 심신이 약해진 본인의 생각은 쉽게 흔들리며 반드시 본심이라고 판단하기도 어렵다. 따라서 본인의 인생을 완성한다는 관점에서 최선의 길이 무엇인지 찾으려 노력해야 한다. 본인의 의사와 최선의 상황 모두 일치하여 서로 이해할 수 있는 결론이 도출되면 가장 안정된 선택이다.

위루술

배에 작은 구멍을 내고 위로 삽입한 관을 통해 직접 영양을 주입하는 방법이다.

(고령자 돌봄을 위한 의사 결정 과정 가이드라인)

http://www.jpn-geriat-soc.or.jp/guideline/jgs_ahn_gl_2012.pdf

경비위관

입으로 수분이나 음식을 섭취하지 못하는 사람에게 인공적으로 영양을 보충하는 방법의 하나이다. 코에서 위로 연결하는 관을 통해 유동식을 주입한다. 경비위관 영양법이라고 부른다.

임상 쇠약 척도

아이다 가오루코, "초고령 사회의 종말기 돌봄 동향-쇠약과 종말기 케어", 《Geriatric Medicine》 53-1, 73-76., 2015.

2   생명을 어떻게 볼 것인가

POINT >   인생의 마지막 시기에는 생명과 인생을 어떻게 인식해야 하는지가 중
요해진다. '생물학적 생명'과 '개인의 인생사적 생명' 두 가지 측면에
서 생각해 보자.

생명과 인생

앞에서 언급한 〈고령자 돌봄을 위한 의사 결정 과정 가이드라인〉의 제2부는
'생명을 어떻게 생각할 것인가'이며 간략히 정리하면 다음과 같다.

> 살아 있는 것은 축복이고 본인에게 이로운 일이다. 본인의 인생을 풍요롭게 유지할 수
> 있는 한 생명은 오래 지속하는 것이 좋다. 의료, 요양, 복지 종사자는 이러한 가치관을
> 중심으로 개별 사례마다 본인의 인생을 더욱 풍요롭게 유지하도록 도와야 한다. 적어
> 도 더 나빠지지 않도록 목표를 설정하고 QOL의 유지와 향상, 생명 유지를 위해 개입
> 여부를 판단한다.

가이드라인에서는 무조건 오래 사는 것이 좋다고 주장하지 않는다. '본인

의 인생을 더욱 풍요롭게 하는 한'이라는 조건이 붙어 있다. 다시 말해 '어떤 상황이든 연명할 수 있다면 연명하는 것이 좋다'라는 의미가 아니라 연명한다면 어떠한 인생이 펼쳐질지 예상하고 '본인의 인생을 더욱 풍요롭게 (적어도 더 나빠지지 않게) 하는 일'을 목표로 삼아야 한다는 말이다.

여기에서 말하는 **생명**이란 우리의 신체가 '살아 있다'라는 의미로 생명과학이나 의학의 대상이 된다. 이것을 **생물학적 생명**이라고 말한다. 이에 비해 **인생**이란 삶의 주인공인 본인을 중심으로 펼쳐지는 개인의 이야기이다. 이것을 **개인의 인생사적 생명**이라고 정의하자. 우리는 모두 인생에서 '탄생과 죽음'을 밑바탕에 두고 이미 실현한 부분과 앞으로 실현할 부분을 이야기하며 살아간다. 개인의 이야기는 많은 주변 사람의 이야기와 함께 서로 영향을 주고받으며 완성된다. 인간에게 생명의 존엄성은 개인의 인생사적 생명이 둘도 없이 소중하며 무엇보다 중요한 가치가 된다.

생물학적 생명은 개인의 인생사적 생명의 토대이다. 신체가 완전하게 통합적으로 유지되지 않으면 우리는 자신의 이야기를 더 이상 전개할 수 없다. 따라서 생물학적 생명을 유지하는 일의 의미는 개인의 인생사적 생명이 앞으로도 계속 본인에게 가치 있는 일(또는 가치 있는 상황)이어야 한다. 다시 말해 생물학적 생명 가치의 원천은 개인의 인생사적 생명에 있다.

생명의 마지막 모습

인생의 마지막 시기 돌봄 과정에서 죽음이라는 결과는 실패가 아니다. **죽음은 누구에게나 찾아오는 인생의 과정**이다. 죽음을 실패라고 한다면 의료는 패배자가 되고 만다. 그러나 개인의 인생사적 생명을 기본으로 생각한다면 의료나 요양의 목적은 마지막이 오지 않도록 막는 것이 아니라 개개인의 **인생 완성**이 목표이다. 인생의 완성이라면 성공할 가능성도 아주 크다.

인생의 마지막 시기에 이루어지는 의학적 치료는 '인생의 완성에 도움이 된다는 전망이 있는 한 실시하는 신체적 개입'으로 정의할 수 있다. 어떤 치료를 하면 연명할 수 있으니 치료를 하는 편이 좋다고 일률적으로 추천하기는 어렵다. 또한 재가 임종에 종사하는 의료진의 말을 들어보면 '마지막 순간에 서툰 의학적 개입을 하지 않는 편이 환자에게 편안하다'라고 한다.

마지막 순간을 자택 또는 요양 시설에서 맞이하는 일도 충분히 가능하다. 현재는 대부분 병원에서 마지막 순간을 보내며 자택에서 임종을 맞이하는 문화가 사라져 버렸다. 그래서 아무리 부모라 할지라도 자녀들끼리 임종을 맞이하는 일에는 커다란 불안을 느낀다. '절대로 우리끼리는 무리입니

표 1 마지막 순간까지 자택에서 생활하기 힘든 이유

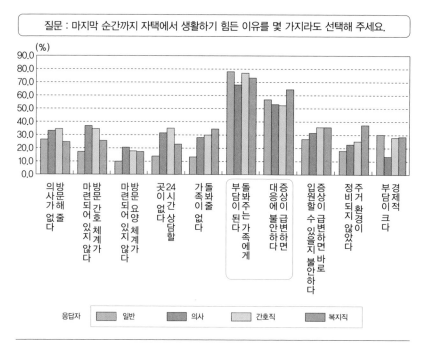

주: 복수 응답

자료: 종말기 의료에 관한 조사 검토회, 〈종말기 의료에 관한 조사 보고서〉, 2004.

다. 마지막은 역시 병원에서'라고 생각하기 쉽다. 그러나 얼마 전까지만 해도 자택에서 임종을 맞는 일이 일반적이었다. 지금이야 자택을 대신하여 요양 시설이 그러한 역할을 담당하고 있지만 요양 시설을 포함하여 거주하는 집에서 임종을 맞이하는 문화를 부활시킬 필요가 있다. 재가 의료를 담당하는 의사가 의학적 관점에서 지켜보고 '이것으로 충분합니다'라는 판단을 내리면, 방문 간호사가 의료를 중심으로 직접적인 지원을 하고 복지 종사자(자택이든 시설이든)가 더욱 세세하게 보조한다. 이러한 지원 체계를 구축하여 많은 베이비붐 세대가 인생을 마무리하는 시기를 준비해야 할 것이다.

우리는 '신체가 쇠약해질수록 의학적으로 무언가 가능한 방법이 있을 것이다'라는 고정 관념이 있다. 신체가 쇠약해져 죽음이 가까워진 상태에서 치료다운 치료를 하지 않으면 치료를 제대로 받지 못한다고 생각하기 쉽다. 이웃 주민이 병문안을 와서 '이 집 며느리는 부모를 병원에 데려가지도 않는다'라거나 멀리 사는 친척이 찾아와서 '뭐야, 점적 주사 하나도 제대로 맞지 못하는 거야, 불쌍하게'와 같은 반응을 보인다. 가까스로 의료 및 복지 종사자들이 서로 합의하고 지원하는 일인데도 돌보는 가족이 비난받기 일쑤이다. 앞서 언급한 것처럼 생명을 바라보는 인식이나 생사관을 일반인들도 쉽게 이해할 수 있도록 대안 마련이 시급한 상황이다.

노화로 인한 신체 허약(쇠약)

예전부터 노화가 진행되면 특별한 질환이 없어도 심신의 기능이 떨어진다고 알려져 왔다. 최근에는 노화를 과학적으로 증명하기 위한 의학 연구가 활발하다. 노화로 인한 신체 기능 저하를 '쇠약'이라고 부르는데, 암과 같은 질병이나 외상으로 발생한 기능 저하와 구별하기 위해 의학적 관점에서 새롭게 접근하고 있다. 노화로 인한 쇠약의 정의는 다음과 같다.

'쇠약(frailty)'이란 고령으로 인해 심신의 기능 및 생리적 예비 능력이 떨어져 스트레스 요인(=스트레스를 일으키는 원인)에 쉽게 노출되는 상태를 말한다.

고령으로 쇠약해진 사람을 적극적으로 치료해도 결국 상태가 악화되어 죽음에 이르는 사례가 있다. 신체를 지탱하는 기본적인 힘이 없어 중장년기에 아무렇지 않았던 치료 방법이 고령으로 쇠약해지면 신체에 스트레스가 되어 오히려 피해를 준다. 쇠약 상태에 따라서는 의료 행위도 스트레스 요인이 된다는 점을 기억해야 한다.

쇠약 상태를 의학적으로 명확히 구분하기 위해서는 진행 정도를 측정하는 기준이 필요하다. 2012년 국제쇠약합의회의에서는 쇠약 정도를 판별하기 위해 **임상 쇠약 척도**를 발표했다. 다음의 그림 2에 9단계로 구분한 임상 쇠약 척도(학술지 발표는 2013)를 소개한다.

임상 쇠약 척도는 9단계로 구분하는데, 1~3단계는 건강한 생활을 유지하

그림 2 **임상 쇠약 척도**

1 : 건강(very fit)

2 : 정상(well)

3 : 건강을 관리하며 유지하는 상태(managing well)

⋯⋯⋯⋯⋯⋯⋯⋯⋯⋯⋯⋯⋯⋯⋯⋯⋯⋯⋯⋯⋯⋯⋯⋯

4 : 허약(vulnerable) ⋯⋯⋯⋯⋯⋯⋯⋯⋯⋯⋯⋯⋯⋯⋯⋯⋯⋯ 전기 쇠약

5 : 가벼운 쇠약(mildly frail)

6 : 중간 쇠약(moderately frail)

7 : 심한 쇠약(severely frail)

8 : 매우 심한 쇠약(very severely frail)

⋯⋯⋯⋯⋯⋯⋯⋯⋯⋯⋯⋯⋯⋯⋯⋯⋯⋯⋯⋯⋯⋯⋯⋯

9 : 질병 종말기(terminally ill) ⋯⋯⋯⋯⋯⋯⋯⋯⋯⋯⋯⋯⋯ 쇠약과 다름

는 상태이다. 세부적으로 살펴보면 1단계는 충분한 운동으로 건강을 유지하는 상태이고, 2단계는 스스로 운동을 하지 않으나 건강한 상태이며, 3단계는 약간의 신체적인 문제가 있지만 적절히 대처하며 건강을 유지하는 상태로 구분할 수 있다.

4단계는 조금씩 쇠약이 나타나기 시작한 상태이며 5~8단계를 쇠약 상태로 진단한다. 쇠약 정도에 따라 구분하며 8단계(매우 심각한 쇠약)가 되면 죽음에 가까워진다. 사람은 특별한 질병이 없어도 쇠약이 심해지면 죽음에 이른다.

9단계는 어떠한 질병이 원인으로 죽음에 가까워진 상태이다. 질병 때문에 신체 기능이 떨어져 있지만 노화로 인한 일반적인 쇠약과는 구별한다.

앞으로 쇠약에 관한 연구 결과가 축적되면 '7단계 이상에서는 이러이러한 치료를 해도 신체에 부담을 줄 뿐 도움이 되지 않는다고 통계적으로 밝혀졌으니, 더 이상 치료를 하지 않는 편이 좋다'라고 객관적 증거를 제시할 수 있을 것이다. 쇠약한 고령자를 대상으로 하는 의료 지원은 지금까지 의사가 경험적으로 판단했던 진단을 명확한 근거에 기초하여 무리하게 치료하지 않는 방향으로 전환해야 한다. 이와 함께 '85세 이상에게는 이러저러한 치료를 하지 않는다'와 같이 연령으로 구분하지 않고 쇠약 단계를 기준으로 적용하는 것이 중요하다. 만약 본인이나 가족이 종말기 치료를 선택해야 하는 시기가 오면 의료진이 명확한 근거를 보여주며 설명하는 일도 가능해진다. 쇠약에 관한 연구가 진전되기를 바란다.

현재 임상 현장에서 쇠약 척도는 3단계를 유지하는 것이 목표이며, 4단계가 되었다면 5단계 진행을 막고 다시 3단계로 되돌아가도록 지원하여 건강수명을 연장하는 데 활용하고 있다. 앞으로는 쇠약 진행에 따른 의료 지원 방향 설정에 사용될 것으로 기대한다.

3 인공적인 수분 및 영양 보충

POINT > 노년기에 필요한 의사 결정 과정이나 선택, 종말기의 생명과 인생을
정확히 이해하고 적합한 돌봄 방법을 알아본다.

지금까지의 내용을 고령자 돌봄에 직접 적용해 보자. 일본노년의학회가 제
시한 〈고령자 돌봄을 위한 의사 결정 과정 가이드라인〉의 주제인 음식을 입
으로 먹을 수 없게 되면 어떻게 해야 하는지부터 살펴보자.

인공적인 수분 보충과 영양 보충

연하장애가 생겨 입으로 먹거나 마시지 못한다고 가정하면 인공적인 수분
보충과 영양 보충 실시 여부, 그리고 실시한다면 어떠한 방법으로 할 것인
지 결정해야 한다. 가이드라인에서 제시한 방법은 다음과 같다(그림 3 참고).

1) 인공적으로 수분과 영양 모두를 보충해야 하는 경우 당사자가 얻는 효과
   와 앞으로의 생활 전망을 의학적으로 명확히 판단해야 한다. 다음의 A~C

중 하나가 될 것이다.

- 얼마 동안 생명을 유지할 가능성이 크다

  나름대로 QOL을 유지할 가능성이 크다⋯⋯⋯⋯⋯⋯⋯A

  인정할 수 있는 QOL 유지 가능성이 작다⋯⋯⋯⋯⋯⋯B
- 보충해도 생명 유지가 어려울 가능성이 크다

  인정할 수 있는 QOL 유지가 곤란하다⋯⋯⋯⋯⋯⋯⋯C

여기에서 '나름대로, 인정할 수 있는 QOL'이라는 표현을 썼는데, **인공적인 수분과 영양 보충(AHN)**을 해서 개인의 인생사적 생명이 어떤 모습으로 이어질지 예상하기 위한 것이다. 단지 신체적인 연명뿐 아니라 하루하루가 개인의 인생사에 어떤 모습으로 그려질지 고려해야 한다. 'QOL'은 지금 생활하는 모습에 만족하는지를 판단하는 척도지만 여기에서는 미래 상황의 가정이기 때문에 '이러한 상황이라면 본인이 만족할 것이다, 혹은 만족하지 못할 것이다'라는 결과(QOL은 어떻게 변할까)를 기준으로 판단한다. '어떤 조치를 할 수 있는가'라는 질문은 의학적 판단이 중심이 되겠지만 '나름대로'나 '인정할 수 있는' 기준은 모든 관련자의 합의가 필요한 주제이다.

2) 최선의 돌봄 목표를 선택한다. 목표에는 다음과 같은 것들이 있다.

① [인생 연장] 앞으로 의미 있는 인생을 계속한다
② [쾌적한 생활] 남은 시간을 가능한 한 쾌적하게 보낸다

결과적으로는 ①과 ② 모두를 목표로 하거나 ②만을 목표로 선택한다.

여기에서 중요한 점은 인공적인 수분과 영양 보충 결과가 A였다면 ①과

② 모두, C였다면 ②만을, B라면 어느 쪽을 선택할지 어렵다고 생각하기 쉽다는 것이다. 객관적인 상태를 보고 선택 결과를 짐작할 수는 있겠지만 머리로만 결정해서는 안 된다. 개인의 인생사적 관점에서 접근해야 하고 반드시 본인의 의사 확인이 필요하다. 예를 들어 다른 곳은 그다지 쇠약하지 않으니 위루술로 영양을 공급하면 다양한 일을 하고 가족과 함께 인생을 보낼 수 있어 최선의 선택이라고 생각할지 모르겠지만 반드시 그렇다고 단정할 수 없다. 본인 스스로 자기의 나이와 살아온 인생을 뒤돌아보고 '고령으로 쇠약해졌다. 나는 이렇게 스스로 먹지 못하는 상황이 오면 인생을 마무리하려는 생각으로 살아왔다. 그래서 인공적으로 수분이나 영양을 보충하기 싫다'라고 말한다면, 돌봄을 제공하는 쪽에서도 당사자의 이야기를 중심으로 충분히 토의하고 돌봄에 대한 합의를 이끌어내야 한다. 이런 상황은 인공적인 수분과 영양 보충의 결과로는 A이지만 돌봄 목표로는 ②만을 선택한 결과이다. '무엇이 목표인가'에 따른 선택은 지금 눈앞에 놓인 의사 결정 과정에서 매우 중요한 부분이다. 이미 앞서 잘못된 가족의 사고방식 문제를 다루며 언급했지만 본인의 의사를 존중하지 않으면 가족의 잘못된 판단으로 이어지기 쉽다.

참고로 당사자가 연명을 선택하지 않는 경우, 위의 사례처럼 자신의 인생을 충분히 인식하고 진심을 담아 말하는 사람도 있지만 주위 사람을 배려하여 연명 치료를 포기하는 사람도 있다. 가족에게 또는 다른 사람에게 피해를 주기 싫어 마음에도 없는 말을 하는 것이다. 어떤 문제로 합의할 때에는 당사자의 의사 표현이 본심과 다를 수 있다는 점도 반드시 염두에 두어야 한다.

3) 목적을 달성하기 위한 세부 목표와 방법을 선택한다.
　[① 인생의 연장 & ② 쾌적한 생활을 선택한 경우] ①을 목표로 한다면

인공적으로 영양을 보충한다. 여기에서 구체적으로 설명하기는 어려우나 위루술을 포함하여 영양 보충 방법의 선택은 돌봄자 중에서도 영양 보충을 담당하는 사람과 충분한 합의를 통해 결정한다.

[② 쾌적한 생활만을 선택한 경우] ②에는 '고통 없이'라는 의미가 포함되어 있다. 이와 함께 아직 남아 있는 힘으로 활동할 수 있는 환경을 만드는 일이 중요하다. 신체적인 고통은 없지만 매일 할 일 없이 무료하게 보낸다면 쾌적한 생활이라고 보기 어렵기 때문이다.

쾌적한 생활만을 선택하면 인공적으로 수분이나 영양을 보충하지 않는다. 그래도 무언가를 한다면 수분 보충(영양은 충분히 섭취하지 못함)을 선택하는데, 의학적으로 수분을 보충하는 편이 더욱 편안하다고 전망하는 경우에 한해서다. 의학적으로는 자신의 몸속에 축적된 영양분, 수분만으로 인생의 마지막 생명을 이어가는 일이 본인에게 가장 편안하다고 알려져 있다.

그렇지만 가족 중에는 눈에 띄게 쇠약해져 가는 모습을 아무 조치도 하지 않고 지켜보는 일에 정신적인 고통을 느끼는 사람이 있다. 건강하기를 바랐던 희망이 이루어지지 않아 현실을 탄식하거나 이웃이나 먼 친척의 비판을 두려워하는 사람도 있어 가족의 감정 돌봄이 중요하다. '본인에게 가장 쾌적한 삶'이라는 관점에서 인공적인 수분이나 영양 보충을 선택할 수 있도록 가족을 지원하는 일이 필요하다.

4) 무엇을 할지 선택했으니 이제 그것을 실행하면 된다. 그러나 이것으로 끝이 아니다. 당사자의 상태는 끊임없이 변하기 때문에 계획의 수정도 필요하다. 가이드라인에서는 다음과 같이 제언한다.

그림 3 인공적 수분과 영양 보충을 위한 의사 결정 과정 플로차트

의사 결정 과정 : 정보 공유에서 합의까지/생명 : 가치 판단 기준은 개인의 인생사적 생명

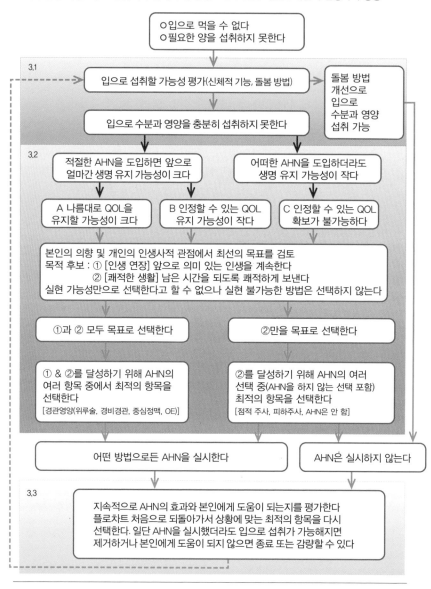

자료: 시미즈 데쓰로, 아이다 가오루코, 《고령자 돌봄과 인공적인 영양을 생각하다—본인과 가족을 위한 의사 결정 과정 노트》, 44쪽에 게재한 플로차트 일부 수정 인용, 2013.

> 3.3 AHN을 실시하면서도 계속 공급 효과와 인생에 도움이 되는 정도를 평가한다.
>
> (A) 입으로 음식물을 섭취(경구 섭취)할 수 있어 AHN을 제거한 경우
>
> (B) 신체 상태의 악화로 연명 효과를 기대할 수 없거나 QOL을 유지할 수 없어 본인에게 도움이 되지 않는다고 판단한 경우 혹은 도움이 의심되는 경우
>
> (A)와 (B)의 상황에서는 AHN의 중지나 감량을 검토해야 한다. 기존의 방법을 지속하기보다 다른 방법이 본인의 인생에 더욱 도움이 된다(좋아진다)고 예상되면 중지 또는 감량을 선택한다. 당사자나 가족으로부터 중지 요청이 있더라도 당사자의 의견(또는 추정)과 개인의 인생사적 관점에서 판단한다. 어느 쪽이든 가이드라인에서 추천하는 의사결정 과정을 찾아보고 선택하면 안심이 된다.

일단 위루술로 영양 보충을 시작했더라도 쇠약이 심해지면 그대로 신체적 생명을 유지하는 일이 과연 개인의 인생에 도움이 되는지 의문이 들 때가 있다. 그럴 때는 위에서 설명했듯이 다시 선택 과정의 처음으로 거슬러 올라가 당사자에게 무엇이 최선인지 검토해야 한다. 검토 결과 ② 쾌적한 생활을 선택했다면 위루술 중지, 아주 소량의 수분 보충으로 결론이 날지도 모른다. 위루술의 종료(중지)는 이러한 과정을 거쳐 결정한다. 개인의 인생사에 도움 여부가 가장 중요한 판단 기준이며 '이제 죽음을 선택해도 좋다'라는 의미는 아니다.

여러 가지 문제

인공적으로 수분과 영양을 보충하는 선택 과정은 치료나 돌봄의 다양한 상황에 적용할 수 있다.

【사례 1】 80대 후반 남성 A씨에게서 후두암이 발견되었다. 의사는 암을 직접 제거하는 수술이 가능하며 수술 후에도 다른 곳에 전이는 없을 것이라

고 진단했다. 다만 후두암을 제거하려면 성대 주변을 잘라 내야 한다. 앞으로는 목 옆 부분에 구멍을 내고 기구를 삽입하여 숨을 쉬게 된다(영구 기관공). 목소리를 낼 수 없어 일반적인 대화도 불가능해진다. 조금 더 젊었더라면 식도를 사용한 발성법 훈련도 가능하지만 A씨 연령에 발성법 재활은 힘들다. 입과 목을 통해 숨을 쉴 수 없어 음식을 먹을 때 국물을 후루룩 들이켤 수 없고 코도 못 풀게 된다. 본래 수술은 위험이 따르기 마련이어서 고령인 A씨가 수술 후에도 원활하게 회복할지 또는 회복보다 쇠약이 빠를지 미지수이다.

앞으로 살아갈 시간이 충분한 연령대라면 수술 후의 불편함을 극복하고 새로운 인생을 펼칠 수 있다고 기대한다. 목소리를 잃어도 다른 방법으로 대처할 가능성이 크다. 의사는 환자에게 수술하고 생명을 오래 유지하는 일이 중요하다고 권하기 마련이다. 그러나 A씨의 경우는 연명은 가능하지만 수술 이후의 생활은 불투명하다. 환자도 '이 나이에 그런 괴로움이 생긴다면 수술을 받고 싶지 않습니다. 괴로운 증상이 나타나면 아프지 않도록 완화 치료를 부탁합니다'라고 말할 가능성도 있다.

A씨의 사례는 본인의 인생관과 남은 시간을 어떻게 계획하는지가 선택의 가장 중요한 핵심이다.

【사례 2】B씨는 평소에 '때가 되면 나무가 뚝 하고 부러지듯 쓰러져 죽고 싶다'라는 말을 자주 해 왔다. 건강했기 때문에 특별히 다니는 병원이 없고 방문 간호도 이용하지 않았다. 어느 날 아침 화장실에 쓰러져 있는 B씨를 같이 사는 딸이 발견하고 당황해서 구급차를 불렀다. 응급실로 옮겨 치료한 결과 생명에는 이상이 없었지만 천연성 의식 장애(이른바 식물인간) 상태가 되었다. 가족은 '이런 일을 당하다니 어머니가 너무 가엾다'라며 구급차를 부른 일을 후회했다.

응급 의료의 목표는 환자의 목숨을 살리는 일이다. 1분 1초가 시급한 상황에서 천천히 가족에게 '본인은 어떠한 인생관을 가지고 있었습니까'라고 묻거나 판단할 여유가 없다. 가족도 지금까지 의료 치료를 받지 않던 B씨가 쓰러진 모습을 보고 응급실에 데려가면 식물인간 상태가 된다고는 상상도 하지 못했을 것이다. 되살아날지 모른다는 생각에(비전문가가 살아나지 않는다고 판단하기 어렵고 그대로 놔두어도 안 된다), 구급차를 불렀을 뿐이다.

고령자는 평소에 여러 상황을 예상하고 어떻게 할지 가족과 충분히 이야기를 나누어야 한다. 담당 의사나 방문 간호사가 있다면 전문가와 상담해서 관계자 합의를 형성해 두는 편이 안전하다. 합의 과정에서 자기 인생의 마지막 모습을 어떻게 그리고 있는지 다시 한 번 생각할 기회가 될 것이다.

구급차를 부르기 전에 담당 의사(재가 서비스를 받는 사람이라면 한층 수월하다)나 방문 간호사에게 연락해서 상황을 설명하고 상담하는 방법도 있다. 의사든 간호사든 지금 상태는 우선 목숨을 살리는 것이 중요하다고 판단을 내리면 그때 구급차를 부른다.

이러한 상황을 가정하면 고령자가 '자신은 건강하기 때문에 의사는 필요 없다'라는 이유로 의료 전문가와 전혀 교류하지 않는 것도 위험하다. 건강할 동안에는 문제가 없지만 갑자기 쓰러져 구급차로 옮기면 받아들이기 힘든 상황에 빠질 수 있기 때문이다. 미리 의사나 간호사와 상담하거나 간혹 사전 의료지시서(Advance Directive)를 작성하는 사람도 있다. 구급차를 불렀어도 초기의 응급 대응은 어쩔 수 없지만(실제 건강한 사람이면 바로 회복할지도 모른다), 어떠한 상태인지 알게 된 단계에서 환자 본인의 의사 표현이 문서로 남아 있으면 의료 관계자나 가족 모두 다음 단계를 결정하기 쉽다.

사전 의료지시서의 내용은 자기 스스로 의사를 표현하지 못하는 순간을 대비하여 ① 어떤 치료를 받고 싶은지 혹은 받고 싶지 않은지를 지시하고 ② 본인 대신 결정할 사람을 지명하는 두 가지 요소가 포함된다. 현재 사전 의료지시서를 미리 작성하는 사람은 그다지 많지 않다. '이러이러한 치료를 바란다거나 혹은 바라지 않는다'라고 한마디로 표현하기 어려우며 모든 상황을 망라할 수도 없다. 최근에는 완화 치료나 고령자 돌봄을 중심으로 의료 치료에 대한 결론만 작성하는 것이 아니라 미래의 상황을 본인, 가족, 의료, 복지 제공자와 합의하는 과정이 중요시되는 사전 돌봄 계획(Advance Care Planning)이 확산되고 있다. 이것을 나중에 사전 의료지시서로 활용하는 사례도 있지만 합의 과정을 통해 본인의 생활방식이나 가치관을 가족이나 의료 및 복지 종사자와 공유하고 이해할 수 있다는 장점이 있다. 사전 돌봄 계획의 가장 중요한 목적은 미래의 여러 상황을 가정하고 합의 과정에서 본인의 취향이나 사고방식을 기록하는 것으로, 앞으로 고령자 돌봄 현장에서 더욱 확대되리라 기대한다.

의사 결정 노트 만들기

건강할 때 종말기 치료 방법, 임종, 사후의 상속과 장례 방법 등 자신의 희망을 미리 기록하려는 다양한 시도(엔딩 노트)가 이루어지고 있다. 종말기에 한정하지 않고 고령자 돌봄 과정에서 본인이나 가족이 충분히 고민하고 선택할 수 있도록 도와주는 '의사 결정 과정 노트'라는 것이 있다. 입으로 음식을 먹지 못하는 사람을 위한 인공적인 수분과 영양 보충, 신부전이 진행된 사람의 투석 요법을 주제로 의사 결정을 돕는 책자가 발간되었다.

노화로 신체가 점점 허약해지면 돌봄의 내용이나 필요한 치료 방법도 바뀐다. 이러한 상황에 대비하여 건강한 동안에 '여기까지 쇠약해지면 후유증을 견디기 힘드니 더 이상 치료를 받지 않겠다'라고 마음의 결정을 내리고, 마지막 순간까지 자기답게 살아가는 모습을 준비하는 '마음 결정 노트'도 있다. 마지막 순간뿐 아니라 거기에 도달하기까지의 노년기 생활을 가정하고 마음을 결정하는 과정으로, '종활'이라기보다는 노년기에 필요한 준비

활동의 하나이다.

노트에는 자신의 '삶의 방식'이나 '가치관'을 정리하는 자리가 있다. 앞서 소개한 '임상 쇠약 척도'를 기준으로 추천하는 의학적 치료 방법을 본인의 인생관이나 가치관에 맞게 선택하면 된다. 가족이나 의료, 복지 제공자와 이야기를 나누며 활용하기도 좋다.

이처럼 가족과 충분히 대화하면서 서로 공감하고 이해하면 만약의 일이 생기더라도 가족은 본인의 마음을 적절하게 대변할 수 있을 것이다.

연하장애

입, 목, 식도 등 음식물이 지나는 통로 기관의 구조 또는 움직임에 문제가 생겼거나(식도염이나 후두염 등) 심리적인 요인으로 음식물을 거부하여 제대로 넘길 수 없는 상태를 가리킨다.

인공적인 수분과 영양 보충법(AHN Artificial Hydration and Nutrition)

입으로 자연스럽게 음식을 섭취하는 방법 이외에 수분이나 영양을 보충하는 모든 방법을 말한다.

경구 섭취

입으로 음식물을 섭취하는 일

영구 기관공

목이나 목 주변의 질병 치료를 위해 후두부를 제거한 사람이 코가 아닌 다른 곳으로 숨을 쉬도록 뚫은 구멍을 말한다.

식도를 사용한 발성법

후두부 제거 수술을 받은 사람이 식도 내의 점막을 이용하여 발성하는 방법

의사 결정 과정 노트

자료 : 시미즈 데쓰로, 아이다 가오루코, 《고령자 케어와 인공적인 영양을 생각하다—본인과 가족을 위한 의사 결정 과정 노트》, 2013. 시미즈 감수, 아이다 편, 《고령자 돌봄과 인공적인 투석을 생각하다—본인과 가족을 위한 의사 결정 과정 노트》, 2015.

마음 결정 노트

자료:《멋있게 늙고 마지막까지 자기답게 살아가기 위한 마음 결정 노트》
http://www.l.u-tokyo.ac.jp/dls/cleth/pa/planningahead.html

사회
편

제13장

초고령 사회와
사회보장

1 사회보장제도의 체계

POINT >   사회보장제도의 구성과 이념을 정확히 파악한다. 급격한 고령화가 계속되는 미래 사회를 지탱하는 정책에 어떠한 것들이 있는지 알아본다.

사회보장제도의 기본 구성

우리는 평생 동안 질병에 걸리거나 경제적으로 곤란해지는 등 다양한 어려움에 직면할 수 있다. 이에 대비하여 국민에게 안심을 주고 생활을 안정시키려고 만든 공적 제도가 사회보장이다. 사회보장제도는 크게 **사회보험, 사회복지, 공공 부조, 보건의료**와 **공중위생**으로 나뉜다.

■ 사회보험의 구조

사회보험에는 의료보험, 연금보험, 개호보험, 고용보험, 근로자 재해보상보험이 있으며 급여액은 118.3조 엔(2016년도 예산 기준)으로 매우 큰 규모이다.

긴 인생 동안 질병에 걸리거나 장애가 생기기도 하고 배우자가 사망하거나 실업자가 되기도 하며, 나이가 들어 경제적으로 어려워지고 요양이 필요

그림 1 사회보장제도의 기본 구성

사회보장(연금, 의료, 개호)
- 질병이나 부상을 입더라도 누구나 안심하고 의료 지원을 받을 수 있는 의료보험
- 고령, 장애, 사망 등으로 인한 소득 감소를 보충하고 고령자나 장애인 그리고 유족의 소득을 보장하는 연금제도
- 고령으로 요양이 필요한 사람을 사회 전체가 지원하는 개호보험 등

사회복지
- 고령자, 장애인 등이 원활한 사회생활을 유지할 수 있도록 재가 서비스, 시설 서비스를 제공하는 사회복지
- 아동의 건전한 육성과 육아를 지원하는 아동복지 등

공공 부조
- 최소한의 건강하고 문화적인 생활을 보장하고 자립을 지원하는 생활보호제도

보건의료와 공중위생
- 의사를 비롯한 의료 종사자나 병원 등이 제공하는 의료 서비스
- 질병 예방, 건강 만들기 등의 보건사업
- 임산부의 건강 유지와 증진, 심신 모두 건강한 아이의 출생과 성장을 지원하는 모자보건
- 식품이나 의약품의 안전성을 확보하기 위한 공중위생 등

자료: 후생노동성 홈페이지

※ 1950년 및 1962년 사회보장제도심의회의 권고에 따른 분류를 기본으로 작성

해지는 등 예기치 못한 다양한 일들이 발생한다. 이러한 일상생활의 곤란을 사고(보험 사고 또는 위험)로 판단하고 미리 준비하는 보험 방식으로 모든 국민이 강제로 가입하는 제도가 사회보험이다.

사회보험에는 의료보험, 연금보험, 개호보험 등이 있으며 각각의 보험 사고(위험)에 대비하여 종류별로 제도가 정비되어 있다. 모든 국민이 위험에 따라 미리 설정한 보험료를 내서 재원을 만들고 보험 사고가 발생한 사람을 지원하는 제도로 법률에 따라 강제로 가입한다. 보험 제도이기 때문에 보험료를 내지 않으면 급여를 받을 수 없다.

회사원(**직장인**)은 사업주가 보험료의 반을 부담하고 급여에서 나머지 반을 공제한다. 가입자의 부담 능력이 낮은 제도는 공적 비용(세금)의 부담이

그림 2 **각 제도의 구조**

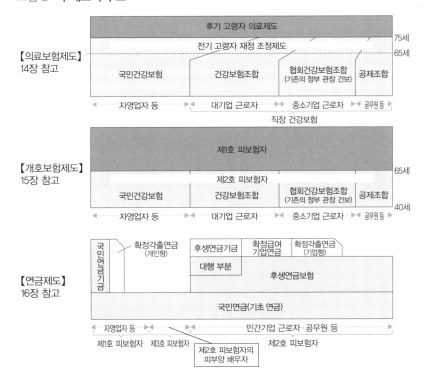

더해진다. 기본 원칙은 수입에 따라 보험료율이 달라지기 때문에 제도에 따라 정도의 차이가 있지만 가입자 간의 소득 재분배 기능이 있다는 점도 사회보장제도의 특징이다.

　의료보험이나 개호보험은 보험자가 보험금에 상당하는 보험 급여를 서비스 제공 기관에 지급하고, 이용자는 일부 자기 부담금(10%에서 30%의 정률 부담 원칙)을 내면 서비스를 받을 수 있는 제도(**현물 급여**)이다.

■ 사회복지제도

사회보험처럼 보험 사고에 대한 비용 보장뿐 아니라 장애인처럼 일상생활에 불편함이 있는 사람도 안심하고 생활하기 위해서는 다양한 지원이 필요하다. 공적으로 생활을 지원하는 제도를 사회복지제도라고 부르며 재원은 이용자의 부담 능력에 따라 차이가 있는 이용료 외에 부족한 부분은 공적 부담(세금)으로 채운다. 사회복지 서비스는 상담 지원과 함께 시설 서비스와 재가 서비스로 나뉜다. 역사적으로는 노인, 아동, 신체장애인, 지적 장애인, 정신 장애인, 모자 가정 등을 지원하기 위해 만들어진 각각의 법률에 따라 필요한 서비스를 본인의 결정이 아닌 행정 기관이 결정하여 제공하는 **조치 제도**로 운영해 왔다.

신체장애인, 지적 장애인, 정신 장애인 각각의 법률은 2005년 **장애인 자립 지원법** 하나로 통합되었고, 노인복지법에 따른 서비스 대부분은 2000년 이후 개호보험법에 흡수되었다. 현재 모든 서비스는 이용자가 직접 계약하고 선택하는 제도로 바뀌었다. 2012년에는 장애인 자립 지원법을 **장애인 종합 지원법**으로 명칭을 변경하는 내용을 포함하여 '지역 사회의 공생 실현을 향한 새로운 장애 보건복지시책을 마련하기 위한 관계 법률 정비에 관한 법률(2013년 4월부터 시행)'을 제정하여 종합적으로 장애인 지원제도를 시행하고 있다.

■ 공공 부조, 보건의료와 공중위생

수입이나 저축이 없어 최저한의 생활을 유지하기 힘든 사람이 있다. 이러한 상황을 지원하는 제도가 '공공 부조'이다. 법률적으로는 **생활보호제도**라고 부른다. 생활이 곤궁한 모든 국민이 대상으로 수입이나 저축 등 모든 재산을 활용해도 최저한의 생활이 불가능하면 부족한 부분을 국가(세금)가 채워 준다.

감염(전염병, 식중독) 예방이나 건강 유지와 같은 **공중위생**, 의사 등의 자격 관리, 병원 등의 안전 기준이나 안전 확보 방침과 같은 건강이나 의료의 기반을 마련하는 **보건의료**도 사회보장제도의 중요한 부분이다.

■ 자조, 상부상조, 사회보험, 공공 부조

개인과 사회의 관계는 자조, 상부상조, 사회보험, 공공 부조의 큰 틀에서 이해할 필요가 있다.

사람이 생활하는 데 필요한 생활비를 예로 들면, 가장 기본은 가족 구성원의 근로 수입으로 생활을 유지하는 일이며 이를 '자조'라고 한다. 그러나 사회에는 스스로 생활을 꾸려나가기 힘든 사람이 있다. 지역 내에서 이웃 주민들이 서로 도움을 주고받기도 하는데 이것을 '상부상조'라고 부른다. 생명 연장으로 길어진 노년기의 생활비는 열심히 모아도 불안하고 자조나 상부상조만으로 생활을 유지하기도 어렵다. 노년기의 안정적인 생활을 확보하기 위한 제도가 사회보험제도로 자조를 기본으로 하되 사회 연대 정신에 따라 미리 보험료를 내고 노년기의 생활비를 확보하는 대표적인 제도가 국민연금이다. 그러나 자조나 상부상조, 사회보험으로도 최저한도의 생활을 유지할 수 없는 사람이 있다. 이러한 상황을 마지막으로 지원하는 제도가 세금을 바탕으로 하는 '공공 부조'인 생활보호제도이다.

이처럼 자조, 상부상조, 사회보험, 공공 부조의 관점에서 사회보장제도를 올바르게 이해해야 한다.

사회보장제도의 연혁

현재의 사회보장제도는 제2차 세계대전 이전 제도에다가 1945년 종전 직후 국민의 영양 개선, 전염병 예방, 공중위생 등 시급하게 필요한 제도를 추가하면서 시작되었다. 그리고 생활보호법(1946년 기존 법 시행, 1950년 신법 제정), 아동복지법(1948년 제정), 신체장애인복지법(1949년 제정)이 연달아 제정되었다. 이러한 제도는 몹시 빈곤하거나 갈 곳이 없는 사람들을 대상으로 한 '구빈' 제도였다. 사회가 안정되고 고도 경제 성장기에 접어들면서 생활수준이 향상되면서 어려워진 사람을 구하는 제도가 아니라 그러한 상황에 빠지지 않도록 빈곤을 방지하는 사회보험제도를 만들어야 한다는 목소리가 높아졌다. 이에 1961년 세계에서 유례없이 **전 국민 연금**과 **전 국민 의료보험제도**를 도입했다. 나이가 들어 생활비가 없으면 남은 인생을 살아가는 데에 커다란 불안 요소가 되며, 질병에 걸렸는데 의료비가 없으면 제대로 치료를 받지 못하는 힘든 상황을 맞이한다. 이러한 불안(위험)에 대비한 제도를 만들어 모든 국민의 생활 안정을 보장하는 것이 사회보장제도의 목적이다.

연금 분야에서는 전쟁 전부터 있었던, 직장인을 대상으로 하는 후생연금제도에 더해 20세부터 60세까지의 자영업자, 농업 종사자, 학생 등 국내에 거주하는 모든 사람이 가입하는 국민연금제도가 시행되었다. 연금 보험료를 계속 납입하면 노년기의 연금이 보장되는 시대가 열린 것이다.

의료 분야에서는 직장인이 가입하는 의료보험제도(정부 관장 건강보험, 조합 관장 건강보험, 공제조합)와 함께 자영업자, 농업 종사자, 학생 등 모든 국민을 대상으로 하는 국민건강보험제도가 시행되었다.

고도 경제 성장의 절정기인 1973년에는 노인 의료비 이용자 부담 무료화, 부부 연금 5만 엔 실현, 연금의 물가 슬라이드 방식 등을 도입하였다. 일본은 국제 수준과 비교해도 손색없는 사회보장제도를 갖춘 1973년을 '복지 원년'으로 부른다.

그러나 사회보장제도를 확대한 직후 발생한 석유 파동으로 고도 경제 성장 시대가 저물고 행정과 재정의 수정 보완이 불가피해지면서 사회보장제도의 개혁 시대로 접어들었다. 고도 경제 성장 과정에서 농업 종사자나 자영업자가 줄고 피고용자 집단이 늘어났다. 지방의 농업 종사자나 자영업자의 자녀 세대가 회사원이 되었고, 농업 종사자나 자영업자가 가입하는 국민건강보험과 국민연금을 지탱하던 인구 집단이 직장인 관련 제도로 옮겨간 형태가 되었다. 고령자의 의료비나 연금을 세대 간에 순서대로 지원하는 제

그림 3 **사회보장제도의 변화**

1945~1954년	○전후의 혼란 수습, 영양 개선, 전염병 예방과 생활 보호
전후의 긴급 생활지원과 기반 정비(구빈 정책)	
1955~1974년	○고도 경제 성장, 생활수준 향상
전 국민 의료보험, 전 국민 연금 등 사회보장제도의 발전(빈곤 예방)	
1975~1989년	○고도 경제 성장 종결, 행정 및 재정 개혁
안정적인 사회 성장 및 사회보장제도 개혁	
1990년 이후	○저출산 문제, 거품 경제 붕괴와 장기 침체
저출산 고령화 사회에 대응한 사회보장제도 구조 개혁	

후생노동성 홈페이지 내용을 바탕으로 작성

도가 사회보험인데 피보험자의 변화로 보험제도 전체의 조정이 불가피해졌다. 1982년에는 노인 의료비 무료화 정책을 수정하여 일정 연령 이상 고령자의 의료비는 모든 의료보험제도에서 공평하게 부담하는 노인보건제도를 시행했고, 1986년에는 모든 국민이 균등하게 받을 수 있는 기초연금제도를 도입했다.

한편 평균 수명이 크게 늘면서 요양이 필요한 고령자의 증가로 치매와 와상 노인 등 고령자 돌봄이 커다란 사회 문제로 등장했다. 이에 따라 2000년 사회 전체에서 요양이 필요한 고령자를 지원하는 **개호보험제도**가 시작되었다.

저출산 고령화가 지속되면서 미래의 사회보장 급여와 재정 부담을 조정하기 위해 2004년, 2005년, 2006년 3년간 연금, 개호보험, 의료보험을 재검토하여 각 제도는 많은 부분에서 새롭게 수정과 보완이 이루어졌다.

장애인 종합 지원법

신체장애인, 지적 장애인, 정신 장애인이 받는 서비스의 급여 제공 주체를 기초지방자치단체로 단일화하고, 기존의 조치제도에서 이용자가 직접 서비스를 계약하는 체계로 바꾸는 등 장애인 자립 지원법을 더욱 발전적으로 개정한 법이다. 장애인이 지역 사회에서 비장애인과 공생할 수 있도록 지역 생활지원 거점 만들기와 장애인의 사회 참여 촉진, 장애인의 욕구에 대한 세심한 대응 방안 마련 등을 추진한다.

2

급속한 고령화와
사회보장비용 부담

POINT > 고령화가 진행될수록 사회보장 지출이 증가하여 연금이나 의료보험
이 재정 위기에 빠진다고 예상하는 이유는 무엇일까. 사회보장제도의
비용 구조를 알아보자.

고령화로 인한 사회보장비용의 증가

고도 경제 성장기를 거치며 건강하고 풍요로운 생활과 함께 평균 수명도 연장되었다. 2007년 일본의 고령화율은 21.5%로 초고령 사회를 맞이했고 인류가 한 번도 경험한 적 없는 고령자 국가가 되었다.

　심각한 고령화로 사회보장비용이 급격하게 상승하고 있다. 물가나 임금이 오르면서 사회보장비용도 같이 증가한다고 볼 수 있지만 국민 소득 대비 사회보장비용 증가의 가장 큰 원인은 고령화이다. 사회보장비용의 지출 내역은 '연금', '의료', '복지 및 기타'로 구분하는데 복지 및 기타에는 요양 관련 비용이 상당 부분을 차지한다.

　연금, 의료 및 요양 비용의 주요 대상은 고령자로 고령화가 진행될수록 사회보장비용의 증가는 피하기 힘든 구조이다.

그림 4 사회보장비용의 변화

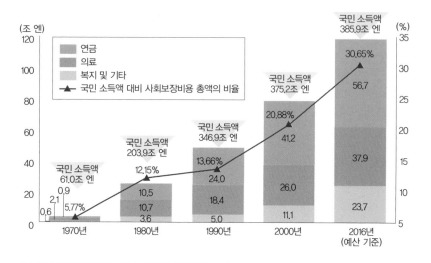

자료: 국립 사회보장·인구문제 연구소, 〈2014년도 사회보장 급여비용〉, 2016년(예산 기준)은 후생노동성 추계, 2016년도 국민 소득액은 〈2016년도 경제 전망과 경제 재정 운영의 기본적 태도(2016년 1월 22일 각의 결정)〉를 기준으로 작성

사회보장 급여와 부담 전망

2004년 연금제도의 대대적인 개혁으로 후생연금의 보험료 부담을 일정 기간에 걸쳐 13.58%에서 18.3%로 늘리고 국민연금은 1만 6900엔으로 조정했다. 이 수준을 상한으로 고정(**보험료 수준 고정 방식**)하고 경제 성장의 범위 내에서 급여 수준을 자동으로 조정하는 **매크로 경제 슬라이드 제도**를 도입했다.

2005년에는 개호보험법을 개정하여 요양 방지에 중점을 두고 가능한 한 요양 상태가 되지 않도록 예방하는 정책을 발표했다. 시설 서비스를 이용할 때는 고령자도 주거비를 부담하도록 이용자 부담 내용도 변경했다.

2006년의 의료제도 개혁에서는 생활 습관병 예방에 중점을 두었고, 75세 이상의 고령자도 의료보험 가입자로서 보험료를 부담하는 **후기 고령자 의**

료제도를 도입했다.

이러한 제도 개혁 결과, 2015년 사회보장 전체의 급여비용은 국민 소득 대비 27.4%로 예상했으나 25.3%로 감소했다. 또한 공적 부담(세금)과 보험료 부담도 국민 소득 대비 26.3%로 예상했으나 24.8%로 줄었다(후생노동성, 2006년 5월 추계).

앞으로 사회보장제도를 안정적으로 운영하기 위해서는 급여 수준을 조정하는 일이 매우 중요하다. 그러나 국민의 안심과 안전한 생활 유지 역시 등한시해서는 안 된다. 급여와 부담의 균형을 적절히 유지하는 현명한 선택과 판단이 필요하다.

국민 부담률 국제 비교

국민 소득 대비 조세 부담과 사회보장 부담 비율을 **국민 부담률**이라고 부른다. 조세 부담은 사회보장에 투입되는 세금뿐 아니라 공무원 인건비를 포함한 모든 세금 부담을 말하며, 사회보장 부담은 사회보험의 사업자 부담을 포함한 보험료 부담을 가리킨다. 어느 국가라도 사회보장이 국민 부담률의 가장 큰 비율을 차지한다. 다음의 그림 5에 나타난 것처럼 일본은 다른 주요 선진국보다 국민 부담률이 낮은 편이다.

미국은 32.5%로 일본보다 낮게 나타났으나 미국의 젊은층 대부분이 민간 의료보험회사에 가입하기 때문에 의료 보험료가 국민 부담률 계산에 포함되지 않는다. 만약 이들이 공적 의료보험에 가입한다고 가정하면 비율은 더욱 높아질 것이다.

많은 부담과 높은 수준의 복지로 유명한 스웨덴의 국민 부담률은 55.7%, 프랑스는 스웨덴을 능가하는 67.6%인데 반해 일본은 43.9%(2016년 기준 예상)로 낮은 수준이다.

그림 5 **국민 부담률 국제 비교**

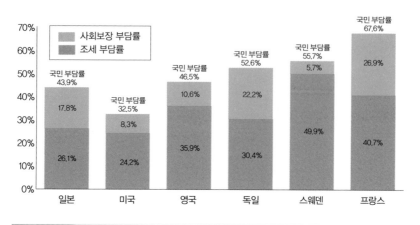

주: 일본은 2016년도 전망이며 다른 국가는 2013년 실적

인용 문헌: OECD 〈National Accounts〉, OECD 〈Revenue Statistics〉 등으로 출처는 재무성 홈페이지

　비교 국가 중에서 일본의 고령화율이 가장 높은 점을 고려하면, 국민 부담률 수준은 국제적으로 비교하여 매우 낮게 책정되어 있음을 알 수 있다. 조세 부담률 역시 낮은 수준이다. 사회보장 급여비용 지출 내역을 분야별로 살펴보면 일본은 유럽 주요 선진국과 비교하여 연금, 의료 이외에 복지 및 기타 분야(요양, 사회복지, 저출산 대책, 공공 부조, 공중위생 등)의 비중이 작다고 할 수 있다.

　향후 독일, 프랑스, 영국, 스웨덴의 고령화율은 30% 수준에 머무르나 일본은 30%를 넘어 40%에 도달할 전망이다. 중국, 싱가포르 등 아시아 국가들도 급속하게 고령화가 진행된다. 고령화율 상승의 커다란 요인은 저출산으로 이에 대한 대책이 가장 시급하다.

사회보장 급여 부담과 경제

사회보장 지원이 많을수록 국가 경제력이 떨어진다는데 과연 정말 그럴까. OECD 조사 결과 등을 살펴보면 국민 부담률이 높은 국가의 경제 성장률이 반드시 낮다고 할 수는 없다. 예를 들어 높은 수준의 복지와 많은 부담률을 유지하는 스웨덴은 일본보다 1인당 국민 소득이 높고 국가 경제력도 떨어지지 않는다. 높은 세금이나 보험료를 부담해도 탄탄한 복지나 교육으로 되돌려 받으며 일자리 창출로 이어져 젊은 사람은 안심하고 일하며 국가 경제력도 안정적이다.

역사를 되돌아보면 시장 경제가 급속히 발전해서 사회가 풍요로워지면 국민의 평균 수명이 늘어나고 은퇴 후의 기간도 길어져 의료나 요양이 필요한 고령자가 증가한다. 일하는 방식이나 세대 구조도 바뀌어 젊은층의 맞벌이 세대 증가와 함께 혼자 살거나 부부만으로 구성된 고령자 세대가 늘어난다. 연금, 의료, 요양, 육아 지원을 사회제도로 정비하지 않으면 안심하고 살수 있는 사회를 만들 수 없다. 이러한 의미에서 사회보장제도는 시장 경제가 발전한 국가에서 필수적으로 요구되는 구조물이다.

이와 더불어 일본의 산업 관련 지표를 살펴보면 의료나 요양 분야의 일자리 창출 효과가 크고 산업 규모 면에서도 많은 비중을 차지한다. 연금제도도 시장에서 고령자의 구매력을 키우는 역할을 할 수 있다. 국민 모두에게 필요한 의료, 요양, 육아 등의 서비스 체계가 정착하면 마음 따뜻한 사회 만들기로 이어질 뿐 아니라 고용과 경제 측면에서 다양한 내수 효과를 기대할 수 있다.

사회보장 정책에 무작정 돈이나 인력을 쏟아 부으라는 말이 아니다. 서비스의 효율화나 젊은 세대의 부담 경감 대책도 중요하게 고려해야 할 문제이다. 천연자원이 부족한 일본은 안정적으로 수출 산업을 유지해야 한다. 사

그림 6 생산 인구 전망(참고)

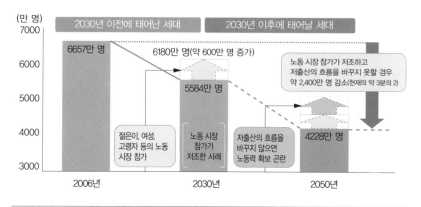

주: 2030년까지의 생산 인구는 〈고용정책연구회 보고서(2007년 12월)〉를 참고. 다만 2050년의 생산 인
구는 2030년 이후의 성별, 연령대별 노동력 비율이 변하지 않을 것으로 가정하고 〈2006년 미래 인구
추계(중위 추계)〉를 바탕으로 후생노동성 사회보장 담당 참사관실에서 추계한 자료
자료: 〈고용정책연구회보고(2007년 12월)〉, 〈2006년 미래 인구 추계(중위 추계)〉를 기초로 작성

회보험료 부담을 포함하여 노동 비용이 끝없이 상승하면 국제 경쟁력을 잃
고 산업 공동화 현상이 발생할 가능성이 크다. 더구나 사회보장비용 재원
의 30~40%는 국가에서 부담하고 있지만, 정부와 지방의 장기 채무 잔액이
GDP의 약 2배 규모에 도달한 상황으로 적자인 국채의 발행은 이제 허용되
지 않는다.

　반복해서 말하지만 사회보장 정책이 경제 성장의 발목을 잡는다는 생각
은 옳지 않다. 저출산 고령화가 심각한 현재 상황에서는 연금제도의 안정적
인 유지와 함께 저출산 대책이나 고령자의 의료 및 요양 서비스 효율화를
목표로 적절한 재정 투입이 필요하다는 사실을 긍정적으로 받아들여야 한
다. 이에 '국민 부담률'이라는 용어를 '국민 연대율'이나 '국민 협력 비율'로
부르자는 제안도 있다. 초고령 사회를 맞이하여 다양한 발상의 전환이 필요
한 시점이다.

사회보장제도의
과제와 방향

POINT > '2025년 문제'란 무엇이며 어떠한 대응이 필요한지, 저출산 대책은 어떻게 풀어갈지 미래 사회의 문제를 깊이 고찰해 본다.

후기 고령자의 급격한 증가와 대응 방안

■ 도시 지역에서 급증하는 치매 환자와 고령자가 많이 죽는 사회

일본은 2005년에서 2030년까지 후기 고령자(75세 이상)가 1100만 명에서 2200만 명으로 급격히 증가하는 역사상 유례없는 사태를 맞이한다.

특히 도시 지역의 고령자가 급증하고 있다(제1장 참고). 이는 요양이나 의료 수요가 도시 지역에서 급격히 늘어난다는 것을 의미한다. **혼자 사는 고령자나 고령의 부부만으로 구성된 세대의 증가, 치매 환자의 증가**(그림 7), **고령자가 많이 죽는 현상**은 우리가 지금까지 경험한 적이 없는 사회의 모습이다. 베이비붐 세대로 불리는 인구 집단이 75세가 되는 2025년부터가 가장 중요한 시기로 이러한 문제에 어떻게 대응할 것인지가 바로 '2025년 문제'이다.

2025년에는 고령자 세대 중 혼자 사는 세대(54.9%), 부부만으로 구성된 세대(32.0%)가 증가하기 때문에(2013년 1월 추계, 국립 사회보장·인구문제 연구소) 이에 대응한 돌봄 시스템 구축이 필요하다.

후기 고령기에 들어서면 노화와 함께 치매 발생률이 높아진다. 치매 증상으로 '배회', '물건을 빼앗겼다는 환상' 등 **BPSD(이상행동증상)**[•]가 발생하면 돌봄에 힘이 들지만, 치매 환자가 오래 살아 익숙한 지역 내의 공간에서 생활하면 심리적으로 안정되어 BPSD가 완화된다는 사실이 밝혀졌다.

2025년 이후에는 연간 150만 명 이상이 사망하며 **고령자가 많이 죽는 사회**가 찾아온다(2012년 1월 추계, 국립 사회보장·인구문제 연구소). 일본에서는 현재 약 80%가 병원에서 임종을 맞이하고 있으나(2010년 인구 동태 통계, 후생노동성), 이대로 괜찮은지 일본의 이상적인 의료 체계를 재검토할 시점이다.

■ 예방 정책의 중요성

위와 같은 상황에 어떻게 대비하면 좋을까. 최대한 건강하게 자립해서 생활하는 일이 중요하다. 이를 위해서는 우선 많은 사람이 걸리는 생활 습관병 예방이 필요하다. 가장 좋은 예방법으로 첫째는 운동(걷기), 둘째는 식사(적절한 다이어트)이다.

다음으로는 요양 상태가 되지 않도록 예방하는 일이다. 나이가 들어 발과 허리가 허약해지고 먹는 힘이 부족해지면서 서서히 요양 상태에 빠진다. 이것을 가능한 한 예방하자는 의미이다. 요양 예방법은 충분한 영양을 섭취하고 많이 걸으며 같은 공간에 갇혀 지내지 않는 일이 중요하다. 생활 습관병은 혈관에 상처를 입히는 병으로 뇌졸중과 함께 신체 마비를 동반하여 요양 상태에 빠지기 쉽다. 생활 습관병 예방이 궁극적인 요양 예방법이라고 할 수 있다.

[•] BPSD에 대해서는 제11장 참고

▪ 초고령 사회에 필요한 '지역 포괄 케어 시스템'

예방이 가장 중요하지만 대부분 고령자는 많든 적든 병이나 요양 상태를 거쳐 죽음에 이르는 것이 현실이다. 요양을 피할 수 없다면 어떠한 돌봄 시스템이 이상적일까.

일본에서는 최근 20여 년 정도의 요양 돌봄 경험을 통해 요양이 필요해지더라도 4인실처럼 여러 명을 같은 공간에서 집단으로 돌보는 체계보다 개인실에서 생활하며 익숙해진 직원과 함께 거실에서 식사하고 자유롭게 생활하는 편이 고령자의 자립도를 유지할 수 있다는 사실을 알게 되었다.

따라서 향후의 고령자 돌봄 시스템은 혼자여도 자택 생활을 기본으로 하고 필요에 따라 상담, 안전 관리와 같은 생활지원이나 요양, 의료 서비스가 24시간 대응할 수 있도록 지원하는 방향으로 목표를 설정하고 있다.

이것을 **지역 포괄 케어 시스템**이라고 한다. 개호보험제도에서는 2025년을 목표로 30분 이내에 갈 수 있는 일상생활권 단위별로 시스템 구축을 계획하고 있다.

고령자가 지금까지 생활해 온 주택 그대로는 요양에 여러 어려움이 따른다. 주택 정책 관련 부서에서는 서비스 지원이 가능한 고령자용 주택을 정비할 예정이다.

▪ 의료 기관의 기능 세분화와 연계

바람직한 의료의 모습도 재검토할 시기이다.

무엇보다 **재가 의료**의 보편화가 커다란 과제이다. 고령자가 거주하는 장소로 의사가 찾아가 진료하고, 방문 간호 등과 연계하여 요양이 필요한 상태라도 자택에서 계속 생활할 수 있는 시스템 정비가 필요하다. 그리고 본인이나 가족이 원한다면 자택에서 임종을 맞을 수 있도록 지원해야 한다.

병원 체계도 고도의 수술을 시행하는 고도 급성기 병원, 급성기 치료가

그림 7 고령 치매 환자 수의 변화와 추계

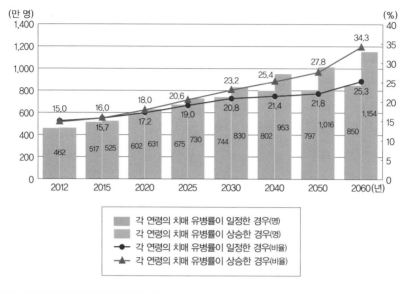

장기간 치매 유병률 종단 연구를 실시한 후쿠오카현 히사야마마치 연구 자료를 중심으로 작성
• 각 연령층의 치매 유병률이 2012년 이후 일정하다고 가정한 경우
• 각 연령층의 치매 유병률이 2012년 이후 당뇨병 유병률 증가로 상승한다고 가정한 경우
※ 히사야마마치 연구에서는 연령, 성별, 생활 습관병(당뇨병)의 유병률이 치매 유병률에 영향을 미치는
것으로 나타남. 위의 추계에서는 2060년까지 당뇨병 유병률이 20% 증가한다고 가정
자료: 후생노동과학연구비보조금 특별연구사업, 규슈대학 니노미야 교수, 《일본 치매 고령자 미래 인구
추계에 관한 연구》를 참고로 내각부에서 작성, 2014.

끝난 환자의 재활을 돕는 회복기 재활 병원, 재가 의료를 담당하는 진료소
와 일반 병실을 운영하는 지역 병원 등으로 기능을 분담하고, 간호와 요양
시스템을 포함하여 전체를 포괄하는 네트워크를 구축할 필요가 있다. 이러
한 정책의 흐름을 **의료 기관의 기능 세분화와 연계**라고 부른다.

저출산 대책

2015년 일본의 **합계출산율**은 1.46(2005년 사상 최저인 1.26을 기록)으로 낮은 수준이다. 부부가 2명의 자녀를 낳으면 적합한 규모의 인구를 유지할 수 있는데 지금 상태로는 고령화의 진행과 더불어 출생 자녀 수가 사망자 수를 밑돌아 2007년 이후 인구가 계속 감소하고 있다. 연금, 의료, 요양 등 사회보장의 급여와 부담 문제는 고령자를 지탱하는 젊은 세대의 과중한 부담으로 이어지기 때문에 급여의 수정 개편도 중요하지만, 궁극적인 해결법은 출생아를 늘려 고령화의 진행을 늦추는 일이다.

저출산의 주요 원인은 늦은 결혼(초혼 연령이 높아지는 일)과 미혼자의 증가이다. 많은 미혼자가 결혼할 수 있는 상대를 만나면 결혼하겠다는 의지가 있으며, 결혼한다면 평균 약 2명의 자녀를 낳고 싶다고 희망하므로 이를 방해하는 환경의 개선이 절실하다.

그림 8 **저출산 대응을 위한 두 가지 대처 방법**

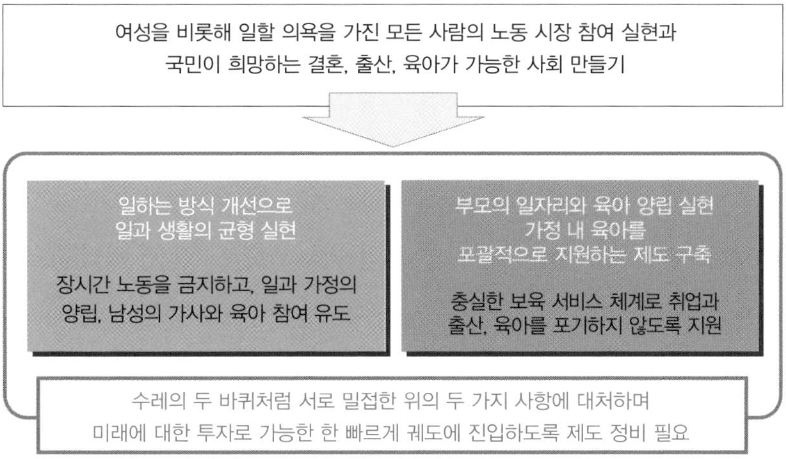

자료: 후생노동성 자료를 기초로 작성

스웨덴은 낮은 출생률을 정부의 노력으로 1.89(2013)까지 회복시켰다. 안정적인 인구 규모를 유지하기 위한 이상적인 출생률 2.07까지는 바라지 않더라도 최대한의 정책적 노력이 요구되는 시점이다.

결혼이 늦어지거나 결혼을 하지 않는 가장 큰 이유는 예전보다 여성이 활발하게 활동하는 지금도 여전히 일과 육아를 병행해야 하는 어려운 환경 때문이다. 일 아니면 육아처럼 둘 중에 선택하는 것이 아니라 남녀 모두 육아 휴직을 쓰도록 장려하는 등 선택 항목을 넓혀 육아를 인생의 주요 가치로 삼을 수 있는 **일과 삶의 균형** 실현이 중요하다. 이와 더불어 보육원이나 육아 지원 센터 등 지역 내의 지원 체계 강화도 급선무이다.

사회보장과 세금 개혁

일본의 사회보장 급여 중에서 약 90%는 연금, 의료, 요양이 차지하고 있다. 모두 사회보험 방식으로 운영하고 있어 재원은 보험료가 기본이지만 공적 비용 지원(세금)도 사회보장 급여의 상당한 비율(30~40%)을 차지하고 있다. 이에 따라 고령화의 진전 등으로 사회보장 급여비가 증가하면 보험료뿐 아니라 세금도 늘어나는 구조이다.

실제로 2017년 정부의 일반회계 세출예산 97.4조 엔 중 지방교부세나 국채비 등을 제외한 일반 세출예산은 58.3조 엔인데, 사회보장 관련 예산이 32.4조 엔으로 일반 세출예산의 절반(55.6%)을 차지한다. 한편 일반회계 세입 상황을 살펴보면 세금 수입은 57.7조 엔으로 전체 세입에서 차지하는 비율은 60% 정도이다. 참고로 공공채권 금액은 34.3조 엔으로 계상되었다.[•] 다시 말해 사회보장비용이 증가하는 반면 세금 수입은 감소하여 공공채권

• 재무성 주계국, 〈2017년 예산 정책안〉

그림 9 **사회보장과 세금 개혁**

사회보장의 안정적 재원 확보와 재정 건전화 동시 달성

자료: 정부 자료(2012년 1월)를 기초로 작성

(적자 국채)으로 부족분을 메우는 실정이다. 이러한 상황은 세대 간의 공평성 및 **사회보장의 지속 가능성** 확보 관점에서 매우 중대한 문제이다.

재정 적자가 지속되면 국채 시장의 신뢰를 잃고 금리 상승으로 재정 위기를 불러온다. 따라서 사회보장의 안정적인 재원 확보는 물론 새고 있는 '재정 구멍'을 막아 재정 운영의 건전성을 확보해야 한다. 사회보장, 세금 모두 개혁이 필요하다. 이를 위해 2012년 5월에는 소비세율 인상을 포함한 '세제근본개혁법' 및 '사회보장제도개혁추진법'을 제정했고, 2013년 12월에는 '사회보장제도개혁프로그램법'을 제정했다. 의료와 요양, 연금, 저출산 대책 등 중장기적 관점에서 사회보장을 지속 가능한 제도로 유지하기 위해 다각도에서 종합적인 검토가 이루어지고 있다.

치매 정책 추진 종합 전략(신 오렌지 플랜)

베이비붐 세대가 75세 이상이 되는 2025년을 대비하여 2015년 후생노동성은 관계 부서와 공동으로 '치매 정책 추진 종합 전략(신 오렌지 플랜)'을 발표했다. 치매 환자의 의사를 존중하고 오래 살아 익숙한 지역의 편안한 환경에서 자기다운 삶을 유지하는 사회 만들기가 정책의 목표이다. ① 치매를 정확히 이해하고 정보 제공 및 계몽 활동을 펼치는 '치매 서포터' 양성 ② 치매 상태에 따른 적절한 의료 및 요양 서비스 제공 ③ 64세 이하의 치매 정책 강화 ④ 치매 환자를 돌보는 가족 지원 ⑤ 치매 환자를 포함하여 고령자에게 편안한 지역 만들기 추진 ⑥ 치매 예방법, 진단법, 치료법, 재활과 요양 모델 등의 연구 개발 및 성과 나누기 추진을 목표로 한다.

의료제도의
현황과
개선 방안

1　의료제도의 체계와 현황

POINT > 　의료제도는 크게 의료보험제도와 의료제공제도로 구분한다. 의료제
　　　　　도의 체계를 정확히 이해하고, 전 국민 의료보험제도에서 두 제도가
　　　　　어떻게 결합하여 운영되는지 알아본다.

의료보험제도의 체계와 현황

■ 전 국민 의료보험제도

의료보험제도는 가입자(피보험자)가 보험료를 내고, 질병이나 부상이 생기면
일정한 자기 부담금만으로 의료 치료를 받을 수 있는 제도이다. 일본의 의
료보험제도는 직장 보험과 국민건강보험 크게 두 가지로 나뉜다. 보험을 운
영하고 급여를 제공하는 주체를 **보험자**라고 부르는데, 직장 보험의 보험자
는 대기업 종사자와 가족이 가입하는 건강보험조합, 중소기업 종사자 등이
가입하는 국민건강보험협회(협회건보), 공무원 등이 가입하는 각종 공제조합
등이 있다. 농업 종사자나 자영업자, 무직자 등 직장 보험 대상이 아닌 사람
은 주소지의 행정 기관인 시정촌이 운영하는 국민건강보험에 가입한다. 국
민건강보험에는 의사나 토목 건설 전문가 등 특정한 직업에 종사하는 사람

들이 가입하는 조합(국민건강보험조합)도 있지만 중심은 보험자가 시정촌인 국민건강보험이다. 또한 2008년부터 후기 고령자 의료제도(뒷부분에서 자세히 설명)의 시행으로 75세 이상은 기존에 가입하던 의료보험제도에서 탈퇴하고 새롭게 후기 고령자 의료보험에 가입한다. 일본 의료보험제도의 가장 큰 특징은 **전 국민 의료보험제도**를 실시하는 점이다. 대상별로 의료보험제도가 분리되어 있지만 모든 국민은 어느 제도이든 강제로 가입되어 있다. 일상생활 유지에 질병이나 부상은 최대 위험 요소의 하나이다. 전 국민 의료보험제도가 시행되어 보험증만 있으면 일정 금액을 부담하고 의료 치료를 받을 수 있어 모든 국민이 안심하고 생활하는 데에 커다란 의지가 된다.

■ 의료보험제도의 재원

보험 급여를 제공하기 위해서는 재원이 필요하다. 의료보험의 재원은 ① 환자의 일부 부담 ② 보험료 ③ 공적 비용 등 세 가지로 구성된다. ① 환자의 일부 부담은 전체 의료비의 30%가 원칙인데 의무교육 취학 전 아동은 20%, 70세부터 74세까지 20%, 75세 이상은 10%를 부담한다. 70세 이상의 고령자라도 소득이 많은 사람은 30%를 부담한다. 정률 부담(들어간 의료비의 일정 비율을 환자가 부담하는 결정 방식)은 정액 부담보다 이용자에게 비용 의식을 환기시키는 장점이 있는 반면, 의료비가 고액이면 가계에 부담이 되는 커다란 단점이 있다. 이를 보완하기 위해 환자의 자기 부담에는 일정한 한도(한계점)가 설정되어 있으며 초과 금액은 보험자가 되돌려 주는 구조이다. **고액 요양비 제도**라고 부르며 상한액은 환자의 연령이나 소득 수준 등에 비례하여 매우 세세하게 설정되어 있다.

② 보험료는 의료보험 재원의 약 절반을 차지하는데 보험료 부과 방식은 직장 보험과 국민건강보험에 차이가 있다. 직장 보험의 보험료는 급여 및 상여금을 보험자에 따라 설정한 보험료율로 곱해서 산정한 후 노사가 절반

표 1 **의료보험제도 개요**

제도명·보험자		가입자 수	의료비 일부 부담	보험료율	공적 부담 및 보조 등
직장인보험	건강보험 조합	2927만 명	30% 부담 (의무교육 취약 전 아동 20% 부담) 70세부터 74세까 지는 20% 부담 (소득이 많은 고령 자는 30% 부담)	8.88%(평균)	정액 보조
	전 국민 건강 보험협회 (협회건보)	3564만 명		10.00%(평균)	급여비 등의 16.4%
	선원보험	13만 명		9.60%	정액 보조
	공제조합	891만 명		조합별로 다름	없음
국민 건강보험	시정촌 보험	3397만 명		세대별로 세대원 수와 소득 기준 을 조합하여 부 과	급여비 등의 50%
	국민건강	295만 명			급여비 등의 47%
후기 고령자 의료제도 (75세 이상)		1544만 명	10% 자기 부담 (소득이 많은 고령 자는 30% 부담)	균등한 정액 부 담분과 개인별 소득액을 고려하 여 부과	급여비 등의 50%

주: 가입자 수는 2014년 3월 말 실적. 의료비의 일부 부담, 보험료율, 공적 부담, 보조 등은 2016년 기준
자료: 후생노동성 홈페이지, 〈일본의 의료보험〉 등을 기초로 작성

씩 부담한다. 시정촌 국민건강보험은 세대별로 **수급자 수 기준 부담**(세대나 피보험자 수에 대비한 정액 부담)과 **소득 기준 부담**(재산이나 소득 등의 많고 적음에 따른 부담)을 조합하여 부과한다. 수급자 수 기준 부담과 소득 기준 부담의 비율이나 부과 방식(예를 들면 소득 이외의 재산을 소득 기준 부담의 부과 대상으로 할 것인지 등)은 각 시정촌마다 다르다.

③ 공적 비용부담은 각 제도 간 재정 능력의 차이 등을 조정하기 위해 투입하는 세금이다. 비교적 건강하고 소득이 많은 사람이 가입하는 건강보험 조합이나 공제조합에는 원칙적으로 공적 비용부담이 없다. 이에 비해 재정이 약한 협회건보에는 급여비 등의 16.4%를 공적 비용으로 보조한다. 시정촌 국민건강보험이나 후기 고령자 의료제도는 가입자의 평균 연령이 높고 의료비 지출이 많은 데다 피보험자의 소득 수준이 낮아 급여비 등의 50%를

공적 비용(국가 및 지방자치단체의 세금)으로 부담한다. 공적으로 비용을 부담한 결과, 국민은 어떤 의료보험제도에 가입해 있어도 한 세대당 거의 비슷한 수준의 보험료 부담으로 보험 급여를 받고 있다(표 1).

■ 현물 급여

의료보험제도의 보험 급여 제공 방법은 크게 두 가지이다. 하나는 **상환 지급**으로 환자가 의료 기관에서 치료를 받고 의료비 전액을 먼저 낸 후 나중에 보험자에게 청구하여 되돌려 받는(보험 급여) 방법이다. 민간보험에서는 일반적으로 상환 지급 방식을 사용한다. 다른 하나는 **현물 급여**로 의료 서비스라는 '현물'을 보험 급여로 받고 환자는 의료비 전액이 아닌 일부 부담금만 내는 방식이다. 일본의 공적 의료보험제도는 현물 급여가 원칙으로 다음과 같은 체계로 구성된다.

정부(후생노동대신)는 의료보험을 적용하는 의료 기관을 지정한다. 지정을 받은 의료 기관을 **의료보험기관**이라고 부르는데, 의료보험기관은 피보험자(환자)가 치료를 원하면 법 규정에 따라 현물 급여를 실시하고 대가로 **진료 보수**를 지급받는다. 구체적으로 말하면 의료보험기관은 의료비의 일정 비율을 환자에게서 받고, 나머지 차액은 **지급심사기관**(사회보험 진료 보수 지급기금, 국민건강보험 단체연합회)을 통해 보험자에게 청구한다. 의료보험기관이 지급심사기관에 제출하는 청구 서류를 **진료비 청구서**(진료 보수 명세서)라고 하는데 환자마다 매월 단위로 병명과 치료 내역, 처방 약품 등을 기재한 자료이다. 의료비 지급심사기관은 청구서 내용을 심사한 후 보험자에게 지급 금액을 청구 및 징수하여 의료보험기관에 지급한다.

■ 진료 보수

진료 보수 청구는 제공한 의료 내용에 따라 **진료 보수 점수표**의 점수를 모아 1점당 단가 10엔을 곱하여 계산한다. 일반 거래와 달리 의료보험 진료비는 의료 기관과 환자가 개별적으로 계약하는 것이 아니다. 진료 보수 점수표가 의료 서비스의 '공정 가격표'와 같은 성격을 지니고 있다. 일본의 진료 보수는 실제로 이루어진 의료 서비스의 점수(가격) 총액을 지급하는 **행위별 수가 방식**으로 운영해 왔다. 행위별 수가 방식은 개개인 환자의 증상에 따라 필요한 의료 서비스를 제공하는 장점이 있는 반면 과잉 진료를 불러오기 쉽다는 단점이 있다. 따라서 급성기의 입원 치료에는 질병의 진단 분류를 기초로 한 **포괄 수가 방식**이 도입되었다. 요양 병상도 의료 및 요양 필요도를 조합한 포괄 수가 방식으로 운영한다. 현재 일본의 진료 보수 체계는 행위별 수가 방식과 포괄 수가 방식이 혼합되어 있다고 보는 것이 정확하다.

그림 1 의료 급여의 흐름

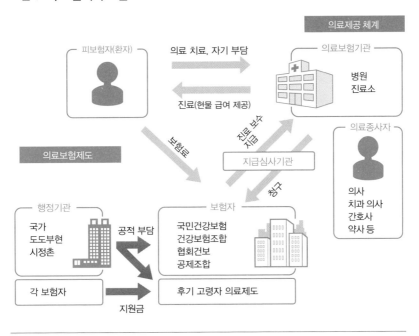

자료: 후생노동성 홈페이지, 〈일본의 의료보험〉 등을 기초로 작성

진료 보수 점수나 약값 기준(보험에서 지급하는 약제 가격표)은 보통 2년에 한 번 개정한다. 진료 보수 전체의 비율은 정부의 예산 편성 수준에 맞춰 결정하는데, 구체적인 점수 결정은 **중앙사회보험의료협의회(중앙협)**의 심의를 거쳐 후생노동대신이 발표한다. 중앙사회보험의료협의회는 의료비를 지급하는 제공자(보험자와 피보험자) 대표 7명, 의료 기관(의사, 치과 의사, 약제사) 대표 7명, 각각의 조정 역할을 담당하는 공익위원 6명으로 구성한다.

의료보험제도의 연혁

■ 전 국민 의료보험제도의 도입과 사회 경제의 변화

2008년 고령자 의료제도가 신설되었다. 고령자 의료제도의 목적이나 체계를 이해하기 위해서는 먼저 의료보험제도의 연혁을 살펴보아야 한다.

일본의 의료보험제도는 직장 건강보험과 국민건강보험 두 가지 체계로 구성되는데 기본 골격은 제2차 세계대전 이전에 형성되었다. 1922년에는 근로자를 대상으로 하는 건강보험법, 1938년에는 농업 종사자나 자영업자를 대상으로 하는 국민건강보험법이 제정되었다. 처음에 만들어진 국민건강보험은 임의 설립, 임의 가입으로 전 국민을 대상으로 하는 의료보험제도는 아니었다. 전 국민 의료보험은 지금으로부터 약 반세기 전에 시행되었다. 1958년 정부는 국민건강보험법을 전면적으로 개정하여 직장 건강보험 등에 포함되지 않는 사람 모두를 국민건강보험의 가입 대상으로 삼는 계획을 발표했고, 이에 따라 1961년부터 전 국민 의료보험제도를 시행하게 되었다.

당시에는 제1차 산업의 비율이 전체의 약 3분의 1이었고 국민건강보험 세대주의 직업도 농업과 자영업이 약 3분의 2를 차지하고 있었다. 그러나 급속한 산업 구조의 변화와 인구 고령화로 무직 상태의 고령자가 늘어났다. 고령자의 증가는 국민건강보험에 가장 큰 영향을 미쳤다. 1973년부터 노인

의료비 무료화 정책을 펼쳤는데, 요양 및 복지제도의 체계 정비가 늦어지며 **사회적 입원**이라는 폐해뿐 아니라 국민건강보험을 비롯해 의료보험의 재정을 악화시키는 주범이 되었다. 특히 1973년 가을에 발생한 제1차 석유 파동을 계기로 일본의 고도 경제 성장기가 막을 내리고 저성장기로 접어들었다. 세금 수입이 적어지며 국가의 재정 상황도 악화되었다. 공적 비용을 투입하는 보험자 간 재정 능력 조정보다 의료보험제도 간 부담 조정이 필요해졌다.

■ 의료보험제도의 수정

사회 경제적 변화로 1980년대 전반 두 가지 커다란 정책의 수정이 이루어졌다. 하나는 1982년 **노인보건법**의 제정이다. ① 노인 의료비 무료화를 개정하여 자기 부담(다만 소액) 제도 도입 ② 질병 예방이나 건강 만들기 등 노인보건대책 실시 ③ 노인 의료비를 국가, 지방공공단체, 각 의료보험자가 공동으로 부담하는 체계 마련 등이 주요 내용이다. ③에 대해 설명을 추가하자면 각 보험자가 공동으로 부담하는 노인 의료비 분담금을 **노인보건갹출금**이라고 부르는데, 공적 부담금을 제외하고 노인 의료비를 각 보험자의 가입자 수로 나누어 부담했기 때문에 보험자의 노인 가입률이 높고 낮음에 상관없이 전 국민이 공평하게 노인 의료비를 부담하게 되었다. 다른 하나는 1984년 건강보험법의 대폭적인 개정이다. 직장 건강보험의 자기 부담금 10%를 도입한 것으로 유명한데, 이 외에도 중요한 개정 사항이 많이 포함되어 있다. **퇴직자 의료제도** 신설도 그중 하나이다. 오랜 기간 직장 건강보험에 속

표 2 **의료보험제도의 변화**

- 1922년 건강보험법 제정
- 1938년 국민건강보험법 제정
- 1958년 국민건강보험법 전면 개정
- 1961년 전 국민 의료보험제도 달성
- 1973년 노인 의료비 무료화 실시
- 1982년 노인보건법 제정
- 1984년 건강보험법 등의 대폭 개정
- 2008년 고령자 의료제도 신설

해 있던 퇴직자의 의료비 중에서 보험료만으로 부족한 부분은 국민건강보험이 아닌 직장 건강보험에서 부담하는 제도이다.

이러한 개정으로 의료보험 재정은 한숨을 돌렸으나 고령화의 진전과 의료 기술의 발전 등으로 지속적으로 의료비가 증가했고, 거품 경제가 무너진 후의 경제 침체로 의료보험 재정은 급속도로 악화되었다. 1990년대 후반 이후 직장 건강보험의 자기 부담금 증가와 같은 개정이 이루어졌으나 효과는 미비했고, 고령자 의료제도의 근본적인 개혁이 필요하다는 목소리가 높아졌다. 무엇보다 매년 폭발적으로 늘어나는 노인보건갹출금의 부담에 허덕이던 직장 건강보험 쪽에서 ① 현역 세대와 고령자 세대의 비용부담 관계가 불명확하며 ② 노인보건법을 바탕으로 의료 급여를 시행하는 시정촌의 재정 책임을 직장 건강보험에 떠넘기고 있어 시정촌의 국민건강보험은 보험자가 부재한 제도라는 비판이 일었다. 또한 재정 기반이 약해진 국민건강보험 쪽에서도 노인보건법에 의한 재정 조정 구조나 퇴직자 의료제도로는 안정적인 재정 확보가 힘들다는 불만을 드러냈다. 양측의 이해 대립이 격심해지고 조정에 난항을 겪었으나 2006년 '고령자 의료 확보에 관한 법률' 제정으로 2008년부터 노인보건제도를 대신하여 새로운 고령자 의료제도를 마련하게 되었다. 고령자 의료제도는 독립형 **후기 고령자 의료제도** 신설과 **전기 고령자 재정 조정** 제도를 도입하며 크게 둘로 나누어졌다.

■ 새로운 고령자 의료제도의 구조

후기 고령자 의료제도의 시행으로 75세 이상의 후기 고령자는 기존에 가입했던 직장 건강보험이나 국민건강보험에서 탈퇴하고 새롭게 후기 고령자 의료제도의 피보험자가 된다. 기존의 노인보건제도는 75세가 되어도 피보험자의 자격에 변화가 없었으나 후기 고령자 의료제도에서는 보험자가 바뀌는 점에 큰 차이가 있다. 그리고 고령자 한 사람 한 사람이 개인 단위로 피보험자가 되어 보험료를 부담한다. 후기 고령자 의료제도의 보험자를 놓고 도도부현과 시정촌이 마지막까지 대립했으나 절충안이 채택되었다. 도도부현 구역 내의 모든 시정촌이 참여해서 설립하는 **후기 고령자 의료 광역연합**이 보험자가 되었다. 후기 고령자 의료제도의 재원은 환자 부담을 제외한 나머지 부분의 10%는 피보험자인 후기 고령자가 내는 보험료, 약 50%는 공적 지원(국가, 도도부현, 시정촌이 4:1:1로 부담), 약 40%는 74세 이하가 가입하는 직장 건강보험이나 국민건강보험의 지원금으로 충당한다.

다음으로 전기 고령자 재정 조정은 65세에서 74세까지의 전기 고령자 의료비 부담 문제이다. 그동안 전기 고령자의 약 80%가 시정촌 국민건강보험에 가입해 있어 국민건강보험과 직장 건강보험의 부담 불균형이 발생했다. 이를 해결하기 위해 전기 고령자 의료비를 각 보험자의 가입자 수 비율에 따라 배분하여 고령자 의료비 부담을 모두가 공평하게 나누도록 개선하였다.

2006년에 제정한 '고령자 의료 확보에 관한 법률'의 특징은 후기 고령자 의료제도의 신설뿐 아니라 생활 습관병 예방 대책과 장기 입원 문제 해결

그림 2 **후기 고령자 의료제도**

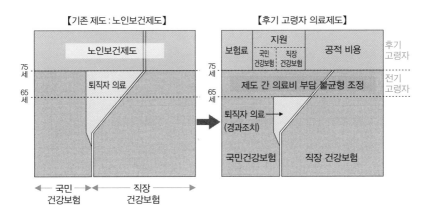

자료: 《2011년 후생노동백서》를 바탕으로 작성

등 **의료비 적정화**를 목표로 설정한 점이다. 생활 습관병 예방 대책과 관련하여 그동안 노인보건법에 의해 시정촌 중심으로 실시하던 건강검진을 앞으로는 보험자가 **특정 건강 진단**, **특정 보건 지도**의 의무를 수행하도록 개정하였다.

의료제공제도의 체계와 현황

■ 의료제공제도 개요

의료제도에서 의료보험과 어깨를 나란히 하는 중요한 부분이 의료제공제도이다. 우리는 병원이나 진료소와 같은 장소에서 의사나 간호사 등의 전문직으로부터 의료 치료를 받는다. 의료는 사람의 생명이나 안전과 매우 밀접한 관계가 있다. 따라서 전문직의 자격 규제와 의료를 제공하는 장소의 설치, 인원수 등에 많은 규제가 따른다. 의료 전문직과 관련해서는 '의사법'이나 '보건사 조산사 간호사법'과 같이 수많은 **전문직법(자격법)**이 존재한다. 의사법을 예로 들면 ① 의사 면허는 국가시험에 합격한 사람에 한해 주어지는 것으로 ② 의사 이외에 의료 행위를 금지하고(**업무 독점**), 의사가 아닌 사람이 의사 명칭을 사용해서는 안 되며(**명칭 독점**) ③ 의사는 환자가 치료를 원하면 정당한 이유 없이 거절할 수 없다(**진료 거부 금지 의무**)와 같은 규정이 있다. 의료 제공 장소에 관한 기본적인 법률은 '의료법'으로 입원 설비(병상)를 기준으로 20인 이상의 의료 기관을 병원, 19인 이하의 의료 기관을 진료소로 규정한다. 병원을 개원하려면 설비나 인력 기준 등의 상세한 규정을 준수하여 도도부현지사의 허가(의사 등이 진료소를 개설한 경우에는 도도부현지사에게 제출)를 받아야 한다는 규정이 있다.

　의료제공제도는 의료의 질적 안전을 확보하는 위생 규제만으로 성립하지 않는다. 국민이 원하는 의료를 효율적으로 제공할 수 있도록 환경을 정

표 3 의료 기관 수

2015년 10월 1일 현재

	병원(병상 20인 이상)		일반 진료소(19인 이하의 병상)	
	시설 수	병상 수	시설 수	병상 수
	8,480	1,565,968	100,995	107,626
국가	329	129,981	541	2,232
공적 의료 기관	1,227	320,843	3,583	2,602
사회보험 관계 단체	55	16,503	497	9
의료법인	5,737	860,184	40,220	77,783
개인	266	26,075	43,324	23,735
기타	866	212,382	12,830	1,265

자료: 〈2015년 의료 시설(동태)조사, 병원 보고 개요 및 현황〉

표 4 의료 종사자 수

2014년 12월 31일 현재

의사	치과 의사	약사	간호사, 간호조무사
311,205	103,972	288,151	1,426,932

자료: 〈2014년 의사, 치과 의사, 약사의 조사 개요 및 현황〉, 〈2014년 위생 행정 보고 사례(의료 취업 관계자) 결과의 개요 및 현황〉을 중심으로 작성

비하는 일이 무엇보다 중요하다. 예를 들어 의료법에 따르면 도도부현은 의료 계획을 세우고 **병상 규제**(병상 과잉 지역의 병상 증설 규제)와 더불어 한정된 의료 자원을 효율적으로 활용하여 적절한 의료제공 체계를 확보해야 한다고 규정하고 있다. 질병 구조의 변화나 미래의 의료 수요를 예상하여 의사나 간호사 등 전문직을 계획적으로 양성하고, 전문 진료과의 편성이나 의사 및 의료 기관의 지역 편중을 막는 일도 중요한 과제이다. 현재 의료 기관의 수와 의료 종사자 수는 표 3과 표 4를 참고하기 바란다.

■ 의료제공제도의 특징

일본 의료제공제도의 주요 특징은 다음의 네 가지이다. 첫 번째, 의료제공

표 5 의료제공 체계의 국제 비교

(2013년)

	일본	프랑스	독일	영국	미국
평균 입원 일수	30.6	10.1	9.1	7.1	6.1
병상 수(인구 1,000명 당)	13.3	6.3	8.3	2.8	2.9
의사 수(인구 1,000명 당)	2.3	3.3	4.1	2.8	2.6
의사 수(병상 100개 당)	17.1	52.9	48.9	100.4	85.3
간호 직원 수(인구 1,000명 당)	10.5	9.4	11.6	8.2	11.1
간호 직원 수(병상 100개 당)	78.9	149.3	156.5	292.9	380.5

※ 평균 입원 일수의 대상이 되는 병상 정의는 국가마다 다름

※ 수치는 각국의 최신 자료를 활용함

※ 프랑스와 미국의 간호 직원 수는 병상에 근무하지 않는 연구기관 등의 근무자를 포함. 프랑스의 의 사 수도 마찬가지

자료: 〈OECD Health Statistics 2015〉를 기준으로 작성

체계는 민간을 중심으로 이루어진다. 유럽의 여러 국가는 공립 병원이나 종 교법인 등 공공 병원이 많지만 일본은 의료법인 등 민간 병원이 전체 병상 수의 약 70%를 차지한다. 민간 중심이라고 하지만 비영리가 원칙으로 주식 회사의 의료 기관 설립은 인정하지 않는다. 의료법인이라 할지라도 잉여금 배당이 금지되며 이익은 의료 사업에 재투자해야 한다.

두 번째, 병원과 진료소의 규모나 기능이 연속적이라는 점이다. 유럽과 미국 등 여러 국가의 병원은 규모가 매우 크고 진료소는 무료 병상이 일반 적이어서 병원과 진료소가 명확히 구분된다. 그러나 일본은 대형 병원, 중 소형 병원, 유료 진료소, 무료 진료소 등으로 연속적인 형태를 보인다. 기능 면에서도 진료소가 병원 못지않게 의료 서비스를 제공하는 곳도 있다. 참고 로 일본은 진료소 규모를 점차 확대하여 병원이 된 곳이 많다는 역사적인 배경이 있다.

세 번째, 환자가 자유롭게 의료 기관을 선택하는 **환자의 자율성**이 존중된 다는 점이다. 유럽의 여러 국가는 위급 상황을 제외하고 병원에서 진료를

받으려면 일반적으로 진료소의 의사 소견서가 필요하다. 일본처럼 소견서 없이 대형 병원에서 직접 진료를 받을 수 없다.

네 번째, 여러 선진국과 비교하여 ① 일본은 인구 대비 병상 수가 많고 ② 병상 수 대비 의사나 간호 전문직 수가 적으며 ③ 평균 입원 일수가 길다는 특징이 있다(표 5). 1960년대의 평균 입원 일수는 유럽의 여러 국가와 큰 차이를 보이지 않았다. 그러나 유럽이나 미국 등 여러 국가가 평균 입원 일수를 단축하며 **의료 밀도**를 높여왔던 것에 비해, 일본은 노인 의료비 무료화의 영향으로 요양이나 복지 서비스가 필요한 사람도 의료 분야에서 대응해 왔다. 1990년대까지 지속적으로 병상 수가 확대되며 평균 입원 일수도 계속 늘어났다. 이러한 현상은 의료의 효율성을 떨어뜨릴 뿐 아니라 의료 환자나 요양 환자에게 적합한 서비스를 제공하지 못해 의료의 질적 확보 측면에서도 문제였다고 판단한다.

■ 의료제공제도와 의료보험제도의 연결 고리

의료제공제도와 의료보험제도는 수레의 두 바퀴와 같다. 수레의 두 바퀴를 연결하는 차축이 없으면 의료제도는 통합성을 잃고 제대로 기능하지 못한다. 이미 의료보험제도에서 설명한 것처럼 의료는 현물 급여가 원칙으로 의료보험제도의 하위 체계인 **진료 보수제도**를 중심으로 통합되어 있다. 일본 의료제도의 가장 중요한 역할을 담당하는 것이 바로 진료 보수제도이다.

진료 보수제도의 기능은 크게 세 가지로 구분할 수 있다. 첫 번째는 제도 전체에서 의료비를 제어하는 기능이다. 전 국민 의료보험, 의료 접근 자율성 확대, 민간 중심의 의료제공 체계, 현물 급여 원칙, 성과급 지급제 등 일본 의료제도의 특징은 모두 의료비를 증가시키는 요인이다. 그러나 진료 보수 전체의 비율 조정으로 의료비 총액의 증가를 조절할 수 있다. 두 번째는 의료비의 영역별 배분이다. 의료보수 전체의 비율 안에서 의학, 치과, 약제 분야의 배분 외에 병원과 진료소 간의 배분, 진료과 간의 배분 및 조정 등을 실시한다. 세 번째는 의료 기관의 정책 유도 기능이다. 진료 보수 점수표는 의료보험 서비스의 공정가격표일 뿐 아니라 의료비 산정 요건(예: 시설, 인력 기준, 산정 사항이나 조건)을 규정하고 있어 의료비 산정 기준표의 성격을 지니고 있다. 따라서 진료 보수 점수의 증감(예: 입원 기간에 따른 감소, 재가 의료 평가)과 같은 산정 요건의 신설 및 변경(예: 팀별 의료제공 산정 요건으로 전문직의 전임화) 등에 따라 의료제공 정책을 이끌어갈 수 있다.

앞서 언급한 것처럼 지금까지 의료제공제도의 정책 변경은 주로 진료 보수에 따른 경제적 유도 방법을 활용해 왔다. 가장 큰 이유로는 일본의 의료제공이 민간 중심으로 이루어져 강제적인 방법을 도입하기 어려운 점과 진료 보수의 동향에 의료 기관이 민감하게 반응하기 때문에 실효성이 높다는 점을 들 수 있다. 진료 보수제도가 효율적으로 기능하기 위해 중요한 점은 전 국민 의료보험제도와 밀접하게 연계하는 일이다. 전 국민 의료보험제도의 시행으로 거의 모든 의료 기관이 의료보험기관으로 지정되었고 경영 자원의 대부분을 진료 보수에 의존한다. 의료보험의 보험자가 여러 곳으로 분리되어 있지만 모든 진료 보수체계가 동일하여 전체 시스템의 통합이나 효율성이 확보된다. 전 국민 의료보험의 가장 중요한 의의는 누구라도 의료보험제도에 가입하여 '일정한 부담으로 의료 서비스를 받을 수 있다'는 점이지만, 이러한 의료보험제도가 전체 의료제도의 통합과 효율성을 높인다는 부가적인 의의도 매우 중요하다. 그렇다고 해서 진료 보수가 만능이라는 말은 아니다. 특히 의료제도를 둘러싼 사회 경제적 환경이 급변하고 있어 의료제공 정책을 진료 보수제도에만 의존하는 일은 적당하지 않다. 개개의 과제가 지닌 성격과 내용에 따라 계획 경제적 방법론이나 의학 교육의 수정 보완 등 다양한 방법을 조합하여 대처해야 한다.

시정촌 국민건강보험

건강보험조합이 운영하는 제도와 구별하기 위해 시정촌(기초지방자치단체)이 보험자가 되어 운영하는 의료보험제도를 시정촌 국민건강보험이라고 부르기도 한다. 시정촌 국민건강보험은 지역 주민에게 가까운 행정 기관인 시정촌이 보험자로 피보험자(주민)에게 친근함을 주는 반면, 소규모의 시정촌은 재정이 불안정해지기 쉽다. 2015년에 제정된 '지속 가능한 의료보험제도 구축을 위한 국민건강보험법 등의 일부를 개정하는 법률'에 의해 2018년 이후 국민건강보험의 재정 운영은 광역 지방자치단체인 도도부현이 맡게 되었다. 다만 개정 후에도 시정촌은 피보험자의 자격 관리나 보험료의 결정 및 징수 등의 업무를 담당한다. 2018년 이후에는 도도부현과 시정촌이 '공동 보험자' 역할을 담당한다.

고액 요양비 제도

수급 신청은 가입한 의료보험의 보험자에게 직접 신청서를 제출하거나 우편으로도 가능하다. 입원 등의 경우에는 미리 가입한 의료보험으로부터 인증서를 교부받아 의료 기관에 제출하면 의료 기관이 사전에 부담 상한액을 설정한다.

광역 연합

광역 연합은 시정촌 행정 구역에 상관없이 행정 수요의 증가 및 다양화에 대처하도록 다수의 지방자치단체가 공동으로 설치하는 특별지방공공단체를 말한다. 광역 연합에 관한 규정은 1994년 지방자치법 개정을 통해 처음으로 도입되었다.

병상 규제의 구조

병상 수의 과잉 여부는 제2차 의료 권역별로 일정한 기준으로 산출한 기준 병상 수와 기존 병상 수를 대비하여 판단한다. 병상 과잉 지역에서 병상 신설 또는 증설을 신청하면 의료법의 규정에 따라 이를 시행하지 않도록 도도부현지사가 권고할 수 있다. 다만 권고를 무시하고 병상을 신설 또는 증설하면 후생노동대신은 의료보험기관으로 지정하지 않을 수도 있다. 의료보험기관으로 지정받지 못하면 의료보험 환자를 진료하지 못해 사실상 사업자의 의지대로 병상의 신설과 증설은 불가능하다.

2 의료제도의
과제와 개선 방안

POINT > 한 번도 겪어보지 못한 초고령 사회를 맞이하여 어떠한 관점에서 의
료제도를 개선해야 하는지 의료제도의 주요 정책 과제와 해결 방안을
알아본다.

초고령 사회의 의료 정책

의학이나 의료는 사회 변화와 매우 밀접한 관계가 있다. 가까운 미래인 초
고령 사회를 맞이하여 이상적인 의학과 의료의 모습을 재검토해야 한다. 지
금까지 의학과 의료의 관심은 질병을 정복하는 일에 집중되어 있었다. 불
치병을 낫게 하는 의료의 역할은 인간에게 매우 중요한 부분이다. 앞으로도
계속 발전하고 진보하는 의학과 의료 기술 혁신에 대응하여 의료 분야의 전
문화와 세분화가 요구된다. 이와 더불어 인간의 건강한 생활을 유지하기 위
한 모든 분야를 포괄하는 의료 정책도 추진해야 한다. 고령자(특히 후기 고령
자)는 여러 질병을 동시에 앓는 사례가 많아 신체 기능 저하나 치매 발병과
함께 돌봄 수요가 늘어난다. 또한 초고령 사회는 고령자가 많이 죽는 사회
로, 질병에 대한 고통 완화 치료나 존엄하고 가치 있는 임종을 지원하는 의

료 분야도 주목받는다. 무엇보다 고령자가 질병이나 요양 상태에 빠지지 않고 **건강 수명**을 연장하기 위한 생활 습관병 예방이나 요양 예방과 같은 보건 분야의 역할도 확대되고 있다. 이제는 전문의가 신체 부위에 맞춰 '치료하는 의료'가 아니라 '생활을 지탱하는 의료'가 중요해졌다. 앞으로는 의료진이 고령자의 집을 찾아가 진료하는 방문 재가 의료가 필수이다. 이러한 관점에서 의료의 역할을 새롭게 정의하면 관련 분야는 요양, 복지, 보건을 비롯하여 생활의 기반이 되는 취업이나 주택, 더 나아가 마을 만들기까지 한층 폭이 넓어진다. 모든 면에서 지금까지의 단편적인 의료 개념이나 모델로는 인구 고령화를 따라갈 수 없는 상황에 이르렀다. 의료 관계자는 물론 정치가나 행정가, 방송 관련자뿐 아니라 모든 국민이 바람직한 의료의 모습을 다시 한 번 고민해야 할 시점이다.

의료 기관의 기능 세분화와 연계 추진

고령화의 진행과 의료 기술 발전으로 국가 전체의 의료비 증가는 피하기 어렵다. 그렇지만 의료비를 무리하게 억제하는 정책은 의료의 질적 저하를 가져올 수 있다. 의료와 경제는 매우 밀접한 관련이 있다. 의료 분야에서도 '투입한 금액만큼 적정한 가치'를 높이려는 노력이 요구된다. 이에 대해서는 의료의 기능 강화와 효율화, 두 가지가 중요한 달성 목표이며 주요 과제는 **의료 기관의 기능 세분화와 연계**를 추진하는 것이다. 다른 나라에 비해 일본의 의료제공 체계는 병상 수가 많고 평균 입원 기간이 길며 병상당 의료 종사자가 적다는 뚜렷한 특징을 보인다. 의료의 질적 향상을 위해서는 의사를 비롯한 의료 종사자를 양성하여 의료 밀도를 높이고 의료 체계를 더욱 촘촘히 정비해야 한다. 구체적으로는 환자의 질병 상태에 적합한 맞춤형 의료 지원을 위해 병실의 기능을 고도 급성기, 급성기, 회복기, 만성기로 구분할 필요가 있다. 의료 기능의 세분화가 완성된 이후에는 의료 기관 간의 연계 강화와 단절 없는 의료 서비스 제공의 중요성이 부각된다. 의료와 요양, 주택 정책과의 연계 강화 및 수정도 필요하다. 예를 들면 현재 재가 의료를 추진하기 위한 방향 설정에 재가 의료의 범위를 자택(협의의 자택)에 한정하는 것은 현실적이지 않다. 노인보건시설이나 특별 양호 노인 홈을 비롯하여 그룹 홈, 요양 서비스를 제공하는 고령자 주택 등 집단 거주형 주거시

그림 3

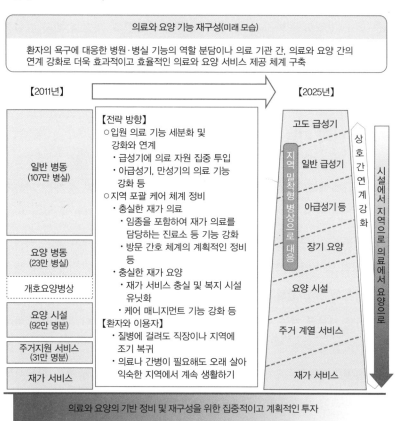

자료: 내각관방, 〈사회보장세 일체 개혁 최종안의 개혁 항목〉을 기초로 작성

설까지 자택의 개념을 확대할 필요가 있다. 재가 의료는 특히 고령화가 급격히 진행하는 도시 지역의 매우 시급한 과제로 의료 및 요양 계획과 연계해야 한다. 각 지방자치단체의 종합계획에도 지역별 상황을 고려하여 구체적인 계획을 제시하도록 의무화해야 한다.

의료 전문 인력 확보

고령화의 진전과 의학 기술의 발달로 의료 수요 증가와 더불어 필요한 전문 인력도 늘어나고 있으나 생산 인구는 앞으로도 계속 감소할 전망이다. 이에 따라 의료 전문직 확보가 시급한 문제로 떠오르고 있다. 의료 기술의 고도화와 다양화에 대응하려면 의료 전문직의 양적 확보뿐 아니라 질적 확보도 중요하다. 우수한 노동력에 대한 수요는 다른 산업 분야도 마찬가지여서 젊은 인재 쟁탈전은 더욱 심화될 것으로 예상한다. 이러한 상황에서는 의료 전문직의 능력 향상과 **업무 분담 조정** 등을 통한 생산성 향상이 중요하다. 의사나 간호사 등의 직무를 분석해 보면 다른 기술직이나 사무직이 대체할 수 있는 업무까지 수행하고 있어 과중한 업무 부담의 원인이 되고 있다. 의사가 아니어도 가능한 업무는 간호사 등 다른 의료 전문가나 사무직원에게 위임하고, 간호사가 아니어도 가능한 업무는 복지 전문가에게 맡기는 등 의료 현장에서 효율적인 업무 분담을 검토해야 한다. 의료 전문직이 본래의 업무에 전념할 수 있도록 적절한 환경 조성과 함께 직무에 따라 전문 능력을 향상시킬 수 있는 방안 마련이 필요하다.

의사는 고도의 의료 기술을 습득하기 위해 전문적이고 계통적인 교육 연수가 불가피하다. 현재는 일반적인 질병을 진료하는 능력을 갖추고 전인적 의료를 담당하는 **가정 의학 전문의(종합의)**에 대한 수요가 높다. 가정 의학 전문의 중심으로 기초 진료를 시행하면 일반 전문의는 전문 영역에 집중할

그림 4 **의료 기능의 세분화와 연계**

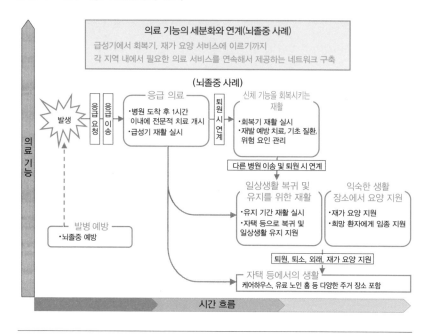

자료: 〈2011년 후생노동백서〉를 중심으로 작성

수 있어 효율적이다. 따라서 가정 의학 및 분야별 전문의 양성과 의료 질의 확보가 중요한데 이를 위한 과제는 ① 가정 의학을 전문 진료 영역으로 인정하고 의학 교육 과정 속에 포함해야 한다는 점 ② 진료과별 전문의나 가정 의학 전문의를 어느 정도 양성해야 하는지 양적인 계획 수립과 더불어 의사의 직무 경력을 철저히 관리해야 한다는 점이다. 의사가 되기 위한 양성 교육은 적어도 10년 이상의 시간이 필요하다. 일본은 2040년까지 계속 고령화가 진행할 것으로 전망되어 가정 의학 전문의 양성만으로 미래의 의료 수요에 대응하기는 어려운 상황이다. 병원과 진료소(개업의)의 연계, 진료소 간의 연계 강화도 매우 중요한 과제이다.

이상적인 의료보험제도 검토

2014년에 지출한 '국민 의료비'를 연령대별로 살펴보면 전체 인구의 약 20%가 넘는 65세 이상의 고령자가 전체 의료비의 절반(58.6%) 이상을 사용한 것으로 나타났다. 65세부터 74세까지의 전기 고령자와 75세 이상의 후기 고령자로 나누어보면, 전체 인구의 약 10%가 넘는 후기 고령자의 의료비가 전체 의료비의 약 3분의 1(35.4%)을 차지한다. 초고령화가 지속되는 현재 상황에서 어떻게 하면 의료비를 세대 간에 공평하게 분담할지 한층 커다란 문제로 떠오르고 있다. 후기 고령자 의료제도가 만들어진 목적도 근로 세대와 고령 세대의 비용부담 관계를 명확히 구분하는 데 있다. 연령에 따라 보험 제도를 구분하는 후기 고령자 의료제도가 연령차별이라는 비판도 일었다. 다만 어떠한 의료제도를 설계하더라도 효율적인 비용 집행 방안이나 예방을 통한 건강 수명 연장이 필요하다. **세대 간의 공평한 부담**이라는 관점에서 보면 근로 세대에 비해 낮게 설정된 70세 이상의 자기 부담 비율을 높이는 일은 재검토가 필요한 부분이다.

　일본 의료보험제도의 커다란 특징은 직장 건강보험과 국민건강보험의 두 가지 체계로 운영하여 인구나 산업 구조의 변화에 따라 국민건강보험의 재정 기반이 약해진다는 점이다. 더구나 경제의 세계화 등으로 비정규 근로자가 증가하고 직장 건강보험과 국민건강보험의 경계도 모호해졌다. 직장 건강보험의 재정 상황을 살펴보면 근로자의 임금은 제자리걸음 상태인 반면 후기 고령자 지원이나 전기 고령자 급여 증대로 재정 악화가 지속되고 있다. 이에 따라 의료보험제도 체계 유지를 위한 다양한 운영 방안을 검토 중이다. 구체적인 대안으로는 ① 비정규 근로자의 **직장 건강보험 적용 확대** (예를 들면 근로 시간이 주 20시간 이상인 단기 근로자 등은 직장 건강보험 적용) ② 국민 건강보험제도의 재정 기반 강화 ③ 전기 고령자 의료제도에 대한 공적 비용

투입 등이 제안되었으나, 이를 뒷받침하기 위해서는 공적 비용의 안정적인 재원 확보가 이루어져야 한다. 사회보장심의회에서도 이상적인 의료보험제도나 의료제공제도를 위한 다각도의 방안을 검토하고 있다. 전 국민 의료보험이 안정적으로 유지되도록 사회적, 경제적 변화를 꿰뚫어 보고 대안을 마련하여 정책적으로 착실히 수행할 수 있도록 정치의 도마 위에 올려야 할 시점이다.

지역의료 실현 방안

병실 기능의 세분화와 연계를 추진하기 위해 2015년부터 2016년까지 지역의료 실현 방안 정책을 시행하고 있다. 지역의료 실현 방안이란 권역(원칙적으로 제2차 의료권역)마다 2025년을 대비하여 의료 기능(고도 급성기, 급성기, 회복기, 만성기)별로 필요 병실 수를 추계하고, 각 의료 기관의 의견 등을 참고하여 향후 바람직한 방향으로 병실 기능의 분화와 연계를 강화하도록 도도부현이 수립하는 계획(비전)이다. 지역의료 실현 방안은 의료 계획의 일부 목표를 달성하기 위한 시도이며 2018년에 시작한 차기 의료계획에 지역의료 실현 방안의 내용을 포함하도록 규정한다.

직장인 보험 적용 확대

연금이나 의료와 같은 직장인 보험의 피보험자 해당 여부는 원칙적으로 '4분의 3 조건(소정 근로 시간이 40시간이면 30시간 이상 근무하는 사람이 피보험자가 된다)'을 적용한다. 현대 사회의 직장인 근무 방식이 다양화된 점을 이유로 '4분의 3 조건'을 완화하여 직장인 보험 적용을 확대해야 한다는 의견이 있는데, 경제계(특히 단기 근로자를 많이 고용하는 기업이나 업종)에서는 크게 반발하고 있다. 현재는 2012년 8월에 제정한 '공적연금제도의 재정 기반 및 최저 보장 기능 강화를 위한 국민연금법 등의 일부를 개정하는 법률'에 따라 '4분의 3 조건'을 충족하지 않더라도 ① 근로 시간이 주 20시간 이상 ② 임금 월 8만 8000엔 이상 ③ 근무 기간 1년 이상 ④ 종업원 501인 이상 규모의 기업에 고용된 근로자 등 네 가지 조건을 모두 충족하면(학생 제외) 직장보험 적용 대상에 포함한다(시행은 2016년 10월).

사회
편

제15장

노인복지의
현황과
개선 방안

1 노인복지의 체계와 현황

POINT > 요양이 필요해지면 전문가의 의견을 참고로 자기가 받고 싶은 서비
스를 직접 선택하고 계획을 세우도록 지원하는 제도가 개호보험이다.
개호보험제도의 도입과 구성 체계를 알아본다.

개호보험제도의 도입

요양이 필요해진 고령자와 고령자를 돌보는 가족을 지원하는 제도가 개호
보험이다. 개호보험제도는 2000년 이전까지 노인보건제도(현재의 고령자 의료
제도의 전신)와 사회복지제도로 나누어 시행하던 요양 서비스를 하나로 통합
하고 사회보험제도 방식을 채택하여 보건, 의료, 복지 분야의 종합 서비스
제공을 목표로 새롭게 탄생하였다.

개호보험제도의 도입 배경은 고령화와 핵가족화로 가족이 아닌 사회적
자원에 의존하는 요양 서비스 수요가 늘어나면서 재원의 안정적인 확보가
시급했기 때문이다. 개호보험제도 이전의 요양 서비스는 행정 기관인 시정
촌의 조치제도가 기본으로 시정촌에서 결정한 서비스를 필요한 사람이 이
용하는 방식이었다. 조치제도는 서비스를 이용하는 사람에게 심리적 거부

감을 주어 시설 입소가 결정되어도 '복지 혜택을 받고 싶지 않다'라며 입소를 주저하는 사례도 많았다. 한편 노인 의료비가 무료이거나 자기 부담 금액이 저렴했던 시대에는 병원 입원비가 싸다는 이유로 입원을 선택하는 사람이 많았다. 퇴원 후에도 가정이나 지역에서 요양 환자를 돌볼 수 있는 준비가 갖추어지지 않아 장기간 병원에 입원하는 **사회적 입원**이 커다란 사회 문제가 되었다.

자택에서 이용하는 요양 서비스도 이용자의 욕구에 적합하지 않은 획일적인 서비스가 대부분이었다.

이러한 문제를 해결하기 위해 1990년대에 접어들어 다양한 논의를 거듭한 결과, 1997년 개호보험법이 국회에서 가결되었고 2000년 4월부터 개호보험제도가 시행되었다.

개호보험제도는 보험료를 내고 요양 서비스가 필요하면 스스럼없이 서비스를 신청할 수 있는 제도이다. **케어 매니저**라고 불리는 복지 전문가가 이용자와 가족의 의견을 듣고 충분한 상담을 거쳐 작성한 케어 플랜을 중심으로 서비스를 제공한다. 서비스를 제공하는 사업자를 본인이 직접 선택하여 자기에게 가장 적합한 서비스를 고를 수도 있다.

보건, 의료, 복지 서비스를 종합적으로 제공하여 중증 환자도 오래 살아 익숙한 자택에서 생활할 수 있도록 제도를 설계하였다.

개호보험제도의 구성

개호보험뿐 아니라 모든 보험을 운영하는 조직을 **보험자**라고 부르는데 개호보험의 보험자는 지역 주민에게 가까운 행정 기관인 시정촌이다. 원칙적으로 일본 국내에 주소를 가진 40세 이상은 모두 개호보험의 피보험자가 된다. 65세 이상은 **제1호 피보험자**, 40~65세 미만의 의료보험 가입자는 **제**

2호 피보험자라고 부른다.

제1호 피보험자의 보험료는 약 90%가 연금에서 자동으로 공제된다. 제2호 피보험자는 의료보험의 보험료에 포함하여 징수한다. 건강보험에 가입한 근로자(직장인)는 소득 비례로 보험료를 산정하며 절반은 사업자가 부담한다. 자영업자와 같이 국민건강보험에 가입된 사람은 시정촌별로 규정에 따라 소득 비례, 균등 비례 등의 기준을 조합하여 산정하며 보험료의 절반

그림 1 **개호보험제도 체계**

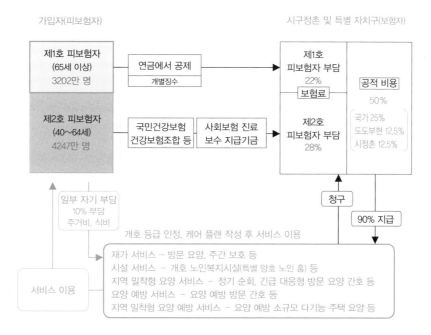

주: 1) 제1호 피보험자 수는 〈2013년도 개호보험 사업 상황보고(2013년 말 현재)〉에 의함 2) 제2호 피보험자 수는 사회보험 진료 보수 지급기금이 요양 급여비 납부액을 확정하기 위해 각 의료 보험자로부터 보고 받은 자료 기준이며 2013년의 월 평균치 3) 제1호, 제2호 피보험자의 보험료 비율은 2013~2015년 기준 4) 2015년 8월 이후 일정 금액 이상의 소득이 있는 제1호 피보험자는 비용의 80%를 지급하고 20%를 부담

자료: 후생노동성 홈페이지 〈개호보험제도의 구성〉을 기초로 작성

은 공적 비용으로 시정촌이 부담한다. 보험료는 '사회보험 진료 보수 지급 기금'에 공동으로 쌓아 둔다.

고령자의 보험료와 젊은층의 보험료 분담 비율은 인구 비례로 결정하며 3년에 한 번씩 조정한다. 2015~2017년도의 고령자 보험료는 전체의 22%, 젊은층의 보험료 28%를 합쳐 50%이다. 나머지 50%의 금액은 공적 비용(국가 25%, 도도부현 12.5%, 시정촌 12.5%의 합계 50%(다만 시설 급여비는 국가 20%, 도도부현 17.5%, 시정촌 12.5%))으로 구성되어 있다.

요양 서비스 체계

■ 시정촌의 복지 담당자와 상담하기

65세 이상(제1호 피보험자)인 사람이 요양 서비스를 이용하고자 할 때는 가장 먼저 관할 시정촌의 복지 담당 부서를 찾아가 상담해야 한다. 시정촌은 객관적 기준을 근거로 개호보험 등급 인정이 필요하거나 혹은 명확하게 요양 예방이나 생활지원 서비스 사업의 대상이 아닌 경우를 제외하고는 ① 개호보험 등급 신청 ② 개호보험 등급에는 해당하지 않으나 요양 예방 매니지먼트 실시 필요 ③ 일반 요양 예방 사업 이용 등으로 구분한다.

40세에서 64세(제2호 피보험자)까지의 사람은 특정한 질병(노화로 인한 일정한 질병-암 말기, 초기 치매나 뇌혈관 질환 등) 조건에 해당하면, 시정촌의 담당 부서에 상담한 후 개호보험 등급 인정을 신청한다.

■ 개호보험 등급 인정, 요양 등급, 요양 단위

개호보험 등급을 신청하면 **인정 조사원**이 신청자의 집을 방문하여 **현장 인정 조사**를 실시한다. 이 결과와 **의사 소견서**를 참고로 컴퓨터를 통해 1차 판정을 하고 의료, 보건, 복지 전문가로 구성한 **개호 인정 심사회**에서 2차 판정을 하는데, 일반적으로 한 달 이내에 요양 등급이 결정된다(긴급한 경우에는 등급을 인정받기 전이어도 서비스를 이용할 수 있다).

현장 인정 조사는 요양 필요도를 조사하는 것이다. 가족 등 돌봄자가 있는 고령자의 경우에는 가능한 한 돌봄자가 집에 있을 때 함께 조사를 실시한다. 개호보험의 **요양 등급**은 요지원 1~2등급과 요개호 1~5등급의 7단계로 나누어진다. 가장 높은 등급은 요개호 5등급이며 등급에 따라 이용할 수 있는 서비스에 차이가 있다. 비교적 가벼운 등급인 요지원 1~2등급이 이용하는 서비스는 **요양 예방 서비스**이며, 요개호 1~5등급은 **요양 서비스**를 이용할 수 있다. 요지원, 요개호 등급 모두 일반적인 서비스와 함께 비교적 소규모 인원이 동시에 이용하는 **지역 밀착형 서비스** 이용이 가능하다. 각각의 요양 등급에 따라 이용할 수 있는 요양 단위에 한도가 정해져 있으며(요개호 5등급이 가장 크다), 한도 이상의 서비스는 전액 자기 부담이다. 참고로 개호보험 등급 인정에 불만이 있으면 재신청할 수 있다.

고령자마다 신체 허약, 치매 정도, 요양 돌봄의 필요성은 천차만별이다. 개호보험 등급 인정은 요양 지원에 필요한 돌봄 노력의 총량인 '요개호 인정 등 기준 시간'을 추계하여 판단한다. 일률적으로 '이러한 상태라면 이 정도의 등급'이라고 구분하기는 어렵지만 요개호 등급별로 일상생활 능력에 나타나는 특징적인 몇 가지 기능 저하를 정리하면 표 1과 같다. '요지원 2등급'과 '요개호 1등급'은 돌봄 필요도의 수준은 비슷하지만 개인의 상황에 적합한 서비스를 구분하는 관점에 차이가 있다.

■ 케어 플랜

케어 플랜이란 개호보험 서비스의 이용 계획을 말한다. 케어 플랜은 이용자 본인이 작성할 수도 있으나 일반적으로는 케어 매니저가 작성한다. 케어 매니저란 국가전문자격인 **개호지원 전문원**을 가리키는데, 충분한 경력을 갖

표 1 **요개호 등급별 특징** (80% 이상의 비율로 뚜렷하게 나타나는 일상생활 능력 저하)

요지원 1	일어나기, 일어서기
요지원 2, 요개호 1	한쪽 발로 서기, 쇼핑
요개호 2	보행, 목욕, 손톱 깎기, 약 먹기, 금전 관리, 일상적인 의사 결정, 간단한 요리
요개호 3	몸을 뒤척이기, 배뇨, 배변, 입안 청결, 상의 갈아입기, 바지 갈아입기
요개호 4	앉은 자세 유지, 양쪽 다리로 서기, 옮겨 타기, 이동, 세수, 머리 손질
요개호 5	마비(왼쪽 하반신), 마비(오른쪽 하반신), 식사하기, 외출하기, 하루의 일상생활 이해, 단기 기억

주: 요개호(요지원) 등급 인정은 여러 상황을 종합적으로 판단하기 때문에 반드시 위에서 나열한 행동 저하와 등급이 일치한다고 볼 수 없음

자료: 사회보장심의회 개호보험부회(제48회) 2013년 9월 18일 배포 자료

추어야 하고 5년마다 자격 갱신과 연수가 필요한 전문직이다. 케어 매니저는 이용자 심신의 다양한 상태를 파악해서 문제점을 정확히 찾아내고(**어세스먼트**), 적합한 요양 서비스를 받을 수 있도록 서비스를 조합하여 케어 플랜을 작성하고 매월 수정, 보완한다.

요개호 등급으로 인정받은 사람의 재가 요양 서비스는 **거택개호지원 사업소**(케어 매니저의 사업소)에서 근무하는 케어 매니저가 **재가 요양 서비스 계획**을 작성하고, 요지원 등급으로 인정받아 요양 예방, 생활지원 서비스만을 이용하는 사람은 **요양 예방 서비스 지원 계획서**를 중심으로 케어 플랜을 작성한다(요양 예방 케어 매니지먼트(그림 2 참고) 대상자의 일부는 처음 이용할 때만 케어 매니지먼트를 받는 경우도 있다).

이용자는 케어 플랜에 동의한 후 서비스를 제공하는 사업소와 직접 계약하고 방문 요양 서비스나 주간 보호, 지역 밀착형 서비스 등의 요양 서비스를 받는다. 서비스 비용의 일부는 자기 부담금으로 지급한다. 시설 요양 서비스는 시설에서 근무하는 케어 매니저가 케어 플랜을 작성한다.

요양 서비스 종류

■ 요양 급여와 예방 급여

개호보험 서비스는 개호보험 급여 서비스와 보험자인 시정촌이 실시하는 요양 예방, 일상생활지원 종합사업(종합사업) 등 크게 두 가지로 나누어진다. 개호보험 급여 서비스는 요개호(요개호 1~5) 등급이 이용하는 요양 급여와 요지원(요지원 1~2) 등급이 이용하는 예방 급여가 있다. 구체적으로는 재가 서비스, 지역 밀착형 서비스, 시설 서비스(시설에 입소해서 받는 서비스로 요개호 등급만 해당), 케어 매니지먼트(재가 서비스 지원-요개호 등급, 요양 예방 지원-요지원 등급), 복지 용구의 대여 및 구매, 주택 개보수 서비스가 있다(자세한 내용은 표 2 참고)

서비스 비용의 자기 부담은 10%이며 나머지 90%는 개호보험에서 지급한다. 시설 서비스는 자기 부담에 식비 등 일상생활비와 주거비가 더해진다. 재가 서비스도 식비 등 자기 부담이 필요한 경우가 있다.

요양 서비스의 요금=**개호 보수**는 의료보험의 진료 보수와 같은 단위(점수)제도인데 지역에 따라 1단위당 금액에 차이가 있다. 1단위는 기본적으로 10엔이지만 도시 지역 등에서는 10엔보다 더 높게 설정되어 있다. 진료 보수는 행위별 수가 체계이지만 개호 보수는 포괄 수가 체계이다(의료보험의 장기 입원 보수체계와 같은 개념이다). 일정 금액 안에서 필요한 서비스를 사업자나 시설이 일률적으로 제공한다.

개호보험 사업자나 시설은 도도부현지사의 지정을 받아야 한다(지역 밀착형 서비스는 시정촌장). 특별 양호 노인 홈의 대부분은 사회복지법인이 운영한다. 노인보건시설은 주로 의료법인이나 사회복지법인이 운영한다. 병원 또는 입원 시설이 있는 진료소가 개호보험시설로 지정받으면 개호 요양형 의료 시설이 된다. 영리법인의 개호보험시설 운영은 불가능하다.

그림 2 **개호보험 서비스 이용의 흐름**

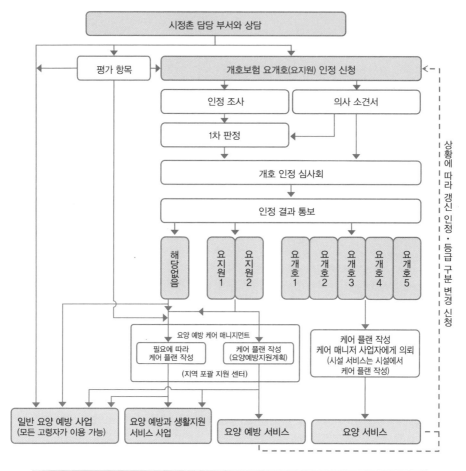

자료: 후생노동성, 〈개호보험사업 상황보고(잠정)〉를 기준으로 작성, 2016년 7월

영리법인은 개호보험 사업자 지정을 받아 재가 서비스를 실시할 수 있다. 요양 서비스나 사업 내용은 반드시 공개적으로 발표해야 하며 사업자 지정은 6년에 한 번 갱신한다.

그림 3 재가, 지역 밀착형, 시설 서비스의 이용자 수와 보험 급여액

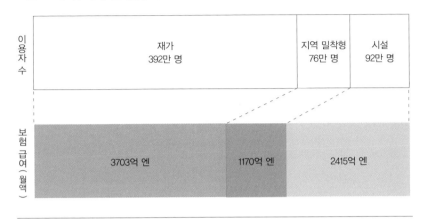

자료: 후생노동성, 〈개호보험사업 상황보고(잠정)〉를 기준으로 작성, 2016년 7월

그림 4 개호보험 등급 인정자

요지원 1 89만 명	요지원 2 86만 명	요개호 1 124만 명	요개호 2 109만 명	요개호 3 82만 명	요개호 4 76만 명	요개호 5 61만 명

※ 천 단위로 반올림함
자료: 후생노동성, 〈개호보험사업 상황보고(잠정)〉를 기준으로 작성, 2016년 7월

■ 요양 예방, 일상생활지원 종합사업(이하 종합사업)

종합사업은 2012년부터 보험자(시정촌)의 상황에 따라 실시했으나 2014년 개호보험법 개정으로 2017년 4월부터 모든 보험자(시정촌)가 실시하도록 변경되었다. 종합사업은 크게 '요양 예방, 생활지원 서비스 사업'과 '일반 요양 예방 사업'으로 나누어진다.

요양 예방, 생활지원 서비스 사업은 기존의 요양 예방 방문 서비스와 요

양 예방 주간 보호, 기타 생활지원 서비스가 포함된다. 기존의 방문 서비스, 주간 보호 서비스에 더해 보험자(시정촌)가 지역 사정에 맞게 서비스 기준을 완화하여 체력이나 ADL, IADL(일상생활동작, 수단적 일상생활동작)을 개선하기 위해 3~6개월 동안 단기간에 지원하는 서비스, 주민 자원봉사단체처럼 지역 내에서 자체적으로 활동하는 단체가 지원하는 서비스 등을 포함하여 종합적으로 지원한다. 기타 생활지원 서비스에는 식사 배달 서비스나 안부 확인 등 돌봄 활동이 포함된다. 이러한 서비스는 요지원 등급을 받은 사람뿐 아니라 개호보험 등급을 받지 못했더라도 요양 예방 케어 매니지먼트 상담을 통해 필요하다고 인정받으면 이용할 수 있다.

일반 요양 예방사업은 모든 고령자를 대상으로 하는 사업이다. 체조 교실 등 지역 주민이 모이는 장소 운영, 지원이 필요한 고령자 파악, 요양 예방법의 보급 및 계몽, 요양 예방 강화를 위한 물리치료사 등 전문직 지역 파견 활동 등을 실시한다.

표 2 개호보험 주요 서비스 내용

예방 급여 – 요지원 1~2등급			예방 급여는 서비스 이용자가 요양 상태에 빠지지 않고 자립해서 일상생활을 유지하도록 지원한다. 사업자는 이용자의 능력을 최대한 활용하여 충분히 대화를 나누고 이용자가 서비스 계획에 적극적으로 참여하도록 유도하며, 이용자는 완성된 케어 플랜을 중심으로 서비스를 이용한다.
도도부현(지정도시·중핵도시)이 지정·감독	요양 예방 서비스	요양 예방 방문 목욕	간호 직원(원칙)과 요양 직원이 이동식 간이 욕조를 이용하여 목욕 서비스를 제공한다.
		요양 예방 방문 재활	물리치료사, 작업치료사, 언어청각사 등이 방문하여 재활을 돕는다.
		요양 예방 방문 간호	의사의 지시에 따라 방문 간호 스테이션 등에서 파견한 간호사와 전문가가 요양 예방 서비스를 제공한다.
		요양 예방 재가 돌봄 관리 지도	의사, 치과 의사, 약사 등 전문가가 병원 방문이 어려운 사람을 찾아가 일상생활 유지를 위한 요양 방법을 관리, 지도한다.
		요양 예방 복지 용구 대여	손잡이, 슬로프, 보행기, 지팡이 4종은 10% 자기 부담으로 대여하며, 심신 상태에 따라 휠체어나 특수 침대 등을 대여할 수도 있다.
		특정 요양 예방 복지 용구 판매	이동식 간이 변기나 목욕용 의자 등 대여하기 어려운 복지 용구는 10만 엔 한도 내에서 10% 부담으로 구매할 수 있다.
		요양 예방 주간 보호 재활 (데이 케어)	노인복지시설이나 병원, 진료소 등 주간 보호 시설에서 운행하는 차량 등을 이용하여 주간 보호 재활 서비스를 받는다.
		요양 예방 단기 보호 요양 및 돌봄(단기 보호)	특별 양호 노인 홈 등에 단기간 입소하여 일상생활에 필요한 돌봄 지원과 기능 훈련 등의 서비스를 받는다.
		요양 예방 특정 시설 입주자 생활 보호	지정을 받은 유료 노인 홈 등에 입소하여 일상생활에 필요한 돌봄이나 기능 훈련을 받는다.
시정촌이 지정·감독	지역 밀착형 요양 예방 서비스	요양 예방 소규모 다기능 시설 보호	가까운 지역의 소규모 다기능 시설에서 '주간 보호'를 중심으로 '숙박'이나 '방문' 서비스를 이용한다.
		요양 예방 치매 대응형 주간 보호	치매 고령자가 시설에 다니며 소규모의 가정적인 분위기 속에서 식사나 목욕 등의 서비스를 받는다.
		요양 예방 치매 대응형 공동생활(그룹 홈)	치매 고령자가 소규모의 가정적인 분위기 속에서 서로 협력하면서 생활한다(예방 급여는 요지원 2등급인 사람에 한정).

※ 요양 예방 방문 서비스(홈 헬퍼 서비스), 요양 예방 주간 보호(데이 서비스)는 2015년부터 종합사업에 포함됨. 서비스 변경에는 경과 기간이 설정되어 있으므로 시정촌은 2017년 4월까지 종합사업으로 서비스 이행을 완료해야 함

요양 급여 – 요개호 1~5등급		요양 급여는 요개호 1~5등급으로 인정받은 사람의 건강 상태, 치매 정도 등에 적합한 서비스를 제공하기 위해 케어 매니저와 상담하여 완성한 케어 플랜을 중심으로 서비스(재가, 시설, 지역 밀착형 요양 서비스)를 제공한다.
도도부현(지정도시 · 중핵도시) 이 지정 · 감독	재가 서비스	방문 요양 (홈 헬퍼 서비스)	① 배설 보조, 목욕 보조, 식사 보조와 같은 '신체 돌봄' ② 조리, 세탁, 청소 등의 '생활지원' 서비스를 제공한다.
		방문 목욕 서비스	간호 직원(원칙)과 요양 직원이 이동식 간이 욕조를 이용하여 목욕 서비스를 제공한다.
		방문 재활	의사의 지시에 따라 방문 간호 스테이션 등에서 파견한 간호사와 전문가가 방문하여 필요한 간호 서비스를 제공한다. 말기 암 등은 의료보험에서 급여를 받기도 한다.
		재가 요양 관리 및 지도 서비스	의사, 치과 의사, 약사 등 전문가가 병원 방문이 어려운 사람을 찾아가 쾌적한 요양 생활 방법에 대해 관리, 지도한다.
		복지 용구 대여	휠체어, 특수 침대, 미끄럼 방지 용품, 체위 변환기, 손잡이, 슬로프, 보행기, 지팡이 등은 10% 자기 부담으로 대여할 수 있다.
		요양 주간 보호 (데이 서비스)	주간 보호 센터에서 운행하는 차량으로 이동하여 식사, 입욕 등 일상생활 돌봄과 기능 훈련 등(체조, 게임, 취미 창작 활동 포함)을 받는다.
		특정 복지 용구	이동식 간이 변기나 목욕용 의자 등 대여하기 어려운 복지 용구를 10만 엔 한도 내에서 10% 자기 부담으로 구매할 수 있다.
		재활 주간 보호 (데이 케어)	노인보건시설이나 병원, 진료소 등 주간 보호 시설에 이동해서 재활 등의 서비스를 받는다.
		단기 보호 서비스 (단기 시설 보호)	특별 양호 노인 홈 등에 단기간 입소해서 일상생활에 필요한 돌봄이나 기능 훈련 서비스를 받는다.
		특정 시설 입소 생활지원 서비스	지정받은 유료 노인 홈 등에서 생활하며 일상생활에 필요한 돌봄이나 기능 훈련 서비스를 받는다.
	시설 서비스	개호 노인복지시설 (특별 양호 노인 홈)	지속적으로 돌봄이 필요한 고령자가 서비스를 받으며 생활하는 시설로 유닛 형태의 '신형 특별 양호 노인 홈' 이 증가하고 있다.
		개호 노인보건시설	질병 상태가 안정된 환자가 자택 복귀를 목표로 요양이나 재활 등의 서비스를 받으며 거주하는 시설이다.
		개호 요양형 의료 시설 (요양 병실)	질병 상태가 안정된 환자가 장기간에 걸쳐 요양하는 시설로 크게 의료보험이 적용되는 곳과 개호보험이 적용되는 곳으로 구분하는데, 후자인 '개호 요양형 의료 시설' 은 점차 노인보건시설 등으로 전환되고 있다.

		정기 순회, 수시 대응형 방문 요양 간호 서비스	방문 요양과 방문 간호를 연계하여 낮과 밤에 상관없는 정기적인 방문 간호 서비스와 함께 필요에 따른 수시 방문으로 요양 등의 일상생활 보조 서비스를 제공한다.
시정촌이 지정·감독	지역 밀착형 요양 예방 서비스	소규모 다기능 주택 요양 서비스	익숙한 지역 내의 소규모 시설에서 '주간 보호'를 중심으로 '숙박'이나 '방문' 서비스를 이용한다.
		치매 대응형 주간 보호	치매 고령자가 시설에 다니며 소규모의 가정적인 분위기 속에서 식사나 목욕 등의 서비스를 받는다.
		치매 대응형 공동생활 (그룹 홈)	치매 고령자가 소규모의 가정적인 분위기 속에서 서로 협력하며 생활한다.
		지역 밀착형 특정 시설 생활 서비스	정원 29명 이하의 유료 노인 홈이나 케어 하우스에서 요양 서비스를 제공한다.
		지역 밀착형 노인복지시설 생활 서비스	정원 29명 이하의 소규모 특별 양호 노인 홈에서 요양 서비스를 제공한다.
		복합형 서비스	소규모 다기능 시설 서비스와 방문 간호 기능이 합쳐진 서비스로 의료 욕구가 높은 이용자를 지원하는 서비스이다.

사회적 입원

입원 치료가 필요한 상태는 아니지만 퇴원 후에 요양 서비스를 받기 어려워 장기간 입원하는 현상을 가리킨다. 환자에게 적합한 요양 서비스를 제공하지 못하고, 의료가 필요 없는 사람에게 의료 자원을 낭비하는 문제가 발생한다.

요양이 필요해지는 원인

요양 상태가 되는 주요 원인은 다음과 같음

- 1위: 뇌혈관 질환(뇌졸중)
- 2위: 치매
- 3위: 고령으로 인한 쇠약
- 4위: 골절, 낙상
- 5위: 관절 질환

참고로 65세 이상의 사망 원인 1위는 악성 신생물질(암), 2위는 심장 질환, 3위는 폐렴으로 나타남(〈2013년 인구동태 통계〉 및 〈2013년 국민생활 기초조사〉)

2 바람직한 요양 체계와 지역 복지

POINT > 고령자가 지역에서 자립된 생활을 유지할 수 있도록 지원하는 제도가 '지역 포괄 케어 시스템'이다. 지역 내의 다양한 자원을 연계하는 요양 체계의 구조와 개념을 알아본다.

지역 포괄 케어 시스템 구축

최근 '지역 포괄 케어 시스템'이라는 용어를 자주 접한다. 상황에 따라 다양하게 사용하고 있으나, 2014년에 제정된 '지역 의료와 요양의 종합적인 확보 촉진에 관한 법률'에서는 고령자가 오래 살아 익숙한 지역에서 자기의 능력에 맞추어 일상생활을 계속 유지하도록 의료, 요양, 예방(요개호 상태 또는 요지원 상태가 되지 않도록 예방하거나 상태가 더 악화되지 않도록 방지), 주거 환경 등을 포괄적으로 지원하는 체계로 정의한다(그림 5).

'지역 포괄 케어 시스템'에서 규정하는 지역의 범위는 일상생활권으로 예를 들어 도시 지역이라면 성인이 걸어서 30분 안에 도착할 수 있는 정도의 범위(중학교 학구 정도의 범위)이며, 최대한으로 설정하더라도 30분이면 달려갈 수 있는 범위로 제한한다. 본인과 가족이 자택 생활을 유지하겠다는 마

그림 5

자료: 후생노동성(지역 포괄 케어 연구회 보고서), 《지역 포괄 케어 시스템의 5가지 구성 요소와 자조 · 상부 상조 · 사회보험 · 공공 부조》, 2013년 3월

'요양', '의료', '예방'과 같은 전문 서비스와 일상생활의 전제가 되는 '주거 환경', '생활지원 · 복지 서비스'는 서로 밀접하게 연관되어 있다. 이러한 모든 자원을 연계하여 고령자의 자택 생활을 돕는다.

【주택과 주거 환경】
• 생활의 기반인 주택을 정비하여 자기의 희망과 경제력에 걸맞은 주거 환경을 확보하는 일이 지역 포괄 케어 시스템의 전제이다. 고령자의 사생활 보호와 존엄이 충분히 보장되는 주거 환경 정비가 필요하다.

【생활지원 · 복지 서비스】
• 심신의 능력 저하, 경제적 이유, 가족 관계에 변화가 생기더라도 고령자의 존엄한 생활을 유지하도록 지원한다.
• 고령자 생활지원은 식사 준비 등 공적 서비스로 제공 가능한 부분에서 이웃 주민의 안부 확인이나 돌봄 활동처럼 사적인 네트워크 지원까지 범위가 매우 넓고 관련된 사람도 다양하다. 생활이 어려운 사람에게는 공적 복지 서비스로 제공하기도 한다.

【요양, 의료, 예방】
• 전문가가 개개인의 문제에 맞추어 '요양 · 재활', '의료 · 간호', '보건 · 예방' 서비스를 제공한다(유기적으로 연계하여 통합적으로 제공). 케어 매니지먼트를 중심으로 필요에 따라 종합적으로 고령자의 생활을 지원한다.

【본인, 가족의 선택과 마음가짐】
• 고령자가 혼자 사는 세대와 고령자로만 구성된 세대가 늘어나는 상황에서 마지막까지 자택에서 생활하겠다는 선택의 의미를 본인과 가족이 충분히 이해하고, 미리 마음의 준비를 해두는 일이 중요하다.

음의 준비와 일상생활 장소인 주거 환경 정비를 돕고, 건강 예방이나 다양한 복지, 의료, 요양, 재활 서비스 등을 종합적으로 제공하는 지역 만들기가 전국의 시정촌에서 펼쳐지고 있다.

모든 시정촌에 설치된 '**지역 포괄 지원 센터**'(그림 6, 지역에 따라 다른 이름으로 부르기도 함)에서는 고령자의 종합 상담 및 생활지원, 학대 방지와 성년후견 이용 지원과 같은 권리 옹호, 지역 내 케어 매니저의 정보 공유 및 자질 향상 등을 위한 케어 매니지먼트 지원, 요양 등급이 가벼운 고령자 지원과 요양 예방 케어 매니지먼트를 중심으로 다양한 지원 활동을 전개하고 있다.

그림 6 **지역 포괄 지원 센터**

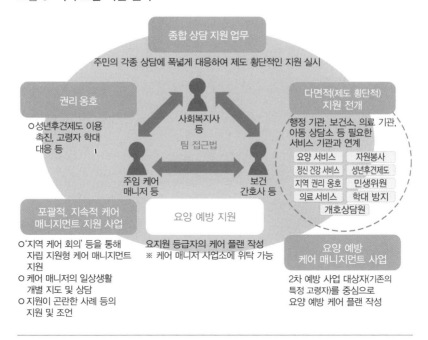

설치 주체: 시정촌 설치 수: 4726개소

〈2015년 개호 서비스 시설 및 사업소 조사 결과 개요 및 현황〉, 2015년 10월

자료: 후생노동성, 〈지역 포괄 지원 센터 개요〉

서비스 내용 면에서는 소규모 다기능의 지역 밀착형 서비스 도입과 함께 최근에는 정기 순회 및 수시 대응형 방문 요양 간호 서비스가 확대되고 있다. 앞의 표 2에서 시정촌이 감독해야 한다는 내용으로 짐작할 수 있듯이 앞으로는 시정촌보다도 더 좁은 범위, 즉 이용자에게 가까운 지역에서 서비스를 제공한다는 계획을 세우고 있다. 현재 많은 지역에서 빈집 등을 새롭게 개보수하여 소규모 다기능 주택 요양 서비스를 제공하는데, 이용자는 낯익은 동료나 종사자와 함께 생활하여 안도감을 느낀다. 또한 방문 서비스도 낯익은 사람에게 제공받고 필요에 따라 숙박도 가능하기 때문에 치매 환자를 비롯해 고령자와 가족이 안심하고 자택에서 생활할 수 있다.

　정기 순회 및 수시 대응형 방문 요양 간호는 아침의 기상 도움에서 한밤중의 배설 도움까지 이용자의 생활 리듬에 맞추어 요양 서비스를 제공한다(정기 순회).

　짧은 시간이라도 전문가가 방문해서(수시 대응) 필요한 서비스를 제공해주면 고령자의 자택 생활이 편안해진다. 지역 포괄 지원 센터를 통해 간호사가 전문적으로 의료 서비스를 제공하는 의료 및 요양 통합 서비스는 한층 확대될 것으로 기대한다.

　요양 서비스를 받고 싶은 장소로는 '현재 사는 곳'이라고 대답한 고령자의 비율이 가장 높다. 반면 요양 서비스가 제공되는 주거 시설로 이주하기를 희망하는 사람이나 시설 입소를 희망하는 사람도 있다(그림 7). 고령 부부나 고령자가 혼자 사는 세대가 늘어나면서 요양이 필요해졌을 때 생활에 불안을 느끼는 사람이 많다. 향후 베이비붐 세대가 70~80대가 되면 고령자 개개인의 라이프스타일도 다양해질 것이다. 보험자(시정촌)는 3년에 한 번 개정하는 개호보험 계획 수립 시 보험료 부담을 고려하는 한편 시민 모두가 힘을 합쳐 지역 특성에 적합한 요양 서비스 체계를 정비하도록 노력해야 한다.

그림 7 요양 서비스를 받고 싶은 장소

(해당자 수)	지금 사는 곳에서 받고 싶다	유료 노인 홈이나 고령자 주택으로 옮기고 싶다	특별 양호 노인 홈이나 노인보건시설 등 개호보험시설에 입소하고 싶다	병원에 입원해서 의료 지원을 받고 싶다	한마디로 말하기 어렵다	기타	잘 모르겠다
합계 (3,272명)	37.3	18.9	26.3	12.9	2.3	0.2	2.1
〔성별〕							
남성 (1,493명)	44.7	15.3	22.6	12.7	2.3	0.3	1.9
여성 (1,779명)	31.1	21.9	29.3	13.0	2.3	0.2	2.2
〔연령〕							
20~29세 (286명)	34.6	26.6	26.2	7.0	2.1	0.0	3.5
30~39세 (529명)	34.4	24.0	30.1	7.8	1.5	0.0	2.3
40~49세 (495명)	34.1	25.1	27.7	10.7	0.6	0.2	1.6
50~59세 (531명)	32.2	20.2	30.7	12.8	2.8	0.3	1.1
60~69세 (702명)	39.9	15.5	25.6	14.7	2.6	0.3	1.4
70세 이상 (729명)	43.9	10.3	20.0	18.7	3.6	0.4	3.2

자료: 내각부, 〈개호보험에 관한 여론 조사〉, 2010년 9월

지역 커뮤니티 활성화

주택단지가 고령화되면서 고독사에 위기감을 느낀 주민 스스로가 이웃 주민의 안부를 확인하거나 어려움이 없는지 살피는 등 활발한 주민 자치 활동을 펼치고 행정 기관에서도 이를 적극적으로 지원하여 지역이 활성화되었다는 사례가 있다.

지역에서 자연스레 발생한 독거 고령자 지킴이 활동, 쇼핑이나 쓰레기 버리기 도와주기, 주민 자치회나 노인회 개최 등의 주민 활동을 사회적 자원으로 재평가하고, 지역 포괄 케어 시스템을 중심으로 행정이나 복지 사업자가 실시하는 서비스와 연계해 나가는 일이 중요하다. 가족과 행정, 서비스 제공자와 NPO, 사회복지협의회, 민생위원, 자원봉사단체, 주민 자치회 등 지역 내의 다양한 사회적 자원이 고령자의 생활을 지탱하는 역할을 담당하

는 것이다. 앞서 언급한 종합 사업이 시정촌 내에서 제대로 기능하기 위해서는 이러한 사회적 자원의 적극적인 연계가 중요하다.

개호보험이 도입되기 이전 고령자의 요양 돌봄은 기본적으로 가족의 책임이었고 이로 인해 발생하는 과중한 부담이 커다란 사회 문제였다. 개호보험 도입 후에는 보험료를 낸 사람의 당연한 권리로서 요양 서비스를 받을 수 있게 되었고, 개호보험에서 제공하는 서비스도 의료와 복지의 종적인 연계뿐 아니라 다양한 직종으로 꾸려진 전문 팀에 의한 서비스로 바뀌었다. 지역 내의 복지 사업자가 다양한 서비스 제공과 더불어 고령자의 생활을 지탱하는 지역 내 사회적 자원의 연결고리로 매우 중요한 역할을 담당한다는 사실이 급속히 이해의 폭을 넓혀가고 있다. 지역 주민은 고령화 사회를 지지하는 자원이 늘어나면서 서로가 끈끈하게 이어져 있다는 사실에 안전함과 안도감을 얻는다. 이러한 현상이 건강한 고령자의 일자리나 자원봉사 활동을 촉진하고 서로 돕는 활동을 통해 고령자가 활약하는 장소 만들기로 이어지기를 기대한다.

자조, 상부상조, 사회보험, 공공 부조

지역 내에서 건강한 고령자가 취업하거나 서로 돕는 다양한 활동을 통해 삶의 보람을 느끼며 건강함을 공유한다. 이처럼 사회를 지탱하는 여러 활동은 틀에 박힌 모습이 아니라 자연스러운 형태로 지역에 뿌리내리는 것이 바람직하다.

가족을 돌보기 위해 직장을 그만두고 집에서만 보내며 피로가 누적된 끝에 돌봄자도 골병이 드는 과거의 잔재를 청산하기 위해 국가와 지방자치단체뿐 아니라 고령자나 가족, 요양과 관련한 사람들이 지혜와 힘을 모아 사회 구성원 모두가 고령자 돌봄에 참여하도록 지원하는 일이 개호보험제도와 지역 포괄 시스템의 목적이다. 이를 위해서는 **자조, 상부상조, 사회보험,** **공공 부조**의 인식이 모든 사회 구성원의 마음속에 깊숙이 침투되어 있어야 한다.

지역 공동체 생활의 기본은 자조이다. 자신이 할 수 있는 일을 자기 스스로 처리하고 건강을 관리하며 가족과 함께 혹은 혼자서 자립 생활을 유지하는 일이다. 지역에서 안전하게 생활하기 위해서는 다른 사람의 협력도 매우 중요하다. 안부 확인이나 사사로운 도움을 비롯해 봉사 활동, 주민 활동과 같은 상부상조가 필요하다. 사회보험은 개호보험처럼 모든 국민이 가입한 사회보험제도를 말한다. 같은 위험에 직면한 사람끼리 사회보험제도를 중심으로 사회 구성원 전체가 서로 돕는다. 마지막으로 공공 부조는 공적인 사회복지나 생활보호를 말하며 주요 재원은 국민의 세금이다. 이처럼 우리의 생활은 어려움에 빠졌을 때 도움을 얻을 수 있도록 다층 구조로 구성되어 있다. 각각은 서로 독립된 것이 아니다. 예를 들어 사회보험이나 공공 부조 부분을 줄이면 자조나 상부상조로 대체하는 부분이 늘어나는 상관관계에 있다. 따라서 이를 어떻게 적절히 조합할지 공평, 공정, 자유, 평등 등 다양한 관점에서 접근해야 한다.

개호보험의 급여와 부담

개호보험의 급여비(이용자 부담을 뺀 나머지 비용)는 2016년 기준 연간 약 9.6조 엔으로 추계된다. 재원의 50%가 국가 부담, 나머지 50%는 보험료이다. 안정적인 재원 확보를 위해 다른 사회보험과 마찬가지로 공적 부담과 개인 부담의 비율 배분 방안, 그리고 일정한 재원으로 서비스를 최적화하기 위한 방안 등을 검토해야 한다.

먼저 요양 서비스를 지원하는 재원을 어떻게 마련할지 고민해야 한다. 소비세의 주요 용도는 사회보장의 네 가지 분야 지원이다. 요양은 연금, 의료, 저출산 대책과 함께 사회보장 지원에 포함되어 다른 분야와 팽팽히 경합하고 있다. 소비세를 비롯하여 세금은 사회 구성원의 누군가가 부담하는 돈으로 국고의 재정 상황을 고려하면 활용에 제약도 많다. 한편 40세에서 65세 미만의 보험료(제2호 보험료)도 직장인은 노사가 절반씩 부담하고 있지만 육아와 교육비, 주택 등에 많은 비용이 들어가는 빠듯한 가계 경제 상황을 고려하면 보험료를 올리기는 쉽지 않은 상황이다. 따라서 요양 관련 재원은 이용자의 자기 부담과 제1호 피보험자(65세 이상)의 보험료가 중요하다.

그러나 고령층의 자기 부담을 늘리면 생활비 부담 증가로 이어져 이 역시 간단한 문제가 아니다. 보험료 문제를 꺼내면 요양 서비스를 받는 이용자나 가족 중에는 자신들을 위해 다른 사람에게 보험료를 부담시켜 폐를 끼친다고 미안해하는 사람도 있을 것이다. 사실 제1호 피보험자 중에서도 개호보험 급여를 받지 않는 사람의 비율은 전체의 약 80% 이상으로 사회보험 중에서도 거의 모든 사람이 혜택을 받는 의료나 연금에 비해 보험료를 낸 만큼 회수를 실감하기 어려운 면도 있다.

개호보험은 지금까지 가정에서 아내, 며느리, 딸과 같은 사람들이 맡아왔던 요양 돌봄을 사회 전체에서 지원하기 위해 만든 제도이다. 노화로 인한 요양 상태는 누구에게나 찾아올 수 있기 때문에 위험을 분산하는 개호보험 제도의 수익자는 이용자나 그 가족뿐 아니라 보험료를 내는 우리 모두라고 해도 과언이 아니다.

요양비용의 부담을 검토할수록 자조, 상부상조, 사회보험, 공공 부조의 개념이 더욱 중요해진다. 사회보험이나 공공 부조는 같은 사회에 사는 구성원의 곤란한 입장이나 상황을 자신의 문제로 바꾸어 생각하는 인식 전환이 전제가 된다. 사회보험이나 공공 부조라는 명목으로 우리가 내는 세금이나 보험료 부담은 자기 일이기도 하지만, 사회 구성원 서로가 자조를 위해 노력하고 있다는 사실을 이해하면 공감대를 형성하기 쉽다. 자조만으로 곤란한 일이 생겼을 때 이웃들이 상부상조하여 지원하면 사회보험이나 공공 부조에 대한 부담도 줄어든다. 우리 생활의 안심이나 안전을 확보하기 위해 서비스를 제공받고 적절한 비용을 부담하는 일이 중요하다. 앞으로도 건전하고 지속적인 제도로 유지하는 데 필요한 노력과 비용을 미래 세대에게 떠넘겨서는 안 된다.

제15장 전체의 참고 문헌: 《개호보험제도의 해설 2015년 8월판》

제16장

연금제도의
현황과
개선 방안

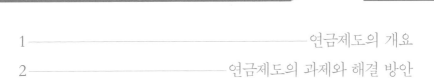

1 연금제도의 개요

POINT > 고령화가 진행될수록 노년기 생활을 지탱하는 연금제도는 더욱 중요해진다. 고령화 사회에서 연금이 지니는 역할과 의의에 대해 알아본다.

연금제도의 의의

연금은 주로 서비스를 제공하는 의료보험이나 개호보험과 달리 직접 돈을 지급하는 사회보험이다. 일본에 주소를 등록한 사람은 20세부터 60세까지 국민연금에 가입한다. 민간 회사에서 근무하는 사람이나 공무원과 같은 **직장인**은 국민연금과 함께 후생연금에도 가입한다. 직장인은 20세 이전이나 60세 이후(69세까지)에도 연금에 가입할 수 있다.

연금은 피보험자가 고령이 되었거나 장애 발생으로 일을 할 수 없게 되었을 때, 또는 한 가정의 가장인 피보험자의 사망으로 배우자나 미성년 자녀 등의 소득 보장이 필요할 때 받을 수 있다. 고령이 되면 **노령 연금**, 장애가 생겼을 때는 **장애 연금**, 한 가정의 가장이 사망했을 때에는 **유족 연금**을 받는다.

그림 1 고령자 세대의 수입 내역

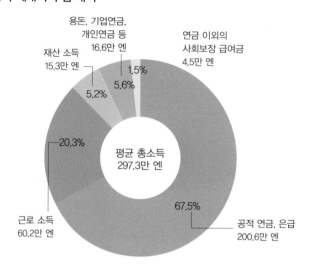

용돈, 기업연금,
개인연금 등
16.6만 엔

재산 소득
15.3만 엔

연금 이외의
사회보장 급여금
4.5만 엔

1.5%

5.6%

5.2%

20.3%

평균 총소득
297.3만 엔

근로 소득
60.2만 엔

67.5%

공적 연금, 은급
200.6만 엔

자료: 후생노동성, 〈2015년 국민생활 기초조사 개요 및 현황〉을 기초로 작성

그림 2 소득이 연금뿐인 고령자 세대(60%가 넘음)

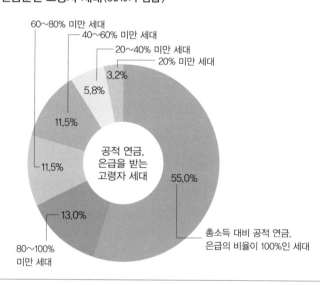

60~80% 미만 세대

40~60% 미만 세대

20~40% 미만 세대

20% 미만 세대

3.2%

5.8%

11.5%

11.5%

공적 연금,
은급을 받는
고령자 세대

55.0%

13.0%

80~100%
미만 세대

총소득 대비 공적 연금,
은급의 비율이 100%인 세대

자료: 후생노동성, 〈2015년 국민생활 기초조사 개요 및 현황〉을 기초로 작성

사회 편

그동안 연금제도에 다양한 역할을 기대해 왔다. 일본 연금제도의 중요한 특징을 정리하면 다음 세 가지이다. 첫 번째는 **저축의 사회적 강제**이다. 사람은 나이가 들면 일하기 힘든 시기가 찾아온다. 아직 젊고 건강하게 일할 때는 좀처럼 노후의 생활비까지 꼼꼼하게 챙기지 못한다. 따라서 근로자에게 강제적으로 저축을 시켜 노후를 대비하자는 제도가 연금이다. 현재 고령자 세대 수입의 약 70%는 공적 연금이며, 연금을 받는 고령자 세대의 약 55%는 연금 수입만으로 생활하는 것으로 나타나 연금제도가 노후 생활비의 중심 역할을 담당하고 있다.

두 번째는 **소득 재분배**이다. 연금제도가 없으면 근로 수입이 없는 퇴직 세대나 장애가 있는 사람, 한 가정의 가장을 잃은 세대는 생계 유지에 심각한 어려움을 겪는다. 연금제도의 소득 재분배 기능은 젊은 근로 세대나 건강하고 활발히 일하는 사람의 소득 이전으로 생계비에 대한 위험 해소나 불안이 적은 사회를 만든다.

세 번째는 **세대 간의 협력**이다. 노년기에 가족들의 부양을 기대하기 힘들어진 지금의 상황을 고려하면 사회 전체에서 고령자나 장애인 등을 지원해야 한다. 연금제도는 생계비를 직접 지원하는 제도이다. 가족을 통한 사적 부양이나 용돈으로 지탱하던 노년기 생활을 사회 구성원 전체가 지원하도록 범위를 확장한 것이다.

일본 연금제도의 특징

■ 사회보험 방식의 전 국민 연금

일본 연금제도의 가장 큰 특징은 **사회보험 방식**으로 **전 국민 연금제도**를 시행하는 점이다. 많은 국가에서 보험료 징수가 편리하고 노후의 소득 보장이 절실한 직장인을 대상으로 공적 연금제도를 운영한다. 대부분 보험료 납부

실적에 따라 연금을 지급하는 사회보험 방식이 주류이며, 자영업자 등을 포함하여 전 국민 연금 체계를 갖추고 있는 국가는 보험료 납부 실적을 묻지 않는 **세금 방식**이다. 일본에서는 민간 회사에서 근무하는 사람을 대상으로 하는 후생연금, 공무원 등을 대상으로 하는 공제연금, 1961년 자영업자와 농업 종사자를 대상으로 하는 국민연금(갹출)제도를 도입하고 각각의 제도를 각각의 보험자가 운용하는 형태로 전 국민 연금제도를 실현했다. 그러나 고도 경제 성장기를 거치며 자영업자와 농업 종사자가 감소하고 직장인층이 확대되면서 제도 간에 연금 수급자(OB, OG)와 피보험자(현역)의 균형이 크게 무너졌다. 이에 따라 1985년 모든 국민은 국민(기초)연금에 가입하도록 하고, 민간 회사 근무자와 공무원 등 직장인은 모두 후생연금이나 공제연금에도 이중으로 가입하는 체계로 전환하였다. 이러한 제도 개선으로 취업 구조의 변동에 좌우되지 않고 전 국민을 지탱하는 기초연금제도가 탄생했다.

■ 성숙화에서 급여 적정화로 이동

일본 연금제도의 두 번째 특징은 아주 짧은 시간에 연금 급여를 안정적으로 보장하기 위해 제도를 보완해 온 점이다. 전 국민 연금제도를 시행한 시기는 고도 경제 성장기로 물가나 임금이 급격하게 상승했고 연금액도 이에 발맞추어 점점 늘어났다. 당시에는 비교적 가입 기간이 짧더라도 노후 생활비로 연금을 받을 수 있었지만, 제도가 만들어지고 점차 시간이 흐르며 피보험자의 연금 가입 연수와 연금액도 불어나 연금 수령액도 같이 증가할 수밖에 없는 상황이 되었다. 이처럼 연금제도가 **성숙화**되는 한편 일본 경제는 석유 파동을 계기로 저성장과 저출산, 고령화 사회를 맞이했다. 1985년의 제도 개정 이후 미래 세대의 부담 능력과 균형을 맞추기 위해 연금 재정을 장기적으로 안정시키려는 다양한 **급여 조정 조치**가 강구되었다.

■ 넉넉한 국고 부담과 방대한 연금 적립금

일본의 연금제도는 다른 국가와 비교해 급여 수준이 비슷하거나 높지만 부담은 낮은 편이다. 이를 가능하게 만드는 재원의 출처는 **넉넉한 국고 부담**과 **방대한 연금 적립금**의 존재로 이는 일본 연금제도의 세 번째 특징이다. 국고 부담은 기초연금의 2분의 1에 상당하는 금액이며 피보험자 소득의 많고 적음에 관계없이 일률적으로 지원한다. 이와 더불어 그동안 누적된 보험료를 살펴보면 공적 연금의 적립금 총액은 203.6조 엔(2014년 말 기준)으로 운용 수입이나 계획적인 급여 지출을 통해 향후 피보험자의 부담 증가를 완만하게 억제할 것으로 기대한다.

3층 구조의 연금제도

일본의 연금제도는 국내에 거주하는 모든 사람이 가입하는 기본적인 국민연금(기초연금)과 민간 회사에 근무하는 사람이나 공무원과 같은 직장인이 가입하는 후생연금, 기업연금과 국민연금기금 등 3층 구조로 이루어져 있다.

국민연금의 피보험자는 **제1호 피보험자**, **제2호 피보험자**, **제3호 피보험자**로 구분된다. 제1호 피보험자는 자영업자로 피보험자 스스로 가입 신청을 하고 정액의 보험료를 낸다. 제2호 피보험자는 후생연금에도 가입하는 직장인으로 가입 신청이나 보험료는 일괄적으로 사업주(회사나 근무처)가 처리하고 보험료의 절반을 부담한다. 제3호 피보험자는 제2호 피보험자에게 부양받는 배우자(연 수입 130만 엔 미만)이다. 제3호 피보험자의 보험료는 부양자가 가입한 후생연금에서 피부양자도 포함하여 국민연금의 필요한 비용을 부담하기 때문에 직접 보험료를 낼 필요는 없다.

후생연금의 피보험자는 민간 회사 근로자나 공무원 등 직장인이다. 그동안 근무 시간이 일반 근로자의 4분의 3 미만인 사람에게는 적용하지 않았

그림 3 **연금제도 체계**(수치는 2015년 3월 말 기준)

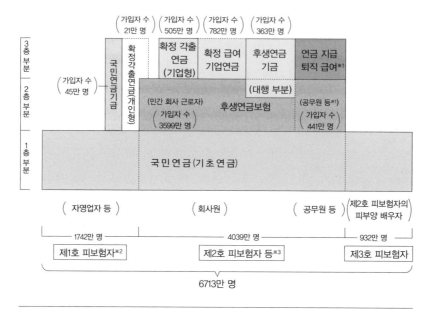

주: 1) 후생연금기금, 확정급여 기업연금 및 일본사립학교진흥 공제사업단의 가입자는 확정각출연금(기업형)에 가입할 수 있음 2) 국민연금기금의 가입자는 확정각출연금(개인형)에 가입할 수 있음 3) 후생연금기금은 2014년 4월 이후의 신설은 인정하지 않음 4) 제3호 피보험자, 기업연금 가입자(규정에 정해진 경우에 한함), 공무원 공제 가입자도 2017년 1월부터 확정각출연금(개인형)에 가입할 수 있음
자료: 후생노동성, 〈2016년 후생노동백서 자료 편〉을 기초로 작성

지만, 2016년 10월부터 일부 단시간 근로자도 종업원 501인 이상의 기업에서 주 20시간 이상 근로하고 월수입 8.8만 엔 이상을 받는 사람에게까지 확대 적용되었다.

3층에 해당하는 기업연금에는 후생연금기금, 확정각출연금(기업형), 확정급여 기업연금이 있는데 개인이 가입하는 국민연금기금이나 확정각출연금(개인형)도 있다. 3층에 해당하는 연금제도는 공적 연금이 아니므로 강제 가입이 아니라 기초연금이나 후생연금에 추가적으로 가입하는 형태이다.

연금 지급(지급 요건 및 연금액)

■ 노령연금

20세부터 59세까지 보험료를 납부한 사람은 65세부터 노령기초연금을 받는다. 보험료 납부를 면제받은 기간(면제 기간), 국외에 거주하여 보험료를 납부하지 못한 기간 등(합산 대상 기간)은 노령기초연금 지급 시 보험료 납부 완료 기간으로 판정한다. 한편 보험료를 장기간 체납하면 연금을 받을 수 없다(기존에는 보험료 납부 완료 기간, 면제 기간 또는 합산 대상 기간이 25년(300개월)이었으나, 2017년 10월부터는 10년(120개월)으로 단축). 제2호 피보험자는 20세 이전 및 60세 이후(69세까지)에도 보험료를 납부하고 납부 기간에 따라 추가로 노령후생연금을 받을 수 있다. 제3호 피보험자의 기간 산정은 부양자인 제2호 피보험자가 보험료를 납부한 기간으로 인정한다. 60세가 되었을 때 체납 등의 이유로 보험료 납부 완료 기간이 모자란 사람은 65세까지 임의로 추가 가입하여 40년(480개월)까지 연금액을 증액할 수 있다. 현재 후생노령연금은 65세 전부터 지급하는 경과 조치를 실시하고 있다(남자는 2024년, 여자는 2029년까지 한정).

노령기초연금액은 정액이 기본으로 면제나 체납이 있으면 그 기간만큼 감액하는 구조이다. 노령기초연금을 60세 이후 65세 이전에 신청하면 1개월당 0.5%를 감액하고, 65세 이후 69세 사이에 신청하면 1개월당 0.7% 증액한 연금액을 지급한다.

노령후생연금액은 퇴직 전의 급여 평균액(과거의 급여를 현재 가치로 환산)에 일정한 비율을 곱한 금액과 후생연금 가입 기간을 계산하여 산출한다. 노령후생연금 수급자는 65세 미만인 피부양 배우자나 미성년 자녀가 있으면 일정액의 가산금이 더해진다. 노령후생연금 수급자가 후생연금에 가입된 사업소에서 근무하며 급여를 받으면 노령후생연금액과 급여액의 비율에 따라 연금액의 일부 감액 또는 전액 정지가 된다(재직 노령연금). 또한 노령후생연금의 가입자가 이혼한 경우에는 혼인 기간에 따라 연금액을 분할하는 방식으로 지급한다.

■ 장애연금

국민연금의 피보험자가 질병이나 부상 등으로 일정 기준 이상의 장애(장애 등급)가 발생하면(피보험자 기간에 발생한 질병이나 부상이 원인으로 60세 이상 65세 사이에 장애 등급을 받은 사례 포함) 장애기초연금을 지급한다. 다만 보험료를 장기간 체납하면 연금을 받을 수 없고(체납 기간이 피보험자 기간의 3분의 1 미만이거나 최근 1년 이내이지 않을 것), 연금제도 가입 전인 20세 이전부터 장애가 있던 사람도 보험료 체납이 없으면 장애기초연금을 받을 수 있다. 장애기초연금은 장애 정도에 따라 1급 또는 2급으로 결정된다. 제2호 피보험자로 가입

정기 연금 알림장(2016년 견본)

모든 연령에게 보내는
정기 연금 알림장–엽서
(50세 이상의 사례)

생애 주요 연령(35, 45, 59세)에게 보내는
정기 연금 알림장–편지
(50세 이상의 사례)

'정기 연금 알림장'으로 자신의 연금 납부 기록을 알 수 있어 연금 수급 개시 전에 연금 가입 상황을 확인할 수 있다.

한 시기에 발생한 장애라면 장애기초연금과 함께 장애후생연금도 지급된다. 장애후생연금에는 1급, 2급 외에도 단독으로 지급하는 3급이 있다.

장애기초연금액의 1급은 노령기초연금 최고액의 1.25배, 2급은 노령기초연금 최고액과 같은 금액이다. 미성년 자녀가 있으면 일정액의 가산금이 더해진다. 장애후생연금액의 1급은 노령후생연금액의 1.25배, 2급과 3급은 노령후생연금액과 같지만, 후생연금의 가입 기간이 짧으면 25년(300개월)을 기준으로 계산한다. 65세 미만인 피부양자 배우자가 있으면 일정액을 가산한다.

■ 유족 연금

국민연금 피보험자가 사망하거나(피보험자 기간에 질병이나 부상이 원인으로 60세 이상 65세 사이에 사망한 사례 포함), 노령기초연금 수급자가 사망하면(노령기초연금의 지급 요건을 충족한 사람이 지급 개시 이전에 사망한 사례 포함) 유족에게 유족기초연금을 지급한다. 유족의 범위는 사망한 사람의 부양가족으로(생계 동일, 연 수입 850만 엔 미만) 자녀가 있는 배우자 및 자녀이다. 장애기초연금과 마찬가지로 사망한 사람이 보험료를 장기간 체납한 상태이면 연금을 지급하지 않는다. 사망한 사람이 제2호 피보험자나 노령후생연금 수급자이면 유족기초연금과 함께 유족후생연금이 지급된다(다만 유족이 남편인 경우에는 피보험자 사망 시점의 연령이 55세 이상). 유족후생연금에서는 사망한 사람에게 생계를 부양받던 자녀가 없는 배우자(30세 미만인 사람은 5년 기간 한정 연금 지급)나 일정한 요건을 충족하는 부모, 손자, 조부모에게도 연금을 지급한다.

유족기초연금액은 노령기초연금의 최고액과 같은 금액이다. 미성년 자녀가 있으면 일정액이 가산된다. 유족후생연금액은 노령후생연금액의 4분의 3이 기준이나 후생연금 가입 기간이 짧으면 25년(300개월)으로 인정하여 계산한다. 남편이 사망한 시점의 40세 이상 65세 미만인 아내(남편 사망 시에는

40세 미만으로 미성년 자녀가 있어 유족기초연금을 수급하다가 자녀가 성인이 되어 유족기초연금의 수급권을 잃은 사람 포함)에게는 65세까지 일정액을 가산한다(중고령 과부 가산).

■ 자체 급여금

제1호 피보험자에게 지급하는 특별 자체 급여금으로는 부가연금(일반적인 보험료에 추가로 보험료를 부담하면 기간에 따라 연금액 가산), **과부연금**(제1호 피보험자였던 남편이 노령기초연금 지급 요건을 충족하고 지급 개시 이전에 사망하면 혼인 기간이 10년 이상인 아내에게 60세부터 64세까지 연금 지급), **사망일시금**(납부 완료 기간이 36개월 이상인 피보험자가 기초연금을 받지 못한 채 사망하고 유족도 유족기초연금을 받지 못하는 경우)이 있다. 또한 후생연금의 자체 급여로 3급 장애후생연금처럼 단독으로 지급하는 연금 외에 장애수당(3급에 해당하지 않는 장애에 대한 일시금 지급)도 있다.

■ 중복 조정

연금을 받을 수 있는 권리가 두 가지 이상 발생하더라도 한 가지만을 선택해야 한다. 노령기초연금과 노령후생연금처럼 동일한 원인의 연금은 하나의 세트로 중복해서 받을 수 있다. 배우자의 사망으로 유족후생연금과 자신의 노령기초연금, 노령후생연금을 받을 수 있는 자격이 생기거나(노령후생연금을 먼저 지급하고 유족후생연금과 차액이 발생하면 차액을 지급), 장애기초연금과 노령후생연금을 동시에 받게 되면 예외적으로 중복을 인정한다.

■ 연금액 개정(물가 슬라이드, 매크로 경제 슬라이드)

연금은 지급 개시 시점에 과거의 임금 인상을 연금액에 반영하는 임금 슬라이드 방식을 도입했고, 이후에는 연금의 실질 가치를 유지하기 위해 매년 물가 변동률로 연금액을 조정하는 물가 슬라이드 방식이 기본이었다. 그러나 저출산 고령화로 보험료를 납부하는 인구 집단의 규모가 축소되어 피보험자 개인의 급여가 올라도 전체의 부담 능력은 떨어지게 되었다. 더구나 수명 연장에 따른 연금 지급 총액도 늘어났다. 이에 물가 슬라이드 비율에서 이러한 요인을 공제한 비율로 연금액을 조정하도록 제도를 수정하여 피보험자 전체의 부담 능력과 균형에 맞는 연금 수준을 유지하게 되었다(매크로 경제 슬라이드).

연금의 비용부담

공적 연금의 보험료는 제1호 피보험자가 정액, 제2호 피보험자는 급여(상여금 포함) 비례이다. 제2호 피보험자의 보험료는 사업주와 피보험자가 절반씩 부담하며 피부양 배우자인 제3호 피보험자의 보험료도 포함되어 있다. 각각의 보험료는 자체 급여의 재원으로 쓰인다. 기초연금 급여에 필요한 금액은 각각의 피보험자 수에 따라 '갹출' 형태로 분담하며 2분 1에 해당하는 금액은 국고 부담으로 지원한다(기초연금 급여에 필요한 비용에는 1985년 기초연금 창설 이전인 1961년 4월 '전 국민 연금' 이후의 공적 연금 급여 중 기초연금에 상당하는 부분 포함). 장기적인 연금 재정 운영은 각 연금제도가 보유하는 적립금의 운용 수입 및 계획적인 급여 지출을 통해 세대 간의 부담에 불균형이 생기지 않도록 조정한다.

일본 연금제도의 종류와 수급(지급) 요건

연금 종류	수급(지급) 요건
노령연금	① 일정 연령(지급 개시 연령)에 도달할 것(65세 등) ② 장기간 보험료를 체납하지 않았을 것(일정 가입 기간을 충족해야 함. 그동안 25년이었으나 2017년 10월부터 10년으로 단축)
장애연금	① 일상생활이 곤란한 일정 기준(장애 등급)에 해당할 것(1급, 2급, 3급) ② 보험료를 체납하지 않았을 것(체납 기간이 피보험자 기간의 3분 1 미만이거나, 최근 1년 이내이지 않을 것) *20세 이전(제도 가입 이전)에 생긴 장애도 장애기초연금을 지급함
유족연금	① 사망한 피보험자의 기준 범위 내의 가족(=유족)일 것(피부양 배우자, 미성년 자녀 등) ② 사망한 사람이 보험료를 체납하지 않았을 것(체납 기간이 피보험자 기간 중 3분의 1 미만이거나 최근 1년 이내이지 않을 것)

연금액(계산식)-2016년 신규 수급자

노령기초연금액

780,100엔(월 65,008엔, 40년 보험료 납부)

보험료 납부 완료 기간이 40년(=480개월)을 채우지 못한 경우

연금액={연금액 총액×(보험료 납부 완료 기간+면제 기간×면제 비율별 지급률*)}÷480개월

* 면제 비율별 지급률: 면제 비율은 소득 등에 따라 전액, 3/4, 1/2, 1/4로 구분하며 지급률도 각각 1/2, 5/8, 3/4, 7/8로 정해져 있다.

노령후생연금액

평균 표준 보수액(현역 시절의 급여와 상여금을 현재 가치로 재평가한 금액)×급여 승률*×후생연금의 피보험자 기간

* 승률: 5.481/1000(생년월일별로 7.308~의 경과조치 있음. 2003년 3월 이전의 기간은 9.5/1000~7.125/1000)

⇒ 직장인 부부의 표준 연금액은 평균 임금(월액 환산 42.8만 엔)으로 40년 동안 가입한 민간 회사 근로자와 전업주부(40년 가입)의 노령기초연금을 포함한 세대 합계 표준 연금액

[월 22만 1504엔]

보험료

제1호 피보험자	제2호 피보험자(후생연금)	제3호 피보험자
• 정액 보험료(월 16,260엔, 2016년 4월 현재) • 매년 280엔 씩 올려 2017년 이후 16,900엔(2004년 금액)으로 고정(실제로는 명목 임금 변동에 따라 개정하여 2017년의 보험료는 16,490엔임)	• 보수액에 비례한 보험료(보험료율 18.182%, 2016년 10월 현재) • 매년 0.354%씩 올려 2017년도 이후 18.30%로 고정 • 노사 절반 부담	• 배우자가 가입한 직장 연금제도에서 부담하기 때문에 피보험자 본인은 직접 부담하지 않음

확정급여 기업연금

미래의 연금 급여액을 확정하고 그 금액에서 역산한 납부금을 기업이 운용해 나가는 연금 방식으로 운용에 대한 위험 등을 기업이 부담한다.

확정갹출연금

납부금을 확정하고 가입자 본인 책임으로 운용하는 연금이며 미래의 수령액은 미확정이다. 납부금을 기업이 내는 '기업형'과 자영업자 등이 직접 납부하는 '개인형'이 있다.

물가 슬라이드

연금액을 물가 상승 비율에 따라 조정하는 방식이다. 인플레이션이 발생하면 물가가 오르기 때문에 같은 연금액으로 살 수 있는 상품이 적어져 생활수준이 떨어진다. 반대로 디플레이션 상황에서는 연금액을 내려도 생활수준을 유지할 수 있다.

매크로 경제 슬라이드

저출산 고령화로 연금을 지탱하는 인구가 줄어들면 현재 피보험자의 급여가 상승해도 피보험자 전체의 부담 능력은 증가하지 않는 현상이 나타난다. 물가 슬라이드 방식으로 연금액을 조정할 때 피보험자 전체의 부담 능력을 고려하여 슬라이드 비율에 일정한 조정(인하)을 추가하는 것이 매크로 경제 슬라이드 방식이다. 평균 수명이 늘어나도 그만큼 연금 급여액이 늘어나기 때문에 반드시 조정이 필요하다.

2

연금제도의
과제와 해결 방안

POINT > 저출산 고령화가 지속되면서 현재 일본의 연금제도는 다양한 수정과
보완이 이루어지고 있다. 세대 간 부담의 불공평 문제와 바람직한 운
영 방향에 대해 알아본다.

급여와 부담의 형평성 문제(세대 간, 세대 내 형평성)

연금제도에서 가장 문제가 되는 부분은 세대 간 혹은 세대 내에 급여와 부담
의 불공평함이 발생한다는 점이다. 예를 들어 1935년에 태어난 사람은 본인
이 낸 보험료의 8.3배에 달하는 연금을 받을 수 있지만, 1995년에 태어난 사
람은 2.3배에 지나지 않는다(후생연금의 사례로 2004년 후생노동성 연금국 자료). 왜
이런 불균형이 발생하는 것일까. 그 원인은 다음 세 가지로 정리할 수 있다.

첫 번째는 경제적 원인으로 물가나 임금 등의 급속한 변화 때문이다. 제
2차 세계대전 후 사회 안정기를 거쳐 고도 경제 성장기까지 약 30년 동안
물가와 임금이 큰 폭으로 상승하여, 예전에 부담했던 보험료를 현재 가치로
계산하면 아주 적은 금액이라고 느낄 것이다. 한편 연금액은 경제 성장의
결과를 공평하게 배분하기 위해 물가와 임금 상승률을 웃도는 금액으로 조

그림 4 사회보장 급여와 부담의 균형(세대별 의식)

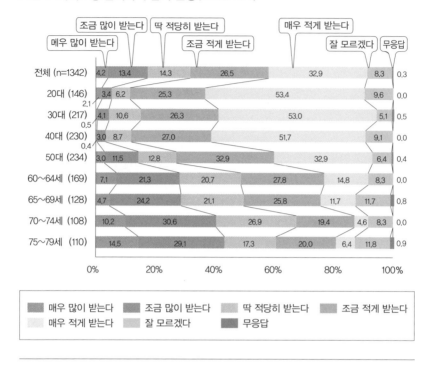

자료: 〈2011년 후생노동백서〉

정해 왔다.

두 번째는 연금제도의 성숙화에 따른 운영상의 문제(보험료 상승 지연)이다. 예전에는 의식주 등 필요 생계비 외에 자유롭게 사용할 가처분 소득이 거의 없었는데도 보험료를 내야 했던 상황을 고려하여 보험료(비율) 상승을 단계적으로 진행해 왔다. 매년 물가 상승 등을 반영해 연금액은 충실해졌지만 이에 따른 보험료 상승이 늦어졌다.

세 번째 원인은 인구 구조의 변화이다. 예전에는 출생률이 높아 보험료를 납부하는 젊은 인구가 연금을 받는 고령자에 비해 많았기 때문에 비교적 낮은 부담으로 필요한 연금 수준을 유지할 수 있었다. 현재는 출생률이 떨어져 젊은 인구가 감소하는 한편 고령 인구는 계속 증가하여 일정한 연금 수준을 유지하기 위해서는 피보험자가 더 많은 금액을 부담해야 한다.

세대 내의 불균형을 지적하는 목소리도 있다. 특히 공무원과 민간인의 격차가 주요 쟁점 사항이다. 은급제도(전액 국고 부담)에서 시작한 공무원 공제연금은 사회보험 방식으로 바뀌었으나 연금액의 계산법(최종 급여의 일정 비율), 지급 개시 연령(55세)이 후생연금보다 유리한 점이 문제가 되었다. 점차 후생연금과 같은 내용으로 개정하여 2015년 10월부터는 후생연금으로 통합하였다.

직장인의 아내인 전업주부처럼 직접 보험료를 내지 않았는데도 연금을 받는 제3호 피보험자제도가 불공평하다는 의견도 있다. 제3호 피보험자의 기초연금 보험료는 남편이 속한 후생연금제도에서 일괄적으로 지급하고 있으며, 세대의 소득이 동일한 가계끼리 비교하면 같은 부담 대비 같은 연금을 받는다는 점에서 불공평하지는 않다. 다만 단시간 근로하고 얻는 전업주부의 수입은 연금 보험료 계산에서 빠지기 때문에 단신 근로자는 부부 세대에 비해 같은 부담을 해도 받는 연금액에 차이가 생기는 불공평함을 느낄 수 있다. 남녀고용기회균등법이 제정되기 이전에는 직장인 남편과 전업주부 아내로 구성된 세대를 하나의 단위로 판단하고 연금제도를 만들었기 때문에 발생하는 문제이다. 현대처럼 여성도 사회에 적극적으로 진출하는 상황에는 알맞지 않다는 점에 원인이 있다.

앞으로 지속되는 고령화 사회에서 안정적으로 연금 재정을 운용하기 위해서는 부담과 급여의 불균형을 불식시키는 일이 중요하다.

연금제도의 지속 가능성(재정 방식과 재원의 선택)

연금제도의 재정을 안정적으로 운용하기 위한 하나의 방법으로 재정 방식을 현재의 **부과 방식**에서 **적립 방식**으로 변경해야 한다는 의견이 있다.

부과 방식이란 현재의 현역 세대가 납부한 보험료로 고령자의 연금 급여를 충당하는 구조이다. 부과 방식에서 일정한 연금액을 확보하기 위한 보험료 부담은 피보험자와 연금 수급자의 비율로 결정된다.

한편 적립 방식은 한 세대가 미래에 자신에게 필요한 연금 급여액을 미리 적립하고 쌓인 적립금으로 노후 연금을 충당하는 구조이다. 부과 방식에서 적립 방식으로 전환하는 일은 생각보다 간단하지 않다. 지금까지 미리 앞 세대의 보험료를 부담해 오다가 이제 새롭게 연금을 받는 적립금이 없는 세대의 연금 재원을 무엇으로 부담할지에 대한 문제가 크기 때문이다. 제도 전환을 위해서는 연금을 받기 직전의 현역 세대가 미래 자신의 연금을 적립하는 한편 현재 고령 수급자의 연금도 떠맡아야 하는 이중 부담이 생긴다. 미래 세대의 연금을 지탱하는 일은 그 시점에서 사회가 얼마만큼의 생산물을 창출하고 분배할 수 있는지에 달려 있다. 이러한 관점에서는 인구 구조를 어떤 방법으로 추계하더라도 공적 연금제도는 그때그때의 현역 세대가 퇴직 세대를 지탱하는 구조를 기본으로 할 수밖에 없다고 이해해야 한다.

'사회보장과 세금 일체 개혁'에서 제시한 연금 재원으로 소비세를 도입하는 일은 재원 확보와 함께 세대 간의 불공평을 조정하는 효과도 기대할 수 있다. 소비세는 부담 능력이 빈약한 연금 수급자에게까지 부담을 요구하는 역진성이 높은 세금제도라는 비판이 일었으나, 연금제도의 재원을 고려하면 현역 세대에게 낮게 설정된 보험료를 소비세의 형태로 낸다는 인식의 전환도 가능하다. 초고령 사회에 적합한 보험료나 연금 개정 비율, 수급 개시 연령 등은 경제 성장이나 인구 동향을 종합적으로 검토하여 균형을 맞추어야 한다.

고용과 연금의 역할 분담

연금제도에서 한 가지 더 중요한 사항은 고령자, 여성, 장애인 등의 고용 촉진 방안 마련이다. 연금은 최종적으로 일하는 사람과 지원하는 사람의 적절한 균형으로 이루어지기 때문이다.

고령자 고용 안정법에서 사업주는 65세까지 정년 연장, 계속 고용 제도 도입, 정년 규정 폐지와 같은 고령자 고용 제도를 도입하여 60세 이후에도 재고용을 희망하는 사람 전원을 고용하도록 규정하였다. **고연령 계속 고용 급여**는 60세 이상 65세 미만인 일반 피보험자의 급여가 60세 시점의 급여에 비해 75% 미만이면 급여를 보전해 주는 제도이다. 급여가 삭감되어도 일할 의욕을 잃지 않도록 지원하는 제도인데 1994년 노령후생연금의 지급 연령이 60세에서 65세로 상향되며 시행되었다.

근로자 확보 측면에서는 여성이나 장애인의 고용 확대가 필요하다. 단시간 근로자나 비정규직, 파견 근로자에게도 후생연금을 적용하면 사회 전체를 지탱하는 자원을 늘리는 동시에 개인의 근무 환경 개선이나 미래에 대한 불안 해소를 가져올 수 있을 것이다. 육아를 지원하는 **육아 휴직 급여**, 요양을 지원하는 **요양 휴직 급여**와 함께 휴업 기간 중의 보험료 부담 면제처럼 고용을 유지할 수 있는 환경을 정비하여, 육아나 요양 돌봄을 지원하는 사회적 환경을 갖추는 일도 연금제도의 유지와 안정으로 이어진다.

이처럼 연금제도뿐 아니라 경제·사회의 발전과 안정을 위해 사회보장의 여러 제도를 적절히 조합하여 더욱 많은 사람이 사회를 지탱하도록 역할을 부여하는 일이 중요하다.

주거 정책과
마을 만들기

1   배리어 프리 마을 만들기

POINT >   고령자가 생활하기 편리한 주택과 마을 만들기의 기초는 1980년대부터 장애인을 염두에 두고 시작한 배리어 프리 정책에 있다. 현재까지 제정된 관련 법률과 사회적 변화를 알아본다.

배리어 프리 확대와 지방자치단체의 조례 제정

배리어 프리는 신체장애인이 이용하기 편리하도록 배려한 공공시설 등의 설계 기준 수정에서 시작되었다. 당시에는 정부 조직이 운수성과 건설성으로 나뉘어 있어 법령이나 대강(大綱)*을 각각 발표하였다. 그러나 대강은 법적인 구속력이 없어 배리어 프리 사업은 시범적으로 운영되었고 사회적 관심도 적었다. 1980년대까지는 공공시설이나 일부 시정촌의 기본 강령을 기준으로 사업을 진행했다.

    1990년 가나가와현에서 일정 규모 이상의 건물은 배리어 프리 시설을 갖추어야만 건축 허가를 받을 수 있도록 건설기준조례를 개정하면서 처음으

●   정부 조직의 입장이나 계획, 운영 방침, 규범 등을 요약한 것—옮긴이

로 배리어 프리의 사회적 실효성이 담보되었다. 같은 해 미국에서는 '신체 장애인 법률(American with Disabilities Act)'이 제정되었다. 이 법은 어떠한 장애가 있는 사람이라도 비장애인과 마찬가지로 건축물, 고용, 정보 등을 자유롭게 이용하도록 보장하고 장애로 따른 차별을 금지하는 법률이다. 이러한 흐름에 따라 나고야시, 오사카부, 효고현 등에서 '복지 마을 만들기 조례'를 제정하였다. 건축기준법에서 세세하게 규정하기 어려운 도로, 공원 등의 공공 공간 환경 정비를 위해 지방자치단체별로 독자적인 법적 기준 마련을 추진하기 시작했다.

1994년에는 고령자, 신체장애인 등이 이용하기 편리한 건물을 만들도록 규정한 '특정 건축물의 건축 촉진에 관한 법률(이하 하트 빌딩법)'이 제정되었다. 이 법에서 규정한 기준을 인정받으면 사업자는 보조금이나 저금리 융자를 받을 수 있다. 이전까지는 주로 공공시설 중심으로 시행하던 배리어 프리 디자인을 하트 빌딩법의 시행으로 슈퍼마켓 등 대형 민간 건물에서도 적극적으로 도입하게 되었다.

2000년에는 '고령자, 신체장애인 등의 공공 교통기관 이용 원활화 촉진에 관한 법률(이하 교통 배리어 프리법)'이 제정되었고, 철도역 등의 시설과 차량에 배리어 프리 도입이 추진되는 동시에 역 광장이나 주변 도로 등의 정비 사업이 진행되었다. 각 지방자치단체는 공공 교통 사업자와 연계하여 여객 시설을 중심으로 중점 지역을 설정하고 배리어 프리 환경 개선을 추진했다.

2003년 하트 빌딩법을 개정하며 병원, 노인복지시설, 백화점 등 불특정 다수의 사람이 이용하는 2000m² 이상의 건물은 배리어 프리 기준이 적용되었다. 사업자의 '노력 의무'가 '적합 의무'로 강화되어 배리어 프리 정책이 더욱 강력하게 추진되었다.

2005년 건물과 교통 분야에서 따로따로 진행하던 배리어 프리 정책을 하나로 통합하는 유니버설 디자인 정책 대강이 발표되었다. 2006년에는 공공

그림 1 배리어 프리 신법에 의한 중점 정비 지역 이미지

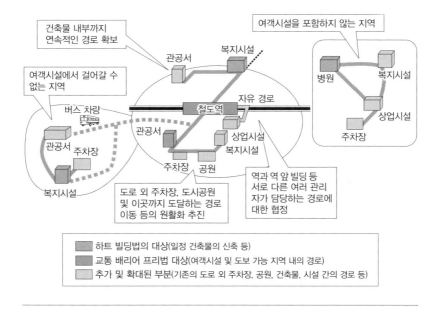

자료: 국토교통성 자료를 기초로 작성

건물이나 많은 사람이 모이는 대형 쇼핑몰 등의 시설을 전체적으로 개선하도록 규정한 '고령자, 장애인 등의 이동 원활화 촉진에 관한 법률', 이른바 배리어 프리 신법이 제정되어 공공장소의 배리어 프리 설치는 이제 당연한 것으로 인식되었다.

건강 증진과 이용자 중심의 서비스

건축이나 교통 시설의 배리어 프리 정책과 함께 지역 복지 분야에서 건강 증진과 이용자 중심의 서비스에 대한 인식이 확산되었다. 2000년 개호보험 제도, 2003년 지원비 제도를 시행하며 행정 기관이 고령자나 장애인의 서비스를 결정하는 것이 아니라 이용자 본인이 직접 서비스를 선택하도록 바꾸었다. 신체적, 정신적, 사회적 상황과 관계없이 모든 사람이 자기다운 삶을 유지할 수 있는 사회 환경 정비가 점점 중요한 개념으로 자리 잡았다.

고령사회 마을의 배리어 프리

장애인이 살기 편리한 마을은 고령자나 육아를 담당하는 세대도 살기 편리한 마을이다. 지금까지 진행해 온 배리어 프리와 고령자 중심의 마을 만들기를 간략히 정리하면 앞의 그림 1과 같다. 이와 더불어 고령자의 자택 주변(일상생활 지역)을 배리어 프리로 만드는 일이 중요하다. 고령자는 자택에서 출발하여 공원, 백화점, 병원으로 간다. 앞으로는 마을의 주요 거점뿐 아니라 일상생활을 하는 가까운 장소에 고령자가 자신의 의지대로 이동할 수 있도록 마을 전체의 배리어 프리가 필요하다.

배리어 프리 관련 법률의 제정 과정

- 1981년　국제 장애인의 해
- 1982년　신체장애인의 이용을 배려한 건축건설기준(건설성)
- 1983년　공공 교통 여객시설의 신체장애인용 시설 설치 가이드라인(운수성)
- 1990년　가나가와현 건축기준조례 개정, 배리어 프리 관련 조항 추가
- 1994년　하트 빌딩법(건설성)
- 2000년　교통 배리어 프리법(운수성)
- 2003년　하트 빌딩법 개정, 규정의 일부 의무화(국토교통성)
- 2005년　유니버설 디자인 대강(국토교통성)
- 2006년　배리어 프리 신법(국토교통성)

건강 증진(Health promotion)

1986년 WHO의 오타와헌장에서는 건강 증진을 '개인 스스로 건강관리 능력을 높이고 자신의 건강을 향상할 수 있도록 하는 과정'으로 정의하고 21세기의 새로운 건강 전략으로 제안했다.

2

지속 가능한 마을과
주거 환경 개선

POINT > 안정화된 지역 포괄 케어 시스템과 개정된 고령자 주거법 등의 연계로 고령자의 생활을 지원하는 체계를 점차 정비하고 있다. 구체적인 고령자 생활지원에 대해 알아본다.

고령자를 위한 복지시설의 전환기

■ 부족하다고 마구 시설을 늘리지 않는다

마을에 배리어 프리가 진행되면서 고령자의 주거 환경도 크게 바뀌고 있다. 고령자 단신 세대와 고령자 부부 세대의 급격한 증가에 따른 것으로, 2014년에는 1300만 세대를 돌파했다(〈2014년 국민생활 기초조사의 개요 및 현황〉). 일본에서는 예로부터 큰 집에서 대가족이 모여 살며 고령자를 돌봐 왔는데 앞으로는 가족에게 요양 돌봄을 기대하기 어려운 세대가 늘어날 전망이다. 혼자 사는 불안감, 노노케어의 한계로 2014년에는 특별 양호 노인 홈의 신청자가 52.2만 명에 달했다.

한편 고령자의 약 50%는 마지막까지 자택에서 계속 살고 싶다고 희망한다(내각부, 〈2012년 고령자의 건강에 관한 의식 조사〉). 이러한 괴리감이 바로 고령자 돌봄의 커다란 과제이다. 고령자는 노화나 질병으로 ADL이 떨어지면 높낮이 차와 같은 자택의 주거 환경 문제나 장애와 돌봄 지원 문제로 자택에서 계속 생활하기 어렵다. 특히 가족에게 돌봄 지원을 받을 수 없는 사람은 시설에 입소할 수밖에 없는 상황이다. 따라서 건강 증진 활동에 힘쓰며 자택에서 의료, 요양 서비스를 받기를 희망하는 사람이 오래 살아 익숙한 지역 내에서 마지막까지 살아갈 수 있도록 **주거 환경과 돌봄의 일체 정비**가 필요하다.

■ 다인실에서 개인실과 유닛 형태로 변화

예전의 복지시설은 대부분 토지 가격이 저렴한 교외에 지어졌고 고령자가 오래 살아 익숙한 지역에서 멀리 떨어진 곳이 대부분이었다. 더구나 고령자의 안전을 최우선으로 고려하여 서비스 제공자가 안부 확인이 편리하도록 시설을 설계했고 현관 출입구는 항상 잠겨 있어 거주자가 자유롭게 드나들 수 없는 구조였다. 실내도 정이 든 가구나 넓은 정원이 있는, 지금까지 생활해 온 공간과는 전혀 다른 다인실에서 생활해야 했다. 고령자 시설은 다음과 같은 불만의 목소리가 커지면서 환경 개선이 시급한 과제로 떠올랐다.

- 오래 살아 익숙한 지역에서 멀리 떨어진 데다 단조롭고 획일적인 주거 환경에 놓여 상실감이 매우 크다(빨리 집으로 돌아가고 싶다).
- 지역에는 대화를 나눌 친구가 있고 자주 가던 단골 가게가 있었으나 시설에서는 낯선 사람들과 처음부터 새로운 관계를 맺어야 한다.
- 지금까지 자신의 생활 리듬에 맞춰 생활했는데 2인실이나 4인실과 같은 다인실에서는 자신의 사생활을 지키기 어렵고 이로 인해 가족들의 면회도 드물어진다.

우리 사회를 지탱해 온 세대의 마지막 장소가 당사자의 QOL 확보에 의문이 드는 시설이라는 데 우려의 목소리가 높아짐에 따라 2002년부터 다인실에서 개인실로 바꾸기 시작했다. 특히 **유닛 케어**를 실시하는 **신형 특별 양호 노인 홈**이 증가하면서 개인실 확대가 본격화되었다. 복지시설도 개인의 생활 방식을 존중하고 자택과 유사하게 생활할 수 있는 환경 개선 필요성이 강조되었다. 2010년 사회보장심의회 개호급여비분가회에서는 개호 노인복지시설 입소자의 존엄 유지 관점에서 향후 신설하는 모든 시설은 유닛 케어 형태로 건립해야 한다고 제언하였다. 시설 건립을 위한 대지 확보와 거주비 부담이 늘어난다는 문제도 지적되었으나, 이를 위해 2012년 이후 시설 개보수 조성 단가 확충과 개호 노인복지시설 정비에 들어가는 비용 조성은 유닛 케어 중심으로 한정 실시를 검토하겠다고 발표했다.

재가 요양 서비스의 흐름(변화 과정)

복지시설의 개인실 확대와 유닛화를 계속 진행하고 있으나 여전히 고령자의 90%는 자택에서 생활한다(자가 소유 주택 비율은 80%). 개호보험의 요개호 등급을 받은 고령자도 80%는 자택 생활이다. 이러한 현실을 고려하면 자택에 거주하더라도 시설과 같은 서비스를 받을 수 있는 환경 조성이 중요하다. 단신 고령자를 예로 들어 시설과 자택의 차이를 살펴보면 개호보험의 재가 부분은 동일하다. 시설에서는 아침저녁 안부 확인, 하루 세 번 식사 제공, 생활 상담 서비스 제공 등에 차이가 있다.

개호보험제도를 시행한 지 10년이 지난 2010년 개호보험법을 개정하였다. **지역 포괄 케어 시스템**을 구축하여 재가 의료, 요양, 생활, 예방, 주거 서비스를 일상생활 범위의 지역 내에서 제공하고 요양이 필요하더라도 자택에서 계속 생활할 수 있는 환경 만들기를 강조했다.

■ 재가 의료와 지역 포괄 케어

고령자가 직접 진찰이나 치료를 받으러 병원에 갈 수 없으면 건강에 대한 불안 증가로 병원에 입원하려는 수요가 발생한다(특히 75세 이상에서 뚜렷하게 나타남). 이러한 상황에서 모두가 병원에 장기간 입원하면 입원실은 고령자로 넘쳐날 것이다. 따라서 의사가 고령자의 집을 방문하여 진료하고 의사와 연계한 복지 담당자가 필요할 때마다 방문하여 서비스를 제공하는 일이 중요하다. 의료 수요가 높은 고령자에게는 본인의 몸 상태나 가족을 잘 아는 담당 주치의가 정기적으로 방문해 주면 매우 안심이 된다.

재가 의료와 **재가 요양**을 연계하여 24시간 365일 의료 및 요양 서비스를 제공하면 고령자의 자택이 인생의 마지막 거주 장소가 될 수 있다. 개호보험 서비스 중에는 일정한 자기 부담으로 필요에 따라 방문 요양, 주간 보호, 단기 보호를 이용하며 자택에서 자기다운 삶을 유지할 수 있는 **소규모 다기능 주택 요양** 서비스도 확대되고 있다. 만약 심각한 요양 상태가 되더라도 **정기 순회 및 수시 대응형 방문 요양 간호**와 같은 지역 밀착형 서비스를 이용하며 지역이나 이웃의 도움을 받으면 자택 생활이 가능해진다.

고령자에게 바람직한 생활환경이란?

'Aging in Place' 이념을 실현하기 위해서는 노화로 심신의 기능이 허약해져도 시설에 입소하지 않고 가능한 한 자택에서 자립 생활을 유지하도록 주택 개보수를 지원하거나 지역 내에 적절한 배리어 프리 기능을 갖춘 주택을 정비해야 한다. 예를 들면 중도의 치매 고령자는 본인이 자택에서 계속 살고 싶다고 희망하더라도 실제 생활은 어려운 경우가 많다. 이때 그룹 홈(치매 대응형 공동생활 서비스)과 같이 전문성 높은 서비스를 제공하는 지역 내 시설의 역할이 중요해진다. 그룹 홈은 주택 단지의 빈집이나 시내의 빈 점포 등을 활용하여 지역 밀착형 시설로 개조하고, 그곳에서 고령자가 가족, 이웃, 동료와 계속 교류하며 자기만의 삶을 유지할 수 있도록 지원하는 일이 중요하다.

일상생활 지역과 마을 전체의 접근성 향상

지역 포괄 케어를 담당하는 여러 시설마다 접근 수단이 다르거나(도보, 송영 버스), 방문형 서비스의 전달 체계(도보, 자전거, 자동차) 차이에 따라 물리적 거리의 한계가 결정된다. 각각의 시설은 지역 내 서비스가 필요한 수요자를 빠짐없이 지원할 수 있도록 적절히 배치해야 한다. 방문 요양 서비스를 15분 이내에 제공하려면 전기 자전거를 이용한다고 가정했을 때 반경 1km가 한계로 알려져 있다.

예를 들면 소규모 다기능 주택 요양 지원시설을 중심으로 배리어 프리를 갖춘 소규모 집합 주택과 그룹 홈을 운영하는 니가타현 나가오카시의 사회 복지법인 나가오카복지협회가 좋은 사례이다. 이곳에서는 24시간 종합 서비스를 제공하는 지역 거점을 중심으로 24시간 방문 요양, 야간 대응 방문 요양, 365일 주간 보호, 하루 세끼 365일 식사 제공, 24시간 응급 콜 서비스 등을 실시한다. 지역 거점에 같이 설립된 시설은 배리어 프리를 갖춘 소규모 집합 주택과 그룹 홈이다. 자택에서 생활하기 어려운 고령자는 이곳에서 생활하며 요양 서비스를 받을 수 있다.

새로운 고령자용 주택의 등장

지역 포괄 케어를 지원하는 시설 정비가 안정적으로 진행된 반면 고령자 주택의 배리어 프리는 그다지 진행되지 않았다. 이에 급속히 증가하는 단신 고령자 세대를 위한 새로운 **서비스 제공 고령자 주택**이 등장했다. 서비스 제

사회 편

공 고령자 주택이란 고령자가 배리어 프리 주택에서 생활하며 안부 확인, 생활 상담 서비스를 추가로 받을 수 있는 임대 주택을 말한다. 개호보험 서비스까지 제공하면 고령자는 시설과 동등한 요양 서비스를 받게 된다. 일정한 요건을 충족한 주택 사업자에게는 건축비 보조와 세금 감면 조치가 있다.

지금까지 시설은 후생노동성, 주택은 국토교통성 담당이었지만 2011년 '고령자 주거 안정 확보에 관한 법률(이하 **개정 고령자 주거법**)' 일부를 개정하여, 입주자 보호와 공급 촉진 관점에서 유료 노인 홈, 고령자 전용 주택에도 동일한 규칙을 적용하도록 후생노동성과 국토교통성의 공동 담당제도를

그림 2 **나가오카복지협회**

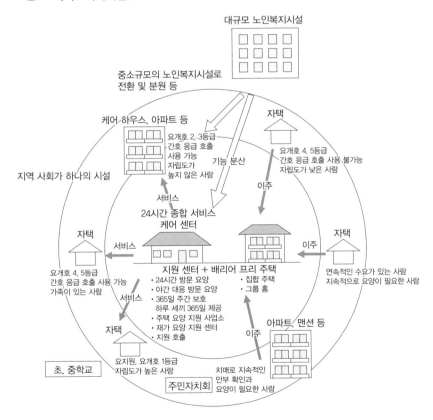

시행했다. 이는 부족한 시설을 대체하는 제도가 아니라는 점에 주의해야 한다. 요양이 필요해졌다고 해서 교외에 대규모로 세워진 서비스 제공 고령자 주택으로 이주하는 일은 Aging in Place의 이념과는 동떨어진 것이기 때문이다.

고령자가 오래 살아 익숙한 장소에서 계속 생활할 수 있도록 지역 내 기반 정비와 함께 각종 서비스도 다양하게 개발되고 있다. 2014년 4월에는 개호보험법을 개정하여 특별 양호 노인 홈의 입소 대상 기준을 변경하였다. 입소 대상은 요개호 3등급 이상인 사람, 학대 등 어쩔 수 없는 상황으로 자택 생활이 불가능한 사람으로 한정하였다. 이러한 변화는 입소 요건을 엄격하게 규정했다기보다 시설이든 자택이든 똑같은 서비스를 받을 수 있는 사회 만들기의 전제라고 인식해야 한다. 제도 개정으로 특별 양호 노인 홈의 대기자는 약 40% 줄었다.

고령자를 위한 시설

유료 노인 홈을 제외하면 고령자를 위한 시설에는 특별 양호 노인 홈(개호 노인복지시설), 개호 노인보건시설, 개호 요양형 의료시설, 경비 노인 홈 등이 있다.

특별 양호 노인 홈

고령자를 위한 복지시설인 특별 양호 노인 홈(개호 노인복지시설)은 지역 밀착형을 포함하여 2016년 3월 기준으로 9498개 시설에 56.4만 명이 입소해 있다.

유닛 케어 시설 정비 목표

특별 양호 노인 홈의 개인실과 유닛 케어 정비 비율은 2014년 기준으로 37.3%이다. 2025년 까지 50% 달성을 목표로 하고 있다.

지역 포괄 케어를 포함한 고령자용 주택 지원

지역 포괄 케어를 포함한 집합 주택의 최적 규모는 30호 정도라고 알려져 있다. 100호 이상 대규모 단지는 사전 계획서 제출 등 행정 지도가 필요하다. 대규모 주택 단지의 서비스 거점 에는 아동 보육 등 육아 지원 기능이 포함되어 세대 간 교류도 기대된다.

도쿄도 신주쿠구의 원룸 아파트 조례

신주쿠구에서는 30호 이상의 원룸을 건설하는 경우 20%는 고령자를 배려한 주택으로 만들 도록 의무화했다.

복지 공간 법(지역 요양 및 복지 공간 정비 등의 교부금)

지역 밀착형 서비스, 요양 예방 서비스의 거점 시설을 정비하기 위해 시정촌, 도도부현이 작 성하는 계획에 필요한 교부금의 바탕이 된다.

개정 고령자 주거법

배리어 프리 시설에서 요양, 의료와 연계한 서비스를 지원하는 '서비스 제공 고령자 주택'의 등록 제도를 새롭게 규정한 법률로 2012년부터 시행했다.

3 활력 넘치는 마을 만들기

POINT >   인생 100세 시대를 맞이하여 복지와 요양뿐 아니라 고령사회에 적합
한 새로운 마을 만들기를 다양한 관점에서 살펴본다.

고령친화도시

고령사회의 이상적인 도시 모습으로 세계보건기구(WHO)는 **Age-friendly City(고령친화도시)**를 제안했다. 고령자의 건강 증진과 사회 참여를 유도하기 위해 접근성이 좋은 물리적 환경과 모든 사람이 생활하기 편리한 포괄적인 사회 환경 만들기가 목표이다. 개호보험의 등급 인정률은 전체 고령 인구의 약 20% 수준으로 고령자를 위한 복지와 돌봄이 마을 만들기의 중요한 요소이기는 하지만 이 외에도 주거나 교통, 사회 참여처럼 다양한 주제가 있다. 아키타현 아키타시는 일본에서 가장 먼저 고령친화도시 행동계획을 수립하고 2011년 12월부터 Age-friendly City 네트워크에 참여하고 있다. 고령자나 장애인이 이용하기 편리한 제도를 지속적으로 실시하는 민간 기업이나 사업자를 모집하고 파트너로 협동하여 마을 만들기를 진행하는 점이 특징

이다. 지금까지 한 번도 겪어보지 못한 초고령 사회에 대비하여 행정기관, 기업, 주민이 온 힘을 합쳐 준비해야 하는 시대가 되었다.

사회 참여, 지역 활동의 기회와 장소

■ 사회 참여, 지역 활동 참여로 동료 만들기

고령화와 수명 연장으로 인생 100세 시대를 눈앞에 두고 있다. 지금까지 은퇴 후의 삶은 '여생'의 관점에서 바라보았으나 이제는 보다 긍정적으로 인생을 설계해야 한다. 고령자가 오래 살아 익숙한 지역에서 자기다운 삶을 계속 유지하기 위해서는 의욕과 희망을 갖는 일이 중요하다. 이를 위해서는 고령자가 자신의 인생이나 미래에 대한 목표를 가질 수 있도록 사회나 지역의 활동에 적극적으로 참여할 기회와 장소를 제공해야 한다.

혼자 사는 고령자를 대상으로 실시한 의식 조사에 의하면 건강이나 재해, 수입 등과 함께 '의지할 사람이 없다'라는 사실에 불안을 느끼는 사람이 많다. 기쁨이나 슬픔을 함께 나눌 상대, 같이 있으면 마음이 편안해지는 상대를 필요로 하는 것이다. 고령자에게는 새로운 동료 만들기가 중요한데, 사회 참여나 지역 내 그룹 활동 등이 효과적이다. 예를 들어 지역 내 자치단체나 NPO, 임시 조직 등이 주최하는 요양 예방 교실이나 취미 활동, 여행 모임, 자신의 역사 만들기 모임 등에 적극적으로 참여하도록 지원해야 한다. **커뮤니티 카페**나 식사 모임, 농작물 키우기, 지역의 전통 행사 참가, 문화 지킴이 활동 등도 고령자에게 삶의 보람을 느끼게 할 뿐 아니라 동료 만들기로도 이어진다. 사회 참여나 지역 활동이 고령자의 건강 증진과 요양 예방에 커다란 힘을 발휘한다는 사실을 기억해야 한다.

▪ 적극적인 지역 참여 지원

내각부가 실시한 〈고령자의 지역 사회 참여에 관한 의식 조사〉(2013)에 의하면 고령자의 61%가 그룹 활동에 참여한 경험이 있다고 응답했지만, 나머지 약 40%는 아무런 활동에도 참여하지 않는 것으로 나타났다. 더욱 적극적으로 고령자가 사회나 지역 활동에 참여하도록 유도해야 한다. 특히 남성 고령자의 사회 활동이나 지역 내 모임 참여 확대가 필요하다. 아키타현 아키타시에서는 고령친화도시 정책의 하나로 건강하고 활발한 고령자가 활동하는 장소 만들기나 커뮤니티 비즈니스 등 지역 과제나 지역 자원을 중심으로 작은 규모의 동아리 운영을 지원하는 사업을 진행하고 있다.

지금까지 지역 주민이 교류하는 장소는 일반적으로 주민 회관이나 커뮤니티 센터와 같은 대규모 공용 공간 중심이었다. 그러나 고령사회가 될수록 고령자가 접근하기 쉬운 거리에서 다양한 활동에 참여할 수 있는 장소(예를 들면 후생노동성이 제안하는, 주민이 자체적으로 운영하는 교류 장소)가 필요하다. 동일본 대지진 피해 지역에서는 지역 사회 복구를 위해 가설 주택 50호에 1호 비율로 상담실을 설치하고, 동아리 활동이나 '차를 즐기는 모임' 등을 개최하여 이웃 만들기, 지역 재생, 상부상조 활동 등을 전개하였다. 이러한 범위를 기준으로 지역 주민의 교류 장소(예: 차세대형 커뮤니티 서포트 센터)가 필요하다.

생활지원과 커뮤니티 케어

▪ 생활지원과 커뮤니티(주민 협력) 케어

고령자가 건강할 때부터 사회나 지역 활동에 적극적으로 참여하여 동료를 만들고, 긍정적인 신뢰 관계를 구축하여 서로를 배려하며 지켜주는 마을 만들기가 중요하다. 주민 서로가 매일 안부를 확인하고 필요하면 쓰레기 분리나 쇼핑을 돕는다. 지연이나 혈연에 의지하지 않고 이웃 간의 신뢰 관계를 바탕으로 자연스레 돌봄 체계를 구축하여 서로의 생활을 지탱한다. 이처럼 주민 서로가 가볍게 모여서 활동하고 배려할 수 있는 공동 공간을 중심으로 **커뮤니티 케어**의 거점을 만드는 일이 중요하다.

■ 생활지원과 ICT 활용

고령자의 욕구는 앞으로 더욱 다양해질 것이다. 고령자가 건강한 생활을 유지하는 데 필요한 욕구를 충족하거나 지역에서 고령자의 힘을 활용하는 데 필요한 정보를 얻으려면 ICT(정보 공유를 위한 전자통신기술) 활용이 필수이다. 고령자의 안부 확인을 예로 들면, LSA(Life support advisor, 생활지원 전문인) 등이 집 안에 설치한 카메라나 통신 기술을 이용하여 거주자의 안부를 확인한다. 먼 거리에 사는 자녀가 인터넷을 활용하여 부모의 안부를 살필 수도 있다. 긴급 시에는 고령자 본인 또는 LSA, 가족이 서포트 센터 등에 연락하면 15분 이내에 요양, 간호 담당자가 방문하는 시스템이 점점 고령자 자택이나 시설에 갖추어지고 있다. ICT 기술은 쇼핑, 택배 등 다양한 일상생활에 활용될 것으로 기대한다. 이처럼 첨단 기술과 커뮤니티 케어를 조합하면 고령자는 일상생활을 그대로 유지하며 자기다운 삶을 살 수 있다.

보행자 환경과 공공 교통, 공공 공간의 충실화

건강 유지의 기본은 걷기이다. 따라서 고령자가 밖으로 나가 안전하게 걸어다닐 수 있는 보행로 정비가 중요하다. 고령자가 외출해서 작은 장애물을 만나면 외출 기회를 줄이게 되고 이는 외출 빈도수 감소로 이어진다.

고령자의 외출 목적은 병원, 쇼핑 등으로 한정되기 쉽다. 도로 환경을 정비하여 고령자가 걸어서 갈 수 있는 거리 내에 외출 욕구를 자극하는 다양한 서비스나 공공장소를 마련해야 한다. 고령자가 더욱 활기 넘치게 다른 사람과 교류하고 생활하기 편안한 마을 만들기가 필요하다.

보행로 환경에 맞추어 적절한 간격으로 벤치를 설치하거나 화장실 사용이 편리하도록 시설을 정비하면 고령자가 안심하고 밖으로 나갈 수 있다. 이동의 자유를 보장하기 위해서는 주요 시설을 찾아가는 방향 표지판을 큰 글자로 읽기 쉽게 만들고, 배리어 프리 기준에 맞추어 휠체어가 안전하게 지나다닐 수 있는 보행로 등 도로 환경을 개선해야 한다. 비가 내려도 쉽게 미끄러지지 않는 바닥재로 공원 광장이나 도로, 계단 등을 개보수하여 고령자의 **접근성**을 높이는 일이 중요하다. 마을 전체에서 공공 교통 시설의 이용 접근성을 높이는 유니버설 디자인도 필요하다.

커뮤니티 케어형 가설 주택 단지

동일본 대지진이 발생한 직후 도쿄대 고령사회 종합연구소는 지금까지 진행해 온 연구 성과를 바탕으로 지역 자치단체와 협력하여 커뮤니티 케어형 가설 주택 단지를 이와테현 가마이시시, 도노시에 건설하였다. 커뮤니티 케어형 가설 주택 단지는 지금까지 재해 지역에서 긴급 피난, 응급조치로 급하게 세웠던 가설 주택 단지와는 다르다. 이곳은 집이나 가족, 친구를 잃은 피해자가 혼자 남겨졌다는 불안감을 느끼거나 고립되지 않도록 주거지와 돌봄, 생활에 필요한 다양한 기능을 갖춘, 저출산 고령화 사회에 적합한 가설 '마을'이다. 재해를 입은 사람이 다시 살아갈 의지를 갖고, 원활하게 재해 이전의 생활로 되돌아가도록 지원한다.

커뮤니티 케어형 가설 마을의 특징은 다음의 다섯 가지로 요약할 수 있다. 첫 번째는 가설 주택 단지에 케어 구역을 설정하고 혼자 사는 고령자나 장애인 등 돌봄이 필요한 사람을 집중적으로 거주하도록 설계하여 복지 접근성을 높였다. 두 번째는 널빤지로 짠 마루를 깔아 집 앞을 배리어 프리화하고 현관을 마주하도록 골목길을 만들었으며, 골목에는 지붕을 설치하여 주민들이 언제라도 밖으로 나와 교류할 수 있도록 하였다. 세 번째는 설계 단계에서 관계 기관과 긴밀히 연계하여 고령자의 생활을 지원하는 중심지로 후생노동성이 권장하는 서포트 센터나 진료소, 육아 지원 거점을 설치했다. 네 번째는 피해를 입은 지역의 상점가를 되살려 가설 점포를 세우고, 시내와 가설 주택을 왕복하는 노선버스 정류장을 임시로 설치하여 병원에 가거나 통학을 하는 일상생활 기능을 재해 이전에 가깝게 회복시켰다. 마지막으로 다섯 번째는 커뮤니티 활성화를 위한 주민 자치 조직의 설립과 운영 지원이다. 도쿄대 고령사회 종합연구소, 지역 자치 단체, 각종 자치 모임, 서포트 센터 운영 사업자, 상점회 등의 대표자로 구성된 마을 만들기 협의회를 구성하여 가설 주택 지역에서 발생하는 다양한 과제를 서로 논의하는 커뮤니티 매니지먼트 사업을 실시했다.

그림 3 **이와테현 가마이시시 히라타 지역의 커뮤니티 케어형 가설 주택 단지**

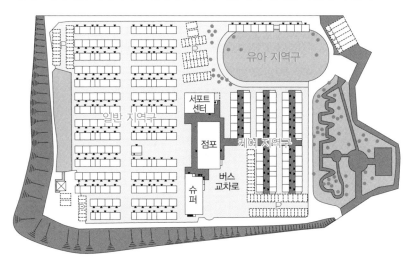

Age-friendly City의 구성 요소

Age-friendly City는 ① 교통기관 ② 주거 ③ 사회 참여 ④ 옥외 공간과 건물 ⑤ 존경과 사회적 포용력 ⑥ 시민 참가와 고용 ⑦ 커뮤니케이션과 정보 ⑧ 지역 사회 지원과 보건 서비스 등 8개 영역으로 구분되며 서로 밀접히 연계되어 있어 종합적으로 정비가 필요하다.

혼자 사는 고령자의 불안

내각부가 2015년에 실시한 혼자 사는 고령자에 대한 인식 조사에 의하면 사회성에 대한 불안으로 '의지할 사람이 없는 일(13.6%)'이라고 응답한 비율이 가장 높았다. 의지할 사람으로는 기쁨이나 슬픔을 함께 나눌 상대(73.7%), 건강이나 요양 등을 상담할 상대(72.9%), 함께 있으면 편안한 상대(70.9%)를 원하는 것으로 나타났다.

커뮤니티 카페

지역 주민이 함께 모여 음식을 나누어 먹거나 육아 지원, 고령자나 장애인 지원, 마을 만들기 등을 이끄는 중심 장소로 지방자치단체로부터 지원을 받기도 한다.

차세대형 커뮤니티, 서포트 센터

고령자가 건강하게 자기 생활을 유지하는 기간을 최대한 늘리고, 고령자의 활력을 지역 사회 유지에 활용하는 일이 중요하다. 노화로 심신이 다소 허약해지더라도 가능한 한 자택에서 자립 생활을 유지하도록 지역에서 주민이 서로 돕는 활동을 전개하는 새로운 거점으로 주목받는 곳이 서포트 센터이다. 도쿄대 고령사회 종합연구소가 이와테현 오쓰치초에서 시범적으로 운영한다.

걷기의 중요성

도쿄도 건강장수 의료센터의 아오야나기 선생은 시골 마을 나카노조마치의 연구 결과를 근거로 1일 6000~8000보를 걸으면 신체 기능 저하를 막을 수 있다고 주장한다.

4 커뮤니티 리빙 전략

POINT > 고령사회에서는 고령자를 포함하여 다양한 세대가 활발히 교류하는 마을 만들기가 바람직하다. 다양한 세대가 어우러지는 마을이 고령자가 생활하기 편리한 마을이다.

커뮤니티 리빙과 다양한 세대가 교류하는 마을 만들기

고령사회 마을 만들기의 최종 목표는 고령자가 시설에서 마지막을 맞이하지 않고, 지역 내에서 이웃들과 서로 도와가며 활기차게 생활하도록 커뮤니티를 그룹 홈처럼 만드는 일(커뮤니티 리빙)이다. 지역 주민들이 커뮤니티 카페에 모여 활발히 교류하고 아이들의 환성이나 웃는 소리가 가득한 마을 을 떠올려보자. 고령사회는 고령자만의 사회가 아니다. 마을은 모든 세대가 함께 어우러져 생활하는 곳으로 마을이 계속 존재하기 위해서는 어느 세대에 편중되지 않아야 한다. **세대 간 교류(소셜 믹스)**도 마을 만들기에 빠져서는 안되는 중요한 개념으로 이를 포함한 '고령사회 마을 만들기'가 필요하다.

커뮤니티 매니지먼트와 커뮤니티 전략

커뮤니티 리빙 정책을 실현하기 위해서는 행정 기관뿐 아니라 주민 조직이나 NPO, 지역 기업과 같은 지역 밀착형 조직의 힘이 필요하다. 지금까지 마을 만들기에 조성된 보조금은 시내 중심부나 대규모 공공장소, 행정 지역 내의 전체 구성원이 수익자가 되는 방대한 정책에 우선적으로 투입돼 왔다. 그러나 은퇴한 고령자가 상점가의 빈 점포를 활용하여 자신의 능력을 발휘할 수 있는 장소를 만들기 시작하면 새로운 마을 만들기의 한 축을 담당하게 될 것이다. 보조금도 이러한 소규모 커뮤니티 활동에 중점적으로 배분하도록 정책적 뒷받침이 필요하다.

행정 기관은 **커뮤니티 매니지먼트**의 중심으로 다양한 커뮤니티 활동이나 비즈니스를 지원하는 체계를 만들어야 한다. 행정 조직, 지역 내 기업, 자원봉사단체가 서로 협력하여 지역 과제를 해결하고 서로의 자원을 나누며 대안을 찾는 조직 구성이 필요하다. 이를 위해서는 각 지역의 지역복지계획이나 개호보험 사업계획과 같은 지역 포괄 케어 시스템이 후생노동성 소관의 여러 계획과 긴밀한 연계를 이루어야 한다. 학교 교육이나 사회 교육, 산업 정책, 커뮤니티 활성화 정책 등 지방자치단체에서 시행하는 모든 분야의 활동 계획과도 연계가 필요하다. 커뮤니티 리빙 정책을 실현하려면 지역 단위의 커뮤니티 만들기에 통합 전략(**커뮤니티 전략**)이 중요하다.

제17장 전체 참고 문헌

- 미후네 야스미치+마을 만들기 콜라보레이션, 《마을 만들기 키워드 사전(まちづくりキーワード事典)》, 2009.
- 니타가이 가몬 외, 《마을 만들기 백과사전(まちづくりの百科事典)》, 2008.
- 고령자 주택재단, 《개호 서비스 제공에 맞춘 바람직한 주택에 관한 조사 보고서(介護サービス提供に対応した住まいの在り方に関する調査報告書)》, 2007.

커뮤니티 전략 사례

동일본 대지진의 피해를 입은 이와테현 오쓰치초에서는 하드웨어 중심의 지역 복구 계획만
으로는 지역 주민의 생활 재건이나 커뮤니티 재생이 어렵다고 판단하여 다양한 커뮤니티 재
생 정책을 전략적으로 통합하는 지역 복구 기본 계획 개정판을 작성했다.

교통과
이동 시스템

1 교통과 이동 시스템 개요

POINT > 고령자의 생활, 삶의 보람, 건강은 얼마나 안전하고 쾌적하게 자기가 원하는 목적지에 도달할 수 있는가에 따라 좌우된다. 고령자를 위한 교통과 이동 체계에 대한 과제를 살펴본다.

공공 교통수단의 고령화 대응 방안

2030년, 일본의 인구는 지속적으로 감소하여 1억 명에 가까워지고 75세 이상의 후기 고령자는 2300만 명, 100세 이상은 20만 명에 이를 것으로 전망한다. 출퇴근 시간의 교통 체증은 과거의 유물이 되고 사람들의 이동을 지원하는 교통 환경은 커다란 변화를 피할 수 없을 것이다. 고령자를 위한 교통 지원이나 이동 문제에 대해 'Aging in Place(오래 살아 익숙한 지역에서 안심하고 자기답게 늙어가는 일)'와 '모빌리티 확보(가고 싶은 곳에 갈 수 있는 일)'를 주요 키워드로 살펴보자.

고령 운전자 설문 조사(지사 연합에 참여하는 도도부현의 '고령 운전자 설문 조사')에 의하면 전철, 버스를 이용하지 않는 고령자는 85.6%로 대부분 자기가 운전하는 자동차에 의존해서 생활하고 있음을 알 수 있다.

도시권에서는 공공 교통수단을 많이 이용하지만 가까운 전철역이나 버스정류장까지의 거리가 100미터 미만인 경우는 전체의 약 2.7%에 지나지 않는다. 특히 지방에서는 공공 교통수단의 접근성이 크게 떨어진다. 공공 교통 이용에 대한 만족도(국토교통성의 조사)를 보면 지방은 30%로 매우 낮았다. 그렇지만 고령자가 직접 자동차를 운전하는 일은 언제까지 가능할까.

고령자의 증가와 함께 질병이나 장애가 있는 사람, 치매 환자도 늘어난다. 고령사회를 맞이하여 고령자의 교통과 이동 수단에 대한 대책이 절실한 상황이다.

고령자의 이동 수단

고령 운전자 설문 조사에서 오래 걷기 힘들다고 응답한 사람은 약 20%에 달했다. '운전하지 않으면 생활을 유지할 수 없다' '공공 교통편이 나쁘고, 자동차가 없으면 아무 곳에도 갈 수 없다' '시력 저하로 고령자가 사용하기 편리한 차가 개발됐으면 좋겠다'라는 의견도 있었다. 이처럼 고령자의 이동 수단에 대한 불안은 매우 심각한 상황이다.

고령자의 이동을 둘러싼 환경 문제도 산더미처럼 쌓여 있다. 40년 전에 세워진 도시 교외 지역은 보행자의 안전을 확보하려고 일부러 인도와 차도를 분리하여 도로는 낮은 곳에 주택은 높은 곳에 건설하였다. 그러나 점점 고령이 된 주민들이 계단 오르내리기를 부담스러워하고, 쇼핑이나 병원도 마음대로 다니지 못해 집에만 틀어박히는 원인이 되었다.

한편 과소지역에서는 버스 노선 폐지가 잇달아 고령자의 이동 수단 확보가 점점 힘들어지고 있다. 걷기 힘든 고령자는 계속 늘어날 전망으로 전동 카트나 휠체어로 안전하게 이동할 수 있는 도로와 환경 정비가 필요하다.

공공 교통수단의 확보, 도로 환경 정비에는 많은 비용이 들어간다. 따라서

적은 비용으로 효과를 높일 수 있는 합리적이고 확실한 계획이 필요하다. 각 교통수단의 역할, 고령화에 대한 문제를 조금 더 구체적으로 알아보자.

철도는 도시 간 운송에서 도시 내 운송까지 비교적 대규모 운송 수요에 적합하다. 도시 간의 운송에는 신칸센이나 특급 열차, 도시 내 운송은 도시 지역의 근거리 철도망이 해당된다. 지방에서 철도는 지방선으로 바뀌는데 과소지역에서는 운송 수요가 많지 않아 폐선 위기에 놓여 있다.

버스도 도시 간 운송에서 도시 내 운송까지 폭넓게 활용되고 있으나, 한 대의 운송량은 30명에서 최대 80명까지이다. 한 대로 부족한 수요는 여러 대의 차량이나 운행 빈도수 증가로 대응한다. 지역 내의 소규모 수요를 충족하려고 자치 단체가 주도적으로 마을버스를 운행하는 사례도 많다. 과소 지역에서는 승객이 적어 버스 노선을 폐지하고 합승 택시를 운영하는 곳도 있다.

기간산업인 철도와 버스 중간의 운송 수요에 대처하기 위해 지하철이나 새로운 교통수단 확보를 위한 시도가 이루어지고 있는데, 외국에서는 LRT 라는 신세대 노면 전철 도입이 활발하다. 일본에서는 1970년대에 노면 전철 대부분을 폐지했으나 저상에서 빠르고 안전한 LRT 노면 전철을 부활시키자는 의견도 있다.

대표적인 도어 투 도어(Door To Door) 서비스로 택시가 있는데 일반 승용차인 택시는 휠체어에 탄 채로 승차할 수 없다. 특별 이송 서비스(STS)로 휠체어 사용자의 교통수단을 확보하는 사례도 있으나 일본에서 안정적으로 정착했다고 보기는 어렵다. 최근에는 유니버설 디자인 택시의 등장으로 휠체어에 탄 채로 택시에 오를 수 있다.

고령화 대책으로 차량이나 시설의 배리어 프리, 운행 체계 개선, 보기 쉬운 표지판이나 안내판 설치 등이 필요하다.

미래를 준비하는 대표 사례

휠체어 사용자도 현관 입구까지 차가 들어오면 간단히 외출할 수 있다. 특별 이송 서비스(STS)는 장애인의 외출에 큰 도움이 되지만 일본에서는 여전히 자원봉사단체가 소규모로 운영하고 있으며 일반화되지 않았다.

STS는 개개인의 수요에 맞추어 운영하기 때문에 비용이 비싸다. 이러한 단점을 보완하여 유사한 수요자의 합승으로 비용을 낮추는 방법이 수요 대응형 교통수단(DRT=Demand Responsive Transport)이다.

수요가 있으면 사람들이 기다리는 약속 장소에 찾아가 손님을 태우고 목적지까지 이송한다. 과소지역에서는 기본 운행에 더해 타고 내리는 정류소를 세심하게 설치하면 최고의 이송 수단이 될 것이다.

앞으로 공공 교통이 대도시형 대량 운송 시스템 개발뿐 아니라 이용자의 욕구에 맞추어 세밀한 서비스를 제공한다면, 굳이 고령자가 직접 운전을 하지 않더라도 지역 내에서 자립 생활을 계속할 수 있다.

차량이나 역내 시설도 고령자 이용을 배려한 개선이 필요하다. 노선버스는 1997년부터 이용자가 버스에 오르내리기 쉽도록 저상 버스를 도입했다. 문에 부착된 발판을 내리면 버스 바닥이 지상에서 23cm까지 내려간다. 보도가 지상에서 15cm 정도라고 가정하면 고령자가 쉽게 버스에 오를 수 있는 높이가 된다. 지금은 대형 버스뿐 아니라 중형 버스, 소형 버스에도 저상 버스 보급이 확대되고 있다. 저상 버스는 슬로프를 사용하면 휠체어 탑재도 간단하여 휠체어 사용자의 외출 기회가 늘어날 것이다. 또한 배리어 프리법의 제정으로 하루 이용자가 5000명 이상인 역에는 배리어 프리가 추진되었다. 앞으로는 하루 이용자가 3000명 이상인 역으로 배리어 프리가 확대될 예정이다.

고령자의 교통과 관련한 선진 사례 몇 가지를 소개한다.

사회 편

사례 연구

도야마 라이트 레일(도야마현 도야마시)

도야마 공항 철도(JR)와 환승 가능한 저상 노면 전철로 시민들이 안정적으로 이용하는 교통수단이다. 제3 섹터 방식으로 운영한다. 노면 위를 달리기 때문에 교통 정체의 영향을 받지 않고 차량 바닥이 낮아 타고 내리기 편리하다. 전기 에너지를 사용하여 환경을 배려한다는 장점이 있다. 도야마시는 고령자가 살기 좋은 콤팩트 시티를 목표로 다양한 정책을 펼치고 있는데, 중심부를 일주하는 '센트램'이라는 전철 노선을 신설하여 도야마 라이트 레일과 연계할 예정이다.

무 버스(도쿄도 무사시노시)

주택 단지의 좁은 샛길도 달릴 수 있는 전체 폭 2미터의 차량을 10~15분 간격으로 운행한다. 버스 정류장은 약 200미터에 하나씩 설치되어 있고 타고 내리기 편리하도록 지상에서 높이 15cm의 전동 보조 발판이 부착되어 있다. 정류장은 찾기 쉬운 색으로 칠하고 차내에는 게시판을 설치하여 지역 정보를 전달한다. 무 버스는 자치 단체 주도로 운영하는 커뮤니티 버스의 모범 사례이다. 최근에는 전국 각지에서 커뮤니티 버스를 도입하고 있는데 무 버스는 그중에서도 초기에 도입하여 가장 성공한 사례로 유명하다.

수요자 맞춤형 버스(DRT, Demand Responsive Transport)

이용자가 전화나 팩스, 인터넷 등으로 가고 싶은 장소나 시간을 입력하면 버스에 정보가 전달되어 기본 노선을 벗어나더라도 희망하는 정류소까지 버스가 찾아온다. 현재 각 지역에서 활발하게 도입하고 있다. 일본에서는 1972년 한큐버스회사가 오사카부 노세초에서 처음으로 수요자 맞춤형 버스를 운행했는데 최근 전국으로 확대되고 있다.

플렉스 루트

스웨덴 제2의 도시인 예테보리시의 인구는 약 50만이다. 예테보리시는 수요자 맞춤형 버스인 플렉스 루트 버스 시스템을 개발했다. 버스 이용자는 타고 내리는 약속 장소(정류장으로 한정하지 않음)의 번호를 입력하여 예약한다. 그러면 버스가 약속 장소로 이용자를 찾아온다. 예약이 적으면 버스가 멈추지 않고 운행하기 때문에 주행 시간이 짧고, 예약이 많으면 주행 시간이 길어지는 등 버스의 운행 시간이 유동적이다. 사회적 비용은 STS와 공공 버스의 중간 수준으로 비교적 합리적인 모델이다

참고 자료: 교통 에코로지 · 모빌리티재단, 〈고령자와 장애인의 이동 원활화에 관한 조사 연구〉
http://nippon.zaidan.info/seikabutsu/2003/00047/contents/0016.htm

유니버설 디자인 택시

국토교통성에서는 휠체어에 탄 채로 손님을 태우는 유니버설 디자인 택시의 표준 규격을 발표했다. 제1호 택시는 닛산자동차에서 발매되었는데 넓은 공간이나 편리한 조작성 등 다양한 특징을 갖추어 택시 회사의 구매가 증가하고 있다.

커뮤니티 버스

자치 단체나 지역 공동체가 주민의 이동 수단을 확보하기 위해 운행하는 버스

LRT(Light Rail Transit)

신형 노면 전철. 지하철보다 저비용으로 설치할 수 있으며, 버스보다 많은 사람을 태울 수 있어 실용적인 도시 교통수단으로 주목받고 있다.

STS(Special Transport Service)

고령자, 장애인 등의 자유로운 이송 수단 중 하나로 이용자의 주거지인 현관 입구에서 목적지 입구까지 이송하는 Door To Door 서비스다. 자원봉사단체나 NPO 등이 운영하는 사례가 많다.

유니버설 디자인 이념

국토교통성은 사회 자본과 교통 환경 대책으로 '자유롭고 이용하기 편리한'이라는 유니버설 디자인의 이념에 따라 5가지 기본 개념과 10가지 정책을 결정했다.

http://www.mlit.go.jp/kisha/kisha05/01/010711_.html

2 고령사회와 배리어 프리

POINT > 인구 감소와 초고령 사회에 대비한 안전한 교통 인프라 구축, 쾌적한 이동환경 만들기를 위해 제정한 교통 배리어 프리법의 목표와 변화 과정을 알아본다.

교통 배리어 프리법(2000년)

공공 교통기관이 고령자, 신체장애인 등의 안전을 확보하도록 규정한 법률 (정식 명칭은 '고령자, 신체장애인 등의 공공 교통기관을 이용한 이동 원활화 촉진에 관한 법률')이다.

'철도역 등 여객시설과 차량을 관리하는 공공 교통 사업자는 배리어 프리를 추진할 것', '철도역 등 여객시설을 중심으로 일정한 지역은 시정촌이 작성하는 기본 계획에 따라 여객시설, 주변 도로, 역 광장 등의 배리어 프리를 중점적, 전체적으로 추진할 것' 등을 목표로 한다. 이러한 방침에 따라 공공 교통 시설의 배리어 프리가 급속도로 진전되었다. 시대의 변화에 발맞추어 5년에 한 번 개정하게 되어 있으나 뒤에서 설명할 배리어 프리 신법으로 바뀌었다.

하트 빌딩법(1994년)

'교통 배리어 프리법'이 생기기 이전에 배리어 프리를 먼저 도입한 곳은 건물이다. 고령자나 신체장애인이 안전하게 이용할 수 있는 건물을 늘리려는 취지로 높낮이 차가 없는 출입구, 시각 장애인이 이용하기 쉬운 엘리베이터, 휠체어 이용자도 사용이 편리한 주차장 등의 기준을 만들었다. 배리어 프리 신법이 제정되며 하나로 통합되었다.

유니버설 디자인 정책 대강(2005년)

'어디서나 누구라도 자유롭게 이용하기 편리한' 환경 설계를 지향하는 개념이 유니버설 디자인이다. 여기에서 말하는 '누구'는 고령자, 장애인, 아동은 물론 성별이나 국적을 불문하고 모든 사람을 포함한다. 유니버설 디자인 정책 대강에는 유니버설 디자인을 중심으로 생활환경이나 이동환경의 하드와 소프트 전부를 정비하거나 개선하기 위한 정책이 담겨 있다.

배리어 프리 신법(2006년)

정식 명칭은 '고령자, 장애인 등의 이동 원활화 촉진에 관한 법률'이다.

　배리어 프리 신법에서는 지금까지 교통기관이나 공공건물 중심이었던 배리어 프리의 대상을 더욱 넓혀 많은 사람이 모이는 건물, 도로, 공원, 쇼핑센터까지 범위를 확대했다.

　유니버설 디자인을 중심으로 합리적인 통합 기준(배리어 프리 기준)을 마련하여 이용자의 편리성을 강조한 배리어 프리 실현이 목표이다.

　장애인이나 일반 주민 등 기본적으로 도로나 시설을 이용하는 사람이 직

그림 1 배리어 프리 신법의 흐름

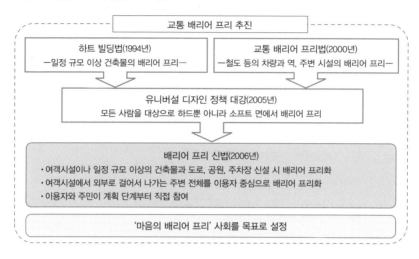

자료: 국토교통성 홈페이지 참고
http://www.mlit.go.jp/sogoseisaku/barrierfree/index.html

접 계획에 참여하도록 규정하였다. 기존의 하트 빌딩법과 교통 배리어 프리 법을 통합한 법률이다.

이전까지는 건물이나 시설마다 따로따로 배리어 프리를 진행하여 배리어 프리가 설치되지 않아 위험하거나 이용자가 불편함을 느끼는 장소를 찾아 보완하려고 노력해 왔다. 배리어 프리 신법은 유니버설 디자인 정책 대강을 기본으로 장애의 유무, 연령, 성별, 인종 등을 불문하고 모든 사람이 이용하기 편리한 배리어 프리가 목표이다.

배리어 프리 현황과 미래 전망

2010년 말을 기준으로 배리어 프리 목표치는 모든 여객시설 100%, 철도 차량 50%, 저상 버스 30%, 복지 택시 1만 8000대, 여객선 50%, 항공기 65%

였으나, 달성한 부분과 아직 달성하지 못한 부분 등이 제각각으로 목표치를 수정하여 10년 후의 목표를 새롭게 설정했다.

고령자나 장애인만이 알아차릴 수 있는 장애물이 있다. 그러한 장애물이 어디에 어떠한 형태로 있는지 파악하지 못한다면 배리어 프리 실천은 불가능하다. 배리어 프리 신법에서 장애인과 비장애인이 배리어 프리 계획에 참여하도록 규정한 후 실제로 많은 성과를 내고 있다. 여러 지역에서는 시민의 의견 공모 절차 등을 통해 다양한 목소리를 듣고 계획에 반영했다.

사례 연구

- 오사카부 가시와라시는 고령자와 주민이 교류하는 워크숍을 개최하고 의견을 반영하여 2002~2003년 역 광장 등 시내의 배리어 프리 공사를 시행했다.
- 시가현 모리야마시는 수백 미터의 차도를 보수하여 보행로와 높낮이 차를 없앴다.
- 오사카부 사카이시는 센보쿠 고속철도 후카이즈미역에 시민들의 이동이 원활하도록 안전을 최우선으로 고려한 신형 스크루식 승강기를 설치했다.
- 오사카부 도요나카시는 기타오사카 노선 급행 전철의 녹지공원역 부근에 시민의 요청으로 이송용 침대차가 들어가는 승강기를 설치했다.

배리어 프리 과제와 전망

배리어 프리 정책은 일정한 성과를 내고 있으나 아직도 많은 과제가 남아 있어 더욱 세심한 방안 마련이 필요하다.

- 시각 장애인 유도용 보도블록 설치 및 보행로 정비(에스컬레이터로 유도, 갈림길 주의 등)

- 시각 장애, 색약 장애인의 장애물 인식 방법에 관한 연구의 필요성(정보제공 장치, 안내 표지판 개선 방안 마련)
- 고객 응대 및 지원 확대(적절한 인력 배치 필요성과 바람직한 방향)
- 무인 역 대응(정보 단말기 설치 등)
- 철도 차량의 휠체어 공간 배려 방법
- 철도 차량의 문 위치 통일 및 차량 내 시각 장애인 유도 방법 등
- 지방 철도의 차량 바닥보다 낮은 플랫폼 대응 방안
- 플랫폼의 높낮이 차 및 틈새 해결 방법
- 대규모 역 등의 다양한 배리어 프리 경로 확보
- 일반 노선버스를 저상 버스로 통합
- 저상 버스의 휠체어 고정 방법
- 버스 승하차, 고정 장치의 편리성 및 조작성 향상 방안
- 고속 리무진 버스 이용 편의성 강화(휠체어가 탑승하도록 배리어 프리)
- 일반 택시 이용 편의성 강화 및 유니버설 디자인화 등

3 안전한 마을 만들기

POINT > 인구 감소로 지방 도시가 점점 쇠퇴하고 있다. 각 지역에서는 지방 도시를 고령자가 살기 편한 콤팩트 시티로 만들기 위해 다양한 정책을 펼치고 있다.

콤팩트 시티

산업 구조의 변화로 도시에 인구가 집중되었지만 대지 가격 상승 등의 요인으로 대규모 쇼핑센터는 도시 외곽에 세워졌다. 생활 중심지가 자연스레 교외로 이동하면서 구도심 중심부는 쇠퇴하였다. 도시 외곽 중심의 생활과 도심 공동화는 지역 전체의 쇠퇴로 이어졌다.

이러한 현상을 극복하기 위해 도시 중심부에 주거, 상업, 문화 시설을 집약시켜 생활의 효율성을 높이는 **콤팩트 시티**가 대안으로 주목받고 있다. 콤팩트 시티는 도심 공동화와 고령자 문제를 동시에 해결하려는 도시 계획의 하나이다.

고령자가 생활하는 도시 중심부의 도보권 내에 행정 기관이나 병원, 문화 시설이 집중되어 있으면 고령으로 자동차를 운전하지 못하더라도 활력

그림 2 **콤팩트 시티와 기존 도시 비교**

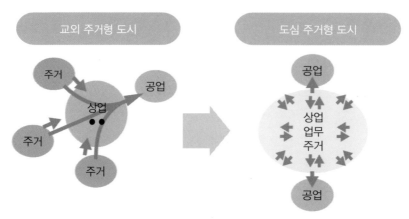

교외 주거형 도시

도심 주거형 도시

교통이 한 방향으로 집중되어 정체 발생
방향에 따라 차이가 크고 비효율적임

교통이 분산되어 정체가 발생하지 않음
방향에 따른 차이가 적어 효율적임

넘치는 생활을 유지할 수 있다. 이러한 생활환경은 건강한 고령자를 늘리고 의료비, 요양비를 절감하는 결과로 이어질 것이다.

도시를 운영하는 행정 관리비용에 겨울철 제설 작업비가 큰 영향을 미치는 삿포로시, 왓카나이시, 아오모리시, 아키타시는 서둘러 도시 계획 안에 콤팩트 시티 정책을 도입했다.

집합 주택도 합리성과 다양한 생활 방식을 고려한 신개념 주택 단지로 일본 각 지역에 건설되고 있다.

커뮤니티 구역(Zone)

보행자를 중심으로 자동차의 속도를 제한하여 지역 내 이동 안정성을 높이려는 정책으로 커뮤니티 구역을 설정하는 방법이 있다. 커뮤니티 구역은 자동차가 일직선으로 달리는 구간을 줄이거나 차도 좌우에 화단을 배치하여 속도를 내지 못하도록 제한한 구역이다.

1980년 오사카시 아베노구 나가이케초에서 처음으로 시도한 후 전국 각지로 급속히 확산되었는데 1996년부터 건설성(현재의 국토교통성)과 경찰청 주도로 사업을 진행해 왔다.

커뮤니티 구역은 이후에도 2003년 '안심 보행 구역'이라는 이름으로 정비를 계속했고 2006년에는 '생활 도로 구역'으로 변경되었으나, 이름에 상관없이 유사한 사업이 전국 각지에서 지속적으로 전개되고 있다.

커뮤니티 구역 설계 방법

과속 방지 턱
도로에 과속 방지 턱을 설치하여 운전자가 속도를 줄이도록 유도하는 방법

도로 양쪽 컬러 포장
보행로가 없는 좁은 도로에서 보행자와 자동차의 통행 위치를 구분하기 위해 도로 양쪽에 색깔을 넣어 포장하는 방법

회전 운전
운전자가 주의 깊게 좌우 핸들 조작을 하도록 차도를 지그재그나 꾸불꾸불하게 만들어 자동차 속도를 줄이는 방법

보행자 중심 횡단보도
횡단보도를 도로보다 높게 쌓아 올리고 보행자가 걷기 편안하도록 보행로와 횡단보도의 높낮이 차를 없애는 한편 자동차 속도를 낮추도록 유도하는 방법

협소 도로
차가 통행하는 부분의 폭을 좁게 만들거나 시각적으로 좁아 보이게 만들어 속도를 낮추는 방법

일방통행
원활한 차량 흐름이 주목적으로 폭이 좁은 도로에서 통행 방향을 한 방향으로 한정하여 보행로 공간을 확보하는 방법

커뮤니티 도로
보행로를 설치하거나 차도를 지그재그로 좁게 만들어 자동차 속도를 줄이고 보행자의 안전을 확보한 도로

보행자와 차량 공존 도로
과속 방지 턱이나 도로를 협소하게 만들어 자동차 속도를 줄이고 보행자 안전을 확보한 도로

사진 제공: 국토교통성 및 국토기술정책 종합연구소

생활도로구역(Zone 30)

생활도로구역(Zone 30) 입구 및 출구에 안내판을 설치하여 자동차의 최고 속도 제한과 동시에 구역 경계임을 알린다.

주택 단지 안에는 샛길처럼 자동차의 진입이 잦아 보행자의 안전을 위협하는 곳이 있다. 일정한 지역의 자동차 주행을 시속 30킬로 이하로 제한하는 정책이 생활도로구역(Zone 30)이다. 교통 안전 기본 계획에 생활도로구역의 속도를 시속 30킬로로 규정하는 방안이 포함되며 적극적으로 도입하는 지역이 늘고 있다.

장점

• 차량과 보행자의 충돌 사고가 줄고 지역 내의 이동 안정성이 높아진다 (보행자는 10미터 이내의 거리에서 자동차가 오는지 미리 알 수 있고, 자동차도 주행 속도가 시속 28킬로일 경우에 급브레이크를 잡으면 10미터

이내에서 멈춘다. 이 두 가지 사실만 놓고 보아도 보행자와 자동차의 충돌 사고를 크게 줄일 수 있다).

- 사고가 발생해도 시속 30킬로의 속도라면 치사율이나 중상을 입을 확률이 낮아진다(시속 30킬로가 넘으면 치사율이 크게 높아진다고 알려져 있다).
- 생활도로구역 내의 이동이 원활해진다.
- 자택에서 가까운 역이나 버스 정류장까지 자전거나 자가용(주차장에 주차)을 이용하고, 도심으로는 철도나 버스 같은 공공 교통을 이용하는(park and ride) 이동 수단 재분배가 이루어진다.

과제
- 자전거 이용이 늘어나면서 보행자와 자전거의 안전 확보 대책을 꼼꼼하게 마련할 필요가 있다.
- 자전거의 안전 운행 교육이나 사고 대책, 보험 가입 그리고 자전거와 보행자 모두에게 교통 상식 확산이 필요하다.

제론
테크놀로지

1 제론테크놀로지 현황

POINT > 제론테크놀로지는 고령자의 생활이나 자립을 지원하는 기술이다. 새로운 발견이나 발명으로 국가 산업의 미래를 개척할 수 있는 희망을 담은 기술이기도 하다.

제론테크놀로지란 무엇인가

1980년대에 후두암 진단은 목소리를 잃는다는 것을 의미했다. 그러나 1990년대에 전기식 인공 후두가 개발되어 수술을 통해 목구멍에 인공 후두를 끼우면 혀나 입술을 움직여 대화를 나눌 수 있다. 시각 장애인은 컴퓨터 화면을 읽어주는 '스크린 리더'라는 소프트웨어를 이용하여 비장애인과 똑같은 정보를 주고받는다. 배리어 프리 추진으로 이동이 편리해져 장애인이 과거에는 생각하지 못했던 학업, 일, 연구, 취미에 몰두할 수 있다.

다양한 복지 용구가 장애인의 생활을 긍정적으로 바꾼 것처럼 고령자의 특성을 제대로 연구하여 개발한 보조기기로 고령자의 생활을 지원하는 기술이 제론테크놀로지이다. 건강한 고령자가 계속 일을 하며 현재의 생활을 유지할 수 있도록 다루기 쉬운 컴퓨터나 통신 기계, 운동기구 등을 개발하고 있다. 최근에는 체력이 점점 떨어지는 고령자가 다양한 놀이와 함께 체력이나 반사 신경을 단련하도록 만든 가상현실 게임기가 인기이다. 한편 가사 로봇처럼 생활을 지원하는 로봇 연구도 활발하다. 돌봄을 받거나 요양 중인 사람에게는 재활 기기나 편리한 이동 보조기구 등이 개발되었다. 고령화와 과소화로 의료 기관에서 멀리 떨어져 생활하는 고령자를 지원하기 위해 원격 치료, 투약 등의 시스템도 개발 중이다.

제론테크놀로지는 운동기구나 감각기기, 심리, 사회체계 연구가 복합적으로 이루어져야 하며 공학, 물리학, 의학, 정신 심리학, 뇌 과학 등의 최첨단 지식을 결합해야만 고령자에게 적합한 기술 개발이 가능해진다. 제론테크놀로지는 이처럼 범위가 넓고 깊이가 있는 연구 분야이다.

제론테크놀로지라는 용어는 **Gerontology(노년학)**와 **Technology(공학 기술)**를 합성한 단어로 고령자를 위한 생활자립 지원 기술연구를 말한다. 제론테크놀로지의 기초는 미국의 수학자 노버트 위너가 주장한 **사이버네틱스**라는 개념이다. 사이버네틱스는 자동으로 움직이는 기계의 구조를 '계측', '처리', '제어'로 구분하고 이 세 가지를 연결하는 역할을 '정보'라고 정의한다. 이러한 개념은 동물이나 사람에게도 응용할 수 있는데 체내에서는 정보가 순환하며 신체 기능의 **항상성(호메오스타시스)**을 유지한다고 주장한다.

고령자의 변화 특징을 이해하기 위해 인간의 '감각=계측', '뇌=처리', '운동=제어' 세 분야로 구분하

그림 1 **사이버네틱스 개념도**

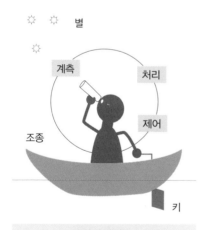

사이버네틱스
사람, 커뮤니티, 자동 기계에
공통적인 정보 순환

고 '정보' 순환이 나빠서 제대로 움직이지 않는다고 가정하면 제론테크놀로지의 역할이 무엇인지 보일 것이다.

제론테크놀로지가 지원하는 영역

신체에는 큰 영향을 주지 않고 기능을 보강하거나 주변 환경을 개선하여 고령자의 생활을 지원하는 기술이 제론테크놀로지이다. 주요 지원 대상은 의학적으로 고치기 힘든 손발이나 감각, 뇌 장애를 지닌 사람이다. 시력을 잃으면 음성으로 컴퓨터를 조작하거나, 잘 들리지 않으면 보청기를 착용하는 것처럼 신체 외부에서 지원하는 기술을 말한다.

고령자를 지원하는 첨단 기술에는 인공 장기나 바이오, 재생 분야도 있지만 이러한 의료 기술은 제론테크놀로지와 다르다. 의료 분야는 의료 전문가의 직접적인 치료 행위가 필요하다는 점과 의료 행위에 뒤따르는 윤리, 인

그림 2 **제론테크놀로지 대상에 포함되는 기술과 시스템**

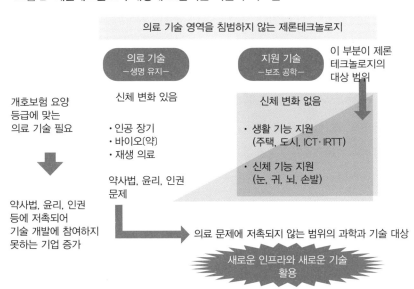

권, 약사법 등도 문제가 되기 때문이다. 제론테크놀로지가 지향하는 영역은 의료 기술에 저촉되지 않는 범위의 **지원 기술(보조 공학)**이라고 할 수 있다.

제론테크놀로지 방법론은 허약해진 신체 기능을 인공적인 기계나 환경을 통해 지원하는 배리어 프리 개념과도 이어진다. 배리어 프리 연구 성과나 유니버설 디자인으로 개발한 기기와 연계하면 제론테크놀로지 기술은 더욱 다양한 곳에 활용할 수 있다.

생리 기능에 공학적으로 접근하여 '뛰어난 인공 감각 손발'이 개발되면 감지기나 로봇 등과 같은 공업 분야에서도 적용할 수 있다.

제론테크놀로지에 거는 기대

내각부는 2007년 '신 건강 프런티어 전략 지식인 회의'를 개최하고 정기적인 모임과 검토를 통해 '삶의 보람 증가', '사회보장비 절감'을 초고령 사회의 핵심 과제로 설정하였다.

고령사회의 특징인 근로 인구의 감소와 사회보장비 증가를 억제하기 위해서는 고령자의 사회 참여를 오래도록 연장하는 일이 중요하다. 일을 하며 삶의 보람을 느끼고 심신의 건강을 유지한다면 저절로 사회보장비가 절감될 것이다.

요양과 간호 분야에서는 고령자의 QOL(삶의 질) 향상과 더불어 돌봄자의 부담을 줄일 수 있는 대책이 요구된다. 고령자가 누군가의 도움 없이 스스로 침대에서 일어나 휠체어에 옮겨 탈 수 있다면 본인의 QOL 향상뿐 아니라 돌봄자의 부담 경감으로 이어진다. 특히 민감한 배설 보조 분야가 혼자서 간단히 조작할 수 있도록 기계화되면 고령자와 돌봄자 양쪽 모두 심리적 부담이 크게 줄어들 것이다. 이러한 기술은 요양이 필요한 현장에서 모든 사람의 마음을 밝게 만든다.

그림 3 **사회 참여와 취업을 통한 고령자의 QOL 향상, 돌봄자의 부담 경감**

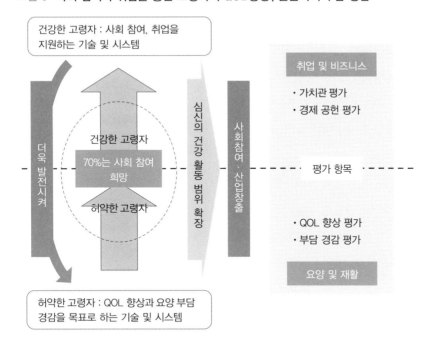

요양 지원 모두를 기계화하기는 어렵겠지만 기계화로 여유가 생긴 시간과 노력을 고령자와 산책하기, 사회 참여 지원, 대화하기 등에 쏟는다면 고령자의 생활이 더욱 풍요로워지고 마음의 충족감이나 삶의 희망이 생길 것이다.

사람의 노동력에만 의존했던 요양 돌봄을 '지킴이 로봇'이나 '요양 로봇'이 대체하면 부모의 간병을 위해 자녀가 이직하는 일을 막아 다음 세대의 생활 안정으로 이어진다. 요양이 필요하더라도 생활하기 편리한 기술 지원을 통해 사회보장비를 줄이는 일이 중요하다.

사람의 변화를 세심하게 관찰하고 각 분야의 뛰어난 지혜를 모아 연구하면 사회에 공헌할 수 있는 신기술이 개발될 것이다.

우리 모두에게 안심을 주고 활기 넘치는 사회를 만드는 분야가 바로 제론테크놀로지이다.

제론테크놀로지의 과제

전화 발명자 그레이엄 벨은 시각 장애를 가진 아내를 위해 음성을 먼 곳까지 전달하는 기계를 연구했는데 이것이 전화 발명으로 이어졌다. 제론테크놀로지도 통신이나 로봇, 뇌 분야에서 인류에게 혁명을 가져올 발명의 가능성이 잠재되어 있다.

초고령 사회를 맞이한 일본에서 제론테크놀로지는 인류가 시작된 이래 한 번도 경험하지 못한 고령화라는 커다란 파도를 넘어 미래로 나아가기 위해 반드시 필요한 기술이다. 제론테크놀로지는 고령자 지원뿐 아니라 국가의 기간산업 발전에 크게 공헌할 것으로 기대한다.

그동안 산업계는 소품종 대량 생산 방식으로 운영하며 이익을 가장 중요한 목표로 삼아 왔다. 복지 용구 개발 분야는 비록 다품종 소량 생산이지만 인간의 생활을 편리하게 지원한다는 관점에서 제론테크놀로지의 다양한 가능성을 엿볼 수 있다. 앞으로 제론테크놀로지 산업을 더욱 활성화하기 위해서는 새로운 산업 분야로서 '산학 협력을 통한 생활 기능 보완산업'으로 지원하는 일이 중요하다.

사회 전체에서 제론테크놀로지를 제대로 이해하고 한층 더 발전시키기 위해 인내심 강하게 연구를 지원하는 분위기 조성이 필요하다. 제론테크놀로지 연구자가 늘어나고 기술 개발에 활기가 넘치면 고령자를 지원하는 다양한 기술 발명으로 국가 경쟁력도 키울 수 있다.

중국의 신체장애인 수는 8300만 명으로 알려져 있으며, 2025년에는 65세 이상의 고령자가 2억 명을 돌파할 것으로 예상한다. 아시아 국가들은 일본보다 한 걸음 늦게 고령화되고 있다. 일본이 제론테크놀로지로 여러 국가를 지원하고 신뢰를 쌓으면 새로운 경제 발전의 길이 열릴 것이다.

노버트 위너

1894~1964년. 수학자, 생물학자, 철학자. 1948년《사이버네틱스—동물과 기계의 제어와 통신》을 집필하여 제어와 통신 분야에서 정보의 역할을 명확히 정의했다. 동물의 감각이나 손발을 제어하는 것도 제어와 통신처럼 정보의 흐름이 관여한다고 분석하고, 정보의 중요성을 지적한 점에서 고전적인 인간관계론과 커다란 차이를 보인다. 이 시기는 미국의 수학자 존 폰 노이만이 전자계산기 ENIAC을 개발한 시점으로 위너는 정보를 다루는 컴퓨터의 무한한 가능성을 언급했다.

보조 공학

장애인의 생활을 돕는 기술이라는 의미에서 '복지 기술'로도 불린다. 컴퓨터를 사용하는 사람의 장애에 맞추어 설정을 변경할 수 있어 IT 기술 지원에도 사용된다.

신 건강 프런티어 전략

국민의 건강 수명 연장을 목표로 예방 중심 건강 만들기를 전개했다. 가족 역할 재검토, 지역 커뮤니티 강화, 기술 이노베이션을 통해 질병을 앓고 있는 환자, 장애인, 고령자 모두 자기가 가진 능력을 충분히 활용하여 풍요로운 인생을 보낼 수 있도록 지원하는 전략이었다. 관방장관 주재로 전문가 및 관계 부처 담당자로 구성한 '신 건강 프런티어 전략 지식인 회의'를 개최했다. 전략 시행 기간: 2007년~2016년

그레이엄 벨

1847~1922년. 영국 출생. 할아버지는 발성법 전문가였고, 아버지는 난청이었던 아내를 위해 '비지블 스피치(발음할 때 입술이나 혀의 움직임을 보고 발음법을 익히는 시화법—옮긴이) 도구'를 발명한 가정에서 자랐다. 26세에 미국으로 건너가 보스턴대학 음성생리학 교수가 되었다. 청각 및 언어 장애인 교육자가 된 벨은 난청이었던 메이벨과 결혼했다. 아내를 위해 고막 연구에 몰두했고 철로 만든 얇은 판을 인공 고막으로 사용하려는 발상이 전화기 진동판의 기초가 되었다.

2 제론테크놀로지 기술과 활용 방안

POINT >   제론테크놀로지는 〈가설〉, 〈검증 및 평가〉, 〈수정〉이 반복적으로 요구된다. 제론테크놀로지의 연구와 개발에 필요한 방법론을 이해하고 구체적인 기술을 알아본다.

감각, 뇌, 운동 기능으로 구성된 정보 순환

인간이 지적으로 자립하여 안정된 사회생활을 유지하기 위해서는 감각, 뇌, 운동 기능이 제대로 활동하며 상호 간에 원활하게 정보가 전달되어야 한다.

노화로 시력, 청력, 운동 기능, 체력, 인지 능력이 떨어지면 뇌에서 전달하는 정보의 순환이 원활하게 이루어지지 않는다.

이때 적절한 기술로 지원하면 정보 순환이 원래 상태로 돌아와 지금까지 사용했던 능력을 그대로 유지하며 같은 일을 계속하고 삶의 보람을 느끼면서 건강한 고령자로 살 수 있다. 40대나 50대가 되면 노안으로 안경을 쓰는데 이것도 정보 순환 악화를 기기로 보완한 사례 중 하나이다.

고령자에게 어떤 변화가 발생하고 어떠한 기술을 적용할지 감각, 뇌, 운동 기능을 중심으로 살펴보자.

그림 4 **지원이 필요한 기능과 ICT·IRT**

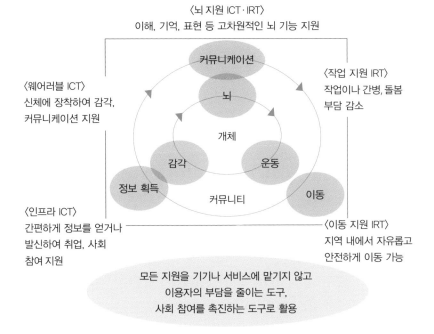

감각

감각 장애란 시각이나 청각, 후각처럼 정보를 수집하는 기능의 장애이다. 보청기, 안경, 음성 지원이 가능한 컴퓨터, 가상현실 등 인공 감각을 이용한 기기로 정보 수집을 돕는다.

뇌

뇌 장애는 치매, 언어 상실증, 지적 장애 등으로 손상된 커뮤니케이션 기능 지원이 중요하다. 컴퓨터와 뇌의 인터페이스, **ICT**, **IRT** 활용으로 생활 기능을 지원하여 사회 참여를 돕는다.

운동

운동 기능에 장애를 입으면 일상적인 동작이 불가능해져서 이동하기가 어려워진다. 휠체어나 의수, 의족, 자동차나 로봇 등을 활용하여 이동을 지원한다. 병원 가기가 힘들어지면 원격 진료 시스템 등으로 지원한다.

가소성과 경험

인간의 기능을 지원하는 기술 개발에서 반드시 고려해야 하는 중요한 부분이 인간의 '가소성'과 '경험'이다. 신체 기능이 손상되면 어떻게든 다른 기능으로 대처하려는 인간의 능력이 가소성이다.

시각 장애인을 예로 들면 듣기 능력이 자연스레 발달하여 비장애인보다 두 배 정도 빠른 속도로 읽어주는 편이 이해하기 편하다. 시각 장애인의 보행 실험을 실시한 결과, 반사음의 미묘한 변화를 구분하여 몇 미터 앞에 있는 장애물을 감지한다는 사실이 밝혀졌다. 청각 장애인은 촉각으로 음을 받아들일 가능성이 크다. '감각→뇌→운동'처럼 정보 순환은 신체를 포함하여 생활환경에 따라 변하고 그에 대처하는 유연함을 가지고 있다. 따라서 제론테크놀로지 연구는 어떤 정보 회로에 장애가 생기면 다른 정보 회로를 가동하도록 기술적으로 접근해 보려는 발상이 매우 중요하다.

그러나 사람이 가진 가소성은 나이가 들면서 점차 감소하기 때문에 뇌에서 새로운 정보 순환을 만들기 어려워진다. 이에 고령자의 경험을 활용하는 방향으로 초점이 옮겨간다. 인간의 경험을 이끌어 내는 연구는 여러 방면에서 이루어지고 있는데 현재 재활 기기나 건강 증진을 위한 가상현실 게임기 등이 개발되었다.

요양이나 돌봄이 필요한 고령 장애인은 남아 있는 능력 유지를 목적으로 하되, 쾌적한 생활을 누릴 수 있도록 휠체어나 침대로 이동을 도와주는 **인**

공 근육형 장치(soft actuator) 등의 활용이 효과적이다.

제론테크놀로지를 연구하는 사람은 고령자에게 필요한 것을 찾아내는 상상력과 기획력, 그리고 심신의 다양한 변화를 이해하는 능력도 필요하다.

고령자의 가소성 사례

40세에 시각과 청각을 잃은 사람이 67세에 음성을 진동으로 바꿔 손가락 끝으로 감지하는 '촉각 보코더'를 알게 되었다. 그는 도레미 음계의 진동 차이를 손가락 끝에 익히는 30분 정도의 훈련으로 어릴 적에 배웠던 동요를 부를 수 있었다. 촉각→뇌→발성이라는 새로운 정보 순환 체계가 만들어진 것이다.

사람의 청각은 물고기의 촉각 감지기가 진화한 것으로 알려져 있다. 이에 따라 촉각으로 청각 정보를 전달할 수 있다는 가설을 세웠고 그 결과 '촉각 보코더'와 '촉각 조그 다이얼'이 탄생했다.

그림 5 **제론테크놀로지의 대상과 범위**

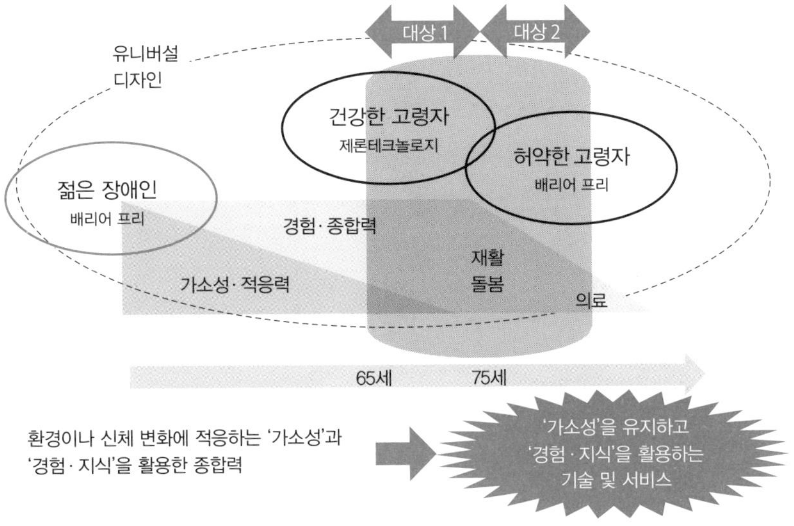

고령자 문제 해결 방법

제론테크놀로지는 고령자의 가치관이나 욕구에 적합한 기술과 서비스가 무엇인지 이해하는 일에서 시작한다. 장애가 있는 고령자의 욕구를 철저히 조사하고 고령자가 연구에 참여하여 함께 머리를 맞대는 일이 중요하다.

가설을 세웠다면 가설을 검증하기 위한 시제품을 만들어 고령자가 직접 사용해 보고 제품의 실용성을 평가한다. 편리성이나 효과에 개선이 필요하면 제품을 다시 제작한다. 이처럼 〈가설〉, 〈검증·평가〉, 〈수정〉을 끊임없이 반복하며 성과를 축적해야만 좋은 결과물을 만들어낼 수 있다.

서비스나 시스템은 반드시 현장에서 검증하고 문제가 발견되면 수정, 보완하는 작업을 반복해야 한다. 〈가설〉, 〈검증·평가〉, 〈수정〉과 같은 나선형 방법론은 기기 개발이나 시스템 개발의 필수 조건이다.

다음의 그림 6처럼 가설과 설계, 도입 단계에서 실험과 평가를 반복한다.

그림 6 **과제 해결 방법**

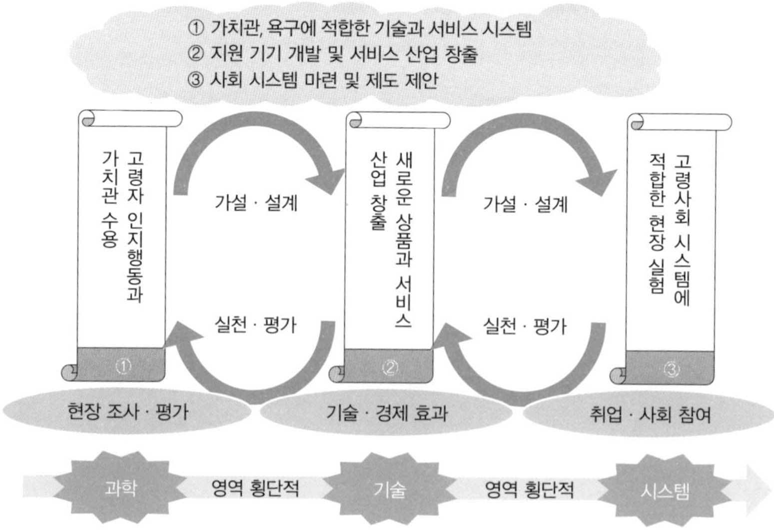

이러한 반복이야말로 고령자에게 진정으로 도움이 되는 실용적인 기기, 상품, 시스템을 만드는 길이다.

배설 보조 기구처럼 몸에 직접 닿는 IRT를 개발할 때에는 인간의 신체 특성이나 심리 특성을 충분히 이해하고 진행하지 않으면 〈가설〉, 〈검증·평가〉, 〈수정〉을 수없이 반복하며 장기전을 치러야 한다.

그러나 성공하면 우수한 감지기나 동력 장치의 기술 개발뿐 아니라 사회 전체에 커다란 진보를 가져올지도 모른다. IRT, ICT 기술은 뇌신경이나 인지행동 연구자, 로봇이나 가상현실 설계자 및 개발자의 협력이 필요하므로 다양한 전문가가 협동해야 한다. 이처럼 제론테크놀로지의 개발 현장은 과학, 기술, 시스템 영역이 서로 교차하며 고령자 문제를 해결하는 중요한 장소가 된다.

제론테크놀로지 기술을 응용한 새로운 상품과 서비스 산업이 활성화되면 우리 사회의 기술력과 경제 효과가 커지고 고령자의 취업이나 사회 참여도 활발해질 것이다.

제론테크놀로지를 활용한 복지 기기

고령자가 노화로 신체의 움직임이 다소 불편해도 어려움이 없도록 자립 생활을 돕고, 고령자의 움직임을 보조하여 돌봄자의 부담을 줄여 주는 다양한 복지 기기(복지 용구라고 부르기도 함)가 있다. 여기에서는 현재 실용화된 복지 기기 몇 종류를 소개한다. 이동 보조에 필요한 지팡이, 보행기, 휠체어 등은 앞서 제7장에서 소개하였다.

행동이나 돌봄 지원 기기

침대

전동 침대가 가장 많이 알려져 있다. 고령자의 신체 기능 저하를 보조하기 위해 어깨나 다리를 올릴 수 있는 높이 조정 기능이 달려 있다. 휠체어로 쉽게 옮겨 탈 수 있도록 회전하는 침대도 있다. 매트리스는 쾌적함뿐 아니라 미끄럼 방지 처리가 되어 있어 누웠을 때 바닥이 밀리지 않는다.

리프트

이동 보조의 부담을 줄이기 위해 리프트를 사용한다. 침대나 휠체어에서의 이동 보조, 욕실 내 이동 보조 등 다양한 이동 장소에서 사용한다.

주거 개선

고령자가 걷기 힘들어하면 복도나 계단에 손잡이가 필요하다. 화장실이나 욕조에 앉았다가 일어서는 동작, 한쪽 발로 지탱하고 욕조 안으로 넘어가는 동작에도 손잡이가 큰 도움이 된다. 걸을 수 없게 되면 휠체어를 사용하게 되므로 집 안이나 출입구의 배리어 프리가 필요하다. 휠체어가 지나다닐 수 있는 넓이 확보와 높낮이 차를 없애기 위한 슬로프나 리프트 설치가 필요하다. 2층에 오르내리기 위해 엘리베이터를 설치하기도 한다.

배설 관련

화장실까지 이동하기 힘든 사람을 위한 이동식 변기(사진)가 있다. 냄새나 위생 문제 해결을 위해 다양한 방법이 고안되고 있다. 기저귀의 종류도 다양하고 오줌 자동 흡입기도 개발되었다.

커뮤니케이션 지원 기기

노화로 쇠약해진 시각이나 청각을 보조하는 기기가 있다. 최근에는 다양한 기능을 보유한 ICT 기기가 개발되었다. 문장을 음성으로 읽어주는 스크린 리더기, 음성을 문자로 변환하는 자막 시스템, 성대를 대신하는 인공 후두, 잡음이 많은 곳에서도 깨끗하게 들리는 디지털 보청기, 소리나 화상을 전달하는 촉각 디스플레이 등이 실용화되었다.

스크린 리더기　　　　자막 시스템　　　　인공 후두　　　　촉각 디스플레이

로봇 기술 적용

최근에는 로봇과 같은 첨단 기술을 복지 지원 기계에 활용하려는 움직임이 활발하다. 식사 지원 로봇, 손을 대신하는 로봇 핸드, 신체의 움직임을 보조하는 로봇 슈트, 대화 로봇, 마음의 위안을 주는 반려동물 로봇, 가사 지원 목적의 인간형 로봇 등이 실용화되었다. 뇌의 활동을 감지하여 기기를 움직이는 BMI(Brain Machine Interface) 등의 연구도 꾸준히 진행되고 있다. 이해나

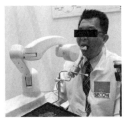 

식사 지원 로봇 '마이 스푼'　　신체의 움직임을 보조하는 로봇 슈트 '스마트 슈트'
(사진 제공: 세콤)　　　　　　(사진 제공: 홋카이도대학/미쓰비시전기 엔지니어링/스마트 서포트)

대화 로봇 '파페로'
(사진 제공: 국립 장애인재활센터 연구소/NEC)

반려동물 로봇 '패로'
(사진 제공: 산업기술 종합연구소)

기억을 지원하는 치매 대응 기기와 배회 감지기 등 고령자의 생활을 돕는 다양한 기계 개발을 기대한다.

고령사회를 풍요롭게 만드는 과학·기술·시스템 연구 개발

마지막으로 필자가 PO(Program Officer)로 활동하며 2010년부터 진행하고 있는 JST의 프로젝트 '고령사회(약칭)'의 세 가지 주요 연구를 소개한다.

첫 번째는 '자립 운전 지능 시스템(도쿄농업공업대학과 도요타자동차 공동 개발)'이다. 여러 개의 센서로 감지한 장애물 등 주변 정보와 GPS나 기상청으로부터 수집한 환경 정보를 중심으로 위험 상황을 운전자에게 알려준다. 그래도 운전자가 안전 운전으로 변환하지 않으면 자동으로 '운전 지능 모델'이 작동하여 위험을 피하는 기술이다.

두 번째는 '생활지원 로봇(국립 장애인재활센터 연구소와 NEC 공동 개발)'이다. 생활지원 로봇은 건망증이 심한 사람이나 치매 고령자의 약 먹는 시간을 음성으로 알려준다. 인공 지능 로봇은 사람의 인지 능력을 자동으로 평가, 학습하고 그 사람에 맞춘 대화 속도나 목소리 크기로 말을 건넨다. 또한 로봇이 고령자와 대화하며 무언가 문제가 있다고 판단하면 가족이나 건강관리센터에 바로 전달한다.

세 번째는 고령자가 젊었을 때부터 쌓아온 경험이나 지능을 적극적으로

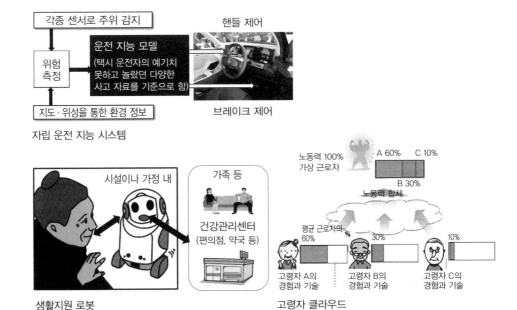

각종 센서로 주위 감지

핸들 제어

운전 지능 모델
(택시 운전자의 예기치
못하고 놀랐던 다양한
사고 자료를 기준으로 함)

위험
측정

지도·위성을 통한 환경 정보

브레이크 제어

자립 운전 지능 시스템

시설이나 가정 내

가족 등

건강관리센터
(편의점, 약국 등)

생활지원 로봇

노동력 100%
가상 근로자

A 60%   C 10%

B 30%

노동력 합체

평균 근로자의
60%

30%

10%

고령자 A의
경험과 기술

고령자 B의
경험과 기술

고령자 C의
경험과 기술

고령자 클라우드

활용하는 '고령자 클라우드(도쿄대와 일본 IBM 공동개발)'이다. 혼자서 수행하기 어려운 업무를 여러 명이 공유하여 한 사람분의 일을 하는 것이다. 예를 들면 어떤 업무를 할 수 있는 능력이 A씨는 60%, B씨는 30%, C씨는 10%라면, 모두 합쳐 100%의 가상 근로자를 만드는 방법이다. 지식, 경험, 지혜를 젊은 사람들에게 전달하기 위해 가상현실이나 로봇을 활용한다.

WHO의 결정

세계보건기구(WHO)는 2001년 〈국제 생활 기능, 장애, 건강 분류〉에서 장애인 지원을 '특수한 사람을 지원하는 특수 영역'으로 한정하지 말고 고령자, 환자, 유아처럼 신체적 약자를 지원하는 사회 시스템으로 규정해야 한다고 밝혔다. 신체장애 기능 지원과 함께 생활 기능 지원에 주목해야 한다고 발표한 것인데 이것이 국제 기준으로 정착되었다.

ICT(Information and Communication Technology)

정보(Information)와 통신(Communication) 기술(Technology)을 말하며, 컴퓨터나 네트워크에 관한 기술 전반을 가리킨다.

IRT(Information and Robot Technology)

통신이나 일반 컴퓨터 기술을 의미하는 'Information Technology, IT'와 실제로 움직이거나 이동하는 로봇 기술 'Robot Technology, RT'를 융합한 기술이다. 쇼핑, 식사 준비, 짐 옮기기, 집 보기, 화재 등 집안일을 간편하게 돕는 로봇 기술로 보행 지원, 양쪽 팔 지원, 이동 보조, 식사 보조, 체위 교환, 응급 지원을 위한 로봇의 개발도 기대된다.

인공 근육형 장치

인공 근육형 장치는 공기압 작동 장치 등을 이용하여 하체 마비 장애인을 편안하게 이동시키려는 목적으로 개발된 돌봄 기구이다. 자연스러운 행동을 돕고 무거운 것도 쉽게 옮길 수 있는 기기로 소규모 기업에서 개발하고 있다.

촉각 보코더

음성이나 문자를 손가락 끝의 자극으로 감지하도록 변환하는 장치촉각 조그 다이얼

촉각 조그 다이얼

컴퓨터 화면의 문자를 음성으로 변환하는 소프트웨어와 연동하여 그림이나 도형 등의 정보를 손가락 감각에 전달하는 장치

배설 보조 로봇

실제로 몸에 닿는 로봇으로 이용자에게 안전하고 쾌적함을 주어야 하므로 몸에 닿는 부분의 소재 선택에서 기기의 움직임, 편리한 조작성 등 여러 과제가 남아 있지만, 실제로 배설 보조 로봇이 개발된다면 고령자나 장애인 등의 심리적 부담을 크게 줄일 수 있어 도전할 가치가 매우 큰 분야이다.

제20장

고령자와
법률

<table>
<tr><td>

1

</td><td>

자기 결정과
개인 보호제도

</td></tr>
</table>

POINT >   고령자는 심신의 쇠약으로 생활에 필요한 돈이나 자산을 관리하기 어렵다. 고령자가 의견을 존중받고 금전적으로 불이익을 당하지 않도록 법적인 제도 정비가 필요하다.

일상생활을 유지하기 위해서는 생필품 구매나 공공요금 납부, 송금과 같은 생활비 관리는 물론 자신이 보유한 자산 등도 꾸준히 관리해야 한다. 그러나 고령자는 육체적으로 허약해지거나 치매까지는 아니더라도 건망증이 심해지면 돈이나 자산관리가 어려워진다. 이러한 상황에 대비하여 신뢰할 수 있는 사람이나 은행에 자산 등을 위탁하는 제도가 성년후견제도와 후견제도 지원 신탁이다.

성년후견제도

본인이 건강할 때 후견인을 선택하고 나중에 판단 능력이 없어지면 본인 대신 결정해주기 바라는 내용을 미리 계약하는 **임의후견제도**와 판단 능력이 없는 사람을 보호하는 **법정후견제도**가 있다.

후견제도 지원 신탁

신탁은행을 통해 고령자의 자산을 관리하는 제도이다. 성년후견제도는 신뢰할 수 있는 사람이 후견인이 되어야 하는데 무거운 책임이나 복잡한 행정 절차 등으로 후견인을 찾기 어려운 고령자가 많다. 소수이긴 하지만 후견인이 횡령과 같은 금전 사고를 일으키는 사례도 있다. 후견제도 지원 신탁은 신탁은행이 가정법원과 긴밀히 연계하여 중요한 자산(금전에 한정된다는 단점이 있음)을 관리하기 때문에 투명하고 재산의 유용도 방지할 수 있다.

자산관리와 함께 고령자 보호가 절실한 분야는 **종말기 의료** 현장이다. 종말기 의료의 가장 큰 문제는 환자 본인의 의사를 확인할 수 없는 경우 치료에 대한 의사결정자의 부재로 환자 본인이 원하지 않는 방향으로 치료가 이루어지는 일이다. 이러한 상황에 대비하여 〈**종말기 의료의 결정 과정 가이드라인**(2007년 후생노동성, 2015년 '인생 마지막 단계의 의료 결정 과정 가이드라인'으로 변경)〉에서는 다음 세 가지 사항을 제안한다. ① 의사가 혼자 결정하지 않는다. ② 환자 본인의 의사가 가장 중요하나 가족이 이해하고 동의해야 한다. ③ 고통 완화 케어를 충실히 준비해야 한다. 종말기 의료 문제는 '종말기 의료 간담회' 등을 통해 지속적인 검토가 이루어지고 있는데 위의 세 가지는 매우 기본적인 사항이며, 어떤 방법으로 실행에 옮길지가 남겨진 과제이다.

시민 후견인

변호사 등 전문가를 후견인으로 지정하면 매월 3~5만 엔의 수수료를 지급해야 하는데 가정 사정이 복잡하거나 재산이 없어 후견인을 지정할 수 없는 사람이 있다. 이에 관심 있는 일반 시민이 양성 강좌 등을 통해 전문 지식을 배우고 시민 후견인으로 활동한다.

2 성년후견제도

POINT > 고령자 보호 관점에서 재산 관리 등을 대행하는 제도가 성년후견이다. 고령자 개개인의 상황에 맞추어 유연하게 제도를 활용하는 일이 중요하다.

성년후견제도란

성년후견제도는 판단 능력이 부족한 사람의 의지나 희망을 법적으로 존중하고 보호하는 제도이다. 후견인이 고령자를 대신하여 돈이나 자산을 관리하고 계약 또는 계약 취소, 요양이나 의료 지원을 돕는다. 법정후견제도와 임의후견제도가 있다(뒤에서 자세히 설명하겠지만 중요한 과제가 많아 개선이 필요하다).

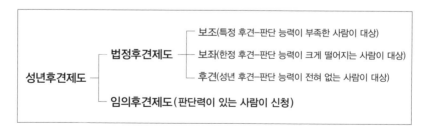

대상자

대상자는 치매나 정신 장애 등 판단 능력이 부족한 사람이며 법적으로는
'제한 행위 능력자'라고 부른다. 판단 능력의 수준에 따라 **보조**(특정), **보좌**(한
정), **후견**(성년)의 세 단계로 구분하여 지원한다. 신체장애인은 대상에 포함
되지 않는다.

신청자

본인, 배우자, 사촌 등 친족이 가정법원에 신청한다. 사촌 등에는 사촌과 조
카의 자녀까지 해당한다. 법정후견제도는 시구정촌장이 신청할 수도 있다.

후견인

친족 이외에 변호사나 법무사, 복지 전문가뿐 아니라 복지 관련 공익법인처
럼 법인이 지정되는 사례도 있다. 후견인은 복수 선택이 가능하다. 성년후
견인 등을 감독하는 성년후견 감독관이 후견인으로 지정되기도 한다. 후견
인은 규정 범위 내의 업무를 지원하는데 자산 관리는 일반적으로 2개월에
한 번씩 가정법원에 변동 사항을 보고해야 한다. 전문적으로 후견 업무를
담당하는 사람은 일정 금액의 수수료를 받는다.

법정후견제도

법정후견제도란 판단 능력이 부족한 사람이 생활에 불이익을 당하지 않도
록 가정법원에 보호를 신청하는 제도인데 신청한 사람의 상태에 따라 지원
범위가 달라진다.

보조(특정 후견): 판단 능력이 부족한 사람을 보조

이용자의 상태-건망증 등의 증상이 심하여 중요한 재산을 혼자서 관리하기 불안한 상태

보좌(한정 후견): 판단 능력이 크게 떨어지는 사람을 보좌

이용자의 상태-일상생활에서 쇼핑 등은 가능하나 중요한 자산은 혼자서 관리하기 어려운 상태

후견(성년 후견): 판단 능력이 전혀 없는 사람을 후견

이용자의 상태-항상 돌봄이 필요하고 일상적인 쇼핑도 할 수 없는 상태. 피후견인이 되면 선거권이 사라지고 회사의 대표이사, 변호사나 의사와 같은 일정 업무를 수행하지 못함

신청자: 이용자 본인, 배우자, 사촌 이내의 친족, 시구정촌장, 검사 등

【신청 절차(3~6개월)】

1) 신청: 신청서, 본인과 후견인(보좌인, 보조인) 후보자 모두의 호적, 주민등록표 등 필요 서류와 본인의 진단서
2) 가정법원의 조사: 신청인, 본인, 성년후견인(보좌인, 보조인) 후보자를 가정법원으로 불러 후견이 필요한 이유 조사. 본인과 신청인의 면접, 친족의 의향 등 참고
3) 본인의 판단 능력 평가: 보조는 진단서만으로 판단하나 보좌와 후견은 법원에서 의사에게 본인의 정신 상태를 감정하도록 의뢰. 5만~15만 엔의 비용이 들며 감정이 필요 없다고 명확히 확인할 수 있는 경우에는 시행하지 않음

4)후견 시작 심판 및 후견인 지정: 법원에서 후견 여부를 판정하고 후견인을 지정함. 일반적으로는 후보자로 신청한 후견인(보좌인, 보조인)을 그대로 지정하나, 법원의 판단으로 변호사나 법무사가 지정되기도 함

5)법무국에 등기: 법원에서 판정서 등본을 받거나 법무국에 성년후견을 등록하고 증명서 취득

6)법정후견 시작: 법정후견 시작. 신청에서 후견 시작까지 걸리는 기간은 4개월 이내로 규정함

임의후견제도

현재는 충분한 판단 능력이 있지만 미래에 질병이나 치매로 의사결정 능력이 떨어졌을 때를 대비하여 자기가 신뢰하는 사람에게 임의후견인을 부탁하고 희망하는 일과 자산 관리 내용을 계약한다. 이후 판단 능력이 떨어지면 가정법원에 임의후견인을 감독하는 '임의후견 감독인' 선임을 신청한다.

【신청 절차】

1)본인이 신뢰할 수 있는 가족, 친구, 변호사, 법무사 등과 임의후견을 계약하고 구체적인 의뢰 내용 결정

2)공증사무소에서 공증을 받아 법무국에 등기

3)이후 치매 등의 증상이 나타나면 가정법원에 이용자 본인, 배우자, 사촌 이내의 친척, 임의후견 후보자 중 누구라도 '임의후견 감독인' 선임을 신청

4)가정법원의 판정으로 '임의후견 감독인'을 선임하고 등기한 후 임의후견인을 감독

5)임의후견인은 임의후견 계약으로 결정된 재산 관리 등의 지원 시작

후견인의 업무

법정후견제도에서 보조인이나 보좌인은 지원 범위가 한정적이지만 후견인은 재산 관리나 신체 보호 등 폭넓은 지원을 할 수 있다. 그러나 당사자가 결정해야 하는 유언이나 혼인과 같은 **신분 행위**, 치료 방법을 선택하는 **의학적 결정**은 불가능하다.

재산 관리: 현금, 예금, 유가증권, 부동산 등의 관리

• 부동산 등 자산의 관리, 보존, 처분, 권리증이나 통장 보관

• 은행이나 금융 기관과 거래

• 연금, 토지, 건물 등의 수입 관리, 부채상환이나 임대료 지급, 세금, 사회 보험, 공공요금 납부

• 생활용품 지급, 일상적인 생활비 지급이나 송금

• 유산 상속 협의 및 절차

• 생명보험 가입 및 보험료 납부

• 각종 행정 관련 절차

신체 보호: 입원, 돌봄 지원, 시설 입소 등 일상생활 배려 및 보호

• 개호보험 사업자와 복지 서비스 계약과 관리, 개호보험 등급 신청, 시설 입소 계약 등 복지 서비스 관련 지원

• 후견제도 이용 당사자가 쾌적하게 생활하도록 부동산 구매, 임차 계약, 주택 개보수

• 입원 절차, 요양이나 치료 결정은 본인의 의사에 따라 계약과 관리

동의권, 취소권, 대리권: 법정후견제도의 보조, 보좌, 후견에 따라 지원 범위가

다르다. 사례를 통해 자세히 살펴보자.

사례 ①

【보조 사례】

가벼운 치매 증상을 겪는 어머니가 방문 판매원에게 입지도 못할 값비싼 비단옷을 샀다. 장남은 가정법원에 어머니가 10만 엔 이상의 상품을 구매할 때는 장남에게 동의권을 부여하도록 법정후견제도의 보조인 지정을 신청했다. 장남이 보조인으로 선정되면 어머니가 10만 엔 이상의 상품을 사더라도 계약을 취소할 수 있다.

【해설】

가정법원은 법정후견제도의 보조인에게 특정 행위에 대한 **동의권**, 취소권, 대리권을 부여할 수 있다. 다만 자기 결정을 존중한다는 관점에서 일상용품(식료품이나 의류 등) 구매와 같은 '일상생활에 관한 행위'는 보조인의 동의가 필요 없고 취소 대상도 아니다. 위의 경우에는 '본인의 결정으로 10만 엔 이상의 물건을 살 때는 장남의 동의가 필요하다'라고 가정법원이 장남에게 동의권, 취소권을 부여했다.

사례 ②

【보좌 사례】

혼자 살던 어머니가 가벼운 치매로 장남 가족과 동거를 시작했다. 어머니가 살던 집이 노후하여 팔아야겠다고 판단한 장남이 보좌인 신청과 토지, 건물을 팔 수 있는 대리권 부여 심판을 신청했다. 가정법원에서는 장남을 보좌인으로 선정하여 장남의 동의로 부동산을 처분할 수 있게 하였다.

【해설】

돈을 빌리거나 보증인이 되거나 부동산을 매매하는 일처럼 법률에서 규정하는 일정 행위는 가정법원이 지정한 보좌인의 동의를 얻어야 한다. 보좌인의 동의를 얻지 않은 행위는 본인 또는 보좌인이 나중에 계약을 취소할 수 있다. 민법 13조에는 부동산의 이익과 손해에 대한 규정이 있어 위의 사례에서는 보좌인인 장남의 동의로 부동산을 팔 수 있다. 일상용품 구매는 보조와 마찬가지로 본인만이 가능하여 보좌인이 취소할 수 없다.

사례 ③

【후견 사례】

10년 전부터 치매를 앓던 어머니가 병원에 입원했는데 현재 상태는 병문안 온 딸의 얼굴도 알아보지 못할 정도이다. 어머니의 입원비를 내려면 예금과 적금을 찾아야 해서 후견인 신청 심판을 신청하였다. 가정법원의 심사 결과

법정후견제도 개요

	후견(성년)	보좌(한정)	보조(특정)
대상	판단 능력이 전혀 없는 사람	판단 능력이 크게 떨어지는 사람	판단 능력이 부족한 사람
신청자	본인, 배우자, 사촌 이내의 친척, 검사, 시정촌장[주1]		
동의권 범위	—	민법 13조 1항의 일정 행위[주2], [주3], [주4]	신청 범위 내에서 가정 법원의 심판으로 결정하는 '특정 법률 행위(민법 13조 1항의 일정 행위 일부)[주1], [주2], [주4]'
취소권 범위	일상생활 이외의 행위	좌동[주2], [주3], [주4]	좌동[주2], [주4]
대리권 범위	자산에 관한 모든 법률 행위	신청 범위 내에서 가정법원의 심판으로 결정하는 '특정 법률 행위'[주1]	좌동[주1]

주: 1) 본인 이외의 사람이 보좌인에게 대리권을 주는 심판을 신청하면 본인의 동의가 필요하다. 보조인 신청 심판이나 보조인에게 동의권, 대리권을 부여하는 심판의 경우도 마찬가지이다. 2) 민법 13조 1항의 부채, 소송, 상속의 승인 및 포기, 신축 · 개축 · 증축 등의 행위를 말한다. 3) 가정법원의 심판을 통해 민법 13조 1항의 일정 행위 이외에도 동의권, 취소권의 범위를 확장할 수 있다. 4) 일상생활에 관한 행위는 제외한다.

가까이에 사는 아들과 딸이 어머니가 입원하기 이전부터 공동으로 돌보았던 점을 인정하여 성년후견인으로 선정하였다.

【해설】

성년후견인의 역할은 피후견인의 생활, 의료, 요양, 복지 등 모든 일상생활을 관리하고 지원하는 것이다. 그러나 성년후견인의 업무는 자산 관리나 계약 등의 법률 행위에 한정되며, 민법 제858조에서 규정하는 돌봄이나 요양, 의료 결정 등은 후견인의 업무가 아니다.

성년후견제도의 과제

법원의 문턱이 높다

성년후견제도를 이용하는 사람은 2014년 기준 연간 3.4만 명(누계 18만 5000건) 수준이다. 3300만 명을 넘어선 일본의 고령자 인구를 고려하면 매우 적다. 원인 중 하나는 법원에 신청해야 한다는 심리적 부담과 신청 절차가 어렵다는 인식 때문이다. 성년후견제도뿐 아니라 일상생활 문제를 부담 없이 상담하고 지원하는 체계를 만드는 일이 커다란 과제 중 하나이다.

재산 관리가 중심으로 요양이나 의료는 지원하기 어렵다

성년후견제도에서는 '피후견인의 심신 상태 및 생활에 대한 배려(민법 제858조)'를 후견인의 의무로 규정하고 있으나 실제 업무는 자산 관리가 중심이다.

현재 후견인은 피후견인의 수술 여부 등을 결정하지 못한다. 판단 능력이 약해진 고령자에게 생사와 관련한 중요한 상황이 발생하면 어떤 형태로든 지원이 필요하다.

성년후견제도는 후견인이 요양 시설의 입소나 병원 입원 계약을 체결할 수 있으나, 면회나 시설 견학 등은 '사실행위'로 후견인의 업무 범위에 포함하지 않는다고 규정되어 있다. 후견인의 자유로운 면회나 방문을 통해 고령자의 권리 침해 등에 유연하게 해결할 수 있도록 제도를 개선할 필요가 있다.

보조인과 보좌인이 지원하는 '일상생활에 관한 행위'의 법적 해석 확대

보조인과 보좌인은 피후견인 본인의 자기 결정을 최우선으로 존중하여 가정법원이 인정한 범위의 지원만 가능하다. 쇼핑과 같은 '일상생활에 관한 행위'는 모두 본인이 결정하게 되어 있어 점점 교활해지는 악질적인 사기 등의 피해를 막기 위한 대책이 필요하다.

종말기 의료의 문제점

치매 등으로 판단 능력이 없고 돌보아줄 가족도 없는 고령자는 인생의 마지막 시기에 필요한 의료 지원이나 치료법을 어떻게 결정해야 좋을까. 이때 후견인이 있어도 종말기 의료 결정에는 관여할 수 없어 성년후견제도는 아무런 도움이 되지 않는다.

금치산

성년후견제도가 생기기 이전에는 판단 능력에 문제가 있는 사람을 '금치산', '준금치산'으로 구분하고 보호하던 제도가 있었다. 호적에 '금치산 선고'가 기재되어 가족들의 저항감이 컸고 개인 보호가 강조되면서 2000년 '성년후견제도'로 변경되었다. 현재 기존 호적의 '금치산' 기록은 성년후견 등기로 이행하며 삭제할 수 있다.

동의권

타인의 의견이나 행위에 찬성하는 권리

보좌인의 업무 민법 제13조 1항의 범위

1. 자산 관리 및 이용

2. 부채 또는 보증 관리

3. 부동산 기타 중요한 자산의 담보 또는 매매

4. 소송 진행

5. 증여, 화해 또는 중재 합의(중재법 〈2003년 법률 제138호〉 제2조 제1항에서 규정하는 중재 합의를 말함)

6. 상속 승인, 포기, 유산 분할

7. 증여 신청 거절과 유언에 따른 증여 포기, 부담부 증여 신청 및 부담부 유증 승인

8. 신축, 개축, 증축 또는 개보수

9. 제602조에서 정한 기간을 초과하는 임대차

민법 제858조

성년후견인은 피후견인의 생활, 요양, 간호 및 자산 관리 업무 수행에 피후견인의 의사를 존중하고 심신의 상태와 모든 생활환경을 배려해야 한다.

3

신탁

POINT >   고령자를 위한 자산 관리 방법의 하나가 신탁제도이다. 판단 능력이
          약해지더라도 본인의 권리와 의사를 존중하는 제도로 주목받으며 앞
          으로 더욱 확대되리라 기대된다.

후견제도 지원 신탁

2012년 성년후견제도에 신탁제도가 추가로 도입되었다. 이에 따라 대규모 자산은 신탁은행에서 관리하고 가정법원의 승낙 없이는 찾을 수 없다. 일상생활에 필요한 금액은 후견인의 계좌로 지급하며, 당분간 사용하지 않는 자금은 원금을 보장하는 곳에 신탁하여 운용한다. 신탁한 자금이 필요할 때는 가정법원의 심의를 거쳐야 하므로 친족 등 후견인에 의한 횡령을 방지할 수 있다.

미국의 지속적 대리권과 가족 신탁

미국에는 지속적 대리권이라는 제도가 있다. 본인의 판단 능력이 사라지면

법원을 거치지 않고 미리 정해놓은 사람이 모든 권리를 행사(대리권 수여)하는 임의후견제도이다.

판단 능력 상실을 확인하면 의사, 지인 등 미리 지정해 둔 여러 명의 결정으로 대리권 행사가 시작된다. 신탁에 맡긴 자산은 본인이 건강할 때 결정한 내용에 따라 이후에도 그대로 관리되며 신탁회사에서 유산을 가족에게 배분하는 일도 가능하다.

신탁이란 자산을 수탁자(신탁은행 등)에게 맡기고 미래에도 계속 운영하는 자산관리방법으로 아래와 같은 상황을 지원한다.

• 판단 능력이 떨어지더라도 자산을 계속 운용하고 수익자를 미리 지정하고 싶다.
• 사망 후에 유족들에게 연금처럼 매월 일정한 금액을 지급하고 싶다.
• 유산 상속자가 사망하면 다음 상속자까지 지정하고 싶다.

일본의 일반적인 유언이나 성년후견제도로는 불가능한 자산 관리가 미국에서 이루어지고 있다. 또한 미국에는 종말기 의료 결정을 대신하는 의료 대리인 제도가 있다. 의료 대리인이 당사자의 의견을 존중하여 최선의 의료 행위를 결정한다. 고령자가 부동산을 담보로 연금을 받는 **역모기지론**도 미국에서 개발한 제도이다. 고령자가 마지막까지 자신의 의지대로 생활하도록 지원하는 여러 외국의 선진 제도를 참고할 필요가 있다.

미국의 상속제도

미국에서는 모든 상속을 법원이 결정하며 유산의 내용이나 상속자도 법원에서 공개한다. 미리 자산을 신탁회사에 맡겨두면 상속자가 법원에 나갈 필요가 없고 비밀도 보장되므로 신탁 이용이 활발하다.

역모기지론

부동산 등 자산을 담보로 금융기관에서 생활 자금을 빌리는 방식으로 매월 일정 금액을 받는다. 계약 만기가 되거나 사망하면 부동산을 처분하여 정산한다. 지방자치단체가 자체적으로 실시하는 대부제도도 있다.

4 종말기 의료 문제

POINT > 누구든 종말기를 맞이한다. 그 순간 어떻게 해주었으면 좋을지 미리 주위 사람들과 이야기를 나누는 일이 중요하다. 인생의 마지막 순간 을 지원하는 법과 제도에 대해 알아본다.

종말기 의료와 연명 치료 관련 문제

환자가 의식불명으로 종말기 의료에 대한 본인의 생각을 확인할 수 없으면 곤란한 문제가 발생한다. 하나는 '치료를 계속하여 환자가 바라지 않는 삶 을 유지하는 일'이고, 다른 하나는 '소극적인 치료나 치료 중단으로 환자가 원하지 않는 죽음을 맞이하는 일'이다. 어느 쪽이든 불행한 결과가 아닐 수 없다. 의료의 기본은 생명을 살리는 행위이며 의사의 직업윤리와도 연관된 다. 그러나 종말기 의료가 과잉 연명 치료로 이어지며 비윤리적인 사례가 발생하기도 한다. 이러한 일이 발생하는 데는 몇 가지 원인이 있다.

• 연명 치료는 의학적 치료 방법의 하나로, 치료를 중단하여 환자의 생명을 빼앗는 일은 의사로서 직업윤리를 위반하는 것이다. 이러한 관점에서 많

은 의사가 치료 중단을 주저하고 가족의 고민도 깊어진다.

- 어디까지가 필요한 치료이고 어디서부터가 과잉 치료인지 경계가 불명확하다.
- 어떤 의료 행위가 과잉 치료인지 여부는 기초 질환, 본인의 의향, **사전 의료의향서**나 **사전 의료지시서**의 유무, 가족의 사고방식 등 많은 요인이 복잡하게 관여하기 때문에 일반화하기 어렵다.
- 일본에서는 연명 치료 또는 안락사에 대한 일반적인 원칙 또는 본인의 의사 확인이나 관계자 합의 형성에 대한 절차 등이 명확히 수립되어 있지 않다.
- 일본에서는 사전 의료의향서나 사전 의료지시서의 법적 효과가 없다.

환자의 의지 반영

종말기 의료에서 환자 본인의 의지를 확인할 수 없으면 대부분 의사의 판단을 전제로 하고, 환자 본인이 과거에 어떤 형태로든 의사를 표명했다면 가족이 대신 판단하는 일도 허용한다. 그러나 사전 의료의향서나 사전 의료지시서가 있어도 다양한 요인(의료진의 망설임이나 가족의 의견 불일치 등)으로 본인의 의지를 반영할 수 없는 사례도 있다.

누구라도 건강할 때 '연명 치료를 바라지 않는다'라는 의사를 확실히 표현하고 기록해 두는 일이 중요하다. 그러면 자연스레 종말기에도 본인의 의지를 존중받는 여론이 형성될 것이다.

의료 대리인 제도 도입

종말기 의료 결정에 본인의 의견이 조금이라도 반영되도록 대리인을 미리 지정하는 방법이 있다. 미국에서는 이러한 의료 대리인 제도를 시행한다.

의료 대리인 제도는 건강할 때 자신이 치매에 걸리거나 의식 불명이 될 경우를 대비하여 의료 치료에 대한 결정을 미리 대리인에게 부탁해 두는 방법이다. 의료 대리인이 한 사람이라면 혼자서 모든 책임을 떠맡아야 하므로 매우 큰 부담이 된다. 따라서 일반적으로 주치의, 가족, 친구 등 세 사람 정도를 의료 대리인으로 지정하고 간단한 서류를 작성해 둔다. 본인이 의식이 없는 상태에서 종말기 의료를 결정해야 하는 순간이 오면 본인을 대신하여 의료 대리인 세 명이 치료 여부를 판단하고 담당 의사는 의료 대리인의 결정에 따른다.

연명 치료를 할 것인가 혹은 자연에 맡길 것인가. 인간의 죽음은 사법적으로 결정하기 어려운 측면이 있어 이처럼 간편한 방법으로 미래에 자기의 의사를 반영할 방법을 찾아야 한다. 다양한 관점에서 국민의 논의가 필요한 부분이다.

충실한 완화 치료에 대한 국민적 합의

완화 치료는 죽음이 가까워진 환자의 육체적, 정신적 고통을 없애 인간으로서의 존엄을 보장하고 편안하게 죽음을 맞이할 수 있도록 지원하는 의료 행위이다. 마약 사용으로 고통을 완화하고 의사와 간호사, 상담사, 임상심리사 등이 죽음을 수용하도록 정신적으로 지원한다.

본인과 가족은 전문팀으로부터 치료를 받으며 종말기의 정확한 이해와 안정을 얻을 수 있다. 전문가와 상담하며 불안감을 없애고 의료진이나 관련자와 많은 대화를 나누어 평온한 종말기를 맞이할 수 있다.

종말기 의료와 법률

일본에서는 종말기 의료에 대한 법률의 과잉 개입이 문제가 되고 있다. 후생노동성을 비롯해 각종 여론 조사에서는 연명 치료를 희망하느냐는 질문에 소극적인 응답(희망하지 않는 편이다, 희망하지 않는다)을 한 비율이 높게 나타났다. 희망하지 않는다고 응답한 비율은 70%에서 80% 이상으로 매우 높은 편이다.

그렇다면 연명 치료를 중지하더라도 법적으로 문제가 없어야 한다. 민주주의에서 법은 다수결을 기본으로 다수의 의견에 따라 결정하는 것이 원칙이기 때문이다. 그러나 일부 법률가나 의사는 '법률'이 의료 중지를 허용하지 않으며 의료 중지는 살인죄라고 해석하는 듯하다. 현재의 딱딱한 법률 규정으로 환자의 자기 결정이 무시되는 상황이다.

이러한 의견은 환자가 어떠한 상태에 있더라도 '생명을 유지하는 일'만이 가치 있다고 판단하는 협소한 사고방식이다. 의료기술의 발전으로 파생된 문제이기도 하다. 옛날이라면 벌써 사망했을 사람이지만 현대의 의료기술로는 심장을 계속 뛰게 할 수 있다. 그러나 이에 따라 오히려 환자의 존엄성을 침범한다는 논의가 생기기 시작했다.

종말기 의료의 모호한 상황을 개선하려면 법률 개정이 시급하다. 최근 초당과 국회의원이 중심이 된 '존엄사 법제화를 고민하는 의원 연맹'이 의원 입법으로 법안을 제출한다는 보도가 있었다. 그렇지만 획일적으로 존엄사 법률을 적용하면 의료 현장이나 환자 상황에 맞지 않는 결과를 가져올지도 모른다. 법률 요건에 맞지 않는다고 존엄사를 인정하지 않거나 반대로 요건에 적합하다며 자동으로 치료를 중지할 위험도 있다.

이러한 종말기 의료의 대처 방법으로 주목받는 것이 연성법(Soft law)이다. 일반법을 경성법(Hard law)이라고 부르는데 이와 대비되는 개념이다. 일반적인 법률을 위반하면 어떤 형태로든 법적 효력이 발생한다(형사 처벌이나 손해 배상책임 등).

그러나 우리 사회의 규범은 모두 경성법을 따르지 않고 다양한 가이드라인이나 지침을 활용하기도 한다. 연성법에는 경성법에 없는 장점이 있다. 가장 큰 차이는 경성법은 일단 제정하면 개정이 어렵고 획일적으로 적용하여 유연성이 부족하지만 연성법은 그와 정반대이다. 연성법 제정에는 일반적으로 관련 분야의 전문가와 현장 경험이 풍부한 사람이 규정을 만든다는 장점이 있다. 폭넓은 의견 공모 절차를 거치고 일반인의 의견도 수렴하는 등 실용성을 높이기 위해 다양한 방법론을 활용한다.

노년의학회가 2012년에 제정한 '고령자 돌봄을 위한 의사 결정 과정 가이드라인: 인공적 수분과 영양 보충을 중심으로'는 연성법의 중요한 사례가 될 것이다. 이 가이드라인의 목표는 종말기 의료 현장에서 환자 본인의 의사를 존중하는 것이다. 의료지원팀을 구성하여 의사 한 사람의 판단에 기대지 않고 가족과 함께 충분히 협의하여 환자를 중심으로 의료나 돌봄의 가장 바람직한 방향을 결정하도록 제안한다. 이처럼 다각도의 판단을 통해 내려진 결정이라면 치료 중지도 쉽게 받아들일 수 있을 것이다. 위의 가이드라인은 일본의 유명 법률가들도 찬성하고 있다(전직 최고재판관 4명 포함). 앞으로는 활용하기 쉽고 유연한 종말기 의료 법률의 제정과 법률 전문가의 적극적인 참여 방법도 고민해야 할 부분이다.

사전 의료의향서

스스로 판단 능력이 있는 동안에 종말기의 의미 없는 연명 치료를 거부한다고 문서로 만들어 두는 일을 말한다.

사전 의료지시서

본인 스스로 의료 치료를 결정할 수 없는 상황에 대비하여 사전에 준비하는 의료지시서이다. '사전 의료의향서'도 이러한 방법의 하나이며 의료 대리인을 미리 지정하는 등의 내용도 사전 의료지시서에 포함된다.

도쿄대 고령사회 교과서

초판 1쇄 발행   2019년 1월 30일

지은이   도쿄대 고령사회 종합연구소
옮긴이   최예은

펴낸곳   (주)행성비
펴낸이   임태주

책임편집   정광준
디자인   참프루

출판등록번호   제313-2010-208호
주소   서울시 마포구 토정로 222 한국출판콘텐츠센터 318호
대표전화   02-326-5913
팩스   02-326-5917
이메일   hangseongb@naver.com
홈페이지   www.planetb.co.kr

ISBN   979-11-87525-88-2 93300

※ 값은 뒤표지에 있습니다. 잘못 만들어진 책은 구입하신 서점에서 교환해 드립니다.
※ 이 도서의 국립중앙도서관 출판예정도서목록(CIP)은 서지정보유통지원시스템 홈페이지
  (http://seoji.nl.go.kr)와 국가자료공동목록시스템(http://www.nl.go.kr/kolisnet)에서 이용하실
  수 있습니다.(CIP제어번호: CIP2018042629)

행성B는 독자 여러분의 참신한 기획 아이디어와 독창적인 원고를 기다리고 있습니다.
hangseongb@naver.com으로 보내 주시면 소중하게 검토하겠습니다.